U0564740

Research on credit regulation
in big data era

大数据时代
金融征信监管研究

周政训 ● 著

中国政法大学出版社

2022·北京

声　明　1. 版权所有，侵权必究。

2. 如有缺页、倒装问题，由出版社负责退换。

图书在版编目（ＣＩＰ）数据

大数据时代金融征信监管研究/周政训著. --北京：中国政法大学出版社,2022.3
ISBN 978-7-5764-0401-2

Ⅰ.①大…　Ⅱ.①周…　Ⅲ.①信用制度－研究－中国　Ⅳ.①F832.4

中国版本图书馆CIP数据核字(2022)第045348号

书　名	大数据时代金融征信监管研究 DASHUJU SHIDAI JINRONG ZHENGXIN JIANGUAN YANJIU
出版者	中国政法大学出版社
地　址	北京市海淀区西土城路 25 号
邮　箱	fadapress@163.com
网　址	http://www.cuplpress.com (网络实名：中国政法大学出版社)
电　话	010-58908466(第七编辑部) 010-58908334(邮购部)
承　印	北京中科印刷有限公司
开　本	720mm×960mm　1/16
印　张	21.25
字　数	336 千字
版　次	2022 年 3 月第 1 版
印　次	2022 年 3 月第 1 次印刷
定　价	98.00 元

序　言
PREFACE

　　现代文明社会的标志之一乃是信用社会的建立。征信作为信用社会建设的核心内容，征信法律制度安排的建立和发展，深刻影响了我们经济发展的进程。信用国家建设为社会经济生活发展带来了前所未有的繁荣，在降低交易成本，克服信息不对称，防范交易风险，促进经济繁荣发展，建设诚信社会等方面，起到了基础性评价作用。随着大数据时代的到来，社会生产生活赖以存在的信息基础将变得更加扑朔迷离。

　　无论是作为商业交易的风控基础还是作为金融信贷的评价依据，征信体系无疑是金融体系的基础设施。本书的研究，将征信放置在大数据时代的背景下，深入探讨了征信业法律监管制度面临的三大基本矛盾和三大核心问题，具有独特的视角。本书抓住了主体、行为、市场的三个视角，以平行的结构展开论述，剖析出其中的权利义务所代表的利益。本书的核心价值观值得深入关注：其以人是法律治理的目的的法律权利观构建信息主体的权利体系；以合法性法律思维提出并证成征信的法律行为范式；以监管是保障市场自由边界的依法监管的理念剖析和完善市场与监管关系。这些深刻的论述，已经超出征信监管的理论范畴，为市场经济的行业监管带来了独特的法学视角，具有更为广泛的思考和借鉴的价值。

　　综观此书，本书的理论分析具有新颖性和可读性。

　　本书的新颖性之一在于提出监管的利益平衡理论框架。利益平衡的理论在监管体系中成为有力的分析方法。法律是利益的调整，法律利益体现为法律权利，权利与义务相对应，构成了市场主体行为和监管机构监管直接面对的底线和边界问题。在个人利益、社会利益和公共利益的利益体系中，信息主体、征信机构、监管机构各自所代表的利益，需要得到法律制度安排的利益平衡调整。信息主体作为权利主体，是个人利益核心价值的体现；征信机构作为第三方信用信息的提供者，是社会利益的代表；监管机构作为征信业整体利益和社会福祉最大化追求的维护者，是公共利益的代表。在个人利益、社会利益和公共利益的三者关系中取得平衡，才能建立起符合征信市场发展规律的制度框架和监管体系。在利益平衡的基础上，推演出了公平、效率和安全三足监管目标理论，将监管建立在法律追求的权利公平之上，将监管建立在经济发展追求的效率优先之上，将监管建立在国家、系统性、行业、数据安全的技术安全观之上，从而实现了三位一体的监管目标体系的建设。由此，规范"无形之手"的边界，克服"掠夺之手"的弊端，将其变成为"法治之手"，将"干预之手"变成"保障之手"。

本书的新颖性之二在于深入系统地梳理和总结了征信业发展的历史。法学研究需要溯本清源，离不开对法律制度赖以存在的社会发展和历史的深入研究。法学研究并非法条研究，需要深入法律背后的人与社会。作为现实中的法律制度，其发生发展，都有其内在的规律，并非简单的法条的体现。法律制度来源于社会生活，建立在多学科的基础之上。法律生命不仅是理性思维的产物，也是社会实践的产物。一个法学课题的深入，都离不开该课题对社会经济运行、科技发展、生产生活的基本规律分析。大数据科技的发展带来了征信行业的深刻变化，在市场发展中呈现出来的方法、手段、市场格局的变化，都深刻影响了征信业的发展，法律对此需要作出回应。征信作为一项法律制度安排，所经历的发展阶段，无不深刻地受到社会经济发展的模式、规模和阶段的影响。同时，也受到技术的深刻改变，征信法律监管制度的存在，正是这种利益发展阶段的客观反映。所以，法律是社会发展的产物，也是市场经济发展的保障。征信市场作为多方利益主体博弈的结果，监管也需要遵循这种博弈的利益格局进行调整，建立起符合市场规律的，在法律约束条件下的充分正向的激励体系。只有这样，市场才能获得源头活水，充满生机。同时，市场多方主体的权利义务又置于法律红线的边界之下，市场的发展在法律的约束下将走入正向发展的轨道，为实现社会福祉最大化作出贡献。

本书的新颖性之三在于融合了数据、金融、经济、法律等交叉学科。本书具有广泛的域外视角，对征信信息主体数据规范的立法例进行了充分的比较，征信面临大数据的实践，离不开大数据时代背景下的技术基础，需要对数据科学引起的变化作出积极思考。随着数字经济的发展，数据法学也将繁荣发展。征信作为信息集中的产业，首先会遇到数据法学的许多新问题，本书很好地分析了信息主体的数据权利，提出了自己的思考方向。在技术日新月异的时代，随着大数据、人工智能、物联网、区块链、云计算等技术发展，社会生活将变得更加丰富多彩，法律需要调整的关系更加错综复杂。随着元宇宙世界的到来，法律学科将需要壮士断腕，一方面解决虚拟世界的许多新问题，另一方面牢牢守护人是目的的权利本位。征信评价和画像同样面临着这个问题，一方面需要技术的加持，提高效率；另一方面需要对法律利益进行调整，确保公平；同时还需要监管对合法权利的保护，对违法行为的惩处和纠正，确保法律利益的平衡。本书也对征信涉及的金融理念进行了分析，对征信与经济和市场的关系做了系统剖析，对博弈论、行为监管理论、金融消费者权益理论、普惠金融理论和市场监管理论等进行了融合分析。通过这些比较分析，增加了法律研究的深度和广度，增加了本书的可读性。

周政训博士所著此书，还有许多值得细读之处，期望其推开法学学术殿堂的大门，继续深入开展法学学术研究，创造更多优秀作品。出版此书时，我欣然同意为其作序，以飨读者。

2022 年 3 月

摘 要

征信系统作为重要金融基础设施，事关金融繁荣稳定发展的主要基础，事关社会经济发展的重要支撑，事关信用国家建设的核心组成部分。征信业的发展离不开法律的顶层设计，更离不开监管的介入干预。在征信法律监管的范畴中，面临着核心利益的调整和平衡问题。本书从征信的起源、发展与监管平衡的制度发展基础出发，从法学的视角，为研究征信监管构建了系统的利益平衡理论的分析框架。抓住了征信业监管发展中主体监管、行为监管、市场监管三个最为核心的要素。以征信法律权利义务为利益核心体现，阐述了征信发展与征信监管面临的三个基本矛盾问题：信息主体与信息自由，征信行为与法律责任，征信市场与监管的利益冲突及平衡的问题。紧紧围绕着征信监管中三个基本利益冲突问题深入展开分析。充分运用经济法学、法理学、社会法学、分析法学、制度经济学、博弈论、行为监管理论、金融消费者理论、普惠金融理论、市场与监管关系理论等；综合运用法学利益分析方法、比较分析方法、实证分析方法、价值分析方法等，对征信业发展与监管中法律顶层设计的根本问题进行了利益平衡和深入系统分析。

本书以利益平衡的视角，深入分析了征信监管中面临的三个基本问题：一是信息主体的信息保护与信息自由流动和共享之间的利益关系。体现了征信发展和监管对征信市场公平与效率问题的利益平衡，是征信法律规制的首要立法价值追求和立法目标，体现了征信法律的核心价值的出发点和立足点。二是征信行为与法律责任之间的利益关系。体现了法律和监管对私人利益、社会利益与公共利益之间关系的平衡；体现了征信法律的主要内容在于赋予征信行为的合法性，规范征信行为的范式，界定征信行为的边界。征信监管在于法律的监督执行，纠正征信市场不正当行为，制裁违法行为；最终在于维护征信业整体经济利益，保障征信市场公平、高效、安全有序竞争，实现征信业的健康发展。三是征信市场与法律监管体系之间的利益关系。体现了法律和监管对国家干预、市场竞争与社会自组织的关系问题的利益平衡；体现了征信发展是多方主体利益重复博弈和不断演化平衡的结果。征信监管与市场的适度性、匹配性、平衡性时刻影响着征信业的繁荣发展，征信监管的根本目标就是实现对法律制度安排的最优化监督执行。通过维护征信市场的效率与公平平衡，个人利益、社会利益和公共利益的平衡，确保征信发展通过无形之手得到有效配置，通过监管有形之手得到调整和二次平衡。

本书分为五章。第一章是征信业发展与监管平衡问题的基础分析。界定了征信监管基本范畴和研究的范围，对征信法律关系利益冲突与平衡的内容进行了界定，指出了征信监管的核心法益是追求征信业整体利益的平衡发展。本书从征信发展的法律制度安排分析出发，从源头清楚分析了征信发展是市场多方主体利益博弈演化的结果，指出了征信起源于信息不对称和社会经济发展的利益诉求；伴随着技术发展、法律监管的介入改变了征信利益格局；随着征信的市场结构和征信机构的发展，形成了寡头垄断和信息集中的市场格局，具有行业内在利益调整的规律。本章最后分析了我国征信法律和监管面临和存在的三大问题与利益冲突表现：一是征信对象在信息保护与信息自由之间的利益冲突问题；二是征信机构在征信行为规范与法律责任之间的利益冲突问题；三是征信监管机构在市场监管与权能配置之间的利益冲突问题。

第二章是构建征信监管的理论基础，提出了利益平衡理论分析框架。首先，从利益分析法学的视角对征信监管提出了利益平衡的解释。分析了法律利益平衡的本质是法律权利义务体系的表现，也是利益衡量、权利平衡和价值均衡的体系和方法，就此论证了征信监管的最终目标是追求征信业整体利益平衡。其次，从信息经济学、博弈论和组织行为学的经济学视角，对征信监管利益平衡作出系统解释。信息不对称理论阐述了征信发展以及信息供需双方的监管利益平衡；纳什均衡理论阐述了征信监管的博弈发展和利益平衡；组织行为学理论阐述了行为监管体系的构建和行为监管体系利益平衡。最后，从普惠金融的金融学视角对征信监管利益平衡作出解释。阐述了征信与普惠金融的内在关系是征信法律监管对实质正义的追求，落实普惠金融也是征信监管回归社会利益本位的平衡结果。

第三章是对征信监管面临的信息保护与信息自由的平衡分析。首先，提出了信息主体利益保护的原则与边界，提出了金融消费者权利保护的本位价值与原则。系统分析了信息保护与信息自由的利益平衡，提出了既要立足于信息主体利益保护又要保障信用信息自由流动，在信息主体利益保护与信息自由之间取得利益平衡的基本内容。其次，分析了征信对象利益保护的核心价值。梳理了现代征信信用信息主体利益保护的发展脉络，辨析了信用权观点与保护的错误之处，提出了我国应当回归到对信息主体隐私权保护的核心价值追求上来。接着，对我国隐私财产权归属进行分析，对赞成和反对信息财产权的观点进行分析，提出了对我国信用信息权益保护的隐私权保护与财产权保护的类型化界定划分和完善。最后，提出了完善我国信息主体利益保护的权利体系的构建：同意权、知情权和获取权、异议权、更正权、删除权、被遗忘权、数据可携权、救济权。提出了我国现阶段建立信息自由与信息共享机制的法律监管完善框架，在于加强政府信息公开立法，推动政府信息共享平台建设，借鉴日本模式建立社会组织化的信息共享机制。

第四章是对征信行为与法律责任的平衡分析。首先，分析了征信行为的合法性原则与边界，提出了征信法律行为的范畴，并论证了征信行为的合法性，指出征信法律行为是经济法行为的范畴。根据利益平衡分析的框架，提出了征信行为法律监管的利益平衡原则、目标和基本原则。其次，对域外征信法律行为法律监管进行分析和借鉴，分析了征信法律规范的主要内容是对征信行为建立程序规范和约束规则。最后，指出我国现阶段的征信行为需要加强构建最少数原则、目的限制原则、透明度参与原则、数据质量保障原则的约束机制。最终在征信行为与法律责任相适应中取得平衡。在法律责任完善方面，提出了类型化的完善方法。分析了征信法律和征信监管对征信机构的行为约束的重点是程序法，而不是惩治法。为了完善我国对征信机构的免责规定，提出了直接规范和合理原则确定相结合的解决思路。

第五章是对征信市场发展与政府监管的平衡分析。首先，分析了征信市场发展变革对监管产生的影响，主要是大数据网络空间时代的到来给征信市场带来的调整和机遇；也分析了我国征信市场发展培育中主体缺位、产品单一、市场发展相对滞后的问题；以及存在征信监管与征信市场发展阶段不相适应的突出问题。对此，提出了利益平衡的目标和基本原则。其次，对域外征信市场法律监管进行了分析和借鉴，指出了征信市场与征信监管相适应的关系。基于与各国的政治、市场、法律、金融、历史传统等方面的高度契合和利益平衡，需要平衡借鉴。最后，对我国征信市场法律监管提出四大方面的完善：一是建立和完善基于征信市场利益平衡的监管模式，提升征信管理局的地位，设置为央行领导下相对独立的征信监管局，增强履职独立性和履职资源充足性的组织能力建设；二是建立基于征信市场相适应的监管核心目标和内容，提出公平、效率和安全监管"三足目标"定理；三是根据监管目标赋予与我国征信市场相适应的准立法、准执法、准司法的征信监管权能，不断完善征信监管中的行为监管的工具和方法；四是同步强化征信监管履职的问责和监督机制，确保征信监管代表公共利益。本书一并分析了我国征信市场迎接开放与加强对信息跨境流动监管的平衡机制。在征信市场监管与社会信用体系建设关系视角下，分析了征信与社会信用体系法益保护的区别，旨在防范征信滥用，提出了完善我国征信市场监管与社会信用体系建设立法规范的正确进路与选择。

目 录
CONTENTS

导　论

一、研究缘起：问题提出与选题意义

现代市场经济的本质是信用经济，征信在市场经济体系中具有重要的基础地位。作为金融市场的基础设施，征信是现代社会的第二张身份证。无论是对个人的信用福祉，对社会的金融经济发展的促进，还是对信用国家的建设，都具有重要的作用和意义。在西方信用发达国家的征信体系发展经历了近两百年之后，我国迎来了征信业发展的春天。而我国仅用了短短的二十几年，就建立起了世界上规模最大、覆盖面最广的国家金融信用信息基础数据库。政府主导型的征信市场取得了长足的发展，在市场发展模式上也进行了多种探索。至今，已经培育了120多家企业征信机构。2018年，百行征信获得我国首张个人征信牌照，开始为社会金融和经济提供多种个人征信产品。至此，我国形成了以政府主导型征信模式为主的混合型征信市场发展模式。

从世界各国征信发展的视角来看，征信是解决交易信用信息[1]不对称的有效方式。从征信业的发展史看，征信业历经了无法可依到征信法律约束的过程。在经历了漫长的时间后，最终选择了法律与监管。征信作为信用信息采集、处理和使用的活动，在信息主体的信息保护与信息公开之间涉及边界和利益紧张关系；涉及信息主体的利益保护与信息公开利益平衡的问题；征信产品天然就是一个具有信息属性和公共产品属性的产品；征信机构在不完全市场的竞争发展中，需要监管的调整和干预。经济法的视角和理论也

---

[1] 从信息科学狭义的定义看，"数据"（data）是客观的符号或者序列，"信息"（imformation）是指数据所反映的内容。所以数据与信息的关系存在互相交叉的状态，信息表现为数据，但不是所有的数据都是信息。数据与信息在广义上并非不可通用，在许多情形下，经常作为同一概念使用。基于此，本书在信息与数据的表述上根据表述需要和适用情景而使用。在个人信息与个人数据方面，本书主要采用个人信息的称谓，或者根据论述需要切换使用。

充分证明了征信业的发展需要在市场与监管之间寻找到良性边界和利益平衡。

但是，由于我国征信业发展起步相对较晚，法律制度规范方面，也是在2013年开始实施《征信业管理条例》，相关配套制度还在不断完善中。由于法律框架的不完善，法律理论准备得不充分，监管体系建设的不完善，在我国的征信业发展中，也还存在诸多的问题。在法律调整的背后，对征信业发展的法律规范和征信监管，在核心利益和利益平衡方面还没有系统和透彻的理论分析，都亟待理论构建和完善。征信监管的重大理论和实践课题，无论在理论基础的深度和广度上，还是在具体实践的方式方法上，都相对滞后于金融监管的许多领域。

在我国征信监管中存在诸多突出问题。比如，征信监管机构和体系发展受重视不足；征信市场发展结构失衡和征信机构发展培育不足；信息主体利益保护弱化和侵犯信息主体合法权益的行为时有发生；社会中流行的关于社会信用体系建设的各种理论存在逻辑错乱的情况。这些问题需要在法学理论层面上加以研究和澄清。

（一）基本问题一：信息主体权利的边界

在大数据背景下，随着我国从单一公共征信登记系统模式走向公共征信登记系统与私营征信公司的双重发展模式的背景下，大数据征信公司跃跃欲试，也在实践中催生了与传统征信系统相补充的大数据征信报告、评分等产品。征信的理论构架也在发生深刻变化，信息的自由流动如个人信息保护的边界在哪里？现有的征信的法律基础理论是什么，需要怎么样的发展？

传统的征信往往依赖于确定和已经发生的信贷信息采集，但在大数据时代，数据挖掘、分析和利用的手段与个人数据信息的边界变得十分模糊，数据采集的内容和各种数据来源本身与个人的隐私权息息相关。[1]同时，关于大数据对金融领域的"入侵"，正在悄然引起社会生活和法律的变化。互联网大数据征信的崛起，信息主体权益保护问题日益凸显，一方面，需要加强个人隐私保护立法，在信息自由与信息主体权益保护之间取得平衡，防止对信

---

〔1〕［英］维克托·迈尔-舍恩伯格、肯尼思·库克耶：《大数据时代——生活、工作与思维的大变革》，周涛等译，浙江人民出版社2013年版。

息主体的信息滥用；另一方面，需要加强监管，规范征信市场行为，保障信息主体的隐私权益不受非法侵害。[1]如何研究信息主体的隐私边界问题是摆在我们面前的重大课题。信息主体需要什么样的权利保护体系，才能得以更好地保护。信息主体与信息自由之间的平衡和规范，在确保个人信息利益保护与征信业信息共享之间的平衡，就是征信监管需要面临的第一个基本问题。

（二）基本问题二：征信行为的合法性

在征信机构的发展中，征信机构为什么可以收集信息主体的信息，将信息纳入自己的信息数据库，并予以加工，然后形成征信产品，再出卖给需要的使用者。征信机构实施的征信行为，在经济法视角下是什么样的行为。征信行为的法律边界在哪里。征信机构的行为在新经济形态下，应当如何规范。从目前来看，新的网络空间已经得到了长足发展，成为新经济的基础结构，社会组织模式正在改变之中，征信行为正在网络空间中任意驰骋。在一张没有控制中心、由节点相互沟通编织而成的弹性的渔网中漫步。[2]对此，征信法律需要如何界定和规范。目前，征信法律规范的主要内容，就是征信机构的市场准入，征信产品生产、处理、加工和使用等行为的背后，法律调整的利益究竟是什么？需要什么样的法律框架？监管应当以什么样的视角进行看待。在征信行为的法律责任与利益平衡中，究竟体现了什么样的价值原则。

关于征信数据的采集、处理和使用应当遵循什么原则，在大数据时代将变得更加复杂，美国自20世纪70年代就意识到征信数据分析评价的公平性问题。美国《公平信用报告法》[3]指出，该法适用于消费者征信机构（Consumer Reporting Agencies，CRA），并规定了这些机构应当遵守的合理程序，以确保消费者征信报告最大程度的精确性。消费者征信机构，指收集并出售消费者报告，为在贷款、就业、保险、住房或其他特定利益或交易中判断消费者是否合格提供决策依据。其涉及的消费者征信机构应当履行相应的法定义务，以确保消费者获得公正的评价。然而，公正的评价仰赖于信息来源的公正，数据采集过程和采取内容的客观全面，最后还必须确保评价方法的科学

---

〔1〕　王晓明：《征信体系构建——制度选择与发展路径》，中国金融出版社2015年版，前言第2页。

〔2〕　张世明、刘亚丛、王济东主编：《经济法基础文献会要》，法律出版社2012年版，第28页。

〔3〕　本书中涉及大量其他国家或地区的法律规范文件，为了行文方便，国别或地区名称均统一置于书名号之前。若一段中频繁出现，可省略国别或地区名称。

和准确。这些均依据征信体系，法律如何确保对消费者的公平权利，是法律必须面对的问题。这些都是征信监管需要面临的第二个基本问题。

（三）基本问题三：监管体系与市场的关系

当我们在面对征信体系建设的时候，首要面对的是征信业的发展规律是什么，征信业保护的法益是什么。征信业发展了200多年了，征信立法通过专门征信法律实践却是近几十年以来的事情，那么，是什么导致了征信法律的起草和制定，征信业的发展背后隐藏的法律权利是什么，征信业发展法律规制模式是什么，监管框架是什么，这些都是摆在我们面前需要厘清的问题。随着世界各国征信业的发展，形成了不同的路径选择，主要形成了以私营征信公司为主的市场主导发展模式，以公共信用登记系统为主的政府主导模式，以会员制为主导的发展模式，或者混合发展模式。经过征信业的全球化发展，各种模式的边界已经变得模糊，同时又面临着新的问题，在政府主导与市场主导之间，界限变得模糊起来，许多企业或者个人的征信数据往往产生于BT、金融消费平台公司，而政府主导的模式也存在信息不全面的问题，缺乏市场活力，单一的公共信用登记系统往往已经无法满足市场发展的需要，所以许多国家开放了私营企业进入征信业，与公共信用登记系统形成互补的局面。那么，这些发展模式背后的规律是什么，各国在发展本国的征信业的时候应当如何平衡取舍，法律规制征信业的时候需要明确征信涉及的法益是什么。

在征信市场发展中，征信体系根据一国的政治体系、市场结构、金融市场、法律体系而建立发展。但是，征信市场的发展需要什么样的监管体系，在征信市场与监管的关系上，无形之手与有形之手应当建立什么边界？征信市场主体的发展是需要政府主导，还是市场主导，又或者是社会组织自律发展？在发展我国的征信监管中，征信监管理论的选择，监管体系、监管目标、监管权能配置、监管工具、监管方法、监管责任的完善，需要坚持什么样的原则？征信监管需要在征信市场的公平、效率、安全之间如何取得平衡？这些都是征信监管需要面临的第三个基本问题。

当下，征信的法律框架还在完善中，征信监管实践和体系也在发生变化。信息主体的信用信息范围的界定需要进一步明确和规范；在征信业健康发展中，信息主体权利保护与信息的自由流动的矛盾冲突和利益边界需要得到法律监管的调整和重新界定；征信行为需要得到进一步规范和约束，防止征信机构征信行为的滥用。征信市场监管理论体系将不断完善发展，变得更加贴近市场发展需要，在个人利益、社会利益和公共利益中取得利益平衡。这些问题和变化，需要我们从法律的顶层设计出发，站在法律系统性思维的角度上进行研究和思考。面对新情况，我们需要创新运用利益平衡理论分析框架，以便对存在的问题提出系统性、制度性的分析，需要寻找问题，分析问题，找到解决问题的法律对策。回归到征信业法律规制的核心价值上，寻找征信业发展与监管平衡的法律进路。

本书是金融、经济和法律的交叉研究著作。本书归纳出国内外征信业目前存在的突出法律理论观点和问题，并对我国征信业监管中面临的三个基本问题进行系统的梳理和深入分析，具有理论和实践意义。在理论上，基于法律利益平衡理论分析的框架，为征信业监管所存在的三大基本利益冲突问题，提出了解决问题的理论框架和规制法律框架。在理论构建中，提出了完整的征信监管利益平衡理论分析框架。分析了征信监管存在和面临的三大基本问题，全面梳理和分析了征信监管存在的内在矛盾，围绕基本问题展开对征信问题的深入分析，提出了解决问题的理论、原则和方法。对征信业面临的利益平衡问题、对似是而非的权属争议等法律问题进行剖析，总结出征信法律问题的本质属性，构建起基本的征信监管的规制框架，澄清了目前关于征信利益属性的错误认识，探寻了背后的思想根源和法律逻辑，以期解决理论难点和热点问题，形成对该领域的理论成果。

本书的研究具有现实的意义，通过比较分析和价值分析，将征信监管中所遇到的核心问题进行归纳总结；对我国征信监管领域所面临的法律问题进行系统梳理；解答了征信监管利益保护存在的核心价值问题。在具体利益平衡分析中，根据征信业实际情况和法律监管的精神，分别针对信息主体权利保护与信息自由、征信行为与法律责任、征信市场与监管之间的利益冲突和调整，提出了利益平衡分析的边界、目标和原则，可作为具体征信实践的指导精神和法律准则。在权利理论平衡重构上，系统分析了个人征信的权利体系和信用信息的层级划分保护思路，界定了金融征信行为与用户之间的隐私边界；提出和论证了征信法律行为的合法性证成；厘清了征信市场与监管的框架；完善了我国征信监管体系、目标、内容、工具、方法、监督等行为监管理论体系，作为行为监管的理论指导框架，具有现实的理论指导意义。

本书对我国现存的立法利益失衡的基本问题提出了完善建议和解决方案，对征信监管具有实践指导价值；所提出的理论将有效指导征信监管的立法实践，为征信业法律规制指出具体发展方向。

二、文献综述

征信监管问题的研究，相关法学资料相对零散和薄弱。对这一领域，经济学者的研究更多一些，法律学者的研究偏少。从梳理现有的文献资料来看，主要集中在以下几个方面。

（一）文献检索情况

法律研究者对征信监管问题的研究偏少。对国内外相关研究的检索，基本概况具体如下。

一是专门研究征信监管利益平衡的法学学术专著尚属空白。目前，我国国内尚无专门研究征信监管和利益平衡的法律学术专著。所涉及的征信专著主要是征信法律问题、征信理论、征信法律框架、征信法律关系、征信法律制度、征信法律规制（法律规范方面）、企业征信法律制度。研究主要集中在征信体系和征信法律制度方面，对征信监管有所涉猎，但是缺乏深入性和系统性。相对较多的学术专著是经济学领域对信用的经济学分析，社会学者对信用、社会信用体系的研究。法律方面多是民法学者从信用权利、信用制度、侵权责任的角度进行研究。其余的大部分多是关于个人信息保护和数据、信息方面的法律研究专著。

二是相关征信法律研究方面的系统性论文相对偏少。截至 2020 年 4 月 15 日，在中国知网模糊检索"信用"有 287 726 篇；"征信"有 21 775 篇；"征信和法律"有 9155 篇。具体学科分别为经济法 677 篇，民商法 353 篇，行政法及地方法制 146 篇，法理、法史 133 篇；征信监管 503 篇，且大部分为互联网金融方面的论文，并没有专门撰写征信监管的法学博士论文。通过在中国知网精准检索，法学方面对征信监管利益平衡的研究论文为空白。近年来，我国兴起的研究，大多为互联网和大数据环境下对征信的研究，比如互联网征信、大数据征信等，篇目逐步增加。笔者认为，互联网征信和大数据征信是征信业所面临的征信技术手段和环境的改变，现阶段所呈现出的主要改变是大数据的思维和技术，对征信的数据源开放和征信技术手段的新应用。主要的研究集中在信息主体权利侵害与保护、数据安全、数据滥用、征信监管的技术监管方面的问题。通常将大数据来源认为是顶替数据，大数据征信的算法可以作为对征信的数据的补充。需要强调的是，并非所有的数据都具有信用信息的属性。在大数据范围所采集的信息与信用评价的关系判定上，需要坚持是否符合信用评价的因果关系和相关关系的认定标准，以及是否具有信用评价的可解释性。事实上，现阶段征信的本质和运作方式并未因为互联网和大数据的发展而发生本质改变。

三是国外法学领域对征信的研究多是集中在信用理论、大数据与隐私权、个人信息保护、信息权属、征信与金融信贷方面的问题。通过检索征信（credit report/credit investigation/credit report agency/credit/credit regulation）等关键词，涉及直接针对征信进行研究的论述相对较少。

我国对征信监管和法律规范的研究尚处于发展阶段。信息经济学、金融学和经济学对征信业已经开展了相关研究，形成了丰富的理论研究成果。但是法学界还没有完整地建立起理论分析框架，缺乏对征信业法律监管背后所蕴藏的基本利益的深入研究，也尚未从征信监管的角度进行系统法律利益分析并形成完整的理论成果。

（二）国内研究状况

从梳理现有的文献资料来看，主要集中在以下几个方面。

1. 在信息主体利益冲突与信息权利保护、信息自由共享的研究方面

国内学者多集中在对信息主体的信息权属的争议上，大部分的研究集中在征信活动对个人信息权属的侵害，信息自由和信息共享方面的研究偏少。

（1）在信息主体权属保护与利益冲突方面。

①大部分学者对信息主体的个人信息权属存在不同归类，有人格权、个人信息权、信用权和隐私权。齐爱民（2015）认为大数据对信息保护造成冲击，指出我国对个人数据权利应当定位为人格权理论而非美国的隐私权理论。[1]胡大武、杜军（2012）认为是个人信息权，即信息主体对其个人信息依法享有的支配、控制并排除他人侵害的权利。包括同意权、知悉与异议权、更正权、删除权、封锁权、自动化决策反对权、直接行销禁止权、请求信息保密权、

---

〔1〕 齐爱民：《大数据时代个人信息保护法国际比较研究》，法律出版社 2015 年版。

报酬请求权等。[1] 谈李荣（2008）从征信视角探讨了金融隐私权与信息流通的冲突与制衡问题，分析了制约征信法律制度的主要因素，指出金融隐私权的相关立法与资料隐私、信息隐私有密切的关联。[2] 李朝晖（2008）认为信息主体享有信息控制权，包括决定权、知情权与更正权、异议权、公平结账权、平等信用权。[3] 胡大武（2008）从"信用"的历史起源角度考察并提出信用权法律概念，从罗马法关于名誉权的法律内容研究中发现其包含了信用权益的依附现象，随着信用权理论和信用意识的发展，信用权逐步从名誉权中分离出来，信用权是法律实践发展赋予新内涵的结果，并认为现代征信是信用权。[4] 刘红熠、杨妮妮（2016）将我国征信中个人信息主体权利界定为人格权理论，国外数据隐私权的内涵和外延无法涵盖个人信息，应结合我国实际情况来制定相关法规。[5] 赵红梅、王志鹏（2016）提出大数据征信中信息保护和信息存储的安全隐患问题，建议加强征信监管和信息主体权益保护，建立健全信息标准化和共享机制。[6] 白云（2008）从法理角度分析了征信与隐私权冲突的原因和表现。[7] 吴玉阁（2006）认为应以名誉权保护个人相应的信用利益，同时对个人信息辅以隐私权的保护。[8] 吴汉东（2001）认为被征信个人应当享有信用权，即民事主体对其所具有的偿债能力在社会上获得的相应信赖与评价而享有的利用、保有和维护的权利。包括资信利益的利用权、资信利益的保有权、资信利益的维护权。[9] 杨立新、尹艳（1995）认为被征信个人享有信用权，即民事主体就其所具有的经济能力在社会上获得的相应信赖与评价所享有的保护和维护的人格权。包括信用保有权、信用维护

---

〔1〕 胡大武等著：《征信法律制度研究》，法律出版社 2012 年版。

〔2〕 谈李荣：《金融隐私权与信用开放的博弈》，法律出版社 2008 年版。

〔3〕 李朝晖：《个人征信法律问题研究》，社会科学文献出版社 2008 年版。

〔4〕 胡大武：《侵害信用权民事责任研究——以征信实践为中心》，法律出版社 2008 年版。

〔5〕 刘红熠、杨妮妮："互联网征信背景下个人信息主体权利保护问题研究"，载《征信》2016年第 6 期。

〔6〕 赵红梅、王志鹏："大数据时代互联网征信发展中的问题及应对策略"，载《金融经济》2016 年第 18 期。

〔7〕 白云："个人征信体系中知情权与信息隐私权平衡的理念"，载《政治与法律》2008 年第 11 期。

〔8〕 吴玉阁："反思'信用权'——以完善我国信用征信体系为背景"，载《经济经纬》2006年第 6 期。

〔9〕 吴汉东："论信用权"，载《法学》2001 年第 1 期。

权、信用利益支配权。[1]王东明（2014）论证了由于征信评价具有的经济能力和信赖因素，民事主体因此才能有效地从事经济活动，并且这种信赖是必不可少的，由此指出信贷中借款人拥有一定的经济能力和信用信赖，才能容易获得贷款。[2]

②有学者认为个人信息是一种新型权利。张里安和韩旭至（2016）提出大数据时代中私法属性的个人信息权是个人信息可支配、控制的权利，是一项独立的个人信息权利。[3]郭瑜（2012）研究了数据的隐私权和个人信息自决权等，指出有关对个人信息自决理论的诟病是对个人信息自决权的误解。个人信息自决权并不是个人对个人数据拥有绝对的权利，也并不是赋予了个人数据的绝对控制权或财产权。个人信息权利可以是一种新型的数据权利。[4]

③有学者对个人信息自决权和权属的财产权保护提出了反思。杨芳（2016）分析了传统个人信息的隐私权保护规则，分析了德国个人信息保护的信息自决权的脉络，反思了个人信息自决权的理论缺陷，得出了个人信息保护法的保护范围应当限定在个人信息自动化处理领域的结论。[5]李延舜（2017）对个人信息财产权的检讨源自三个方面：人格权理论的批判，财产权无法解决个人信息"客体化"后的人格尊严问题；财产权本身的反思，个人信息不同于传统财产权中的"财产"；实践理性的诘责，财产权理论在实践操作中困难重重。[6]

（2）在信息主体权属保护路径上有学者提出了类型化保护方向。陈筱贞（2016）分析指出，大数据权属必须走类型化方向，被记录方单方信息数据所有权归数据被记录者，数据抓取平台参与的合同行为信息数据所有权归参与方共享。[7]张新宝（2015）提出了"两头强化，三方平衡"的理论，认为个人信息保护法需要衡量更多的利益关系，应当强化对个人敏感隐私信息的保护，

---

〔1〕 杨立新、尹艳："论信用权及其损害的民法救济"，载《法律科学》1995 年第 4 期。

〔2〕 王东明："论信用权"，西南政法大学 2014 年硕士学位论文。

〔3〕 张里安、韩旭至："大数据时代下个人信息权的私法属性"，载《法学论坛》2016 年第 5 期。

〔4〕 郭瑜：《个人数据保护法研究》，北京大学出版社 2012 年版。

〔5〕 杨芳：《隐私权保护与个人信息保护法——对个人信息保护立法潮流的反思》，法律出版社 2016 年版。

〔6〕 李延舜："个人信息财产权理论及其检讨"，载《学习与探索》2017 年第 10 期。

〔7〕 陈筱贞："大数据权属的类型化分析——大数据产业的逻辑起点"，载《法律与经济》2016 年第 3 期。

强化对个人一般信息的利用。通过一种张力状态实现个人对个人信息保护的利益（核心是人格自由和人格尊严利益）、信息业者对个人信息利用的利益（核心是通过经营活动获取经济利益）和国家管理社会的公共利益之间的平衡。[1]

（3）在个人数据保护与信息安全方面。高富平（2016）翻译了经济合作与发展组织的《隐私保护和个人数据跨境流通指南》，欧盟《个人数据保护指令》和《统一数据保护条例》等重要的个人数据保护法规，剖析了对个人数据保护的法律规则和具体内容。[2]孔令杰（2009）对比了美国和欧洲资料隐私的法律保护体制，建议借鉴欧盟实施隐私保护最严格水平，以加强我国资料隐私权的保护力度。[3]林周（2018）阐述了大数据征信中个人信息安全法律保护现状及存在的问题，即个人信息立法滞后，监管缺乏，被非法侵害面临法律救济困难等问题，从立法完善、安全监管和法律救济等方面提出了相关建议。[4]

（4）在信息主体利益冲突与保护方面。黄玺（2014）指出共享信息与个人的信息保护代表不同的利益诉求，前者是整个社会的经济效益，后者更加关注的是个人信息的安全。一个是社会利益，另一个是个人利益，一般来说，个人利益应该让渡于社会利益。[5]叶文辉（2013）指出个人征信的三个阶段，即信息收集、信息使用、信息共享的每个环节都可能与隐私权发生冲突。[6]杨庆明、李贞和幸泽林（2013）比较了美国、欧盟、日本三种信息主体权利的保护模式，指出其异同之处，提出我国在征信模式建设、运行机制上的严格流程、法律体系的细则完善和监管体系完善等。[7]王娟（2011）认为，协调信息主体权利与利用两者之间冲突的关键是信息产权的归属、信息使用究竟是择入还是择出，以及信用报告查询服务中许可目的和主体授权哪一个更

[1] 张新宝："从隐私到个人信息：利益再衡量的理论与制度安排"，载《中国法学》2015年第3期。

[2] 高富平主编：《个人数据保护和利用国际规则：源流与趋势》，法律出版社2016年版。

[3] 孔令杰：《个人资料隐私的法律保护》，武汉大学出版社2009年版。

[4] 林周："大数据征信中个人信息安全法律保护研究"，武汉工程大学2018年硕士学位论文。

[5] 黄玺："互联网金融背景下我国征信业发展的思考"，载《征信》第2014年第5期。

[6] 叶文辉："征信与个人隐私的冲突和协调性研究"，载《征信》2013年第11期。

[7] 杨庆明、李贞、幸泽林："新法律框架下个人征信主体信息权益保护的国际经验比较与借鉴"，载《征信》2013年第11期。

重要。[1]

（5）信息自由流动与信息共享方面。梁伟亮（2019）提出了利用金融共享理念，通过运用区块链技术，构建征信信息共享数据平台的设想。[2]

（6）在征信发展与基础理论方面。《现代征信学》（2015）是关于征信的一部权威、系统的教科书，首次完整介绍了整个征信系统。[3]杨慧宇（2011）认为经济交易中，征信体系基于解决信用信息不对称而建立。现代社会和转轨社会瓦解了熟人社会关系，单纯依靠人际关系进行交易的情形已经无法适用，需要建立制度化的信任机制，所以征信体系恰好契合了这种目标。[4]王雨本（2009）认为市场信用的法学理论基础是经济法的社会责任本位理念。[5]叶世清（2008）在征信的法理研究中从社会学解读、经济学分析、管理学解剖和合法性求证等四个方面综合分析了征信的渊源和功能，从征信的发展角度论证了征信产生和发展的历史必然性，并指出征信具有追求公平、效率、自由和秩序的法价值的正当性，并认为征信是一种必要的权利让渡和权利限制。[6]尹万姣、刘秋霞（2005）认为信用关系本质上是产权关系，界定清晰的产权是信用制度的基础。[7]尹万姣（2005）认为信用关系也是一种契约关系，契约的本质是信守交易中的承诺，契约经过法律的创设得以形成，对信用与利益的关系作出规定，并为信用提供了客观保障。[8]黄勇民、杜金岷（2006）认为马克思主义信用理论论述了信用本质上是一种借贷行为，信用具有消极作用和积极作用；从交易费用理论和制度变迁理论论述解释了信用的制度价值在于建立交易成本；通过信息经济学分析了信用关系的逆向选择和

---

〔1〕 王娟："征信与金融隐私的冲突及协调性研究"，载《征信》2011 年第 3 期。

〔2〕 梁伟亮："金融征信数据共享：现实困境与未来图景"，载《征信》2019 年第 6 期。

〔3〕 中国人民银行征信管理局编著：《现代征信学》，中国金融出版社 2015 年版。

〔4〕 杨慧宇："信息、信任及其来源：论转型期我国征信体系建设的社会文化基础"，载《征信》2011 年第 6 期。

〔5〕 王雨本："中国社会信用体系建设存在的问题及对策"，载《首都经济贸易大学学报》2009 年第 6 期。

〔6〕 叶世清："征信的法理研究"，西南政法大学 2008 年博士学位论文。

〔7〕 尹万姣、刘秋霞："试论现代产权制度对信用制度的支持"，载《河南商业高等专科学校学报》2005 年第 1 期。

〔8〕 尹万姣："关于我国信用制度的研究——从产权和契约的角度"，郑州大学 2005 年硕士学位论文。

道德风险表现；从博弈论的角度指出信誉是一种可交易的资产；通过信用合约的成本收益分析，可以得出，信用合约基于经济人的假设以追求成本收益约束条件下的利益最大化。[1]《征信业管理条例》是我国征信立法的核心，穆怀朋[2]、赵锋[3]、唐明琴[4]、王婉芬[5]分析了该条例的观点、问题和与相应的制度完善。

从以上主要观点分析可见，我国对信息主体的论述，主要是从民法学者的角度出发，研究多集中在权利保护权属上，且一直存在多种观点争议。有的认为是信用权、隐私权、人格权、个人信息权，也有的认为应当具有财产权内容，还有的认为应当单独创设一种新型的个人数据权。所以，厘清信息主体的权属具有理论意义和现实意义。研究表明，信息主体权益保护与信息公开方面存在着利益冲突，冲突的原因分析也多种多样。尤其在互联网、大数据时代下，这种冲突的趋势变得更加突出，都强调了需要加强对这种利益的调整和保护。但是，在信息主体权益的具体理论基础和法理依据，以及权利体系的构建和利益平衡分析的构建上，显得相对薄弱。

2. 征信机构征信行为与法律责任的利益关系调整、征信行为和大数据征信技术与监管方面

对征信机构的征信市场行为的构成和征信市场主体的约束规则方面的研究偏少，对征信机构的法律责任的系统研究方面略少。

范水兰（2017）分析了企业征信的基础理论基于经济学的信息不对称理论，经济学的交易成本理论和债权人知情权理论，指出企业征信法律规制是保护被征信企业合法权益的需要，是规范企业征信机构及其行为的需要，也是规范企业征信监管的需要。[6]徐华（2016）认为大数据征信的概念和大数据征信的技术都是从美国引进的，并分析了目前美国利用大数据征信的典型

---

[1] 黄勇民、杜金岷："信用制度的多角度理论解释及其政策启示"，载《岭南学刊》2006年第3期。

[2] 穆怀朋："《征信业管理条例》的法律地位及意义"，载《中国金融》2013年第6期。

[3] 赵锋："《征信业管理条例》述评"，载《征信》2013年第4期。

[4] 唐明琴、叶湘榕："《征信业管理条例》与欧美征信法律的比较及影响分析"，载《南方金融》2013年第5期。

[5] 王婉芬："《征信业管理条例》实施中存在的问题及建议"，载《征信》2013年第12期。

[6] 范水兰：《企业征信法律制度及运行机制》，法律出版社2017年版。

公司，有泽斯塔公司（Zest Finance）、科巴奇公司（Kabbage）、昂德克公司（OnDeck）等现状。[1]刘新海（2016）指出大数据技术作为最先进的信息技术的集大成者，未来对征信的提升也不可限量。从传统的征信机构到新兴的高科技大数据公司都从不同角度、不同环节，纷纷尝试利用大数据技术解决征信领域的问题，进而提升产品和服务。[2]王晓明（2015）分析了我国征信行业的整体发展、征信体系和各种产品现状，论述了完整的征信市场体系涉及的征信理念、数据质量、征信产品、征信服务与新发展、数据跨境、征信合作等多方面建设内容，以及大数据时代征信的新发展，同时也指出国际潮流中的法律法规和监管部门对于信息主体权益保护日趋严格并正在进一步加强。[3]刘瑛（2011）通过借鉴域外企业信用规制法律框架，构建了企业信用征信、企业信用评估、企业信用担保、企业信用监管、企业失信惩罚的完整法律规制体系。[4]李振林（2017）指出，非法利用个人金融信息行为的刑法规制应当遵循不得侵犯公民个人合法权益和不能阻滞金融信息的合理使用与传播这两个原则，把握好行为和情节这两个标准，做到刑法规制适度。[5]

从以上主要观点分析可见，我国法学界对征信机构的行为监管方面研究比较少。提出征信行为的有零星的观点，但未能深入研究征信行为的法律性质和内涵，对其理论构建也缺乏支撑。在征信机构的行为监管方面，我国对征信行为的约束规则体系，目前还没有形成体系化。在征信法律行为的内在法律规范体系研究方面也有所缺乏，目前，对其法律行为与法律责任的利益平衡分析的视角相对缺乏。

3. 征信市场发展与监管利益关系的理论和征信监管完善的研究方面

论文主要集中在对我国征信体系在政府主导模式、市场主导模式、会员制模式选择上的论述，以及在统一监管模式还是分散监管模式等方面的分析。对具体的监管理论、监管目标、监管内容、监管工具和监管方式、方法方面的研究偏少。

（1）在征信体系与征信监管体系、模式和监管内容、方式、方法等方面。

---

〔1〕　徐华：《从传统到现代——中国信贷风控的制度与文化》，社会科学文献出版社 2016 年版。

〔2〕　刘新海：《征信与大数据——移动互联时代如何重塑“信用体系”》，中信出版社 2016 年版。

〔3〕　王晓明：《征信体系构建——制度选择与发展路径》，中国金融出版社 2015 年版。

〔4〕　刘瑛：《企业信用法律规制研究》，中国政法大学出版社 2011 年版。

〔5〕　李振林：“非法利用个人金融信息行为之刑法规制限度”，载《法学》2017 年第 2 期。

翟相娟（2019）对个人征信法律关系的主体、客体和内容进行论述，探讨了个人征信机构、个人征信产品、个人征信权利、个人征信行为的重点、热点、难点和争议问题。[1]姚佳（2012）提出了"信用消费者"的概念，总结了个人金融信用征信的社会利益保护理念，提出了政府主导监管、以个人金融信用数据库为核心的载体、公司化征信机构为重要主体的运作模式，界定了个人征信法律客体，提出了对个人信用额度进行统筹管理。[2]李俊丽（2010）认为我国应当实施渐进市场化的个人征信机构组织模式，首先可由人民银行建立公共征信机构，创建全国统一的信用信息数据库；其次是由政府主导的公共征信模式逐渐过渡为由市场主导的私人征信模式。[3]段进、贺志新（2009）指出我国征信业民营化发展的路径安排，即政府主导，特许经营，市场化运作，民营化为终极目标的发展模式。坚持执行市场准入原则，监管数据的合法采集和使用，建立守信激励和失信惩戒机制。[4]李朝晖（2008）对美国、欧盟与日本的个人征信模式、立法、监管进行研究，建议我国应建立以公共征信系统为主体，商业化运作征信机构发挥主要作用的个人征信体系。[5]谢平、蔡浩仪（2003）分析了在征信领域存在的统一监管模式和多层次监管模式两类模式。监管模式的探讨最重要的在于对该行业监管主体的确认，主体确认后，与其相关的问题便可以继续探讨。[6]吴弘、胡伟（2006）认为市场监管体制是指由立法确认的、为实现监管目标而对市场主体及其行为实施制约的组织体系和作用机制的总和。探讨监管体制的目的是确认监管主体的种类，最为重要的是对监管者与被监管者之间的权利义务关系进行规制。依据监管机构是否唯一来划分，市场监管体制的模式可以分为单一监管模式和多元监管模式。[7]陈潜、唐民皓（2005）提出了征信监管权的概念，认为该权利属于行政权，权利主体是征信监督管理部门，权利内容包括征信制度制

〔1〕 翟相娟：《个人征信法律关系研究》，上海三联书店 2018 年版。

〔2〕 姚佳：《个人金融信用征信的法律规制》，社会科学文献出版社 2012 年版。

〔3〕 李俊丽：《中国个人征信体系的构建与应用研究》，中国社会科学出版社 2010 年版。

〔4〕 段进、贺志新："我国征信业民营化发展的路径研究"，载张强、黄卫东主编：《社会信用体系建设的理论和实践——信用经济与信用体系国际高峰论坛论文集》，湖南大学出版社 2009 年版。

〔5〕 李朝晖：《个人征信法律问题研究》，社会科学文献出版社 2008 年版。

〔6〕 谢平、蔡浩仪：《金融经营模式及监管体制研究》，中国金融出版社 2003 年版。

〔7〕 吴弘、胡伟：《市场监管法论——市场监管法的基础理论与基本制度》，北京大学出版社 2006 年版。

定、监督管理征信机构及其业务活动、指导行业协会。[1]吴晶妹（2019）指出征信监管部门应当充分开放征信市场，将征信定位为咨询服务业，定位为做好征信产品，定位为依法合规开展征信活动。[2]涂永前、王晓天（2017）认为我国应加强征信信息监管体系建设，建立征信机构内部的问责制，完善个人信息立法，将个人隐私保护限定在征信领域的数据挖掘方面。[3]刘旭、李芸云（2015）指出，现有征信法律存在执法依据不足、手段不足、处罚裁量缺乏标准和依据、非现场监管难等问题，应当加快出台《征信业管理条例》在非现场监测、监督检查等方面的配套规定。[4]叶建勋、尚代贵（2013）分析指出了市场发展与有限监管，征信业的发展和诚信社会的建立主要依靠市场化的竞争机制，而不是政府无时不在的监督。[5]王桂堂、王久莲、原亚辉（2013）认为我国个人征信体系的建立处于起步阶段，有关的法律体系不健全，所以无为而治的格局不适合我国国情，政府部门应当不断强化对个人征信行业的监管。[6]吴晶妹（2013）认为我国未来的征信应当是三大数据体系，即金融征信、行政管理征信及商业征信这三大体系。[7]何玲丽（2013）指出，不宜以牺牲私权利的保护为代价来片面换取效率优先，政府主导模式应该慎重。政府主导的信用系统容易受到维护资金、运营成本和责任主体几大难题困扰。应当积极培育征信市场，加强民主和科学立法。在信用立法问题上，中央与地方之间的权限划分宜依据性质遵循合理分权原则。[8]白云（2010）在分析各国的个人征信监管模式后，认为我国的个人征信监管模式应当采取以政府监管为主、行业自律为辅的监管模式。[9]毕家新（2010）认为

〔1〕　陈潜、唐民皓主编：《信用·法律制度及运行实务》，法律出版社2005年版。

〔2〕　吴晶妹："2019年，征信业从哪里出发？"，载《征信》2019年第1期。

〔3〕　涂永前、王晓天："大数据背景下个人征信信息保护的立法完善"，载《互联网天地》2017年第5期。

〔4〕　刘旭、李芸云："征信监管手段创新的思考——基于依法行政的视角"，载《征信》2015年第4期。

〔5〕　叶建勋、尚代贵："我国征信业的市场化发展及有限监管——对《征信业管理条例》的解读"，载《征信》2013年第2期。

〔6〕　王桂堂、王久莲、原亚辉："匿名交易、信用伦理与征信制度"，载《征信》2013年第9期。

〔7〕　吴晶妹："未来中国征信：三大数据体系"，载《征信》2013年第1期。

〔8〕　何玲丽："信用立法之法理分析"，载《理论月刊》2013年第4期。

〔9〕　白云："金融危机背景下我国个人征信体系监管的法律思考"，载《哈尔滨商业大学学报（社科版）》2010年第1期。

我国应坚持公共征信模式，建立全国统一的公共征信系统，结合我国政府机构掌握大量信用信息的特点，可以成立部门之间的联席机制进行协调，逐渐使得政府部门所掌握的信息互联、互通、共享。[1]何运信（2008）认为我国应构建多层次个人征信系统，公共征信机构应定位于提供基础信用信息，而营利性征信机构则主要提供高端征信产品和公共征信系统没有覆盖的信用信息，处理好公共征信和私营征信的关系。[2]吴国平（2007）提出征信监管立法在模式上应当是行政监管、行业自律、机构内控、社会监督"四位一体"的监管体制，亟待加强立法，制定社会信用信息基本法、政府信息公开法、公平使用信息法，提出了监管目的、内容、法律职责和法律责任体系的构建。[3]周高印（2017）重点分析了征信监管模式和征信监管规则。探讨了互联网个人征信监管的模式，指出应当采取统一监管的模式。建议实施"推定同意"转变，注重对征信机构信息利用的监管和行为监管的转变。[4]李强强（2017）对国内外传统个人征信模式进行了分析，以我国现代个人征信系统的创新模式，即央行主导下的多系统融合与信息共享，并设计出了"一个中心，三个子系统"的基本框架，以央行征信系统为中心平台，三个子系统指商业银行征信子系统、非银行金融机构征信子系统和互联网征信子系统，全覆盖监管。[5]李思雷（2016）认为被征信人享有信用信息资源权，征信机构享有信息分享权，信息提供者享有信息传递权，信息使用者享有信息利用权，国家则享有信用信息资源配置干预权。各项权利具有依存关系，信用信息资源权是中心，信息资源配置干预权为其他权利服务。我国在个人征信上应当采用市场模式，全面、多维度地采集个人信用信息。我国应当完善个人征信立法，建立市场自律为主、行政管理为辅的个人征信监管模式。[6]张雅婷（2015）指出征信地方监管存在盲区，监管机构既是监管者又是运营者，存在

〔1〕 毕家新："美国征信体系模式及其启示"，载《征信》2010 年第 2 期。

〔2〕 何运信："我国现阶段多层次征信体系的竞争与协作机制研究"，载《河南金融管理干部学院学报》2008 年第 1 期。

〔3〕 吴国平："中国征信市场监管立法研究"，载《法学杂志》2007 年第 4 期。

〔4〕 周高印："互联网个人征信业务的监管问题研究"，华东政法大学 2017 年硕士学位论文。

〔5〕 李强强："互联网时代我国个人征信系统创新模式研究"，河北经贸大学 2017 年硕士学位论文。

〔6〕 李思雷："论我国个人征信权利结构——以变迁社会为背景"，西南政法大学 2016 年硕士学位论文。

监管资源紧张、反馈数据不及时等监管问题。[1]王森（2011）阐述了征信监管的基础理论，介绍了世界上有代表性国家的征信监管立法模式，指出我国应从政府主导并逐步过渡到以市场调节为主的征信监管立法模式。[2]叶世清（2008）论述了征信的基础理论，定性征信机构为中介服务机构，提出平衡信用信息保护利益冲突的原则，分析论证了征信活动遵循的法律规则，并提出构建多元的信用市场监管体系。[3]

（2）在征信的宏观审慎监管方面。于真、杨渊和陈彦达（2018）指出了央行金融信用信息数据库在加强宏观审慎监管中的重要作用。通过建模分析指出可以借鉴欧洲央行统一信贷分析系统的建设经验，进一步扩大金融信用信息数据库的信息采集范围，并建立与央行及其他监管部门数据库的联动机制，为我国宏观审慎监管提供更多的信息支持。[4]李寅（2017）指出由于我国大部分征信机构在经营理念、行为模式以及风险暴露等方面具有较高的同质性，当前存在系统性风险的隐患。有必要建立我国征信市场宏观审慎监管体系，逐步维护我国征信系统的稳定。[5]

（3）在互联网征信与大数据征信监管方面。张忠滨、宋丹（2016）分析了互联网征信的新特征，指出了征信市场、技术、数据、业务和安全等方面的监管问题。建议进一步优化监管体系，实施差别监管，统一数据标准，加强队伍建设，创新监管手段，加快个人数据保护立法。[6]陈志（2016）指出大数据征信引发了对监管体系的影响，需要监管体系、法律体系和监管队伍体系的建设；指出对于互联网征信的监管应当是全流程的监管，涵盖其行为的始终。[7]王秋香（2015）指出对于目前的大数据征信监管而言，不单单需要对主体的监管，更需要对征信行为的监管。[8]张忠滨、刘岩松（2015）认

〔1〕　张雅婷："我国企业和个人征信系统发展探析"，载《征信》2015 年第 3 期。

〔2〕　王森："我国征信监管法律制度研究"，山东大学 2011 年硕士学位论文。

〔3〕　叶世清："征信的法理研究"，西南政法大学 2008 年博士学位论文。

〔4〕　于真、杨渊、陈彦达："征信数据服务宏观审慎监管的国际经验研究——以欧央行统一信贷分析系统为例"，载《征信》2018 年第 9 期。

〔5〕　李寅："征信市场的宏观经济风险及宏观审慎监管"，载《征信》2017 年第 3 期。

〔6〕　张忠滨、宋丹："互联网金融时代征信业发展之道及监管对策探析"，载《征信》2016 年第 10 期。

〔7〕　陈志："我国大数据征信发展现状及对征信监管体系的影响"，载《征信》2016 年第 8 期。

〔8〕　王秋香："大数据征信的发展、创新及监管"，载《国际金融》2015 年第 9 期。

为用户在个人信息被泄露维权时与大数据征信机构相比处于弱势地位，指出我国应加强明确对个人的救济赔偿机制，加强行业自律和行政监管的建设。[1]

（4）在社会信用体系建设方面。刘浩武、史广琰（2013）指出，金融消费者权益保护与社会信用体系建设的结合，可以有效地扭转金融消费者在金融市场中的劣势地位，减小由于市场的不确定性和部分机构投资者的刻意诱导作出非理性决策的概率。因此，社会征信体系建设对于金融消费者非理性行为的矫正应当从三个方面入手：提高市场有效性，加强信息披露，增强金融消费者知识普及。[2]陈鹏飞（2009）区分了社会信用和国家信用的范畴，分析了美国、欧洲和日本三种典型模式的社会信用法律模式，比较分析了中国上海、深圳和浙江的模式，强调了政府在社会信用管理中的地位和作用，论述了征信、信用评级和信用担保的法律规范调整，并构建失信惩戒的机制和构建相应的法律责任。[3]

从以上主要观点分析可见，对我国征信市场监管的理论分析多集中在征信体系的选择和征信模式的设置上。对西方市场主导型、政府主导型和会员自律型的征信市场模式的分析较多，对统一监管与分散监管的征信监管模式的论述较多。但是，也暴露了对征信市场发展的内在规律与征信监管的关系的理论分析不足，对征信监管的基础理论，监管目标、内容、工具、方法等深入和系统论述的相对缺乏。相关的分析缺乏深入和系统性，对其内在的利益平衡分析也显得贫乏。在征信监管方面，在金融监管体系下，随着大数据时代和我国征信市场的发展，对征信监管的影响和当下以及未来征信的发展将带来新的问题，我国法学界对此的研究储备显得相对薄弱。

（三）国外研究状况

1. 在征信的基础理论和信息经济学等方面

尼古拉·杰因茨（2009）提出了现代征信体系是现代金融体系的有机组

---

[1] 张忠滨、刘岩松："互联网征信个人信息保护立法的探讨"，载《征信》2015年第8期。

[2] 刘浩武、史广琰："从行为金融学视角解析征信体系建设与金融消费者权益保护的现实选择"，载《征信》2013年第2期。

[3] 陈鹏飞："社会信用管理法律制度研究——基于需要国家干预的视角"，西南政法大学2009年博士学位论文。

成部分，阐述了金融隐私权的现实保护问题。[1]詹姆斯·麦迪逊（2013）首次系统论述了美国商业征信业从19世纪40年代的新兴商业模式到20世纪初成熟经营模式的演变过程，指出了随着人口和贸易量的增长和市场的扩张，源于信用信息的供给需求，征信业得以萌芽和起步，并在经历了种种困难之后获得了发展。其中，立法和司法的调整也促进了征信业的发展。[2]肯特·瓦克（2000）提出持续的数据供给会给社会带来效益。[3]玛格里特·米勒（2004）就美国的征信体制发展动因进行研究，认为美国征信体系的建设与美国的社会体制有重要关系。由于美国早期并没有银行或商业协会等利益保护集团，企业为有效降低风险，有效提高征信水平，因此出现了现代化的征信机构。[4]乔治·阿克尔洛夫（1978）提出了柠檬溢价定理，研究了信息不对称会出现逆向选择的问题。[5]凯恩斯（1969）首次总结了信息不对称是征信体系的产生原因。图利奥·贾佩利、马可·帕加诺（1993）对征信机构的运作原理做了详尽的分析。帕迪拉和帕加诺（1999）论证了信息共享原理可以对信用申请人的行为起到威慑和限制作用，减少市场风险。[6]拉索恩（2008）研究了征信对个人破产所带来的社会流动状况的冲突情形。[7]麦克劳德（1889）提出了信用创造理论，认为信用也是一种货币，可以创造资本。[8]

2. 在隐私权、遗忘权、大数据与隐私保护等方面

帕金、吉安坎丹（2016）从技术立法的层面来解决大数据征信中的个人

---

〔1〕［德］尼古拉·杰因茨：《金融隐私——征信制度国际比较》，万存知译，中国金融出版社2009年版。

〔2〕［美］James H. Madison、郭岩伟、苗素婷："19世纪美国商业征信所的演进"，载《征信》2013年第7期。

〔3〕 Kent Walker, "Where Everybody Knows Your Name：A Pragmatic Look at the Costs of Privacy and the Benefits of Information Exchange", *Stan. Tech. L. Rev.*, Dec. 2000, pp. 1, 7-21.

〔4〕［美］玛格里特·米勒编：《征信体系和国际经济》，王晓蕾、佟焱、穆长春译，中国金融出版社2004年版。

〔5〕 Akerlof George, "The Market for 'Lemons'：Quality Uncertainty and the Market Mechanism", *Uncertainty in Economics*, 1978, 84（3）.

〔6〕 Jappelli T., Pagano M. "Information Sharing in Credit Markets：International Evidence ", *Ssrn Electronic Journal*, 1999.

〔7〕 Deborah Thorne, "Personal Bankruptcy and the Credit Report：Conflictingn Mechanisms of Social Mobility", *Journal of Poverty*, vol. 11, 2008.

〔8〕 Henry Dunning Macleod, *The Theory of Credit* . Create Space Independent Publishing Platform, 1889.

信息隐私和安全的矛盾，通过最新数据采集匿名化技术手段，建设相对完善的隐私保护机制来保障大数据时代个人信息安全。[1]米尔兹温斯基、切斯特（2012）认为扩大征信法规的应用范围，解决大数据时代商业金融公司未经许可采集分析消费者信息生成信用报告对潜在客户进行市场营销，使消费者隐私泄露的问题，应将其纳入美国《公平信用报告法》严格保护个人信息安全权益。[2]莫斯坎特（2011）认为现在广为关注的是基于互联网的技术发展为法律和政策提出了前所未有的问题。[3]弗雷德·凯特（1997）认为当个人数据不受商业规范或者法律规范约束自由流动时存在严重后果。[4]博伊尔、萨满、索伟、斯普林（1996）指出数据往往会完全脱离其原始上下文被解释、使用或误用。[5]舍恩伯格（2009）认为不能删除的数据"将永远"把我们拴住在过去所有的行为中，使我们事实上不可能逃离它们的影响。[6]克里斯托弗·库勒（2008）基于欧盟《个人数据保护指令》系统介绍了欧洲数据保护的法律和制度。对数据保护的基本概念、法律适用和管辖，数据的跨国转移作出了分析，并提出了应对和遵守数据保护法令的策略问题。[7]费德里科·费雷蒂（2006）认为英国的征信监管环境存在问题，认为法律应该在隐私权、歧视问题和征信行业的需求之间找到一个平衡点。[8]沃伦和布兰迪斯（1890）在法律的争论中研究了个人隐私和公开声誉的关系。[9]

---

〔1〕 Jain P., Gyanchandani M., "Big data privacy at technological perspective and review", *Journal of Big Data*, 2016 (01).

〔2〕 Mierzwinski Ed., Jeff Chester, Selling Consumers, Not Lists. "The New World of Digital Decision-Making and the Role of the Fair Cred", *Suffolk University Law Review*, 2012 (46).

〔3〕 Cf. Rosabeth Moss Kanter, "The Internet Changes Everything—Except Four Things", *Harvard Bus. Rev. Blog Network* (May 26, 2011), http://blogs.hbr.org/kanter/2011/05/the-internet-changeseverythin.html.

〔4〕 Fred H. Cate, Privacy in the Information Age. 131 (1997).

〔5〕 James Boyle, Shamans, Software & Spleens, "Law and the Construction of the Information Society". (1996).

〔6〕 Viktor Mayer-Schönberger, Delete, "The Virtue of Forgetting in the Digital Age", 125 (2009).

〔7〕 ［德］Christopher Kuner：《欧洲数据保护法——公司遵守与管制》，旷野、杨会永等译，法律出版社 2008 年版。

〔8〕 Federico F. Ferretti, "Re-thinking the regulatory environment of credit reporting: Could legislation stem privacy and discrimination concerns?", *Journal of Financial Regulation and Compliance*, vol. 14, 2006.

〔9〕 Samuel Warren & Louis Brandeis, "The Right to Privacy". 4 *Harv. L. Rev.* 193, 196-197 (1890).

3. 在大数据与大数据征信方面

维克托·迈尔-舍恩伯格、肯尼思·库克耶（2013）指出大数据带来了思维的巨大转变，一切变得数据化。必须防止大数据的困境，指出保护隐私的核心技术不再适用，需要防止成为大数据的奴隶。[1]米凯拉·赫尔利、朱利叶斯·阿德巴约（2016）指出，大数据征信运用人工智能建立模型分析信用评分。与传统的征信分析模型工具存在很大差异。大数据分析工具往往也蕴含了巨大的风险，比如，未经许可收集数据；评分缺乏准确性；当事人无法获得公平对待并无法获知信用改进的途径；也存在着一定的数据混乱和歧视性。提出了信用评分应当建立高标准的准确、透明、公平和无歧视的立法准则。[2]克里斯·杰伊·胡夫纳格（2013）提出了关于征信大数据的两点意见：一是大数据并不是新的，消费者报告在 20 世纪 60 年代就取得了大数据的地位；二是 1970 年美国《公平信用报告法》提供了丰富的针对大数据监管的方法。[3]经统计发现美国几乎有 25% 的人群是没有个人信用记录的，因为这一原因他们无法获得相应的金融服务，究其深层原因主要是传统的信用评价指标单一，覆盖面小，而互联网征信使评价指标更加多样化，覆盖面也更广，可以很好地改善这种情况。佩妮·克罗斯曼（Penny Crosman）（2012）对泽斯塔公司进行了研究，发现泽斯塔公司对用户的信用评估要用到相当于传统征信公司数百倍的数据量。认为互联网大数据征信具有十分明显的优势：一是评估指标更丰富，使得评估结果更加全面准确；二是技术模型更为先进，征信报告具有更强的动态化特征。[4]埃莉安娜·安吉丽尼等（2008）认为未来的征信体系的评估指标会有更加丰富的数据来源，不仅局限于财务数据，更多的是个人的行为数据。[5]

---

〔1〕　[英] 维克托·迈尔-舍恩伯格、肯尼思·库克耶：《大数据时代——生活、工作与思维的大变革》，周涛等译，浙江人民出版社 2013 年版。

〔2〕　Mikella Hurley, Julius Adebayo, "CREDIT SCORING IN THE ERA OF BIG DATA", *Yale Journal of law and Technology*, Volume 18, Issue1, http://digitalcommons. law. yale. edu/yjolt/vol18/iss1/5.

〔3〕　Chris Jay Hoofnagle, "How the Fair Credit Reporting Act Regulates Big Data", *Future of Privacy Forum Workshop on Big Data and Privacy*: *Making Ends Meet*, 2013.

〔4〕　Crosman Penny, "Zest Finance Aims to Fix Underbanked Underwriting", *American Banker*, 2012.

〔5〕　Angelini Eliana, Tollo Giacomo, Roli Andrea, "A Neural Network Approach for Credit Risk Evaluation", *The Quarterly Review of Economics and Finance*, 2008 (48).

4. 在征信监管方面

世界银行在 2011 年《征信通用原则》报告中指出，信息质量是有效征信报告的基础，必须确保征信数据准确、更新、完整无遗漏和有效充分。信息的加工过程必须确保数据的安全和效率。政府应当平衡征信机构与信息提供者之间的利益，并做好风险防控。虽然自 19 世纪以来征信系统已经存在，但是随着 20 世纪 60 年代技术的应用，必须更加关注征信的透明度和对个人合法权益的保护，在法律和管制框架方面作出制度安排。确保征信评分清晰、可预测和非歧视，并恰当支持信息主体的合法权益。同时，也指出征信机构的治理必须科学有效。[1]玛格丽特·米勒（2003）对西方国家过去一段时间征信体系的发展进行了总结归纳，研究得出由政府负责运营的非公共征信模式有更好地调控市场风险的功能，认为公共信用模式和私人信用模式都有各自的优缺点，应考虑不同国家的不同实际情况。公共信用模式更容易控制市场风险，后者的模式更有利于数据源的多样化。同时，市场发展模式可以作为补充，使征信数据库的数据更加丰富。[2]加林多·阿图罗（2001）对比了美国和欧洲两种不同的征信模式，并结合经济学的研究方法，从模式的建构到发挥的功能多方面进行评估，深入剖析了征信体系对经济产生的影响。[3]

国外对征信监管的研究方向相对分散和广泛，在对信用市场的基础理论和建模分析方面建立了有世界影响的理论。但是法学界对征信的研究主要集中在对隐私权保护、个人信息保护方面的强调。由于各国的征信立法和征信监管体系的差异，各国对征信立法和监管的研究视角存在差别。英美法系为代表的英美等信用发达国家的研究主要集中在信息主体的隐私权保护方面，尤其大数据时代对信息主体隐私权保护带来的新挑战，也强调信息准确、公平、非歧视方面的保护。欧盟等大陆法系国家更多地集中在个人信息保护，监管方面也将其纳入金融监管和消费者保护方面的监管，将其放在个人信用保护与金融市场及金融监管中进行研究。

〔1〕 The World Bank, *General Principles For Credit Reportings*, http://documents. worldbank. org/cura-ted/en/662161468147557554/General-principles-for-credit-reporting.

〔2〕 Miller M. J., "Credit Reporting System and the International Economy", *Defusing Default Incentives & Institutions*, 2003（1）.

〔3〕 Galindo Arturo, "Creditor Rights and the Credit Market: Where Do We Stand?", *Ssrn Electronic Journal*, 2001.

综上所述，就本书之研究目的而言，现有的资料收集并非完整，仍然是一个任重道远的事情，不足之处在所难免。可以说，随着我国金融市场的繁荣发展，征信市场的逐步培育和征信监管的不断完善；随着大数据、区块链、人工智能、物联网、云计算等技术对社会经济发展和生活的长驱直入；随着个人信息保护立法的再度兴起，信用社会建设逐步推进，将会引起对征信领域更加广泛深入的研究，创造更丰富的理论。再者，谁都不敢说，一切理论的研究都是完美的，毕竟都是开始而永无止境。随着人类社会的实践和发展，依据经验和理性所构建的理论将是日日新，常常新，只能说这是研究之苦，但也是研究之幸事！

三、研究思路与研究方法

本书的研究思路以征信发展与监管平衡的法律制度变迁为基础，沿着征信历史内在发展逻辑展开。放在现代征信发展的大背景下，紧紧围绕征信法律背后利益调整的核心和基本利益冲突和诉求，从征信主体、征信行为、征信市场三个不同层面的法律规制和监管的三大基本利益矛盾冲突及三大基本问题展开分析。基本思路是围绕三大基本问题，紧扣提出问题、分析问题、解决问题的逻辑和思路开展。

在提出问题阶段。通过征信与监管的发展分析阶段和对主体、行为、监管三大利益诉求做了分析。分析征信发展与法律监管的法律制度安排，重点阐述了征信业的发展进程，在制度变迁的阶段中推导出征信业的发展是基于市场、技术和法律监管多种力量和不同市场主体等内生变量，经过多方利益博弈演化的结果。在征信业中存在的主体、行为和市场三种利益诉求，由此产生了信息主体与信息自由、征信行为与法律责任、征信市场与监管三个层面的利益冲突和基本问题，从而指出了我国征信法律规制与监管中面临的基本利益冲突，以及围绕征信监管中的三个基本利益冲突问题所呈现出来的立法问题，指出了征信法律规制和征信监管背后的核心利益诉求和三大基本利益关系。

在分析问题阶段。通过基本理论分析解释，通过不同的理论视角，从利益法学、经济学、金融学等方面入手构建征信监管的利益平衡分析的理论框架。本书分析提出了征信法律规制和征信监管面临的三大基本问题，指出了信息主体与信息自由、征信行为与法律责任、征信市场与监管三个层面的基本问题，分别代表了个人利益、社会经济利益和公共利益的关系，代表了公平、效率、安全的不同核心价值和监管目标的利益关系和平衡，由此分析了这三大基本关系的利益平衡的边界、目标和原则，提出了具体的利益平衡的理论框架。

在解决问题阶段。通过三个基本问题的平行展开，分析和提出了解决问题的思路或者具体建议。在三大基本问题的利益平衡理论框架的指引下，各有侧重地提出了完善的方向和不同的建议：在信息主体与信息自由的利益平衡中需要并行平衡，以完善我国的信息主体隐私权保护权利体系为本位，提出了同步推进信息自由和信息共享的思路。在征信行为与法律责任利益平衡完善方面，以约束征信行为的法律规制为重点，完善法律责任相适应为辅助的思路，促进征信行为的依法经营。在征信市场与监管利益平衡完善方面，以市场发展为导向，监管权能和体系完善为重点的利益平衡格局，最终实现征信业在征信监管的公平、效率、安全三者平衡中实现整体利益最大化的发展方向。

在逻辑体系上，本书的论述集中在征信监管面临的三大基本和三大监管目标的利益冲突与平衡的研究分析，通过主体、行为、市场监管三个层面，并行分析展开论述。对征信监管问题的利益平衡分析深入推进，形成逻辑严密、前后呼应、环环相扣、层层递进的论述思路。

庞德通过法律对社会的控制理论分析，指出了法律研究的价值尺度有三种分析进阶和方法：一种是经验实践主义方法论，从经验中寻找各社会主体受损最小而整体利益方案最大的条件下的合理发展方法；一种是运用特定时空范围内的法律理论假说来分析评价的方法；还有一种是价值分析方法论，运用法律所内含的社会秩序背后的公认的法律原则、被接受的法律权威性观念进行的分析评价的方法。当然，第一种就是本书所指的经验实证主义的利益平衡分析方法；第二种也是运用法律理论假设的理性分析；第三种是法律价值分析。[1]而哈耶克把近代以来学者们的研究路径归纳成两类：一类是以笛卡尔、卢梭等为代表的建构理性主义；一类是以休谟、托克维尔为代表的

---

〔1〕［美］罗斯科·庞德：《通过法律的社会控制》，沈宗灵译，商务印书馆 2010 年版，第 66-80 页。

进化理性主义。本书认为应当综合运用庞德的"三种方法"和哈耶克的"两种路径"开展研究：一种是经验分析，立足于历史和实际，基于经验和利益平衡，对实践作出总结和归纳；一种是理性分析，通过理论、原理、原则、价值、法条的分析，在归纳和演绎中作出理性分析和构建。所以，本书综合运用利益平衡分析法，历史分析法，信息经济学、博弈论、金融学等经济学分析方法，价值分析方法，比较研究法，文献综述法，实证分析法等方法按照如下的基本思路展开研究。

通过利益平衡分析法寻找到征信法律和征信监管内在的规律和三大基本利益矛盾冲突的问题。在法律反映的权利义务体系中，分析信息主体、征信机构、监管为代表的三大法律关系，指出了信息主体与信息自由的矛盾冲突和利益平衡的法律问题与解决框架；指出了征信机构、征信行为与法律责任的矛盾冲突和利益平衡的法律问题与解决框架；指出了征信市场与征信监管之间的矛盾冲突和利益平衡的法律问题与解决框架。由此运用"三种方法"和"两种路径"，在信息主体、征信机构、监管机构之间的三大关系中厘清了个人利益、社会利益和公共利益之间的利益关系和平衡原理。

通过运用历史分析法研究了征信业的发展过程和法律制度演变，剖析了征信发展的路径和法律监管的脉络，奠定了征信监管制度研究的历史基础。在征信的起源和制度演变中寻找征信发生发展的内在规律与法律规制和监管的作用及其必要性与重要性。随着西方的征信立法的发展成熟，各项规则也开始得到认同和实施。

通过经济学分析和价值分析等不同的方法对征信法律监管的不同视角进行解释。在信息不对称中寻找征信的价值和功能；在博弈论中寻找法律监管规制下的纳什均衡；在行为经济学中寻找非理性假设下非完美征信市场开展行为监管的理论基础；在普惠金融理论分析中将征信置于金融业基本价值理念的视角下，突出了征信业与金融发展的关系和社会本位的价值回归。

通过比较分析，展开论述了西方为主要代表的市场主导型、政府主导型、会员制自律型的三种主要征信发展模式和监管模式。通过比较分析，借鉴了各国征信发展和监管的法律实践，为我国开展征信立法和监管提供经验与教训的借鉴。

通过实证分析归纳法律框架，总结各种立法差异。寻找和分析了问题所在及问题的解决方向和方法，为征信监管的体系构架和具体方法方式提出了完善的框架。探索征信背后保护的法益，辨析隐私权、人格权、个人信息自决权、财产权、信用权的核心价值本源。通过理性构建的法学方法，提出征信监管的理论基础、利益平衡的法律原则和权利体系构建，从信息主体权利、征信法律行为和监管体系的重构和权利平衡中提出了解决方案。

通过对征信监管涉及的金融、经济、市场、法律与主体、行为、关系等主要交叉的领域开展研究，寻找法律在这个领域的应有作用和意义。最后，放在社会信用体系建设的宏大视角下，厘清征信与社会信用体系的关系和未来法律发展的方向。

四、创新之处和不足之处

本书通过对征信监管的基本法律问题和利益平衡理论进行系统的建构和分析，在以下几个方面作出了创新。

第一，创新地提出了利益平衡分析视角，并构架了对征信法律和征信监管完整的利益平衡理论分析框架。通过利益分析法理学的理论构建，提出了信息主体、征信行为、市场与监管的利益平衡的边界、原则和理论。最终在法律利益平衡的视角下，对征信业三大基本问题作出了利益平衡分析，解决征信业发展与监管的内在三大矛盾和冲突的利益调整平衡，找到了征信法律内在的核心利益价值诉求，构建起征信监管的实证分析理论框架，实现了对征信中信息主体代表的个人利益、征信行为代表的社会经济利益、监管机构代表的公共利益进行利益平衡的理性构建，找到了以最小的代价建立对征信业整体利益最大化的利益平衡原理和公式。

第二，创新了对征信监管的研究分析方法。综合运用经济法学、法理学、社会法学、分析法学、制度经济学、博弈论、行为监管理论、金融消费者理论、普惠金融理论、市场与监管关系理论等；综合运用法学利益分析方法、比较分析方法、实证分析方法、价值分析方法等，对征信业发展与监管中的法律顶层设计的根本问题进行了利益平衡和深入系统分析。

通过利益平衡分析方法寻找到征信法律内在的规律和三大基本利益矛盾冲突的问题。由此运用"三种方法"和"两种路径"在信息主体、征信机构、监管机构之间三大关系中厘清了个人利益、社会利益和公共利益之间的利益关系和平衡。通过运用历史研究方法分析了征信业的发展过程、法律制度演变和征信监管内在规律。通过经济学、金融学分析和价值分析方法对征信法律监管的不同视角进行解释。通过比较分析借鉴各国征信发展和监管的法律实践，为我国开展征信立法和监管提供经验与教训。通过实证研究，提出问题的解决方向和方法，为征信监管的体系构架和具体方法方式提出了完善的框架。

第三，创新地提出了征信法律和征信监管的基础理论。一是对征信业的发展与法律监管制度演变分析，推导出征信的起源和功能，技术、市场、法律与监管多方主体利益博弈和不断演化的制度变迁模式。二是辨析了征信法律和征信监管的核心利益追求。提出了对个人信息的类型化和层级化分类保护、隐私权保护和财产权保护的思路。三是从经济法视角创新地提出了征信法律行为的范畴并进行了系统的合法性证成。论证了征信法律行为的合法性构成及其内涵。论证了征信法的核心规范和约束的内容应当突出的是程序法而不是处罚责任法的本质和根本原因。四是构建完整的征信行为监管理论和体系。分析论证了建立基于征信市场相适应的征信监管核心目标和内容，提出了公平、效率和安全监管"三足目标"定理。并在"三足目标"之下，完善征信监管权能、工具、方式方法，监管责任等监管体系。五是厘清了征信与社会信用体系建设的关系，为征信与社会信用体系建设的法律进路指出了方向性的思路。

当面对征信法律理论的论证、演绎和理性构建时，往往也感觉到理论研究的难度。论述的过程深感存在着许多不足。首先，由于本书在实践调查和资料的收集上相对较少，对国外征信业实践、考察和有关资料的收集难免相对薄弱。其次，在理论构建上，由于本书对经济、金融、科技、法理缺乏完整的梳理，理论构架往往缺乏多种解释方法，理论分析显得薄弱。最后，本书在研究方法中，归纳总结和价值分析应用得多，实证分析运用得少，经济分析、数据分析运用不够。对有关问题的研究，本书也仅仅是形成了初步的理论成果，有些理论观点有失偏颇在所难免。当然，这也为后续开展研究打开了一扇大门。

征信作为国家金融的一个基础产业，具有强监管的特征。我国的个人征信法律实践也才刚刚开始，有待实践的检验和对新问题不断深入研究。为了我国征信业的健康规范发展，单独依靠法律手段也很难彻底解决征信业面临的诸多问题，加强信息主体的教育和社会多层级的征信服务机构的发展，完善征信监管机构的职责和各项监管权能，形成全社会的征信文化，建设信用中国也是题中应有之义。

|第一章|
征信业发展与监管平衡

一切法律的总目标一般是或应该是增加社会幸福。

——边沁

纵观征信业的起源和发展过程，在一定程度上印证了，征信业的发展水平越高，金融体系越健康，经济质量越高，社会信用就越规范。基本共识认为，征信体系是金融业大厦的基础设施。征信业的发展历史也证明，征信业的健康发展离不开法律的顶层设计，离不开监管的良性介入。在法律监管的范畴中，面临着核心利益的配置问题，征信业的法律监管通过对核心利益的调整平衡，确定征信基本法律关系，以权利义务的范式平衡不同利益主体的利益冲突和诉求。利益冲突的表现和利益的平衡需要抽丝剥茧，层层分析，才能找到问题所在；才能不断完善法律利益平衡体系；才能据此构架起符合征信市场发展规律的法律监管体系。

第一节 征信监管基本范畴

一、个人征信与征信监管

（一）征信与个人征信概念界定

1. 征信与个人征信的范畴

就"征信"一词而言，至今定义不一。其源于《左传·昭公八年》中的"君子之言，信而有征，故怨远于其身"。[1]其中，"信而有征"即为可验证

---

〔1〕 中国人民银行征信管理局编著：《现代征信学》，中国金融出版社 2015 年版，第 2 页。

其言为信实，或征求、验证信用。"征信"一词通常与诚信、信任、信用、资信调查、信用分析等概念密切相关。根据《国际贸易金融大辞典》的释义，"征信"一词与"资信备询"（Credit Reference）、"征信调查"（Credit Enquiry，Credit Inquiry）相对应，又称信用调查，是指交易双方在未正式进行交易前，或银行在对客户进行正式授信前，为确定对方的履约能力所做的有关对方信用情况的调查。[1]《货币银行术语辞典》将"征信"同义于"信用分析"（Credit Analysis），银行对个别贷款申请人的信用情形、业务状况尤需切实了解，其方法即为征信或信用分析。[2]

现代意义上的征信是 200 年前由英美国家所创设的。征信的概念演变大致历经了三个阶段：从"授信主体征信""受托探访调查"，最终演变为"现代征信"。而现代征信即是当今所指的信用信息收集、整理、加工和使用的活动。[3]

通常认为，对现代征信的定义是指依法收集、整理、保存、加工自然人、法人及其他组织的信用信息，并对外提供信用报告、信用评估、信用信息咨询等服务，帮助客户判断、控制信用风险，进行信用管理的活动。[4]国际金融公司通常采取征信报告的定义，认为征信报告是金融基础设施的重要组成部分，通过征信报告的运用，促进投资，主要也在于解决大部分中小微企业和个人获得信贷的渠道，为贷款人作出信贷决定时提供准确、可信的信息，降低信贷风险，减少信贷损失。我国《征信业管理条例》的立法也采用定义征信的方式，明确征信的概念，这是我国对征信行为所做的立法定义。[5]征信的本质是对企业和个人信用信息的采集和分析。征信是采集、传输、存储、加工、披露与使用个人和企业信用信息的活动。[6]

征信包含了信用信息、征信机构、信用信息的提供者、信用信息的使用者等因素。征信的目的是获取信用判断的准确信息。征信作为金融基础设施

〔1〕 王晓明：《征信体系构建——制度选择与发展路径》，中国金融出版社 2015 年版，第 5 页。

〔2〕 孙建国：《信用的嬗变：上海中国征信所研究》，中国社会科学出版社 2007 年版，第 5 页。

〔3〕 唐明琴、缪铁文、叶湘榕主编：《征信理论与实务》，中国金融出版社 2015 年版，第 3 页。

〔4〕 艾茜：《个人征信法律制度研究》，法律出版社 2008 年版，第 27 页。

〔5〕 我国《征信业管理条例》第 2 条第 2 款规定，本条例所称征信业务，是指对企业、事业单位等组织的信用信息和个人的信用信息进行采集、整理、保存、加工，并向信息使用者提供的活动。

〔6〕 李清池、郭雳：《信用征信法律框架研究》，经济日报出版社 2008 年版，第 11 页。

的重要组成部分，为解决贷款人和借款人之间的信息不对称，对借款人是否具有履行还款协议的能力和还款意愿作出判断，减少信贷风险和减少信贷损失。[1]征信体系是关于征信机构进行信息采集、加工、分析和对外提供信用信息服务的一系列制度性安排，包括一国征信制度的确立、征信法律体系的建立、信息的采集和加工、征信机构和征信服务、征信监管、信息主体权益保护、征信宣传与知识教育等。[2]从这一广义的定义可以看到，征信体系是涵盖征信行业的完整体系，至少应当是包括征信主体、征信机构、征信市场、征信监管、征信文化、征信制度在内的一个内在体系。

通过以上分析，本书认为征信是法定征信机构基于征信目的，对企业法人与自然人所涉及的金融信用信息的数据进行收集、分析与提供使用的行为。该定义包含了三层意思，一是征信主体的法定性。征信是依法开展的活动，通常各国都对征信机构的市场准入加以监管，未取得合法主体资格的，不得从事征信活动。二是强调征信的目的性。征信的目的性将征信的本质特征加以限定，征信目标是获得准确完整的信用评价，对征信对象的信用信息加以收集、分析和使用。背离了征信目的的数据信息收集行为和分析行为，以及使用行为，均为法律所排除。三是围绕金融信用信息这一客体开展征信活动。征信的活动就是数据与信息的收集、加工、分析、存储和使用的过程，这是征信活动的典型特征，也是征信活动被认为是大数据收集、分析和使用相关活动的一个重要原因。

2. 征信的分类

根据征信信用信息主体的不同，征信分为机构征信和个人征信。[3]机构征信又分为资本市场信用征信和普通企业信用征信。资本市场信用征信主要是指信用评级，指对进入资本市场进行权益类融资和债权类融资的企业的信用评估；普通企业征信主要是指收集企业信用信息，对企业进行信用评价和

---

〔1〕 吴维海、张晓丽：《大国信用——全球视野的中国社会信用体系》，中国计划出版社 2017 年版，第 97-98 页。

〔2〕 王晓明：《征信体系构建——制度选择与发展路径》，中国金融出版社 2015 年版，第 8 页。

〔3〕 本书将征信限定在金融征信范围内，主要论述个人征信活动的监管及法律问题，金融征信监管机构在本书通常是指中国人民银行征信管理局及其派出机构。关于个人数据主体、信息主体、征信信用主体三个词语视具体语境和所引用文章的内容来源不同，在本书均表达为同一主体，本书主要使用"信息主体"一词。

征信评级；个人征信主要是指收集个人信用信息、生成个人征信报告，对个人进行信用评价。本书主要论述的是个人征信监管方面的问题。

按服务对象可分为信贷征信、商业征信、雇用征信以及其他征信。信贷征信的主要服务对象是金融机构，为信贷决策提供支持；商业征信的主要服务对象是批发商或零售商，为赊销决策提供支持；雇用征信的主要服务对象是雇主，为雇主用人决策提供支持。另外，还有其他一些征信活动，诸如市场调查，债权处理，动产、不动产鉴定等。各类不同服务对象的征信业务，有的是由一个机构来完成征信活动，有的是围绕着特定服务对象的具有数据库的征信机构来完成征信活动。

按征信范围可分为区域征信、国内征信、跨国征信等。区域征信一般规模较小，只在某一特定区域内提供征信服务，这种模式一般在征信业刚起步的国家存在较多，征信业发展到一定阶段后，大都走向兼并或专业细分，真正意义上的区域征信随之逐步消失；国内征信是目前世界范围内最多的征信形式之一，尤其是近年来开设征信机构的国家普遍采取这种形式；跨国征信这几年正在迅速崛起。此类征信之所以能够得以快速发展，主要有内在和外在两方面原因：内在原因是西方国家一些老牌征信机构为了拓展自己的业务，采用多种形式（如设立子公司、合作、参股、提供技术支持、设立办事处等）向其他国家渗透；外在原因主要是由于世界经济一体化进程的加快，各国经济互相渗透，互相融合，跨国经济实体越来越多，跨国征信业务的需求也越来越多，为了适应这种发展趋势，跨国征信这种形式也必然越来越多。但由于每个国家的政治体制，征信规范的法律体系、文化背景不同，跨国征信的发展也受到一定的制约。

3. 征信体系

狭义的征信体系是指与信用信息服务活动有关的体制框架和体系，主要由两方面构成：一是信用调查活动，即征信活动；二是信用评级活动。[1]征信体系是关于征信机构进行信息采集、加工、分析和对外提供信用信息服务的一系列制度性安排，包括一国征信制度的确立、征信法律体系的建立、信息的采集和加工、征信机构和征信服务、征信监管、信息主体权益保护、征

---

〔1〕 吴维海、张晓丽：《大国信用——全球视野的中国社会信用体系》，中国计划出版社 2017 年版，第 57 页。

信宣传与知识教育等。[1]从这一定义可以看到，征信体系是征信行业的完整体系，至少应当是包括征信主体、征信机构、征信市场、征信监管、征信文化、征信制度在内的一个内在体系。征信体系是一个社会信用体系的核心组成部分。以美国为例，在征信行业里面，已经开始细分为不同市场和业务板块，并具有高度垄断性特征，其基本格局可以分为三大传统板块和一个新兴板块。三大传统板块为：其一是资本市场信用评级机构，主要涉及在证券市场进行股权融资和债券融资的信用评级。这个征信市场，基本上由标准普尔、穆迪、惠普三家垄断。其二是普通企业信用评级机构，由邓白氏独家垄断。其三是个人征信行业，则由益博睿（Experian）、艾可菲（Equifax）、全联（Trans Union）三大征信机构垄断。

近几年，又兴起大量互联网大数据公司，对于上述三大板块覆盖不足的，缺乏信用数据的小微企业和个人，利用大数据分析技术进行信用评级，以阔尔信用（Credit Karma）和泽斯塔公司两家公司为典型代表。[2]从这些板块我们可以看到，征信行业在经过200多年的发展之后，出现了垄断聚集效应，随着互联网和大数据时代的来临，也出现了新的市场和业务板块，新兴的大数据评级征信数据公司开始进入征信行业。近年来，全球趋势是信息主体权益保护日益严格，征信机构在信息采集过程中受到越来越多的限制，传统的征信模式往往拿不到足够的数据而受到挑战，尤其是涉及资产信息的采集时，更是困难，导致传统征信机构很难从资产—负债的全视角对信息主体的信用状况进行全方位评估。[3]本书的主要研究范围为，随着大数据时代的到来，个人征信所面临的法律问题和监管问题。

4. 征信的意义

征信在促进信用经济发展和社会信用体系建设中发挥着重要的基础作用。世界银行在2011年《征信通用原则》报告中分析指出，一个有效的征信系统具有十分重要的作用：一是信用风险评估和防范方面，能够支持金融机构和其他信贷授予人准确评估信贷发放决策所涉及的风险，并保持良好的信贷组

---

〔1〕王晓明：《征信体系构建——制度选择与发展路径》，中国金融出版社2015年版，第8页。

〔2〕徐华：《从传统到现代——中国信贷风控的制度与文化》，社会科学文献出版社2016年版，第272页。

〔3〕王晓明：《征信体系构建——制度选择与发展路径》，中国金融出版社2015年版，第60页。

合；二是稳定可靠地支持信贷的发展，能以负责任和高效的方式促进信贷的可持续扩张；三是支持稳健的监管系统，防范系统性金融风险，能支持金融监管机构对被监管对象进行监管，确保受监管机构保持安全稳健，最大限度地降低系统性风险；四是确保公平和非歧视地让金融消费者获得信贷服务，使其以有竞争力的条件而公平、公正地获得各类信贷产品；五是引导金融消费者和企业保持良好的信用行为，教育和鼓励个人和企业负责任地管理其财务，鼓励负责任的行为和遏制过度的负债问题；六是能够保护消费者利益。[1]可见，征信系统在一个国家的金融和经济发展中具有重要地位和作用，通常认为建立完善和有效的征信系统具有如下意义。

一是可以防范信用风险。金融征信降低了金融交易中参与各方的信息不对称，避免因信息不对称而带来的交易风险，从而起到风险判断和揭示的作用。

二是可以扩大信用交易。金融征信解决了制约信用交易的瓶颈问题，促成了金融信用交易的达成，促进了金融信用产品和商业信用产品的创新，有效地扩大了信用交易的范围和方式，从而带动信用经济规模的扩张。

三是可以提高经济运行效率。通过专业化的信用信息服务，降低了交易中的信息收集成本，缩短了交易时间，拓宽了交易空间，提高了经济主体的运行效率，促进了经济社会的发展。

四是推动社会信用体系的建设和完善。金融征信是社会信用体系建设的重要组成部分，发展金融征信业有助于遏制不良信用行为的发生，在金融借贷领域和相关方面，使守信者利益得到更大的保障，有利于维护良好的经济和社会秩序，促进社会信用体系建设的不断发展完善。

（二）征信监管及其核心问题

1. 征信监管的定义

规制、监管与管制，这三个概念均是作为舶来物传入我国并被广泛运用的。规制和管制的英文均是"regulation"，而监管则是"supervision"。"规制"是由日本学者植草益精心翻译而来的，为中国学者所接受，在法学领域得到了广泛使用。实际上，关于规制与管制只是翻译的角度不同，其本质都是市

---

〔1〕 see THE WORD BANK：《General Principes for Credit Reporting（september 2011）》.

场经济体系下，国家干预经济运用的一种形态。在经济学里面，对金融的干预倾向于使用"规制"与"监管"，两个词语同时并用，这两个词语经常得以同义互换。"管制"一词因斯蒂格勒（Stigler）的界定和使用得到更广的传播，认为"管制"在表述上除了法律规制和监管行为之外，还包含了特殊行业管理行为，是政府从产业角度进行的一系列干预活动，所以更倾向于包含监管和管理两种内涵。在法律表述上也更加容易产生在依法行政之上的管理和控制之意，故而以发展和效率优先为目的的情况下，在经济学领域倾向于使用"管制"来表述。由于其强调行政权力的运用，在法律范畴中使用得较少。斯蒂格勒认为，监管是符合产业利益的、代表国家强制力的法规集合。[1]艾伦·斯通（Alan Stone）认为，监管是国家强制力对市场经济中个体自由决策的限制。[2]李约瑟（Needham）认为，监管是市场经济主体通过干预其他主体的经济行为来实现自身意图的活动。[3]本书使用"监管"一词，是强调监管机构依据法律的干预和规范，是某一行业的相对独立的监管机构依据法律体系对市场经济中的某一行业的干预与规范。

2. 经济法上关于征信监管的含义

经济法上关于监管的论述主要有需要国家干预[4]和需要国家协调[5]等不同观点，均认为市场失灵引起的缺陷，在政府监管市场中需要运用经济法律予以调整和规范。有关监管、市场监管和金融监管的定义目前莫衷一是。从广义的经济干预的角度论述，"认为监管就是政府对经济的干预和控制"。[6]"一是国家以经济管理的名义进行的干预，二是政府对市场主体企业经营行为进行的干预或者控制。"[7]也有从市场监管的视角入手，认为"市场监管，

〔1〕 Stigler G. J. , "The Theory of Economic Regulation", *Bell Journal of Economics*. 1971, 2（1）: 3-21.

〔2〕 Herber B. P. , Alan Stone. "Economic Regulation and the Public Interest: The Federal Trade Commission in Theory and Practice", *Annals of the American Academy of Political & Social Science*, 1979, 442（1）: 187.

〔3〕 Needham Douglas, *The Economics and Politics of Regulation: A Bebavioral Approach*, Little, Brown and Company, 1983.

〔4〕 李昌麒主编：《经济法学》，法律出版社 2008 年版，第 53 页。

〔5〕 杨紫烜主编：《经济法》，北京大学出版社 2010 年版，第 20 页。

〔6〕 谢地主编：《政府规制经济学》，高等教育出版社 2003 年版，第 3 页。

〔7〕 [英] 约翰·伊特韦尔、默里·米尔盖特、彼得·纽曼编：《新帕尔格雷夫经济学大辞典》（第 4 卷），经济科学出版社 1996 年版，第 134 页。

是指法定的国家机构对市场准入与退出以及市场经营主体，在其存续期间的运营进行的监督和管理"。[1]"市场监管，是政府为了预防市场失灵，依据法律手段和政策措施，对市场主体的市场行为加以规范、引导、监督，从而实现市场秩序健康、稳定和可持续发展的过程。"[2]"市场监管，是相关机构对市场中的各类主体及其市场活动进行的监督管理。"[3]"规制"是政府对个人或组织的自由决策以制裁的手段进行干预的强制性限制。[4]"依据一定的规则对特定社会的个人和构成特定经济的经济主体的活动进行限制的行为。"[5]

本书认为，无论是采取广义的经济干预定义还是狭义的市场监管定义，均涉及几点：一是监管是政府的一种行为。它是一种以监管机构为主体的视角对经济或者市场的介入。二是强调了监管是法律的监管。依法开展监管是经济干预的一个根本性和核心前提。无论是经济干预还是市场监管，都需要依法进行，并可以综合采取法律、经济和行政管理的手段，这是监管区别于政府管制的重要依据。三是强调对市场主体的一种强制性的限制和规范的行为。市场主体是监管的对象，包含了监管者、监管对象、监管客体、监管内容等。

3. 征信监管的三大核心利益问题

本书认为，征信监管是市场监管的一种，是金融监管的组成部分。一般认为，征信监管是指征信监管机构对征信市场主体和征信市场进行的某种限制或干预。征信监管的主要法律关系中包含了征信监管机构、征信机构、信息主体、信息提供者和信息使用者形成的监管与被监管的法律关系。征信监管与金融监管面临着同样的问题。金融监管作为政府监管职能的一部分，所要解决的问题有三个：一是公平与效率问题；二是私人利益、社会利益与公

〔1〕 杨紫烜："论市场经济监管法的概念以及使用这一概念的必要性"，载顾耕耘主编：《市场监管法律制度的改革与完善》，北京大学出版社 2014 年版，第 15 页。

〔2〕 卢炯星："市场准入监管法的问题与对策"，载《福建法学》2014 年第 2 期。

〔3〕 邱本："论市场监管法的基本问题"，载《社会科学研究》2012 年第 3 期。

〔4〕 Viscusi W. K., Vernon J. M., Harrington J. E., Jr. *Economics of Regulation and Antitrust*, Cambridge: The MIT Press, 2005: 375.

〔5〕 ［日］植草益：《微观规制经济学》，朱绍文、胡欣欣等译，中国发展出版社 1992 年版，第 1 页。

共利益的关系问题；三是国家干预、市场竞争与社会自组织的关系问题。[1]
在征信业发展与监管中，也同样存在利益冲突与调整的三大基本问题，反映
在以下三个方面。

第一，关于征信业中公平与效率的关系和平衡问题。事关信息主体利益
保护与信息自由和共享的问题，信息主体的利益保护体现了征信法律对公平
和正义的追求。信息主体作为信息的来源者，没有信息主体就没有信息的产
生，信息主体是整个征信立法保护的基础。"如果说经济形式即交换，确立了
主体之间的全面平等，那么内容，即促进人们去交换的个人资料和物质资料，
则确立了自由。"[2]而信息自由和共享代表了市场对效率的追求，如果没有信
息的公开、自由和共享，征信机构无从收集信息，征信业的发展必将受到极
大影响。市场力量需要在公平和效率中取得平衡，诸如对垄断的限制和削
弱。[3]在公平与效率之间，单独依靠市场配置无法完成，单独依靠法律调整
和监管也无法完成。所以说，在征信业发展与监管中，片面追求公平不行，
片面追求效率也不行，需要在公平与效率之间取得平衡。

第二，关于征信业中私人利益、社会利益与公共利益的关系和平衡问题。
"法律所应保护的利益分为私人利益、公共利益和社会利益。"[4]这三种利益
关系从不同的立场和侧面代表了不同的主体利益，信息主体代表着私人利益，
征信机构作为第三方主体代表了社会利益，监管机构代表着公共利益。信息
主体对信用信息的自主权利和对信用信息的使用，代表了私人利益的需求。
征信机构作为独立第三方主体通过征信行为，对征信信用信息进行采集、处
理，由此提供信用信息，为征信业创造了征信产品；维系了整个征信业的运
转，满足了金融经济对征信的需求；评判了信息主体的信用情况，防范了金
融信贷风险；促进了社会经济和金融的发展，这些都代表了追求社会经济利

〔1〕 武长海："论互联网背景下金融业监管理念的重构——兼论政府在金融业监管中的职能与定
位"，载《中国政法大学学报》2016 年第 4 期。参见茅铭晨：《政府管制法学原理》，上海财经大学出
版社 2005 年版，第 75 页。

〔2〕 [德] 马克思、恩格斯：《马克思恩格斯全集》（第 46 卷·上），人民出版社 1980 年版，第
197 页。

〔3〕 Ernest Gellhorn, William E. Kovacic, *Antitrust Law and Economics in A nutshell*. Fourth Edition,
p. 13.

〔4〕 [美] E. 博登海默：《法理学——法律哲学与法律方法》，邓正来译，中国政法大学出版社
1999 年版，第 147-148 页。

益的出发点。而征信监管机构作为政府管理征信市场和行业的主体，其目标在于保护金融消费者权益；规范征信行为；实施市场准入；监管市场违法行为；纠正市场失灵和偏差；促进征信业持续健康发展，其目标和任务在于代表行业的公共利益，维护征信业的整体健康发展。这些利益关系和平衡问题，最终归结为对征信行为的法律调整和监管的利益平衡上，构成了法律调整的基本内容，也是征信监管需要洞察和遵守的规律。

第三，关于征信监管、征信市场竞争与社会自组织的关系和平衡的问题。新制度经济学将政府对市场的监管称为一种悖论，认为国家的存在既是经济增长的关键，同时又是人为经济衰退的原因。[1]

征信与市场的关系是宏大的问题，事关法律顶层设计和宏观构架。征信监管是建立在市场之上的，征信市场的资源配置作用是基础地位的，征信监管必须服务于征信市场的发展，征信监管也应当尊重和遵守征信市场的竞争和发展规律。市场监管的目标最终是要维护市场经济的自由竞争，并非代替市场对资源的配置作用。"任何人的经济活动都是他个人的私人事务，政府想干预就是侵犯个人自由。一切经济活动都在自然状态中自生自灭。"[2]征信市场发展的应然状态应当是市场配置、行业自律、主体自由、政府监管的一种平衡状态。形成市场配置是基础，行业自律是关键，主体自由是宗旨，政府监管是辅助的市场格局。所以，经济法意义上的制度安排是基于市场经济结构的强弱利益关系的平衡，而不是一种政府权力对市场主体权利的行政管理行为。这种制度安排是"一整套尊重私有财产、限制政府权力、鼓励自由竞争和产业发展、推崇基于个人才能的成就和为个人创造机会的价值和法律组成的体系"。[3]"高效的征信系统的建立不是简单的数据收集和整合，而是长期的技术和业务积累的结果。由于经济发展阶段等原因，目前，我国的征信业还没有找到政府和市场的最佳平衡点，征信体系的顶层设计还有待完善。"[4]

---

〔1〕 ［美］道格拉斯·C.诺思：《经济史中的结构与变迁》，陈郁、罗华平等译，上海三联书店、上海人民出版社 1994 年版，第 35 页。

〔2〕 储东涛：《西方市场经济理论》，南京出版社 1995 年版，第 45 页。

〔3〕 Michael Novak, *The Spirit of Democratic Capitalism* (Madison Books, 1991); and Charles Murray, *The Happiness of the People*. Irving Kristol Lecture, American Enterprise Institute, 2009.

〔4〕 刘新海："百行征信与中国征信的未来"，载《清华金融评论》2018 年第 11 期。

综上所述，本书认为以上三大基本问题的利益冲突和利益平衡分析，可以推演总结为对征信监管的"三位一体"的监管理论。以上三大问题构成了征信监管的三大基本关系和基本矛盾，即信息主体利益保护与信息自由的利益关系与平衡；征信行为的合法性开展与征信法律规制的利益关系与平衡；征信市场与政府监管的利益关系与平衡的问题。围绕这三大问题与关系的研究构成了整个征信法律调整和监管的研究基础。

二、个人征信法律关系利益冲突与平衡界定

（一）征信市场主体关系与法律利益

1. 征信市场主体关系的经济法界定

经济法主体最大的特征就是具有多样性。[1]征信法律关系包含了征信实体法律关系和监管法律关系。征信实体法律关系是征信机构与信息供给者之间关于信息如何获取、信息如何利用之间的法律关系。双方主体形式上处于平等地位，但实质上信息主体在提供信息之后对信息失去控制，征信机构存在侵害信息供给者信息权利的可能性。因此，基于对信息主体的隐私权或者商业秘密的保护，在各国的法律实践中，征信实体法律关系中一定程度上地倾斜保护信息主体，赋予信息主体各项法律权利。从法律研究视角看，对征信监管的法律关系主要是通过立法加以规范，征信监管的法律体系包括征信法律的价值是什么，法律基本原则有哪些，所涉及的法律关系的结构是什么样的，以及法律关系所涉及的主体、客体、权利与义务如何确定，法律责任有哪些等内容。

征信活动主要涉及五方主体，即信息主体、信息提供者（或者称为网络运营者）、征信机构、信息使用者、征信机构的监管机构。"法律主体是法律关系中的主导因素。没有法律主体，法律关系就无从谈起。在很多情况下，法律主体直接决定着法律关系的形成、产生和发展。"[2]一般而言，信息主体、信息提供者、征信机构、信息使用者之间是平等主体之间的法律关系，可界定为征信实体法律关系。征信监管法律关系是监管对象与征信监管机构

---

〔1〕 杨紫烜主编：《经济法》，北京大学出版社、高等教育出版社 2014 年版，第 34 页。
〔2〕 张文显主编：《法理学》，高等教育出版社 2011 年版，第 113 页。

之间基于监管形成的法律关系，主要是一种经济监管法律关系。

2. 征信市场主体的利益是一种法律利益

本书所论述的征信市场主体的利益主要是指法律利益，即通常所说的合法利益或权益。[1]征信法律制度上的利益调整，体现在征信监管的目的、宗旨上，以及整个征信市场主体法律关系、征信市场法律体系和征信监管关系的利益平衡上。"制度利益特指某项法律制度在法律价值层面所表现出来的根本性利益。"[2]庞德认为，利益是社会生活中唯一的、普遍起作用的因素，利益是社会生活的基础，是社会生活中唯一的、普遍起作用的社会发展动力和社会矛盾根源，一切错综复杂的社会现象都可以从利益那里得到解释。"利益是人们个别地或者通过集团、联合或关系，企求满足的一种要求、愿望或期待，因而利益也就是通过政治组织社会的武力对人们的关系进行调整和对人们的行为加以安排所必须考虑到的东西。"[3]"我们必须制定一个利益列表，列出要求得到认可的利益，并且对它们进行归纳和分类。"[4]

制度的功用在于通过组织建设和组织运行规则，使社会的个人能够按照共同的原则和标准来采取自己的行动，而不会各行其是，如此就能在保护他人利益的同时对自己也有利。[5]这种制度的核心也是通过建立规则，对不同市场主体的法律关系和利益加以调整，从而实现自我利益与他人利益的平衡和最大化。征信市场主体的利益通常也是指法律调整意义上的利益。

(二) 征信市场主体利益冲突与法律平衡

法律调整的目标具有多元性，但是最终追求的是整体利益的平衡。"调节全社会成员的行为并责成他们促进实现社会意志的目标。"[6]法律调整的利益最终体现为权利与义务的规范体系。经济法追求社会本位和整体经济利益的

---

[1] 通常认为，利益、法益、权利三者是各不相同的概念。从法律视角看，利益分为受法律保护的利益和不受法律保护的利益，受法律保护的利益包含了法益和权利。法益分为广义的法益与狭义的法益，广义的法益包含了权利，狭义的法益是指权利之外法律所保护的利益。本书采取利益分析，主要指受到法律所调整和保护的法律利益，等同于权利的内涵。

[2] 梁上上：《利益衡量论》，法律出版社 2016 年版，第 122 页。

[3] 沈宗灵：《现代西方法理学》，北京大学出版社 1992 年版，第 290-291 页。

[4] [美] 罗斯科·庞德：《法理学》（第三卷），廖德宇译，法律出版社 2007 年版，第 18 页。

[5] [英] 康芒斯：《制度经济学》（上册），于树生译，商务印书馆 1962 年版，第 87 页。

[6] [法] 霍尔巴赫：《自然政治论》，陈太先、眭茂译，商务印书馆 1994 年版，第 45 页。

目标，决定了征信监管所依据的经济法的核心目标，是追求征信市场主体之间的实质公平和征信业的行业整体利益发展。一方面决定了调整目标的整体经济利益，另一方面决定了法律监管需要进行利益平衡。从利益平衡的视角看，立法和监管应当平衡和设计以征信市场主体以及参与者为标准的权利义务模式的利益分配。

1. 征信市场主体关系利益的法律权利表现

权利是法律的核心问题，是关于法律赋予的利益和保护的问题。对征信权利的定义最具有现代意义的观点当属哈特的权利选择理论。哈特认为权利存在着三种类型：第一种权利的类型是对某事享有自由权，意味着在法律上既没有做该事的义务也没有不做的义务；第二种权利的类型是"权力"，或更准确地称为"作为权利的权力"；第三种权利的类型是那种"与义务相关的"（correlative to obligation）权利，这种权利以要求他人履行义务为内容，因此称为请求权。[1]从哈特的权利理论分析看，征信市场主体不同的法律利益与冲突表现在以下几个方面。

第一，个人征信利益表现为信息主体的信息权利。在个人数据权利配置方面，世界各国均将个人数据保护理论建立在数据与特定个人有联系或能够识别特定个人的基础上。[2]因为人是主体，所以对个人数据的处理应当尊重个人意志，给予个人必要的利益保护和控制权利。信息主体的信息权利是指征信法律赋予信息主体实现其利益的一种力量。由于个人征信活动涉及的复杂主体和多层法律关系，信息主体的权利内涵基本涵盖了哈特所指的三种不同的类型：征信主体的权利，即信息保护的权利，为什么信息主体需要提供信用信息，信用信息依赖信息主体的存在是什么样的权利保护问题。从这个视角看，信息主体的权利兼具哈特所说的自由权、"作为权利的权力"和请求权。就其自由权类型看，信息主体有做和不做义务的自由，这一点，在信息主体的知情同意权中得到了证明，这是一种选择的自由，可以选择同意，也可以选择拒绝，并不需要承担相应的法律义务；在获得征信报告的权利中具有了"作为权利的权力"，基于权利要求对方履行相应的义务，即可以要求征

---

〔1〕 于柏华："哈特权利理论的分析面向"，载《中国政法大学学报》2010年第6期。

〔2〕 高富平："数据生产理论——数据资源权利配置的基础理论"，载《交大法学》2019年第4期。

信机构提供征信报告；在更正权方面，具备了诉诸法律强制执行的权利，这是请求权的体现。

第二，征信机构的法律利益表现为征信机构的征信行为。在征信的活动中，征信机构就是信用信息的记录者。征信活动涉及个人信息的收集，在信息范围上包含了个人的大量身份信息等。随着大数据时代的到来，信息的收集将变得更加海量和广泛，对个人的信息收集也变得更加广泛。征信机构之所以可以对信息主体的信息加以收集，是因为法律的赋予和规范。从哈特的权利理论分析看，征信法律行为即可归类为"法律行为"，在权力的情形中，主体有双边自由去做的行为则是一种"法律行为"（act in the law），该种行为具有产生法律效果或者改变自己或他人法律地位的能力，这种行为应当有某种预先存在的授予权力的规则。征信行为在此范畴上，具有哈特所定义的"权力"的内涵，"依据法律的规定，享有权利对他人或物产生法律效力的行为或者改变其法律地位的行为"。征信机构依据法律的定义和授权，是具有一种法定的可以从事征信活动的行为。[1]

征信机构之所以可以对信息主体的信用信息进行收集，甚至涉及信息主体的个人信息，或者敏感信息，在征得信息主体同意的情况下进行收集，前提是法律规则中设定的权利。这种权利更多地依附于信息主体的主权利，可以视为是一种法律行为。此处的"权力"的构成要素包括：第一，存在授予"权力"的法律规则，该种规则将某种自然行为转换为法律行为；第二，在法律上既不存在要求做该法律行为的义务，也没有不做该法律行为的义务；第三，存在保障行使法律行为的双边自由的保护性边界。[2]由此可见，征信法律行为基于征信法律规则所授予的权利可以实施征信行为；该行为只有程序规定，而没有关于要求作出或者不作出征信行为的强制义务，征信机构可以选择作出对特定信息主体的征信活动，也可以选择不作出该活动；最需要关注的是实施该行为的保护性边界问题。之所以可以实施征信法律行为，是因为自法律制度创设之后，设定了一种行为的边界，存在着保障"双边自由的保护性边界"，以保护信息主体权利为义务的边界。征信行为在规范的程序中

---

〔1〕 Hart H. L. A., *Jurisprudence and political Theory*. New York: Oxford University Press, 1982, p. 194.

〔2〕 于柏华："哈特权利理论的分析面向"，载《中国政法大学学报》2010 年第 6 期。

实施，即可获得双方自由，信息主体的自由、征信行为的自由，如果超越了双边自由的保护性边界，就无法受到保护。这是征信法律行为得以存在的法律规制基础。

第三，征信监管机构的法律利益表现为法律监管的权利。相对于信息主体和征信机构的征信行为而言，征信监管机构的监管权即是一种法律监管权利，而非权力监管。监管权利来源于特定法律、法规的授权，或者来源于权力机关或者上级行政机构专门决议的授权。[1]根据哈特的权利理论分析看，监管的权利是一种请求权，是一种要求他人履行义务的权利。监管机构经过法律的授权，拥有了单方面的权利，可以要求市场主体履行法定的义务。监管机构的该种权利体现为法律的授权，就经济法范畴看，市场监管法所授予的监管权，是一种新型的国家权，区别于行政权。征信监管的本质是法律监管，征信监管不是行政监管。因为在权力的类型上，行政权力的边界并不是个人权利，而是国家的内在目的本身。[2]

2. 征信市场主体法律利益冲突的根源与平衡

征信法律关系中的不同主体，代表了不同的利益。同样作为社会共同体的一部分，必然会经常性地发生利益冲突。为解决或避免这些矛盾，法律创设了"权利"这一概念工具，所以利益冲突在法律上就表现为权利冲突。信息主体、征信机构、监管机构的以上利益代表，也就成为利益冲突的来源。

庞德认为，利益冲突产生的根源主要有两种，一种是来自不同主体所代表的不同利益诉求。"各种利益之间之所以产生冲突或竞争，就是由于个人相互间的竞争，由于人们的集团、联合或社团相互间的竞争，以及由于个人和这些集团、联合或社团在竭力满足人类的各种要求、需要和愿望时所发生的竞争。"[3]另一种是利益本身所固有的冲突性，"所有利益不能全部得到保护也不能彻底地得到保护，因为许多利益是交错的、或多或少有冲突的"。[4]法律对利益冲突的解决，主要通过实体法律进行规范调整，也通过程序法进行平衡，实现法对利益的调整。征信法律对征信的规范，因为信息主体的权利、

---

〔1〕　陈婉玲："法律监管抑或权力监管——经济法'市场监管法'定性分析"，载《现代法学》2014年第3期。

〔2〕　王和雄：《论行政不作为之权利保护》，三民书局1994年版，第29页。

〔3〕　[美] 罗斯科·庞德：《通过法律的社会控制》，沈宗灵译，商务印书馆1984年版，第88页。

〔4〕　[美] 罗斯科·庞德：《法理学》（第三卷），廖德宇译，法律出版社2007年版，第246页。

征信行为的双边自由边界、征信机构的利益代表，构成了三种利益自身以及三者利益关系之间的冲突，集中表现为法律规制和征信监管面临的三大利益平衡问题，即信息主体利益保护与信息自由的利益关系与平衡；征信行为的合法性开展与征信法律规制的利益关系与平衡；征信市场与政府监管的利益关系与平衡的问题。这种利益调整的边界需要加以限定，因为"有权力的人们使用权力一直到遇有界限的地方才终止"。[1]

三、征信监管的核心法益：征信业整体利益的平衡发展

（一）信息主体的核心法益保护

首先，需要在信息保护与信息自由之间调整利益平衡。信息利益所依附的人是目的，不是手段。所以，信息主体的利益保护具有首要的地位。征信法律应当赋予信息主体什么样的利益，并充分保护信息主体的权利，是征信法律首先需要解决的问题。从域外法律和我国的法律比较研究中可以看出，征信法律首要的都是强调对信息主体的利益保护，充分体现出征信法律赋予信息主体对个人信息的控制权利，以及由此衍生的各种利益保护。比如，信息采集的范围上对信息采集的限制；对征信机构的征信行为的法律约束规则也体现了对信息主体的权利保护；对信息主体权利的救济上也是充分体现出法律和监管对信息主体的核心法律利益的保护。我们发现，不同法域和国家对信息主体的隐私权保护略有区别，虽然欧洲大陆国家强调隐私权保护是基于个人信息自决权，归为人权的范畴，是为了个人人格尊严实施的对个人信息的自主决定；而美国的隐私权保护则强调防御国家对个人的隐私自由空间的干预，更多地体现了信息主体享有的信息自由权利。[2]

但是，从总体上看，无论是隐私权、人格权、个人信息自决权等都是基于内涵一致的法律目标，即对信息主体的核心价值的保护，其本质都是对信息主体信息隐私权等合法权利的保护，并在对其保护中衍生出信息主体的完整的权利体系。美国《公平信用报告法》规定，消费者信用报告机构行使其

---

〔1〕 ［法］孟德斯鸠：《论法的精神》（上册），张雁深译，商务印书馆1961年版，第154页。

〔2〕 Colin J. Bennett, Charles D. Raab, *The Governance of Privacy: Policy Instruments in Global Perspective.* p. 102 （2003）.

重大职责必须公平、公正且尊重消费者的隐私权。[1]由此彰显出美国《公平信用报告法》的立法目的和宗旨。对征信机构职责规范的出发点，是强调其对消费者的公平和公正服务，并尊重消费者的隐私权，体现了征信法的立法目标和核心价值追求。欧盟《个人数据保护指令》指出，必须在《保护人权与基本自由公约》所确认的基本权利的基础上，维护促进和平与自由并推动民主。鉴于数据处理系统是为人类的利益而设计的，故应当尊重个人的基本权利与自由，尤其是隐私权，从而促进经济与社会进步、贸易扩张和个人福利。欧盟《个人数据保护指令》阐述了以下三个基本内容：包括征信在内的数据处理的终极利益是服务人类利益；个人的信息权利建立在基本人权的范畴上；隐私权具有对个人幸福，经济、社会发展，乃至人类福祉的重要价值。[2]我国《征信业管理条例》明确规定保护当事人合法权益，[3]也体现了对信息主体核心法益的保护是征信法律的首要目标和核心目标。

（二）征信机构的核心法益调整

征信机构作为征信业的运作主体，处于征信法律关系的核心地位。对征信行为的法律调整和监管，体现为法律约束下的征信法律行为关系，以及信息主体利益保护与信用信息采集、处理和使用的程序法律关系，也即征信机构依法采取的征信行为和开展征信行为应当遵守的程序，以及由此产生的权利义务和法律责任。所以，征信法律的核心内容是建立征信机构进行征信活动的合法性基础，即法律授权征信机构在什么情况和条件下可以依法实施征信行为。法律对征信机构的核心法益体现在征信行为的合法性权利上，以此确定行为的保护边界和法律责任。在征信行为核心利益保护中需要界定以下几个方面。

一是征信行为的合法性基础。通常认为基于以下几种合法的情况：基于信息主体的同意；信贷需要；保险需要；或者雇主需要。其他在特殊情形下

---

〔1〕　see Fair Credit Reporting Act, 15 U. S. C. § §1681-1681（u）, as amended.

〔2〕　see Directive 95/46/EC.

〔3〕　由此可以看出，在此论述的征信权利基本指的是个人信息和个人数据的范畴。对于企业征信所涉及的权利保护，各国基于企业征信所涉及的主体的法益集中在商业秘密领域，基本以信息公开和披露为要旨。所以对于法人主体的征信法益保护往往通过公司法和商业法进行规范调整，而未能体现在征信立法中。

的公共利益需要，应平衡公共利益与信息主体的个人信息利益。这些都可以构成征信法律行为合法性的基础，在缺乏合法性基础时，征信机构不得随意收集信息主体的信息。

二是征信行为需要法律调整的规则体系。征信行为关系到征信产品的生产提供，在征信信用信息采集、处理和提供几个环节上，"生产和再生产各个环节上的合理和有效的流动和配备"。[1]对征信行为的调整和约束构成了征信法律的主要内容，充分体现在征信行为应当遵守的"八项原则"[2]之中。征信机构在实施征信行为时，应当按照目的限定的收集规则进行数据的采集、处理和使用。这种行为规则需要遵循严格的程序法进行，贯穿了整个征信活动中信息采集、处理和使用的全过程。包含了在取得信息主体同意开始收集采集的范围，敏感信息采集原则；履行必须的通知、告知义务；数据公平和准确的规则；数据透明度和个人参与规则；对异议行为的处理；数据存储的规则；安全技术保障的措施；法定披露的义务；信息披露的规则；接受监管的规则，以此构成一个完整的约束征信行为的规则体系。

三是征信违法行为的法律责任具有多样性。基于信息主体权利体系对应的侵害行为，因征信行为违反征信法律实施了滥用或者侵害行为，一般都包含在民事责任范围内；在征信行为没有侵害信息主体权利，但是违反了监管规则的情况下，承担行政处罚或者行政强制措施的责任；严重危害征信利益的行为构成犯罪的，承担相应的刑事责任。

综上所述，征信行为核心法益的追求就是征信行为的合法性，就是征信机构依法实施征信行为，遵守征信实体法律义务，遵循征信程序法律规定，依法经营并取得征信活动的利益。在不遵循法律实体和程序规定，存在违法行为的情况下，需要赔偿损失，并承担相应的法律责任。

（三）征信监管机构的核心法益追求

征信监管机构作为征信业法律的执行者和行业的干预者，建立在市场运

---

〔1〕　李昌麒主编：《经济法学》，法律出版社 2008 年版，第 77 页。

〔2〕　"八项原则"主要来源于经济合作与发展组织《隐私保护和个人数据跨境流通指南》文件中。分别是指：（1）收集限制原则；（2）数据质量原则；（3）目的明确原则；（4）使用限制原则；（5）安全保障原则；（6）公开原则；（7）个人参与原则；（8）责任原则。翻译参见高富平主编：《个人数据保护和利用国际规则：源流与趋势》，法律出版社 2016 年版，第 6 页。

作的基础上。征信监管机构对市场主体的监管立足于征信业的健康发展，而征信业的健康发展，建立在征信市场与政府监管的良性关系上，而良性的关系建立在良法的调整上，以及在实际监管过程中对市场主体各种利益的依法、科学和合理的调整上。在法律"应然"的状态和监管博弈最优的目标中，征信监管机构不应是某一市场主体的利益代表，而是整个行业整体利益的平衡者、代表者和维护者。

在征信监管的各个环节和方面，都体现了这种核心利益追求。一是在征信监管机构的监管目标的确立上，立法都强调对合法权益的保护，以及最终目标是促进征信业的健康发展。二是在征信监管职能和各种监管资源配置中，也是围绕着与征信监管能力相匹配的设置上。三是在征信监管机构的监管内容上，都是围绕监管目标设计市场准入、现场监管和非现场监管和违法行为处置。四是在监管法律责任上，法律也加强对监管的监督，促使监管者依法、高效、透明地履行监管职责，实现法律所赋予和确保的监管核心价值追求。

所以说，从法律的应然角度看，征信监管机构并不是仅仅代表某一市场主体的利益，而是需要综合平衡征信业的发展，取得征信业发展的整体社会经济效益最大化。征信监管法律制度的本质就是通过法律权利义务规范的合理配置，达到综合社会效果最佳的边际均衡。[1]征信法律的利益平衡目标体现在以个人的利益、征信的社会经济利益、征信业的公共利益三者的利益平衡为结合点，即是社会整体利益的平衡点上。

综上所述，本书认为，以上所分析的征信法律和征信监管活动追求的核心利益，是通过权利（权力）主体—法律行为—权利（权力）—法律责任的模式实现。通过征信法律建立权利保护体系，征信行为约束规则和监管机构监管权力配置，最终形成严密的征信实体法律和程序法律体系。利益平衡作为一个法学问题，在西方法学界论述较多。德国社会功利主义法学家耶林认为，"法是国家权力通过外部强制手段所保证实现的最广义的社会生活条件的总和"，"权利的基础是利益"，并分析了法律的目的以及法律是如何处理相互冲突的利益的。他认为法律的目的就是在个人利益和社会利益之间形成一种平

---

〔1〕　刘少军：《法边际均衡论——经济法哲学》，中国政法大学出版社 2007 年版，第 41 页。

衡。[1]利益平衡蕴藏在征信法律制度之中，体现在权利义务或者权力与责任的各种平衡关系之中。

第二节　征信发展利益调整与法律监管制度安排

人类的经济活动伴随着整个人类社会的产生和发展不断地演化变迁。道格拉斯·诺斯在其研究中指出，与人类经济生产能力继续增加相伴随的是日益复杂的经济活动规则，有的是权力机关认可颁布的法律法规，有的是自发而成的习俗和习惯。[2]经济活动的发展与制度变迁相互交织，相互影响，法律制度安排也成为经济和社会生产发展的内生变量。就征信的发展历史来看，征信活动至今已经有 200 多年的历史。征信活动直到 20 世纪三四十年代才从商业领域向金融领域扩展，并在金融领域迅速发展，发挥了前所未有的巨大作用。国内外的征信实践表明，现代征信体系是现代金融体系的有机组成部分，有无健全的征信体系，是金融稳定是否有坚实的基础，以及市场经济是否走向成熟的重要标志。[3]征信的发展遵守着自己的发展规律，经历了不同的发展阶段，正在逐步从传统征信向大数据征信发展，而不同的发展阶段体现了不同的利益调整特征。

一、征信起源基于社会经济发展的利益诉求

（一）现代征信的起源与特征

1. 现代征信起源：基于市场经济发展的利益需求

关于征信的起源与初步发展阶段，就时间而言，基本是跨越 19 世纪 30 年代至 20 世纪 60 年代一百多年的时间。世界上第一家征信机构于 1830 年在英国伦敦成立，提供的征信服务就是企业类征信服务。这种服务定位于通过向贸易双方提供对方背景和资信信息，最初的目的就是防止交易欺诈，建立

---

〔1〕［美］E. 博登海默：《法理学——法律哲学与法律方法》，邓正来译，中国政法大学出版社 1999 年版，第 109 页。

〔2〕符启林："经济法理念变迁之探究"，载《美中法律评论》2006 年第 5 期。

〔3〕［德］尼古拉·杰因茨：《金融隐私——征信制度国际比较》，万存知译，中国金融出版社 2009 年版，第 1 页。

交易双方的信任，促进交易的顺利进行。

18世纪初，英国一些银行开始被允许为特定客户办理小额透支业务。为了更好地鉴别有良好信用的客户，这些银行建立了内部客户档案。在银行有良好信用记录的客户很容易获得小额透支服务，这可以被称为最早的个人征信。

虽然，最初的征信机构起源于英国，但是真正得到发展是在美国。在征信机构产生之前，基本依赖于商人之间的推荐信，他们往往与被推荐人打过交道或者正好与被推荐人在同一社区。[1]然而，这种模式过度依赖于个人，与日益频繁的商业交易相比显得十分不合时宜。这时候，市场的需求十分旺盛，早期的征信发展就来源于试图管理贸易信贷风险。[2]

在19世纪20年代初，随着美国的西进运动，一般来说，零售商往往通过赊购的方式，先拿货物，等货物售出几个月后再付货款。19世纪20年代到19世纪50年代，从东海岸商业企业那里，西部的典型零售商可以操作获得一年甚至两年期限的信用赊账。[3]这样，商业信用逐步发展起来。[4]早期一些大公司采取派遣调查员或旅行记者的方式去了解远方借款商人的信用情况，但这是效率低下而昂贵的过程和方式，随后该种方式被替代。

19世纪30年代，商人刘易斯·大班处理其兄弟批发丝绸生意中的信用问题，并根据他们在曼哈顿的生意往来线索建立了广泛的信用记录。在这个记录的积累中，他发现此类信息具有市场需求和价值，可以为其他商家所利用。1841年7月，刘易斯·大班在美国纽约成立了世界上第一家信用评估机构，主要从事企业信用评估，并得到了迅猛发展。1844年，公司有超过300名通讯员，1846年有近700个通讯员，到了19世纪70年代，超过了1万名通讯员。商业征信机构能够在美国得以形成和发展，与美国的社会历史条件和价值观念高度相关。由于美国西进运动发展过程中，美国幅员辽阔，东西部之间的贸易距离长远，以及移民社会人口流动性很强，等等，这些综合因素对商贸信用有着迫切的需求。

---

〔1〕　徐华：《从传统到现代——中国信贷风控的制度与文化》，社会科学文献出版社2016年版，第274页。

〔2〕　［德］尼古拉·杰因茨：《金融隐私——征信制度国际比较》，万存知译，中国金融出版社2009年版，第57页。

〔3〕　Rowena Oligario, The Engine of Enterprise: Credit in America. 62 (2016).

〔4〕　Roy A. Foulke, The Sinews of American Commerce. 110-14 (1941).

但是这一阶段的征信机构规模都比较小，组织机构也较为分散，而且信息很少流动和共享。早期的个人信用报告并无统一标准，除了采集消费者的姓名、地址和信贷信息，有些机构还从报纸上四处搜寻关于犯罪、职务提升、结婚和死亡的信息，这些信息会被剪辑并粘贴在消费者的纸质信件报告中，成为信用评估的一个重要来源。"快乐大篷车"的方式就是早期的征信活动的隐秘性表现之一，所谓的"快乐大篷车"，其实就是征信机构的信息采集小组，进行数据的收集和共享，在这些车上的妇女就是早期征信机构的雇员，她们知道消费者位于哪个地区，比较容易查到消费者的档案文件，以此增加相关信用评估的信息。

随着市场对征信评估需求的加剧，直到19世纪60年代，征信机构才开始分业经营，并且靠纸质文件运行，一些银行、零售商和金融公司发起成立征信机构。1888年，荷兰成立了格瑞顿公司，是当时欧洲最著名的一家征信公司；法国于1857年成立第一家征信机构；德国于1860年成立第一家征信机构。在亚洲，日本于1892年成立了第一家企业征信公司，即商业兴信所，实行会员制管理。

2. 征信市场初始阶段的主要特征

这一阶段的征信业，具有以下明显的特征。一是由于互相之间没有共享机制，只拥有局部信息，因此关于消费者的信息不完整、覆盖人数有限、信息不对称等情况仍然存在。二是信息采集和调查基本是局限于某一地区，处于比较分散的状态。三是信息收集的手段原始和简单有限，由于信息收集手段依靠人为的访谈、观察、报纸剪辑和刺探等方式收集，信息加工和处理也依赖于人工加工。四是征信成果体现在纸质上，内容显得十分粗糙，交换内容的信息也仅仅局限于负面信息。对信息主体造成侵害的往往是一些征信机构传播错误的数据，有时其行为不仅具有侵犯性，甚至还出具损害性或偏见性的报告。五是这个时期征信业基本处于法律真空和监管空白地带。由于征信业初期发展的隐蔽性需要，使得征信业在发展初期，由于没有发展到一定规模，行业各方主体的利益冲突尚不明显。所以，这个阶段并没有发生法律对利益冲突调整的必要。在此阶段，没有任何监管措施被写入法律，由于缺乏征信监管法律，法院不得不介入解决争议的过程，成为征信行业最早期的监管者。在这一阶段，征信机构在法律文本中采用了合约性的不承诺条款，即不对它们提供的信息的准确性负责，以此避免法律诉讼。

（二）现代征信起源于市场交易对信用评价的社会利益诉求

1. 现代征信起源的原因分析

现代征信的起源和发展在初始阶段也是一种零星的和分散的商业行为。基于收集个别的企业和个人的信息积累形成，并具有第三方提供信用征信服务活动的经济价值。征信作为一种经济活动的萌芽和产生是一种经济发展中偶然和必然结合的结果。以下几个原因促进了现代征信的萌芽和起步，其中最主要的原因是社会经济交易高速发展之后，交易信用风险增加，对信用信息获取的需要增加。

一是降低交易风险的需要。随着新的贸易行为的产生，商品交易和市场经济规模进一步发展，英国的海外贸易规模逐步发展，贸易规模变大和经济发展使得贸易风险也增加了。其中，借贷的约束行为变得更加不确定，信贷风险和经济交易的不确定性增加成为一种新的问题。

二是从身份到契约的发展需要。从新大陆的发现开始，跨国性和多样性的人群涌入美洲大陆，加上北美的广袤地理特征，交易对象变得更加多样化。在此期间，正是美国西部大扩张的时代，[1]这也是从身份到契约的变化过程，交易主体的范围扩大逐步解放了熟人社会的交易模式，获取信用信息渠道的不足，在19世纪30年代晚期和40年代早期的经济危机中暴露无遗，当时许多商人发现他们对某些客户的信任是缺乏依据的。[2]这一过程促使交易信用规则的改变并呼唤新的信用交易保障机制的形成。

三是从"推荐信"到"征信报告"发展的需要。北美新经济的发展初期，与欧洲大陆不同，古老的商会等组织尚未完整建立，便面临着市场经济的蓬勃发展和金融信用市场的大力发育。商会等熟人圈子模型来不及建立起来，现代征信便找到了可供顶替的制度供给。"有一段时间，债权人试图依靠'推荐信'来评判借款人，但这些都是不可靠的，很容易被滥用。"[3]现代征

---

〔1〕　U. S. Bureau of the Census, Population of the 90 Urban Places: 1830, https://www.census.gov/population/www/documentation/twps0027/tab06.txt.

〔2〕　［美］James H. Madison、郭岩伟、苗素婷："19世纪美国商业征信所的演进"，载《征信》2013年第7期。

〔3〕　Josh Lauer, *Creditworthy*: *A History of Consumer Surveillance and Financial Identity in America*. 30-31 (2017).

信是一种从"推荐信"到"征信报告"的发展演进结果。

四是城市化进程和市场经济发展的产物。新思想和新观念日新月异，19世纪上半叶，当世界第一次工业革命的浪潮席卷美国之后，促使美国迅速发展，美国开始了城市化的进程，除了生产机械化和生产效率的极大提高，社会生产关系也得到了深刻变革。新的生产方式和新技术也冲击着旧制度和旧思想，深刻改变了人们的思想观念，这些都为征信制度创新提供了充分的发展空间。

2. 现代征信业发展与金融业的发展关系

现代征信得益于公司的兴起与银行业的发展。现代征信基于商品经济高度发展的经济基础，最终为金融借贷经济领域所全盘接受并逐步发展。其内在的原因在于现代征信所具有的金融属性，现代征信与银行业的发展密切相关。

就金融市场发展历史而言，在现代征信起步发展期间，美国的证券市场才真正形成。自1811年美国纽约证券交易所建立以来，金融业的发展迈入新的时期。从最早进行活跃交易的美国股票来看，银行业的发展相当繁荣，1791年发行的纽约银行和美国银行的两只股票十分抢手。仅仅在1811年至1813年两年间，美国的州银行就发展到了120家，地方银行达到了200多家。伴随着工业革命，英美进入金融革命的迅猛发展时期。在18世纪中期以后，英国的乡村银行开始得到大量的发展。乡村银行是英国这一时期金融市场最重要的组成部分，发展速度十分惊人，从1750年到1800年的50年间，由12家乡村银行逐步发展到了300多家。

18世纪初，英国一些银行出现了个人征信活动。最初，由于需要鉴别办理小额透支业务的特定客户的信用状况，这些银行往往都是自己为客户建立内部档案，并且根据客户的良好信用记录评价才能获得小额透支业务。在同一时期，美国的一些商业机构，特别是跨国银行，意识到不带偏见的报告不应该是由银行自己进行收集和出具，应该由专业的信用报告机构提供。1829年，巴林兄弟银行（Baring Brothers Bank）就委任了专业的信用报告机构开展征信工作。[1]

近世以来，金融体系为一国的工业化提供了资本，降低了信息成本和交

---

〔1〕 〔美〕James H. Madison、郭岩伟、苗素婷："19世纪美国商业征信所的演进"，载《征信》2013年第7期。

易费用，促进了经济增长。[1]在金融体系中，除金融市场信息披露体系之外，征信体系就是金融信贷服务体系在降低信息成本和交易费用方面的制度基础。征信体系得以受到银行金融机构的接纳，关键在于征信为信贷的客户信用评判提供了一种第三方制度供给，金融体系的一个重要作用也在于降低信息成本和交易费用。在金融信用的基础上，实现了货币更加高效的周转。金融信用的本质就是脱离了抵押物的资金融通和周转。这需要大量的信用信息的支持，从而降低金融信用的风险，这一变化实现了征信的重要价值。当今，征信成为金融系统的金融基础设施的地位，也是征信作为一种经济制度在演变过程中，与银行信贷制度高度融合而发生的。征信的过程本身不产生信用，但是征信与信贷制度结合之后，征信便具有了识别信用的评价体系和风控识别功能，征信的金融属性决定了征信本质上是一种金融重要基础设施。

二、技术发展与征信监管法律制度安排对征信利益的调整

（一）技术发展对征信市场结构和利益的调整

1. 技术发展引发征信市场结构和利益调整

这一阶段，在时间上基本是跨越 20 世纪 60 年代至 20 世纪末期。这一阶段的标志性转折源自于 1956 年大型计算机技术的出现和信用评分技术的推出。由此，征信市场逐步出现了集中情况，此时消费信贷业务和银行信用卡开始出现，信贷规模不断扩张。随着征信市场规模的发展，征信活动已经突破地区限制，金融机构对客户信用信息的需求，也不仅仅局限于某些局部地区，而是需要更多的客户数量和信息。此时，信用信息收集成本逐步增加，一些缺乏足够竞争实力，没有提供全国性客户服务的小规模和地区性私营征信机构，开始逐渐被收购兼并。

此阶段，大型计算机技术得以在征信中运用，导致了技术手段的大额资金投入，为征信业设定了更高的市场进入门槛。事实证明，各类计算机系统是现代征信发展的催化剂。[2]计算机技术的出现推动了征信业效率的提高，同时也促进了行业的集中。美国自 19 世纪 60 年代开始，银行业的集中需要一

---

〔1〕 杨大勇："英美金融革命对中国发展的启示"，载《甘肃社会科学》2015 年第 5 期。

〔2〕 ［德］尼古拉·杰因茨：《金融隐私——征信制度国际比较》，万存知译，中国金融出版社 2009 年版，第 57-60 页。

个全国性的征信系统。于是，美国联合征信公司通过建立"全国信息报告系统"，帮助会员从 85 家全国性信贷机构那里获取数据。1961 年，美国联合征信公司的会员发出了 6200 多万份报告。计算机技术大量运用后，征信调查和数据整合的效率得到了极大的提高。随着征信业开始采用新型技术，数据库的集中推动了征信业的集中。20 世纪 70 年代，美国有 2250 个征信机构，到了 1997 年，根据美国人口调查局的数据，征信机构的数量下降到 1883 家。

在这个过程中，征信活动的主要监管者还是法院。1968 年集中数据库的联邦计划引发了关于隐私的公共辩护，促使征信机构变成了争议的焦点。在此之前，征信机构大多在匿名状态下运行，他们的主要客户是银行和零售商，而不是消费者。此时的美国，不是门和窗帘不够厚，而是现代数据库对我们生活的点滴片段的"收集"，使得我们从"一个弹出窗口可见"。[1]到 19 世纪中期，法律制度的利益调整变迁，以农民、工人、消费者等弱势群体的利益为代价，变成有利于工商业界的方式得以重塑。[2]"消费者本人无法获取有关自己信用历史的信用报告，甚至大部分消费者根本不知道信用报告的存在，整个信用信息共享系统似乎是一个秘密操作的黑箱。"[3]美国国会的一系列听证会证实，大量的消费者对征信制度不满意，公众开始要求一种知晓自己信息的权利。因此，1970 年美国制定了首部法律，即《公平信用报告法》对征信行为进行法律规范和监管。[4]通过设定消费者信息准确要求和消费者接触信息的标准来保护消费者。这时候，征信市场逐步成熟，对征信质量和标准提出更高的要求，随着法律监管的介入，征信业的发展开始步入法律规制的轨道。

2. 全球化对征信市场发展的影响

在此时期，全球各主要国家纷纷意识到征信业的重要作用，全球征信业进入高速发展时期。在欧洲，德国在 1952 年成立了舒发公司，发展成为德国

---

〔1〕 Jeffrey Rieman, Driving to the Panopticon, *A Philosophical Exploration of the Risks to Privacy Posed by the Highway Technology of the Future*. 11 Santa Clara Computer & High Tech. L. J. 27, 29 (1995).

〔2〕 [美] 莫顿·J. 霍维茨:《美国法的变迁：1780—1860》，谢鸿飞译，中国政法大学出版社 2005 年版，第 383-384 页。

〔3〕 孙志伟:《国际信用体系比较》，中国金融出版社 2014 年版，第 99 页。

〔4〕 see Fair Credit Reporting Act, Pub. L. 91-508, 84 Stat. 1114 (1970), codified at 15 U. S. C. § 1681 et seq.

最大的私营征信机构；在拉美地区，有 40 多个国家在 1989 年后建立了公共征信系统，巴西在 1998 年建立了公共信用系统；在亚洲，1997 年韩国银行联合会开始承担中央信用信息系统征信工作；2002 年新加坡建立了由银行业协会主导的个人征信局，负责金融机构的征信服务。

随着计算机技术的发展，20 世纪 90 年代是美国征信业充分竞争的阶段，也开始了大量的兼并和整合。到了这一时期，美国的征信机构演变成规模巨大的信息提供者。在 21 世纪初，最终形成了益博睿、艾可菲、全联三家征信业巨头，征信市场结构出现了全国性大型信用公司寡头垄断的局面。此外，还剩下约 400 家信用报告机构，它们大多规模较小，其中一部分是为需求量较低的一次性客户服务；还有一部分是针对专业市场或行业提供征信服务。例如，为医生提供征信服务的医疗征信机构，健康保险征信机构为健康保险申请收集健康信息，还有为零售商服务的收集客户开立支票账户的信息的征信机构，为地产商服务的评价潜在住户的征信机构等。

3. 征信业法律规制和监管的发生

在这一阶段，征信业出现了新发展和法律规制。一是技术和经济的发展促使市场结构改变。随着计算机技术的发展，征信业的信息收集、整理、存储变得高效，数据的整合能力逐步增强。随着行业效率的提高，行业迎来了新的蓬勃发展。在信息时代高速发展中，高昂的信息系统建设和硬件的大量投入，使得征信业的进入门槛更高，促使部分小型分散的征信机构逐步萎缩退出市场。加上这一时期的金融系统也趋向集中，造成了行业的整合力度加大。促使征信企业开始从区域走向全国，也造成了小规模征信机构对大规模征信机构的依赖。行业的发展进入兼并高峰，出现大型的全国乃至全球性的征信机构，市场寡头垄断格局初现。二是数据库信息系统的出现，促使了数据集中。计算机、数据库技术和市场动力促使征信机构从"报纸上剪辑结婚公告的区域性行业协会"发展到"服务于全社会的高效整合的信息系统"。[1]三是评价标准的统一促成行业升级发展。菲科（FICO）评分系统的推出，加速了美国征信业的标准化进程。该评分系统长期在美国处于主导地位，根据益博睿、艾可菲、全联三大征信机构的数据计算出标准化的菲科信用评分分数。

---

〔1〕　刘新海：《征信与大数据——移动互联时代如何重塑"信用体系"》，中信出版社 2016 年版，第 9 页。

直至今天，有超过 90% 的信贷机构使用菲科信用评分作为借贷决策的主要依据。四是行业和市场的发展促使利益冲突加剧，呼唤法律的规范。由于公民隐私权意识的觉醒，以美国《公平信用报告法》为代表，对征信业在信息的采集以及对消费者的公平权利上进行了法律约束和规范。加强对消费者合法信息权利的保护，规范信贷报告的标准和各种程序。法律的出台进一步规范了征信业的发展，随着市场和法律的完善，征信业迎来了发展水平的大提升。五是监管开始介入征信业发展。这一阶段，以美国为代表的市场主导型的个人征信体系，相对应地建立了征信监管机构，通过建立有关信用管理的多部法律，以不同监管方式对个人征信形成了全面的监管体系。

（二）征信监管法律制度安排对征信发展的利益调整

由此可见，并非所有的经济活动制度安排最终都会上升为法律制度安排。现代征信法律制度起源于隐私权保护，最终发展成一种以信息采集、处理和使用行为为内核的权利平衡法律规制制度。征信法律制度也和许多经济交易活动一样，在经济活动发展到一定程度和阶段之后，随着利益冲突的暴露和市场利益无法自行调整的情形加剧，逐步需要一种法律制度安排进行规制，需要监管介入干预，从而通过法律的公平正义价值维护和监管调整进行相应的利益平衡。

1. 美国司法对征信发展的利益调整

法律诉讼是对征信活动最初的监管，通常是商人对征信机构提起司法诉讼。从世界范围内看，最早对征信进行立法规范的应当属于美国，从而将征信业变成了一项法律规制和监管的特定行业。最初，征信业的发展并未引起政府的高度重视，在普通法系，征信活动的纠纷最终得以通过诉讼，经由法官作出判决进行约束。1873 年美国审判的一桩征信案件中，检察官声称资信调查机构是非法的，"他们刺探全国商界的秘密并攫取信息……还宣称能给每一个商人在其领域做准确定位，这显然是荒谬的"。[1] 所以，一个新兴行业在没有法律规则的情况下，依靠法官的裁判，其发展将面临很大的障碍。尤其在涉及个人信息和企业信息的敏感地带开展业务的时候，受到的诉讼挑战十

〔1〕〔美〕James H. Madison、郭岩伟、苗素婷："19 世纪美国商业征信所的演进"，载《征信》2013 年第 7 期。

分艰难。由于最初缺乏对征信业的法律规则，英美法系的法官"造法"行为受制于法官个人的裁决，所以，最初法庭对征信活动案件的许多判决不甚明确，有时甚至存在自相矛盾的内容。法官试图通过判决界定征信机构和使用信用信息的商人的法律责任，但是这些诉讼集中出现的根本问题，主要是征信信用信息的准确性和信息如何收集。

在美国征信业发展早期，对征信业发展影响最大的案件之一，是1851年首次审理的比尔兹利诉大班[1]案，该案否定了资信调查机构的通讯特权。该案中的地方法院和巡回法院法官均认为信用信息所列的关于客户破产的负面信息，在可以通过不特定方式传播给其他人的情况下，将构成诽谤。因为负面信息披露给了被告以外的人，或由被告以外的人披露给了任何不特定的可能对该信息感兴趣的商人。资信调查机构的代理律师所指出信用报告是征信机构和信息使用者之间的通讯特权，这也是不能有效适用的。因此，信用信息被认定为通讯特权必须具备限定的条件，一种情况是将征信报告誊写在账簿上，或者是将信用信息宣读给用户的情况下才能保留其通讯特权。这种商业经营必须限定在"个体交易"，而非由数量不受限制的合伙人和书记员来进行的权力行为。[2]从这一案件的判决可以看出，征信业发展所要面临的挑战，在没有大量书记员誊写报告并"一对一"披露给用户的时候，将面临诽谤的诉讼。

2. 美国征信法律利益与价值的再次调整

普通法系依赖于法官自由心证和法官"造法"往往会出现，不同时期内对同一个事物，不同法官存在有差别的甚至前后矛盾的法律判例，其前后的法律态度如同钟摆一样来回摇摆。关于对征信通讯特权的判决的否定情况，在下一个判例中得到了改变。在1868年奥姆斯比诉道格拉斯[3]案中，法院作出了与1851年比尔兹利诉大班案对通讯权不同的界定，推翻了该案关于征信报告是否为通讯特权的限定条件。征信报告在征信机构与信息使用者之间的沟通只要是"诚信"的情况下，并不需要对征信机构雇佣职员的数量进行

---

[1] Beardsley v. Tappan, 2 Fed. Cas. 1187, 5 Blatchf. 497 (C. C. S. D. N. Y. 1867).

[2] [美] James H. Madison、郭岩伟、苗素婷："19世纪美国商业征信所的演进"，载《征信》2013年第7期。

[3] Ormsby v. Douglass, 10 Tiffany 477, 37 NY 477 (N. Y 1868).

要求。该案的伍德鲁夫（Woodruff）法官采取了附带特权的立场，认为资信调查机构收集信用信息的功能和方式与商人自己及其代表收集资信并无本质差异。伍德鲁夫的判决词表明：在一个人口众多的城市里和商业频繁交易的社会中，虚假陈述、欺诈、不诚实和资不抵债很容易被掩盖，而这种信息不完全为人所知或为少数人所知；当信息很难被发现时，交易双方的陌生人一方很容易对此忽视或被蒙蔽。资信调查机构的目的只是把正确的信用信息提供给那些有需要的人。通讯特权的限制对旧经济来说是适合的。在旧经济中，商人可以很容易通过老式的个人和社交网络了解交易对方的资信。但是在新经济中，在充满活力的和陌生的城市中，公平、诚实和善良的商业秩序需要保护更多的征信活动。[1]

在随后的几起资信调查机构的案件裁判中，法官始终在追究诽谤与否之间摇摆。1871年，在桑德林诉布拉德斯特里特（Sunderlin v. Bradstreet）案中，艾伦法官认为资信调查机构就像一个"情报办公室"，资信调查机构在向对该信息没有直接经济利益的人披露信息是"多管闲事的，未经授权的"，因此是不受司法保护的。由此形成了桑德林规则，严格限制了资信调查机构的行为。随着社会经济的发展，到了19世纪80年代，信用信息收集的合法性地位才慢慢得到了法官的正式接受。一位法官给出了以下简要定义：当诚实地作答一个有信息需求的人之时，通讯就是特权。所以，当信用数据的收集和使用符合以上定义，即使征信报告存在信息不准确的情况下，征信机构也可以有效规避诽谤和相关的诉讼。[2]

征信机构发展中的利益调整变化最终促成了法律规范和监管的干预。随着城市化发展的新世界到来，社会和工业组织的性质改变之后，反对资信调查机构的法律努力失去了当初的历史时机。19世纪的资信调查机构在没有法律规范的情况下的发展是一个奇迹。最终，需要进入法律规范的阶段，将其从诽谤范围纳入隐私法体系。[3]虽然通过司法判决对征信业进行了规范，但是征信业发展到了20世纪70年代，在美国隐私权概念发展了80多年之后，

---

〔1〕 Ormsby v. Douglass, 10 Tiffany 477, 37 NY 477 (N. Y 1868).

〔2〕 ［美］James H. Madison、郭岩伟、苗素婷："19世纪美国商业征信所的演进"，载《征信》2013年第7期。

〔3〕 Jonathan Weinberg, (2018). Know everything that can be known about everybody: The birth of the credit report. Retrieved March 1, 2020, http://www.ssrn.com/link/Wayne-State-U-LEG.html.

随着消费者权益保护运动和计算机的及时运用，隐私权保护引起了社会广泛的关注。其中，征信机构收集信息的行为成为争议的焦点，美国兴起的消费者利益保护，对消费者利益本位价值的提升，最终促使法律对征信业利益进行法律调整和介入。1970 年，美国制定了首部法律对征信行为进行法律规范和监管，征信业最终才结束了无法可依的漫长过程，变成一种由法律制度所规制的行业。这也反映了法律对某一行业的健康发展的重要性。

三、近代征信发展与法律监管的利益调整

(一) 信息技术应用和征信市场的高度利益集中

1. 征信业的寡头垄断市场利益结构

征信发展的市场利益更加集中，行业规模急速增大。此阶段征信业发展主要从 21 世纪互联网兴起至今，征信机构的全球覆盖面扩大。根据世界银行2011 年对全球 189 个国家的统计表明，有 153 个国家成立征信机构，征信机构的覆盖率达到 81%。[1]以美国为首的三大全国性征信机构和评级机构在新世纪不断发展，先后选择了上市成为公众公司，在经营上走上了逐步透明化的道路。美国的邓白氏公司 2001 年拆分为邓白氏和穆迪两家公司，进一步加快了专业化发展的步伐。截至 2011 年，邓白氏公司在全球 30 多个国家设立有业务机构，年收入 18 亿美元，业务广泛分布在北美、亚太、欧洲三大地区的数据库。艾可菲目前在美国纽约证券交易所上市，是标准普尔的成分股，在北美、拉美、欧洲等的 18 个国家均设有分支机构。全联截至 2011 年，服务范围覆盖全球 23 个国家，保存了超过 5 亿消费者的信用记录，帮助超过4.5 亿家企业管理风险、降低成本和提高业务决策能力。[2]2014 年，标准普尔有 1000 多个分析师分布在全球 25 个国家，拥有雇员 6000 多人。穆迪在 22个国家设有分支机构。惠普在全球 30 多个国家提供金融信息服务。

英国的益百利公司目前是全球最大的个人征信机构，2006 年，益百利从英国大型企业集团分离，在英国伦敦证券交易所上市，成为富时指数的成分股之一。2014 年，益百利在北美、拉美、英国和爱尔兰以及亚太地区的 39 个

---

〔1〕 徐振江、李士涛："征信体系功能的演进及启示"，载《征信》2017 年第 8 期。
〔2〕 中国人民银行征信管理局编著：《现代征信学》，中国金融出版社 2015 年版，第 60~72 页。

国家设有服务机构；拥有全球 2.7 亿户家庭共计 7 亿多人口的统计数据和超过 500 万个网站的 2500 万网民的在线行为数据，对 28 个国家的 23 亿多个消费者进行了类型划分。日本帝国征信公司（TDB）2013 年在日本国内有 83 个分支机构，在韩国和美国也设有分支机构，共收集和存储了日本企业征信市场 60%—70% 的份额。

在数据库上，出现了更大的规模，例如，海量数据库开始出现，邓白氏公司建立形成了海量的全球数据库，拥有超过 2 亿家企业的商业信息，数据来自全球 214 个国家，商业信息涉及 95 种语言或方言，货币单位包含了 181 种。艾可菲和全联都拥有高度成熟的数据检索和整合的信息应用技术，可对海量的个人信用信息进行深入挖掘、开发和分析利用。

此阶段开始出现全球数据库，在信息渠道的来源方面呈现多样化和广泛性。比如邓白氏，其收集信息的渠道和形式多样，除通过上市登记部门、商业信息提供商、黄页、报纸等出版物、官方公报、商业互联网、银行和法庭等常规渠道外，有时还采取拜访和访谈的形式收集信息。全球公共征信交流逐步走向全球化。"比如德国、法国、比利时、西班牙、意大利、奥地利和葡萄牙 7 个国家的中央银行签订了公共征信信用信息交流备忘录，成立征信工作小组，每月定期交换借款人的负债总量，用于政府监管、内部研究、风险评估等。"〔1〕

2. 征信市场发展与多元化的征信监管模式

与此同时，征信业全球化发展带来了市场垄断和利益集中。以美英为代表的征信机构开始了全球化收购兼并的进程。表现出了以下特征：一是全球化发展的推动，在经历了各国国内征信业的收购兼并之后，以美国为代表的征信机构开始走出国门，进行了全球化发展。二是随着互联网信息技术和计算机技术的发展，信息的收集、存储、加工和利用效率得到了极大的提高，促使这些大型征信机构形成更加庞大的数据库，由于数据规模效应和边际成本的递减，为征信机构的规模化发展和扩张奠定了技术性基础。三是随着征信业的全球化发展，各国开始关注个人信息保护，先后有不同的国家在立法上对个人信息保护作出了立法规范，将征信的个人信用信息立法保护纳入个人数据保护立法中。联合国、经济合作与发展组织和欧洲委员会也相继制定

---

〔1〕 吴维海、张晓丽：《大国信用——全球视野的中国社会信用体系》，中国计划出版社 2017 年版，第 116 页。

了《个人数据自动化档案指导原则》《隐私保护和个人数据跨境流通指南》和《个人自动文档保护公约》，将全球化潮流中的个人隐私保护提到更高的地位，甚至有的成为新的国际信息流动的技术壁垒。四是以美国为代表的市场私营征信系统和以法国为代表的公共征信为主线的行业发展模式和监管模式开始齐头并进，以德国为代表的公共征信系统与私营征信系统的混合市场发展模式和监管模式也开始得到广泛的关注。五是这一阶段的征信信用信息收集手段更加广泛和先进，征信产品呈现出多样化，征信服务开始走向全面征信。

到了大数据和互联网时代，征信业借助信息技术的长足发展，海量信息的来源，构成了征信业丰富的信息基础。加上信息时代的发展，信息供给过度加剧了信息不对称，金融领域系统风险的加大催生了对征信业的强大需求。在以美国为首的征信机构的引领之下，征信业走出了全球兼并收购发展的道路，数据库的规模也越发庞大，造成了新的垄断局面。

在这个过程中，大数据征信对传统征信业带来了巨大变化。"大数据是人们获得新的认知、创造新的价值的源泉；大数据还为改变市场、组织机构，以及政府与公民关系服务。"这是维克托·迈尔—舍恩伯格、肯尼思·库克耶在其《大数据时代：生活、工作与思维的大变革》一书的坦言。大数据的真正产生源自于美国 Farecast 预测预订机票的价格走势，而随后发现了其价值，并得到了应用。伴随着大数据、云计算、人工智能、移动互联、区块链等新一代信息技术的发展，金融业正在大步迈入"Fintech"，也即金融科技时代。金融业作为信息密集型行业之一，大数据的运用正在产生深远的影响。大数据征信通过数据的全方位应用和基于不同算法推导出来的更加个性化的征信产品。这就是数据化、个性化、网络化的经济特征。相应地，引起的利益冲突也进一步加剧，通过法律监管进行利益平衡的需求将变得更加迫切。大数据的运用一定程度上加剧了对隐私权保护的忧虑，引发了各国立法对其加强规制。法律是与时俱进的，互联网已经无处不在，大数据时代召唤法律的变革和更新，法律随时代而演进，而且永远是新的。

（二）征信市场对法律监管设定的利益需要

从以上征信业的起源和发展历程来看，征信业基于多方力量利益博弈演化发展，在社会利益最终无法自行调整之后，选择了法律的规范和征信监管的干预调整。征信监管与法律制度得以发生发展有以下几个方面的原因。

1. 征信产品的公共属性需要法律调整和监管干预

从以上征信业的发展来看，征信业的监管随着法律的发展得到了长足发展。从征信市场的信用信息产品属性上看，征信作为金融基础设施，在金融行业中充当银行信贷系统的基础信用支柱作用，处于防控信贷风险的基础地位。金融行业的公共利益属性决定了征信市场的基础性作用和征信产品的公共产品特性，其对金融业的发展具有公共利益的核心价值。征信市场的公共性，决定了其是不完全市场的市场结构。市场失灵的理论和福利经济学都证明了金融市场同样存在失灵，导致金融资源的配置不能实现"帕累托最优"。[1]信用信息作为征信体系的客体，虽然属于个人或者企业的个人信息，但是从整个行业来看，征信信用信息具有公共产品特性，在信贷金融机构或者其他信息使用者看来，征信信用信息的整体属性具有金融属性的公共性特征。金融产品自身的属性会导致市场失灵，其风险链条具有传染性和穿透性，最终会将风险导向金融行业并引发金融危机。征信产品市场属性的公共性决定该行业应当有一个监管机构对市场主体实施干预和管制，以维持征信产品在市场准入、标准、价格、质量等方面符合社会需求。

2. 征信市场的信息不对称需要法律调整和监管干预

征信市场的起源和发展的内在价值在于解决信贷市场的信息不对称。加上征信市场结构决定了征信市场本身也存在着信息不对称的情形。信息主体、信息提供者、征信机构、信息使用者成为征信市场的主要参与主体。这些市场参与者的地位、强弱、主次关系上存在多种不对称，信息主体相对于征信机构、信息提供者和信息使用者往往处于弱势地位，征信法律的核心价值在于保护信息主体的合法权益。征信机构和其他的市场主体却拥有充分的条件和信息资源，为了确保征信产品的公平和准确，在整个征信行为实施的过程中，应当克服这种不对称局面，实现利益再平衡。"通过监管行为发挥监管信息强制披露和供给的作用，能够逐步增强对信息的透明和整体性把控。一方面可以降低金融风险，另一方面可以提高金融交易的效率并减少信息

---

〔1〕 Stigler G. J. , "The Theory of Economic Regulation", *The Bell Journal of Economic and Management Science.* 1971, Vol. 2：3~21.

不对称造成的成本增加和经济损失。实践和理论实证研究均表明金融监管是一种有效的方式，是解决信息不对称导致金融体系失效的相对有效的方式。"[1]

3. 征信市场结构的寡头垄断格局需要法律调整和监管干预

随着征信业发展进入信息化时代，征信业借助征信技术和大规模数据库的方式运作征信信用的采集、处理和使用等，也从充分的竞争阶段发展到了寡头垄断阶段。征信业的发展出现了公共征信模式，公共征信的管理相对集中也导致了行业的集中。征信业最终都发展成为寡头垄断的市场格局，往往存在少数几个大型的征信机构或者一个中央型的公共征信信息系统。集中的经营和运营行为带来了行业垄断的弊端，在缺乏有效管制的情况下，往往会导致效率的低下，利益的分配垄断和产品的质量问题，金融市场的外部性特征明显，从而造成金融消费者福利损失，最终影响到征信业的可持续发展。"减少垄断力量不公平的集聚，重建经济秩序，确保经济社会和政治决策的公平秩序。"[2]金融机构规模经济产生的高度集中垄断，最终会影响效率和侵害消费者福利，也会滋生其他经济和政治上的不利影响。因此，"应当在垄断环节通过建立监管机制消除垄断带来的弊端，降低垄断对金融系统的稳定运行的影响"。[3]但是由于征信的特殊性，消除垄断的意义不是拆分和重建市场的充分竞争，而是在垄断环节加强监管，强化管制的力度，确保垄断的征信机构能够按照规制法律来规范行为，保护信息主体的权利，同时提供公平准确的高质量的征信信用信息产品。

4. 征信市场关系金融风险的外部性需要法律调整和监管干预

从征信的系统性风险上看，征信市场往往影响到信贷的规模、效率和公平性，最终影响到银行金融行业的系统性风险。银行等金融机构的信贷交易行为高度依赖于信用主体的信用评价，在信用信息的生产过程中，信用信息的准确性十分重要。信用信息作为信贷风控的维度和基础，决定了银行是否提供信贷服务以及提供信贷服务的具体额度，在没有信用信息支撑的市场，

[1] Stigler G. J., "The Economics of Information", *Political Economy*, 1961 (69): 213–25.

[2] Robert H. Lande, "Wealth Transfers as the Original and Primary Concern of Antitrust: The Efficiency Interpretation Challenged", *Hastings Law Journal* (1982), pp. 100–102.

[3] Meltzer A. H., "Margins in the Regulation of Financial Institutions", *The Journal of Political Economy*, 1967 (75): 482–511.

将导致大规模的信贷风险。银行等金融机构的流动性受到实体行业的经济周期影响，银行业也比其他产业更加脆弱、更容易被风险传染。而且信贷风险的传递具有系统性特点，在银行的不良率发展到一定程度时，会导致银行等金融机构资不抵债，银行净值如果达不到法定要求，将影响宏观审慎监管的体系，并可能引发银行的挤兑风险和流动性风险。所以，征信市场的系统性风险影响具有基础性和全局性的特征，需要行业对其加强监管，促使其能真正承担起金融基础设施的重担。

综上所述，本书认为，征信产品的公共属性，征信行业的信息不对称造成市场利益强弱对比，征信市场的寡头垄断格局，以及征信市场具有的金融风险外部性等原因，决定了征信市场的发展内在需要法律规范和监管干预。虽然各国的征信监管机构的发展模式不太相同，有各自的特殊性，但是建立征信监管机构成为一种主流，征信业的发展离不开征信监管的干预。在诸多方面，征信监管是征信业规范、健康、可持续发展的重要组成部分。"自由放任政策已不合时宜，管制和调节是当前这个时代的迫切需要。"[1]

第三节　我国征信监管主要问题与利益冲突表现

目前，我国的征信业法律规范还在完善发展之中。专门针对征信业的立法主要有 2013 年实施的《征信业管理条例》《企业信息公示暂行条例》《征信机构管理办法》《企业征信机构备案管理办法》《征信机构监管指引》《征信机构信息安全规范》《金融信用信息基础数据库用户管理规范》等法规、规章，以及征信数据采集、交换、设计、评价等方面的标准。关于我国征信立法的现状和存在的问题，不少国内文献对其进行了分析和评价。所提问题多集中在：征信的法治观念不成熟；呼吁制定统一的信用法；当下缺乏征信基本法，征信立法的法律位阶较低，影响了征信的效力；还有征信法律与其他法律衔接方面的问题；现有征信条例的立法调整范围相对狭窄；《征信业管理条例》在具体实施中尚存在部分条款规定不细、操作性不强，甚至部分业务

---

〔1〕 Galbraith, How the Economists got it Wrong. 〔EB/OL〕. http://www. prospect org/archives/V11-7/galbraith-. J html.

条款未涉及，存在法律缺位，[1]在法律实践上，法律条文偏少，缺乏可操作性，与我国社会经济发展现状和信息化技术水平不相适应。

本书认为，在《征信业管理条例》的制定上，我国已经吸收了部分国家或地区征信立法实践的精髓，在制度设计上，体现出了对信息主体知情同意权利的保护，以及对征信机构的行为规范的要求。但是总体上，对信息主体的权利保护和保障信息自由流动与共享机制略显不足；在征信行为的规范约束体系的完整性上和法律责任的平衡上，以及征信监管定位和监管体系的设计等方面，存在诸多与征信业的发展不相适应的地方，还存在三大主要的利益冲突。本节通过对《征信业管理条例》的剖析，认为在征信业三大法律利益关系上主要存在以下问题。

一、征信对象利益冲突与平衡问题：信息保护与信息自由

（一）信息主体的利益保护法律规定不足

1. 立法上对信息主体的隐私权核心价值未能充分体现

综观《征信业管理条例》可以发现，《征信业管理条例》并未就立法的指导思想作出具体的规范。仅在第一条规范立法目的时，指出本条例的目的是规范征信活动，保护当事人合法权益，引导、促进征信业健康发展，推进社会信用体系建设。在《征信业管理条例》的上位法没有明确规定和指引的情况下，该条例未能明确追求保护当事人什么样的合法权益。该条例指明立法目的是引导和促进征信业健康发展，推进社会信用体系建设，但是征信业的健康发展具体需要通过什么样的法律价值追求才能实现，以及在社会信用体系建设的具体衔接上，并没有关于如何衔接的条文。这样的规定影响了该条例的精神和定位。而且，"当事人"究竟是指信息主体、征信机构还是数据控制者或者使用者，都显得模糊不清。

在《征信业管理条例》起草之前，我国在2009年发布的《侵权责任法》[2]的第2条提到民事权益中的隐私权，民法总则体系中尚没有对隐私权做进一

---

[1] 孙森、宋雨时："关于《征信业管理条例》部分条款执行中存在的问题及建议"，载《吉林金融研究》2015年第11期。

[2] 为了行文方便，本书中涉及的我国的法律规范名称均省略"中华人民共和国"字样。如《中华人民共和国债权责任法》表述为《侵权责任法》。

步的规范。该法第 62 条将患者的病历资料列为隐私权保护的信息范围，医疗机构及其医务人员负有保密义务，泄露患者隐私或者未经患者同意公开其病历资料，造成患者损害的，应当承担侵权责任。但是征信立法没有与之衔接，其中原因是《征信业管理条例》不仅涉及个人征信信用信息，也有企业征信信用信息，企业征信的法益是哪些，这些理论准备也还不充分。

所以，《征信业管理条例》第 3 条规定了三条原则作为补充，一是征信业遵循依法开展的原则，二是诚实守信原则，三是法律保护的法益指明为三种：一种是不得危害国家秘密，一种是不得侵犯商业秘密，还有一种是不得侵犯个人隐私。从这里可以看出，对个人隐私的法益没有在立法目的中进行明确规定，而是放在原则方面进行规定，并且将其放在国家秘密、企业商业秘密之后。当然，这种表述应当理解为属于个人隐私权的法益，但是关于个人隐私权的法律概念，关于个人数据权利属性与隐私权的关系，以及如何保护隐私权方面，《征信业管理条例》并未明确。我国《民法典》第 1032 条规定了自然人的隐私权，并指出隐私权包含了隐私信息。第 1034 条规定了个人信息受到法律保护，明确了个人信息的范围包含了自然人的姓名、出生日期、身份证件号码、生物识别信息、住址、电话号码、电子邮箱、健康信息、行踪信息等，并明确个人信息中的私密信息，适用有关隐私权的规定。近年来个人信息立法的推进和对隐私权保护的日益重视，为《征信业管理条例》下一步的修改完善提供了更加清晰的路径。

2. 隐私权保护的原则精神定位不准

我国《征信业管理条例》在法律基本原则方面的规范也不明确。所确立的原则是依法开展征信业原则，诚实守信原则，保护国家秘密、商业秘密和个人隐私原则。从《征信业管理条例》全部法条来看，这三条原则存在与征信法律贯穿始终的宗旨和基本精神在相关度和表述的准确度方面的问题。比如诚实守信原则，应当是民法的基本原则之一，强调的是内心的信守承诺，在法律上强调的是契约精神和意思自治的自我理性约束。所以，作为征信业规制法律的一项基本原则，究竟是要强调信息主体需要诚实守信提供信息，还是征信机构需要诚实守信收集、处理和使用数据，都显得不太妥当。

而保护国家秘密、商业秘密和个人隐私原则，虽然提及个人隐私，契合了征信业的立法精神，但是商业秘密保护本身在整部法规的其他条文中都未能体现。例如，在企业信息收集方面，《征信业管理条例》规定可以从信息主体和公开信息渠道收集企业信息，征信机构不得采集有关商业秘密，且法律和行政法规规定的企业商业秘密的边界就模糊不清。也没有具体条文进一步衔接有关法律与行政法规，《企业信息公示暂行条例》也主要强调企业有关信息以公开为主的原则，立法目的是规范企业信息公示行为，而不是确定企业信息商业秘密保护的范围和原则。通过以上分析，《征信业管理条例》的立法精神和指导思想并未能体现保护个人隐私和商业秘密的基本原则。

3. 信息主体信息范围分类保护欠缺

《征信业管理条例》第 14 条关于征信行为的客体，即信用信息范围的规定存在以下问题。一是没有区分个人信息和企业信息，《征信业管理条例》按照经营业务在征信机构上划分为个人征信机构和企业征信机构，分为从事个人征信和企业征信服务两大类。但是在信用信息方面未能进行明确分类，个人信用信息与企业信用信息差异较大，由于缺乏基本规则，往往造成了信用信息采集的操作较难，也很难实现第 3 条所规定的对国家秘密、商业秘密和个人隐私的区别保护。

二是没有对个人信息范围进行分类，也没有明确第三方披露的范围。《征信业管理条例》除规定个人的禁止收集信息之外，没有区分个人一般信息和个人限制收集的信息的类型。对信息采集的范围以及是否经过信息主体同意的信息范围没有做明确的分类。[1]这样的规范使得法规在实际指导信息收集范围和保护效果上作用有限，在个人信用信息的范围上存在很多模糊地带，也不利于与最少数采集原则的衔接。《征信业管理条例》第 20 条规定，信息使用者不得未经个人信息主体同意向第三方提供。此规定在实践中很难禁止向第三方提供。由于对第三方的规定较为模糊，为金融机构提供了无约束的操作空间。[2]

三是在信息社会，鉴于我国互联网法治体系还未能完善，由征信机构自主决定信息采集范围，依靠大数据的手段收集信息，事实上造成征信机构采集、处理和披露涉及信息主体的全部信息或者说任何可能的信息，容易造成

---

〔1〕　王濛："浅析我国个人信用征信立法的若干问题"，载《法制与经济》2016 年第 2 期。

〔2〕　孙淼、宋雨时："关于《征信业管理条例》部分条款执行中存在的问题及建议"，载《吉林金融研究》2015 年第 11 期。

收集范围的无限扩大，侵犯信息主体的隐私权。

（二）信息自由和信息共享机制构建不充分

1. 征信法规缺乏衔接体系，影响了信息自由流动和共享

《征信业管理条例》在立法的法律位阶上属于行政法规的范畴，且其缺乏上位法支撑，在法律地位上有所欠缺。作为直接规范征信业的法律规范，其法律效力层次较低，无法成为引领整个征信法律体系的核心规范性文件。《征信业管理条例》与其他法律规范中涉及征信业的条款没有形成明确而有效的衔接，《征信业管理条例》仅明确与《公司法》之间的关联关系，而与民法、金融机构相关法律、消费者保护法等并没有形成应有的衔接。[1]

《征信业管理条例》作为单行行政法规，其内容限定在征信业范围内，但是由于征信业的法律关系所涉及范围比较广泛，不仅有个人信息保护问题、也有企业法人等信息保护，还有与多部法律法规的密切联系。目前，由于政务信息公开方面的立法推进缓慢，征信规制法律体系与其衔接还有待完善。由于信用信息范围与保密范围方面衔接不到位，也没有与《民法典》《商业银行法》《贷款通则》《证券法》和《档案法》等做好协调。[2]这种情况，影响了信用信息的开发利用的效果，《保守国家秘密法》保护范围内的大量信息无法得到应用，《征信业管理条例》也没有为信息共享机制建立方面作出规范，影响了征信业实践中关于信息共享的推进力度。

2. 金融信用信息基础数据库的定位与数据源衔接规范不明确

《征信业管理条例》通过专门章节规定了金融信用信息基础数据库。在实际操作中，2006 年成立的中国人民银行征信中心，作为中国人民银行的直属事业单位，主要承担金融信用信息基础数据库的建设和运维任务。但也存在若干遗留问题。

一是金融信用信息基础数据库基本定位不清晰。金融信用信息基础数据库不仅是为了防范金融风险，促进金融业的发展而存在的，而且其定位和功能也应当是提供征信信用信息服务的基础数据库，需要真正发挥出国家所建立的基础数据库的基础信用信息提供和查询的功能，尤其需要建立起对其他

---

〔1〕 江宇、刘碧芳、黄昀："国外征信立法模式比较及其启示"，载《福建金融》2014 年第 A2 期。

〔2〕 高燕："我国征信法律框架的构建"，载《西南民族大学学报》（人文社科版）2007 年第 8 期。

征信机构信用信息开放的规则和规范。

二是信息来源规定不清晰。数据库依据规定强制信贷金融机构提供，除了传统的银行金融机构需强制提供信贷信息，目前，已经逐步将小额信贷企业、互联网金融借贷平台公司的借贷信息纳入强制提供范围。但是，还有部分新兴信用信息尚未能纳入，比如，个人破产信息、企业违规信息、从事信贷业务的信托公司的信用信息等未能明确。还有非信贷金融机构方式提供来源，但是提供的信用信息具体范围没有规定，只是明确另行由有关部门依法制定，在相关细则未能出台的情况下，将影响到非信贷金融机构的信用信息的衔接。

三是金融信用信息基础数据库的基本业务模式未能明确规范。固有的立法缺陷，造成了金融信用信息基础数据库运行机制不够清晰和完善。[1]金融信用信息基础数据库除提供查询功能外，金融信用信息基础数据库是否对数据进行处理和核对，使用者使用数据库需要遵循的规则，以及限定使用目的和使用范围方面缺乏明确规定。

四是国家机关查询金融信用信息基础数据库的基本规则欠缺。未能明确是在哪一个层级国家机关的适用，查询依据的法律是哪些，依据部门规范性文件是否可以查询，基于何种目的查询，是否应当限定使用的范围，是否也需要取得信息主体的同意才能查询，在使用和披露时是否应当履行通知义务等，以上问题均没有相应规则。

五是金融信用信息基础数据库的信息未能对个人征信机构、企业征信机构等业务衔接作出明确规范，造成实践中的信息共享困难。在实践中，互联网征信公司和非银行借贷机构等不同的信息提供机构往往缺乏信息共享机制，无法共享基本的信息。另外，在与政务信息、公共基础行业信息的衔接中，存在诸多困难。由于部门利益造成的信息孤岛，加之信息采集过程中各行业各系统的数据采集标准没有统一，造成了数据采集的难度。不同的征信机构，没有形成行业的基本的征信报告格式标准，也不利于建立信息共享机制。由于《征信业管理条例》无法对相关衔接作出规范，往往造成实际的收集采集和对接上的障碍。

---

〔1〕扬名杰、段维明："《征信业管理条例》法律缺陷评析"，载《杭州金融研修学院学报》2015 年第 21 期。

（三）信息保护和信息自由利益冲突与平衡

信息主体利益保护的法律调整需要体现在权利保护体系上。信息的公开和自由流动需要信息主体公开其信息，这是一种利益本身的冲突表现。而且从征信业务发展需求上，证明了信息采集越充分，征信评价越准确的特征。这种内在冲突贯穿在整个信用信息采集、处理和使用活动的全过程，这种利益冲突需要征信法律的调整。从我国的立法规范来看，目前还调整平衡得不够充分。

1. 信息主体信息范围方面的冲突表现

在信息主体信用范围没有详细分类和规范的情况下，必然造成信息采集的边界不清晰。其本质原因在于隐私权保护的客体范围本身就很难界定清晰。我国对信息主体的个人信息在立法上采取排除性列举方法加以定义，为信息采集留下了广泛的空间。关于个人信用信息的采集实际只是个人信息中的一小部分，但是，在征信业的利益诉求下，尤其当下的大数据征信采集，信息来源更加广泛的情况下，个人信息与信用信息的模糊地给隐私权的保护带来了障碍。加之目前的各种例外规定，基于公共利益需要的规定，可以无需信息主体的同意采集信息，往往突破对信息主体的信用信息采集范围造成广泛采集。信息主体的信息采集范围与个人隐私权的保护，需要法律的进一步规范，通过法律规定和监管实践中制定操作细则，从征信业发展的视角，在信息主体的信息公开与隐私保护方面明确范围，解决这个利益冲突问题。

2. 信用信息采集、处理、使用和传播与信息主体利益冲突的表现

一是信息采集的过程中，信息主体基本面对的是格式化的同意条款，在信息主体无法拒绝的情形下，其信息被数据平台加以采集。如《征信业管理条例》规定"信息提供者向征信机构提供个人不良信息，应当事先告知信息主体本人"。事先告知一般采取批量短信、电子邮件等方式进行，无法判定是否已经告知。[1]信息主体无法知悉何时何地，何种内容的信息被采集，以及基于合作技术手段的信息收集造成了对信息主体个人信息的无孔不入的挖掘。

二是信息采集中的错误、不准确或者陈旧信息的收集造成了信息主体的信用评价困境，侵害了信息主体的利益。"错误的征信信用信息结果将会误导

---

〔1〕 刘旭、李芸云："征信监管手段创新的思考——基于依法行政的视角"，载《征信》2015 年第 4 期。

市场主体的决策，征信业的恶性竞争可能侵害被征信对象的利益，造成资源配置不当和浪费，扰乱市场经济秩序，阻碍经济社会的发展。"[1]由于碎片化的信息来源，信息主体的信息来源的标准不一，会造成信息来源无法交叉验证，个人信息的采集不可避免地存在着错误的信息、不完整的信息或者陈旧的信息，严重影响信息主体的合法权益。未经个人同意披露的信息或者无法弥补的信息往往会带来有害的影响。[2]

三是现实中存在的"数据黑市"和数据的非法采集和过度采集情况。每年我国发生的大量侵犯个人信息权利的事件，造成了对信息主体的信息利益的不同程度的侵害。当个人数据不受商业规范或者法律规范约束自由流动的时候，数据往往会完全脱离其原始上下文被解释、使用或误用。[3]信息安全不完善也造成了个人信息的泄露风险与日俱增，大量数据库建立以来的数据技术和安全难免存在技术漏洞，存在泄露和被盗窃的风险。

四是信用信息的处理、使用和传播方面实践中存在大量的与征信目的无关的行为。为某一特定目的而披露的信息，往往也被用于完全不同的目的，由此而带来沉重的代价。[4]这些行为都背离了信息主体信用信息使用方面的基本约束，即目的限制和使用限制原则的约束，结果上会造成对个人隐私权保护的利益侵害。

五是信息主体的维权困境，造成了对信息主体利益保护的缺位，在缺乏可操作性的异议程序和投诉举报程序的情况下，信息主体往往选择回避权利保护的诉求。在没有建立被遗忘权的情况下，网络平台留存和传播的许多数据无法删除。不能删除的数据将永远把我们拴在过去所有的行为中，使我们事实上不可能逃离它们的影响。[5]虽然规定了信息主体享有异议权和删除权，但是执行效果较差，提出异议的具体程序还需要进一步完善。

3. 信息共享机制的利益冲突的表现

信息共享机制是信息自由的基础和核心机制。持续的数据流动会给社会

---

〔1〕 吴国平："中国征信市场监管立法研究"，载《法学杂志》2007年第4期。

〔2〕 Jeffrey Rosen, The Unwanted Gaze, *The Destruction of Privacy in America*. 47–48 (2000).

〔3〕 James Boyle, Shamans, Software & Spleens, *Law and the Construction of the Information Society*. (1996).

〔4〕 Snyder v. Millersville Univ. , No. 07-1660, 2008 WL 5093140 (E. D. Pa. Dec. 3, 2008).

〔5〕 Viktor Mayer-Schönberger, Delete: The Virtue of Forgetting in the Digital Age. 125 (2009).

带来效益，[1]各国在信息共享方面都通过建立大量的信息系统对信息进行公开和共享。我国目前在信息共享方面建立了金融信用信息基础数据库，但是在其他的私营征信企业和百行征信机构的信息共享机制建设中还处于停滞不前的状态。各个信息控制者基于自身利益的需要，在缺乏公平有效的信息共享机制的情况下，无法建立起有效的信息共享机制。

我国没有高位阶的政府信息公开的法律，严重地影响了信息共享的发展。目前，我国发展改革委员会牵头推动的信息共享行为，比如"信易贷"，主要是解决中小企业信用信息共享问题，但是在推行中存在的各地不同的采集范围和共享办法，各地建立的信息共享平台对收集的信息范围规定不清晰，很容易造成对信息主体信用信息利益保护的不一致。在维护信息主体权益方面，虽然通过规范性文件规定，除了依法依规可向社会公开的数据外，在查询、加工、分析和使用涉及商业秘密和个人隐私的数据时，数据来源部门应当获得企业或个人授权后方可提供给共享平台使用。但是实际操作中，大量的格式授权或者是信息收集在前，授权行为在后，基于利益的驱动，信息的采集和共享往往忽略了对信息主体的利益保护。所以，如何在信息共享与保护信息主体的利益之间寻找平衡，是法律和监管需要面对的重大课题。随着《个人信息保护法》的实施，在保护信息主体的利益方面，《征信业管理条例》需要及时调整修订，对此作出积极回应。

二、征信机构利益冲突与平衡问题：行为规范与法律责任

（一）征信机构行为规范与法律责任不相适应的法律表现

1. 征信机构的征信行为缺乏完整的约束规则

《征信业管理条例》在第三章专门规定了征信业务规则，但还有所欠缺。一是没有明确规范收集个人信息的目的限制原则。法规规定了按照与个人的约定的用途查询和使用，但是在个人信息收集方面没有规定应当基于具体、明确和合法的目的采集，且不得以与该目的相违背的方式处理。二是数据质量方面的规定比较模糊。仅仅提出了由征信机构采取合理措施保障其准确性，

---

[1] Kent Walker, "Where Everybody Knows Your Name: A Pragmatic Look at the Costs of Privacy and the Benefits of Information Exchange", *Stan. Tech. L. Rev.*, Dec. 2000, pp. 1, 7-21.

但是数据的完整性和及时性是否需要纳入考虑，条例没有明确。在赋予信息主体的异议权方面，信息主体认为信息存在错误和遗漏，与准确性表述在法律用语上没有先后对应起来。例如，"遗漏"包含了完整性的考量，在对信息的合法性存疑、目的性存疑方面的不相关信息、不合法信息没有明确赋予信息主体的异议权。在异议权中，也仅保障了信息主体的事前知晓和事后救济权利，对于事中的参与权利却未提及，也就是未对信息主体的申辩解释权予以充分保护。[1]三是法规没有赋予信息主体对个人信息的拒绝权和退出权。对个人信用信息，个人无权提出拒绝提供个人信息的权利，也无法选择退出征信系统。四是在征信机构的业务公开方面，没有规定诸如对个人数据的采集、处理的操作规则和一般政策，尤其在获取个人信息方法方面。

2. 征信机构的征信行为在法律责任上不相匹配

《征信业管理条例》规定了违反法规的法律责任包括行政责任、民事责任和刑事责任，但是法律责任方面规范不到位，过于依赖行政处罚。在行政责任方面，主要的处罚手段是没收违法所得和罚款，但是对单位的罚款数额最高限额是 50 万元，对个人罚款最高数额是 10 万元，上限显得较低，与违法行为的严重程度不相适应。该条例有些条款缺少相应的法律责任。[2]在民事责任方面，仅仅是规定给信息主体造成损失的，依法承担民事责任。目前，在司法实践中的具体案例没有体现出对信息主体的应有的保护，很少有征信民事赔偿成功的案件，信息主体多以侵犯隐私权、名誉权等侵权行为起诉。其主要原因，一是很难取证证明信息主体的权利受到侵害，二是损失很难计算。在目前所请求的损害赔偿案件中，多数未能获得赔偿。《个人征信系统法律应诉典型案例汇编》所列举的 2001 年以来我国的 10 个典型个人征信诉讼案件中，获得精神损害赔偿最高为 5000 元，赔偿个人损失最高为 1 万元。而有关刑事责任所涉及的罪名，目前只有《刑法》中规定的出售、非法提供公民个人信息罪和非法获取公民个人信息罪，《刑法》对征信机构以窃取或者欺诈等方式故意采集个人信息的行为，或者故意泄露和买卖个人信用信息的行

---

〔1〕 人民银行保定市中支课题组、霍东升、张成程："《征信业管理条例》中信息主体保护存在的问题及建议"，载《河北金融》2014 年第 4 期。

〔2〕 刘旭、李芸云："征信监管手段创新的思考——基于依法行政的视角"，载《征信》2015 年第 4 期。

为等都没有进行规制。

（二）征信行为和法律责任利益冲突与平衡

征信机构作为征信业的核心市场主体，承担着市场运营的基本功能。征信行为关系到征信业的社会经济利益。所以，为了市场公平发展和良好秩序，首先需要对征信行为进行规范。出于防范利益冲突的要求，为了巩固征信机构的相对独立性、确保市场的公平和客观，美国和欧盟都提出了从人员和业务两个维度建立利益防范机制的要求。[1]但是由于我国的征信市场尚处于初级发展阶段，目前对征信行为的约束相对宽松，法律责任的规定方面也没有适度的责任制度，也没有建立集体诉讼之类的程序，在实际操作中对征信行为的约束相对较少。

关于征信行为的法律责任承担方面，各国都未对征信行为建立完整的法律责任制度。[2]存在恶意收集和处理信息主体信息的情形下，基于真实的事实的披露，有时也会带来对隐私的侵犯，即使是事实的披露，当披露行为存在"恶意"的时候，也可以被起诉。[3]征信行为的规范与法律责任的承担需要平衡调整。缺乏规范和严密的征信行为规范，以及不相适应的法律责任将影响对信息主体权利的保护，无法规范征信市场的公平竞争，无法形成公平有效的市场发展，从而影响征信市场的公平竞争秩序。法律利益的调整和平衡需要在法律完善和法律监管中得到进一步解决。

三、征信监管机构利益冲突与平衡问题：市场监管与权能配置

（一）市场监管与权能配置不相匹配的法律表现

1. 征信监管机构重准入轻监管

我国主要通过制定部门规章等方式对征信机构进行监管，一是《征信机构管理办法》，主要规范个人征信机构的设立和运营，二是《企业征信机构备案管理办法》，主要规范企业征信机构。同时也存在一定的不足，一是公司治

---

〔1〕 李寅："征信市场的宏观经济风险及宏观审慎监管"，载《征信》2017 年第 3 期。

〔2〕 Slanderous Reports Act, 1275, 30 Edw. 1, c. 34 (Eng.)；A Brief Narrative of the Case and Tryal of John Peter Zenger, The Historical Society of the Courts of the State of New York (1734), http://www. courts. state. ny. us/history/elecbook/zenger_ tryal/pg1. htm.

〔3〕 Harris v. City of Seattle, 152 F. App'x 565, 567 (9th Cir. 2005).

理结构和独立性方面缺乏规范，即征信机构与金融信贷机构的关系没有厘清，征信机构的公司治理规范和征信行为的独立性没有合理的规则。二是配套规章都体现了重准入、轻监管的弊病。在市场准入的许可方面规定了详细的市场准入条件，但是在监管方面采取的是报送资料的监管规则，主要的监管方式是测评、重点监管、约谈等，对其他的监管方式、监管执法、监管措施缺乏明确规定。对违法行为的处罚也仅限于整改和罚款等手段。对于征信机构审批后的经营合规和守法行为缺乏持续监管措施。[1]从实际运作上来看，法规的实操性和权威性存疑，由于监管信息的不对称，监管力量薄弱，往往只能依靠事后监管，对征信行为的矫正容易产生遗漏和滞后，削弱监管效果。

2. 征信机构权能配置与征信市场监管需要之间存在差距

《征信业管理条例》明确了中国人民银行及其派出机构是我国征信业的监管机构。因为局限于行政法规，仅在第六章赋予了监管机构有限的监管权能，主要是现场检查权，询问权，查阅、复制、封存文件资料权，重大信息泄露临时接管权。征信监管的手段和措施十分薄弱，对征信违法行为缺乏最基本的案件调查权、审计权、司法参与权等。在行政强制措施上只有责令限期改正、警告、没收违法所得、罚款、吊销经营许可证等措施，缺乏责令限期停业，限制或者停止新业务开展及分支机构设立，限制数据交易行为，责令调整高级管理人员，责令强制转让股份等手段，行政处罚的罚款额度受到条例法律位阶限制，罚款最高数额也受到限制。

在监管机构资源配置上，具体履行监管职能的是中国人民银行征信管理局，但是征信管理局是中国人民银行的内设部门，按照司、局级别设置，仅有 6 个处室部门。具体业务部门也仅为监督一处和监督二处，除征信业的日常业务监管之外，还负担大量的行业发展和行政管理事务，如承担负责社会信用体系建设和部级联席会议；组织拟定征信业发展规划；起草征信规章立法和相关行业标准；教育宣传消费者；受理投诉等业务职责。按照现有的机构配置，既缺乏相对的独立性，也缺少一定规模的人员配置，基本缺乏充分的监管条件开展监管工作。目前中国人民银行有 36 家派出机构分布在各省份，但是这些分支机构基本上都缺乏专门从事征信业务的岗位和人员，面对

---

〔1〕 周婷、林连莉："征信机构管理存在的问题及对策建议"，载《商业经济》2018 年第 12 期。

信息化高速发展的征信业，如何履行监管职责，如何开展具体的征信执法，现有的力量显得十分薄弱。

(二) 市场监管与权能配置的利益冲突与平衡

征信市场是无形的手，而征信监管是有形的手，如何处理好两者的关系和利益平衡，关系到征信业发展的法律制度安排的具体内容和顶层设计。一是正确处理好征信市场阶段、模式与征信监管的利益平衡关系。征信监管会对市场的规模和竞争格局造成影响，在我国征信市场发展的初级阶段，培育以市场为主导的多元市场格局十分重要。[1]综观世界征信业发展的模式，基本以市场征信模式、公共征信模式或者是会员制征信模式为基础，各自演变形成本国的征信业发展模式。各种模式之间也并未互相排斥，也有多种模式兼具发展并最终形成混合型模式。

其实，无论是哪一种模式，只是一种特征划分方法。究其本质，实质上是征信业发展的历史阶段、市场结构变迁、法律体系和制度设计等多种因素综合演变的结果。孰优孰劣，只要该模式契合其征信业发展状况，并在不同层面发挥好对社会经济金融的繁荣作用，同时保障好信息主体的合法权益，便是一种好的模式和制度设计。在征信市场发展与征信监管中，需要突出保护信息主体的合法权益不受侵犯，同时保障征信业的快速健康发展。在征信市场发展中，征信监管腾出市场空间，引导征信机构充分规范且自由发展，实现市场的优胜劣汰。[2]

二是不断完善征信监管体系以适应征信市场发展的利益需要。现阶段，我国政府在征信市场建设初级阶段起到了主要推动作用，选择了一种自上而下的征信市场发展路径。通过建立中央型信用信息系统，进行集中信用信息供应，可以在很短时间内实现信用信息的集中，完成征信基础信息的供给。但是在市场发展到一定阶段，面对经济和金融系统的高速和多元化发展之后，中央型信用信息系统固有的弊端也会不断暴露，而企业和个人征信系统的正常运行需要大量资金、人员和技术的投入。近年来，信息系统建设和监管力量不

---

〔1〕 张忠滨、宋丹："互联网金融时代征信业发展之道及监管对策探析"，载《征信》2016 年第10 期。

〔2〕 吴晶妹："2019 年，征信业从哪里出发?"，载《征信》2019 年第 1 期。

足。[1]比如，征信产品的单一性已经无法满足市场需求，征信对中央型信用信息系统的投入和创新也往往会滞后于市场发展。

所以，在政府主导的征信市场发展到一定程度之后，市场利益重新调整变得非常明显。政府在建立统一的征信系统中扮演积极的角色，但并不是排除其他征信模式的发展。征信市场发展起来之后，征信产品单独依靠政府供给的方式，缺乏运作效率，也难以推动服务创新。政府干预可防止征信市场失灵，但需要干预适度，干预过度则会限制征信市场的自由发展，出现政府监管失灵。[2]

从长远发展来看，应该不断调整市场与监管的关系。在现有的政府主导型征信模式下，合理引导征信市场发展，建立结构合理的混合型征信模式。让征信业的发展真正满足征信市场的需求，从现有的征信服务于银行的格局走向服务于市场经济体系的大局。在征信体系规划设计好之后，政府的角色应当转换为政策的起草者和规划者。征信监管机构的角色在于完善监管能力和体系，加强市场公平秩序监管，纠正市场偏差和不当行为，有效维护市场利益，推动征信业整体利益的平衡发展，更好地满足社会主义市场经济对征信产品的日益增长的需求。

本章小结

现代征信发展演进中，技术、市场、法律监管相互交织，是多方主体利益博弈不断演进的过程。在征信监管介入征信发展之时，也是法律所调整的信息主体、征信机构、市场交易主体等市场主体的利益调整和平衡的过程。从利益平衡分析的视角，按照经济法范畴研究，只有从征信发展与监管面临的基本问题入手，才能透视征信业发展监管的本质。在研究中，本书厘清了征信监管需要面对和解决的"三个基本问题"，即法律需要调整的征信业发展的三个基本矛盾：信息主体与信息自由；行为规范与法律责任；征信市场与征信监管三者之间的利益冲突和利益平衡，三者构成了征信监管需要平衡的

---

[1] 张雅婷："我国企业和个人征信系统发展探析"，载《征信》2015 年第 3 期。
[2] 吴国平："中国征信市场监管立法研究"，载《法学杂志》2007 年第 4 期。

等边三角形的三个边，缺一不可；体现了征信监管对主体、行为、市场三个层面的监管，以及依次围绕征信市场的公平、效率和安全等目标，在个人利益、社会利益和公共利益之间的多层级的利益平衡。我国现存的征信发展与监管中的问题，集中反映了对征信三大基本关系的忽视和背离，一是未能围绕基本问题展开顶层设计；二是利益冲突没有得到充分平衡；三是监管实践中未能树立起清晰的利益平衡目标，未能形成体系化的征信监管内容和工具。故此，需要重新构建利益平衡理论分析框架，在征信法律制度安排、监管模式、核心利益中进行深入分析并找到利益平衡的路径和方向。

第二章

征信监管的理论基础：利益平衡分析

> 法律是社会中各种利益冲突的表现，是人们对各种冲突
> 的利益进行评价后制定出来的，实际上是利益的安排和平衡。
>
> ——赫克

征信监管的理论分析框架和基础，在国内外已经有了多角度的解释，但是就法学的视角进行系统研究，以此建立系统的法理基础对征信监管进行分析却存在不足。征信监管的利益平衡体现为征信法律的权利义务体系，体现为监管对法律所规范调整的不同主体的利益平衡。对征信法律的利益平衡分析抓住了征信业发展的最为核心的要素，体现了征信监管对征信业根本问题的价值判断、利益平衡和顶层设计。利益平衡理论分析框架是多角度、多层级的分析体系，是从法理学、经济学和金融学等多学科综合分析入手的完整体系，是对征信监管研究分析的一种新的理论分析框架。

第一节 征信监管利益平衡的法理学解释

一、法律利益平衡的本质

（一）法学利益学派的法律利益平衡理论

法律利益平衡分析方法的起源很早并得到了系统发展。在古希腊时代，亚里士多德认为，因为法律太原则而不能解决具体问题时，需要通过利益平衡理念和应用平衡原则对法律进行解释和矫正。直到 17 世纪，德国学者赫克、法国爱尔维修、英国边沁、德国耶林、美国庞德等法学家对法律利益平衡都进行了深入研究，并形成了完整的法律利益平衡分析理论。

1. 功利原理对利益平衡的解释

关于利益分析的最为典型的理论是边沁创造的功利原理。功利原理本源上就是一种利益的价值评价方法。在边沁的定义中，利益与实惠、好处、快乐或者幸福是同义语，具有相同的价值，即是评价的标准。"功利"（utility）一词最初来源于休谟，"休谟将产生幸福的倾向取名为功利，并且指出：人类的社会本能，使人们在判断一种行为的功利时，不但要看它对于人们自身幸福的影响，而且还要看它对于他人幸福的影响"。[1]"功利"一词被边沁使用之后，得到了广泛的运用，其赋予了功利等同于利益的实际含义。并将功利判断作为一种基本尺度，"是非标准，因果联系，俱由其定夺"。[2]一切行为和事务的根源是功利和利益的权衡和比较。"它按照看来势必增大或减小利益有关者之幸福的倾向，亦即促进或妨碍此种幸福的倾向，来赞成或非难任何一项行动。"功利的计算和权衡，倾向于为利益主体带来利益，也即追求和增加实惠、好处、快乐、利益或幸福；而防止利益主体利益损害，也即防止和减少遭受损害、痛苦、祸患或不幸。[3]功利虽然来源于经验，但是却具有了理性的意义，并实际可以运用到法学中，成为法律的利益判断的标准。在法学平衡的观点中，"不能不承认一个人无论何时何地都肯定会找到适当的动机来考虑的利益，唯有他自己的利益，没有哪个场合他是全无动机来考虑他人的幸福的"。[4]边沁认为，"采纳这些规范的主权者的适当目的，以及发布这些规范的附属权力拥有者的适当目的，都应当是社会整体的普遍福利"。[5]这是一种社会整体普遍的最大利益的追求，"边沁不仅主张善即是一般幸福，而且主张每个人总是追求他所认为的幸福。所以，立法者的职责是在公共利益和私人利益之间进行调和"。[6]通过对个体利益平衡的追求，最终达到追求社会利益最大化。

2. 耶林权利学说对利益平衡追求的进路

耶林在继承边沁的功利主义的基础上，提出了社会利益为追求的目标。

---

〔1〕 ［英］边沁：《政府片论》，沈叔平等译，商务印书馆1995年版，导言第35页。

〔2〕 ［英］边沁：《道德与立法原理导论》，时殷弘译，商务印书馆2000年版，第57页。

〔3〕 ［英］边沁：《道德与立法原理导论》，时殷弘译，商务印书馆2000年版，第58页。

〔4〕 ［英］边沁：《道德与立法原理导论》，时殷弘译，商务印书馆2000年版，第350-351页。

〔5〕 ［英］边沁：《论一般法律》，毛国权译，上海三联书店2008年版，第42页。

〔6〕 ［英］罗素：《西方哲学史》（下卷），马元德译，商务印书馆1991年版，第329页。

强调社会利益或者社会利益与个人利益的结合。将利益与法律权利联系起来，权利就是法律保护的利益，权利也是法律的目的和根本标志。他的利益平衡的路径与边沁实际追求的都是社会整体利益的目标，但是在利益追求的进路上存在不同，在利益平衡中更加强调社会利益。耶林的学说推动了法律由个人本位向社会本位的转变，他的"社会利益"学说则直接构成了利益法学的思想渊源。

3. 利益法学派对利益平衡理论的创建

赫克（Philipp Heck，有学者也将其译为黑克）被认为是利益法学派的代表性人物。他将利益平衡作为其法学体系中的一个重要法律理论，并将其充分运用到法学研究中。赫克提出，法律不仅是一个逻辑结构，而且是各种利益的平衡。他反对概念法学，提出了利益划分原则，或者说是冲突理论。他在对概念主义抨击的同时，接受了耶林的思想，并形成了独立的新学派"利益法学派"。他认为，制定法对利益的保护不会在真空中，而总是在一个充满利益的世界中进行。[1]他认为，利益是法的原因，法主要规范着利益斗争，法的最高任务是平衡利益。[2]利益法学理论贯穿在立法和司法的全部过程中，立法就是利益的一种平衡，法律规范所体现的是对不同利益主体的利益冲突的解决，法律是利益调整的产物。法律只是表明某一社会集团的利益胜过另一集团的利益，或双方的利益都应当服从第三个集团或整个社会的利益。所以，立法者的根本任务在于保护利益并平衡各种利益。在司法活动中，法官作出判决并非根据正义原理和逻辑规制的简单推理，而必须弄清立法者通过某条特定的法律规则所要保护的利益，并找出优先的利益，从而使各种利益得到合理的平衡。"法官应给予被承认为在法律中占支配地位的权利以优先权。"[3]

赫克的利益分析进路基本可以归纳为三个逻辑阶段：一是确认事实利益及其次序。分析和确认事实固有的和背后所蕴含的利益，以及利益的优先次序。二是法律逻辑推演。分析法律对该事实的调整和规范是否符合利益的确认及其次序。三是利益分析和价值判断。在法律利益与事实利益一致的情况

---

〔1〕 ［德］菲利普·黑克：《利益法学》，傅广宇译，商务印书馆2016年版，第18页。

〔2〕 王立伟："法的社会评价对法律秩序构建的作用"，载《法制与社会》2010年第33期。

〔3〕 何勤华：《西方法学史》，中国政法大学出版社1996年版，第225页。

下，依据法律规范三段论裁判，方法体现为"法律执行"；在法律授权的情况下或者称为法律"有意的漏洞"时，依据法律和利益次序裁判，方法称为"调适"；在法律利益存在"非有意漏洞"或者存在利益调整不一致的，方法包含了"调和"。在法律漏洞的填补上，集中反映在赫克创造性的方法论上，即强调"制定法的远距作用"的运用，是制定法的利益尺度与具体案件事实的利益尺度的选择关系。从此，法律的利益平衡成为众多西方法学家研究法学和解释法律的重要方法。

4. 庞德的社会利益平衡控制论

经过近代法学家的发展，庞德的社会利益平衡控制论具有划时代的意义。"我们主要是通过把我们所称的法律权利赋予主张各种利益的人来保障这些利益的，而利益在法律上的保障体现为法律权利。"[1]庞德通过利益列表，将社会利益做了详细分类，并提出了个人利益、社会利益和公共利益的详细划分和平衡原则，具有重要的意义。"从根本上不许在合作本能与利己本能之间维持平衡，社会控制的任务就在于使人们有可能建立和保持这种均衡，而在一个发达社会中，法就是社会控制的最终有效的工具。"[2]庞德从社会法学的角度，指出了法律对社会治理的最高工具意义，法律的功效就在于利益平衡，以达到合作的社会目的，最终追求法律社会的秩序发展。其中，利益平衡在社会控制中具有重要作用，法律的社会控制和调整就是通过法律所确定的权利义务体系来实现规范和调整社会利益的。

5. 日本对利益平衡理论的理解

日本早在 20 世纪 60 年代就展开了利益平衡理论的研究和发展。日本民法学家加藤一郎先生和星野英一先生认为，"现在看来在非常广泛的意义上说的利益衡量，不限于民法，凡涉及一切法律判断，亦即法的解释，就有利益衡量问题。不仅民法的解释，包括宪法的解释，刑法的解释，只要是法的解释，可以说都存在伦理与利益衡量的关系问题。只是法域不同，则利益衡量

---

〔1〕［美］罗·庞德：《通过法律的社会控制——法律的任务》，沈宗灵、董世忠译，商务印书馆 1984 年版，第 41 页。

〔2〕［美］罗·庞德：《通过法律的社会控制——法律的任务》，沈宗灵、董世忠译，商务印书馆 1984 年版，第 89 页。

的方法有相当的差异"。[1]

故此，本书认为，从利益法学理论的视角来看，利益平衡不仅是法律解释的方法；或者是司法判决的利益衡量；也是立法的顶层设计的一种方法、原则和价值追求；也是执法和监管中的重要方法；更是法学研究乃至建构法律体系和法律基本原则的一种重要理论基础。利益法学理论的本质和存在的原因在于法律本身固有的缺陷，法律无法穷尽社会生活的实际运用的情形，也无法完整和无限可能地接近社会生活的实际规律。在社会发展的千变万化中，法律的滞后、陈旧和相对的利益间接代表，需要留下实践中的利益平衡的空间。法所确定的利益平衡框架成为基本框架，但是现实中也需要在司法、行政、监管和执法等环节进行利益平衡调整，这也是征信监管可以运用利益平衡理论的客观基础。

（二）法律利益平衡的本质

1. 利益与利益冲突

"在法律科学中，从耶林以来，我们把这些要求、愿望或需要称为利益。"[2]在利益的界定范围上，利益不仅是经济基础，也是法律体现的内容。法律与利益的关系密切，法律是利益保护的重要手段，利益通过权利体现在法律内容和法律体系中。法律所保护的利益只是所有利益的一部分，是一种以权利形式表现的利益。利益是权利的基本要素，是权利的基础和目标，权利的确认和行使会引起利益的变动。利益是人们设计法律制度的目的，权利具有正当性，法律利益是具有正当性价值判断的利益。

法律进行利益平衡的基础，首先考察的是主体的状态和关系以及利益的冲突表现及其社会性。从法学上看，西方社会学家往往只是注重于冲突的外部表现形式，而忽视冲突的社会意义，以及认知冲突的社会目的。从法学视角看，冲突的法学本质，即是社会主体的行为与社会既定的秩序以及主流道德意识的不协调或反叛。[3]利益的本质决定了利益的广泛存在。利益的本质决定了其在各个主体之间形成了广泛的利益矛盾和利益冲突。利益冲突的根

---

〔1〕［日］加藤一郎："民法的解释与利益衡量"，梁慧星译，载梁慧星主编：《民商法论丛》（第2卷），法律出版社1994年版，第78页。

〔2〕［美］罗斯科·庞德：《通过法律的社会控制》，沈宗灵译，商务印书馆2010年版，第39页。

〔3〕顾培东：《社会冲突与诉讼机制》，法律出版社2004年版，第4页。

源在于主体的利益差别和利益需要的分配，其表现形式通常为主体基于精神或者物质的追求而产生需要。利益冲突具有程度不同的表现，从一般的利益冲突到根本性利益冲突，最后直到利益冲突不可调和，所以，利益冲突需要平衡机制。

但是并非所有的利益冲突都由法律调整。法律调整和规范的是社会中具有重大关系的利益冲突。上升为法律事实的权利一般应当具有两个基本原则：一是利益冲突不可调和，具有法律调整的必要性。二是法律调整利益冲突具有优先性，法律相比较于其他调解手段更具有优越性的时候，法律才会介入利益冲突的调整。权利和义务所体现的利益，以及实现利益的行为，受到多种因素的影响，都是存在限度和被限制的，首先是被限制在统治阶级的根本利益和社会普遍利益之中，还有的是受制约于社会的经济结构以及社会的文化发展水平，即以社会承受能力为限度。[1]

2. 法律利益平衡是一种利益衡量

从本质上看，法律的利益平衡是法律对主体利益的衡量，是法律在个体利益之间，个人利益与公共利益和社会利益之间的衡量。体现在立法、司法和执法上，根据一定的原则和方式对利益进行衡量的过程。这种冲突的解决难以通过利益主体自身来调和，而需要借助于法律的制度安排。"在这个意义上，没有利益的冲突，就没有利益的平衡，也没有利益平衡的制度安排。"[2]

最终，法律的利益平衡是追求法律的正义和秩序，保持整个社会和公共利益的平衡可持续发展。一般来说，"在一定的社会条件具备的情况下，多元利益体系是对立统一的。保持相对平衡的相对稳定的利益体系，它是保持社会安定的稳定剂"。[3]所以说，法律利益平衡是从立法、司法、执法等全过程对法律规范的一种衡量的过程。

3. 法律利益平衡是一种权利平衡

法不应当只关注公共利益或私人利益，而应当努力在二者之间寻找最佳结合点。立法者必须保护利益，要去平衡相互竞争、相互冲突的利益。立法者的职责是在公共利益和私人利益之间、不同私人利益之间进行调和。这就

---

〔1〕 张文显主编：《法理学》，高等教育出版社 2003 年版，第 116 页。

〔2〕 ［德］马克思、恩格斯：《马克思恩格斯选集》（第 4 卷），人民出版社 1972 年版，第 16 页。

〔3〕 王伟光：《利益论》，人民出版社 2001 年版，第 208 页。

需要法律的利益平衡机制。

在社会领域中，平衡是一种力量的平衡，也是一种关系的平衡。在利益矛盾和冲突中，寻找到一种均势，从而使利益主体保持一种稳定和对立统一的关系。利益平衡就是充分利用法律手段，对利益在特定主体利益之间进行权利分配和比例分配，使其达到平衡状态。法律平衡不仅是方法，也是价值；不仅是一种手段，也是一种目标。平衡具有合理性和相对性。

法律确保将一切正当利益的保护作为基本价值目标，法律的立法、司法、执法和守法构成了完整的有机系统，在法律的统领下，不同阶段在自身的属性和要求上平衡社会中的各种利益和价值。立法的过程就是通过对多元和冲突的利益进行平衡取舍，通过权利义务将利益加以法律化的过程。故此，法律所规范的社会关系，最终都体现为对利益关系的调整。法律以权利为手段保护和调整利益关系，不仅需要考虑利益的经济实质，也要考虑权利具有的法律正当性价值。

4. 法律利益平衡是一种价值均衡

利益平衡也称为价值均衡，"是在一定利益格局和体系下出现的利益体系相对和平共处、相对均势的状态"。法律意义上的利益平衡是指"通过法律的权威来协调各方面的冲突因素，使相关各方的利益在共存和兼容的基础上达到合理的优化状态"。法律无法选择确认每一个主体的每一项利益，必须对各种利益冲突加以平衡，从而不致使人类社会在无谓的利益纷争中毁灭，失去继续发展的可能。"在不受先存在的规范和原则指导的相互冲突的利益之间进行选择，就需要进行价值判断。"[1]

从各种利益关系的平衡上，庞德追求的是一种均衡的保护，追求各种利益之间的均衡，既要保障个人利益，又要确保社会秩序、安全和正义免遭破坏。在利益平衡上，庞德的两项原则具有深刻的意义。第一需要遵守的是在社会视角下看待个人利益，"我们应当将个人利益的要求放在更大的背景下考察，将它们置于某些社会利益之下，由此将个人的要求与他人的要求放在同一水平上考察"。第二是追求社会利益最大化的边际均衡，"尽可能地保护所有的利益而尽可能少地损害利益全体或者说尽可能少地损害整个利益体系完

---

〔1〕〔美〕E. 博登海默：《法理学——法律哲学与法律方法》，邓正来译，中国政法大学出版社2004 年版，第 527 页。

整"。[1]尤其在第二种平衡原则中，"在此期间法院必须像过去一样，通过经验来发现并通过理性来发展调整关系和安排行为的各种方式，使其在最少的阻碍和浪费的情况下给予整个利益方案以最大的效率"。[2]

所以，本书认为，法律利益平衡过程首要的是遵循基本原则：一是维护公平、正义和秩序价值。法律的价值和目标是公平、正义和秩序，法律利益平衡首先应当遵循法律的最高位阶的价值原则，这些也被称为法律利益平衡的根本原则。二是遵循权利义务均衡原理。权利和义务对立统一，有权利有义务，权利和义务需要均衡对等。三是保护弱势群体原则。在社会强弱主体之间，法律倾斜于对弱势群体的利益保护，这是维持社会平衡的一个基本原则和价值追求。四是追求公共利益最大化原则。在个人利益、社会利益和公共利益产生冲突平衡之时，需要平衡个人利益和公共利益，但最终是追求社会利益和公共利益优先于个人利益。在构建法律原则以使其反映我们的道德原则的过程中，我们创造了权利。权利即是来源于政治道德原则的法律原则。在对法律原则与法律规则的冲突进行权衡时，法律原则高于法律的具体规则。[3]

在基本原则之下，法律利益平衡还应当遵守均衡的一般原则。法律利益平衡需要遵守比例原则，具体体现为目的适当性原则、利害权衡必要性原则和边际利益最大化均衡性原则。目的适当性原则强调合乎目的，即法律利益平衡中法的核心价值追求和最优价值的追求是什么；利害权衡必要性原则强调"两种利益的利害保护之间实现两害相较取其轻"，即在实现目的时，应当选择对权利产生最小侵害的方式；边际利益最大化均衡性原则是一种边际均衡点的追求，寻找个人利益、社会利益和公共利益的边际均衡和利益最大化。

二、征信监管的利益平衡法理分析

故此，本书认为，征信监管的利益平衡分为征信的实体法律关系的利益平衡分析和征信监管法律关系的利益平衡分析。在征信业的具体利益主体和

---

〔1〕 ［美］罗斯科·庞德：《法理学》（第三卷），廖德宇译，法律出版社 2007 年版，第 250-251 页。

〔2〕 ［美］罗·庞德：《通过法律的社会控制——法律的任务》，沈宗灵、董世忠译，商务印书馆 1984 年版，第 33 页。

〔3〕 ［美］罗纳德·德沃金：《认真对待权利》，信春鹰、吴玉章译，中国大百科全书出版社 1998 年版，第 21-42 页。

行业的整体利益追求之间，以上两种法律关系都应当遵循法律利益平衡原理的基本原则和一般原则。

一是维护征信市场的公平、正义和秩序价值。征信具有追求公平、效率、自由和秩序的法价值的正当性，征信是一种必要的权利让渡和权利限制。[1]征信法律在立法中应当追求征信的公平、正义和秩序，在征信立法和征信监管中，征信的法律价值追求体现在保障信息主体和征信机构、信息提供者的合法利益，保护信息主体的隐私权等合法权利。促进征信产品的公平、准确、非歧视提供，促进行业的健康发展的良好秩序的形成。征信的监管应当基于法律的核心价值和利益追求，平衡好各方利益，保障好市场主体利益，规范不正当市场行为，处理好监管与市场发展的关系，追求征信业的健康发展。信用契约经过法律的创设得以形成对信用与利益的关系作出规定，并为信用提供了客观保障。[2]"市场信用的法学理论基础是经济法的社会责任本位理念。"[3]

二是遵循征信市场各主体权利义务均衡原理。在各种利益主体之间寻找权利和义务的对立统一，促使各方主体的权利和义务均衡对等。征信法律主要是规范征信机构的征信行为，建立征信法律体系和程序，促使征信机构在法律的框架下实施征信行为。主要表现在，通过规范征信行为实现对被征信主体的合法利益的保护；通过规范征信行为实现市场的公平有序竞争；通过建立征信行为的义务和相适应的法律责任，促使征信行为的自我约束；通过相应的法律衔接规范信息提供者的权利义务，达到规范和约束信用信息来源的法律目的，最终在信息主体的法律权益保护与信息自由流动和利用之间达到均衡。征信的监管应当规范好征信监管机制的职能和配置，促使征信监管适应于征信市场发展，在市场和监管之间平衡好公平与效率的利益关系；在征信机构与经济发展的社会利益中平衡好征信行为合法性与征信业发展的利益关系；在信息主体与征信行为之间平衡好隐私权与信息公开的利益关系。同时，征信法律也约束监管行为，确保监管行为在法律的框架下运行，确保征信监管依法开展，围绕征信监管目标建立相应的监管体系和监管责任体系。

---

〔1〕　叶世清："征信的法理研究"，西南政法大学 2008 年博士学位论文。
〔2〕　尹万姣："关于我国信用制度的研究"，郑州大学 2005 年硕士学位论文。
〔3〕　王雨本："中国社会信用体系建设存在的问题及对策"，载《首都经济贸易大学学报》2009年第 6 期。

三是遵循保护信息主体的弱势一方的原则。征信法律应当倾向于保护信息主体一方。作为征信市场的一方利益主体，信息主体处于征信行为的被动接受一方，并且是分散的个体，在日益发展的征信技术和规模庞大的征信机构和信息控制者面前，信息主体的利益保护的手段和方式相当薄弱。由于信息主体处于后知后觉的地位，在法律利益调整平衡上需要处理好信息主体权利保护的本位。企业征信法律规制是保护被征信企业合法权益的需要，是规范企业征信机构及其行为的需要，也是规范企业征信监管的需要。[1]征信监管应当坚持消费者金融权利保护的理念，充分运用监管手段建立权利救济程序保护信息主体利益，通过纠正不正当征信行为和追究违法行为的法律责任以保护信息主体的利益。

四是追求征信业发展的公共利益最大化。公共利益论认为政府是公众利益的代表，能通过监管纠正和解决市场失灵现象。[2]在信息主体的个人利益、征信服务于经济金融的社会利益和公共利益产生冲突平衡之时，征信法律和征信监管都应当平衡好个人利益、社会利益和公共利益的关系，在必要的时候，个人利益让位于公共利益。现代社会和转轨社会瓦解了熟人社会关系，单纯依靠人际关系进行交易的情形已经无法适用，需要建立制度化的信任机制，所以征信体系恰好契合了这种目标。[3]现代征信的社会经济利益是一种经济发展的产物，固有其内在的社会经济价值和利益。在征信业整体利益最大化发展的利益平衡下，建立个人权利受损最小化的制度框架，寻找到边际的均衡点，促进征信业的健康发展。通过信用合约的成本收益分析，可以得出信用合约基于理性经济人的假设，追求成本收益约束条件下的利益最大化。[4]征信追求信用供给与需求的利益的最大化均衡。

此外，在征信监管利益平衡中，对具体利益分析还应当遵守均衡的一般原则。通过目的适当性原则、利害权衡必要性原则和边际利益最大化均衡性原则，对具体征信市场主体的利益和多元的征信市场活动利益进行具体利益

〔1〕 范水兰：《企业征信法律制度及运行机制》，法律出版社 2017 年版，第 16-26 页。

〔2〕 于立、肖兴志："规制理论发展综述"，载《财经问题研究》2001 年第 1 期。

〔3〕 杨慧宇："信息、信任及其来源：论转型期我国征信体系建设的社会文化基础"，载《征信》2011 年第 6 期。

〔4〕 黄勇民、杜金岷："信用制度的多角度理论解释及其政策启示"，载《岭南学刊》2006 年第 3 期。

判断，以期达到征信业与监管的动态平衡发展。

第二节　征信监管利益平衡的经济学解释

一、信息不对称理论与征信监管利益平衡

（一）信息不对称理论的经济法视角

1. 信息不对称理论与征信

关于征信与信息的关系，最早由很多国外经济学家加以论述。以美国为代表的信贷市场的发展也是围绕着信息的采集和利用得以发展的。在信贷市场中，首要的就是解决不完全信息问题，征信的起源在于解决信贷的错配。信用情况认知是贷款人对借款人认知的一个核心问题。但是征信的理论依据得以系统论证还是征信业发展进入经济学家视野之后才得到了长足发展。著名的"柠檬市场"理论是由美国的乔治·阿克尔洛夫，于1970年首次在其《柠檬市场》论文中加以论述。他针对美国的二手车市场做了分析，并将事前的信息不对称而导致的经济后果形象地比喻为柠檬问题。由于柠檬是一个很形象的比拟，选择柠檬的时候无法从表面上分辨其质量的优劣，甚至柠檬内部腐烂也无法通过其表皮加以甄别。此时便产生了"柠檬溢价"，因为理性的投资者会向需求者收取一个非对称信息溢价，而且溢价的大小与信息不对称的程度存在正相关关系。[1]后来，该理论得到了不断的丰富和发展，最终形成了经济学领域中著名的信息不对称理论。

关于信息不对称的定义，是指缔约当事人一方知道而另一方不知道，甚至第三方也无法验证的信息；或者即使能够验证，但验证成本过高，故经济上不合算的信息。[2]信息不对称，是指在交易中由于交易的一方对交易的另一方没有充分的了解，从而难以作出准确决策的一种现象。信息不对称是金融市场中的一个普遍性问题。通常认为，在金融数据的信息不对称的变现上，具有更长和更复杂的信息链条，一般存在多个参加主体：主要包含了金融

---

〔1〕谢康、乌家培编：《阿克洛夫、斯彭斯和斯蒂格利茨论文精选》，商务印书馆2002年版，第1-18页。

〔2〕张维迎：《博弈与社会》，北京大学出版社2013年版，第158页。

数据发出者、金融数据接受者、金融数据处理者、金融数据拥有者、金融数据使用分析者等。在这个链条上，比一般的数据发出者到使用者，多出了更多的环节，往往造成了信息收集的难度，加大了传递过程中有效信息的减损。[1]

信息不对称理论认为，信息不对称会导致两种情况发生：逆向选择和道德风险。[2]信息不对称理论认为存在两种情况：一种是事前，由于信息隐蔽造成交易双方中的一方知道另一方的基本信息，而另一方却是浑然不觉，这些信息往往是客观存在的，不是双方当事人的事前行为造成的。这种事前发生信息不对称造成的问题我们称之为逆向选择。另一种是在事后，由于后天行为造成的信息隐蔽，交易双方的信息起初是对称的，但是由于一方采取行为之后，另一方又无法管控和约束，造成双方信息的不对称和信息偏差，存在人为的主观因素，比如，故意隐瞒有关信息、篡改有关数据信息等。这种在事后由于行为造成的信息蒙蔽，称之为道德风险。在信息不对称中，逆向选择和道德风险可能单独存在，也可能并行发生。

2. 信息不对称中征信各方的利益与平衡

一种通用的观点认为，经济法存在的基础前提是国家干预所产生的特定经济关系需要法律调整，而国家干预的最为核心的方式和手段是管制，也可以称之为监管，并认为管制所产生的框架体系可以作为整个逻辑起点。[3]然而，我们认为，这个问题需要深究监管背后存在的客观原因。在资本主义市场经济体系高度发展之后，政府与市场的关系成为一个永恒的主题，究竟监管为什么存在，监管是什么，以及监管与市场的边界在哪里？

监管的存在是由于垄断、信息不对称、外部性等原因造成的。而信息不对称显然是一个十分突出的问题。从经济学的角度看，金融市场具有市场的不完全性、信息不对称性和市场的外部性，从而容易引发金融市场系统性风

---

〔1〕 王作功、李慧洋、孙璐璐："数字金融的发展与治理：从信息不对称到数据不对称"，载《金融理论与实践》2019 年第 12 期。

〔2〕 Akerlof Gorge, "the Market for 'Lemons': Quality Uncertainty and the Market Mechanism" . *Quarterly Journal of Econimics*. AG. 1970, pp. 488-500.

〔3〕 徐晓松："管制与法律的互动：经济法理论研究的起点和路径"，载《政法论坛》2006 年第 3 期。

险，故而需要政府的监管。[1]在社会化大生产和信息时代到来之后，垄断的表现之一也体现在信息不对称上，而外部性更多的是道德风险的问题，信息不对称实际也可能造成道德风险和逆向选择。在经济法调整的范围和法理分析视角下，信息的公开和权利体系的平衡，就是建立在权利与义务双方的信息是否对等的基础上，需要通过法律这种手段或方法来解决信息不对称的问题。传统的民法和行政法，在面对信息不对称的监管问题上，存在与经济法不一样的调整范围，民法规范的是私法平等主体的法律关系，而行政法在于调整和制约行政主体的监管行为，经济法调整的是一种公私综合的法律关系，即是在信息不对称链条上各方市场主体无法克服自身交易存在的问题的时候，公权力为了克服外部性、垄断性或者系统性风险的情况下构建介入监管，相应地构建克服信息不对称的法律框架体系。

当我们考究征信机构时，也发现征信制度是解决信息不对称的最直接的途径，通过法律创设信息供给制度。交易存在交易成本，如何降低交易成本，成为市场交易最先面临的问题。科斯最早提出了交易成本的概念，他把交易成本当作运用价格机制从而利用市场的成本，以区别于企业管理成本。在科斯看来，交易成本包括发现相对价格的成本、谈判和签约的费用，以及由于经济生活的不确定性和风险而导致的成本等。而征信的作用就在于通过专业的机构，以专业的评价体系，提供征信产品，减少信息收集成本，降低交易成本，降低融资成本，促成交易的发生。[2]征信机构也恰恰是解决信贷双方信息不对称的一个法定主体，其是一种法律创设。

在信息不对称的情况下，经济法的法律价值在于强调从规范公权监管的视角入手，以维护权利义务双方的合法权益为基础。以信息不对称链条上各方的利益平衡为出发，以经济交易的效率目的和维护经济交易公平为要旨的结合原则来调整和规范信息不对称链条上各方的权利和义务，从而达到克服信息不对称的现象，促进交易和实现社会主体合法权益。在法律范畴中，制度是法律原则和规则等的总称，在经济学领域，制度是社会的博弈规则，制定制度本身就是对博弈均衡的追求。经济法制度的公益保护性、经济执法的比例性等，都使经济法制度成为解决信息均衡问题的最有力武器。

---

〔1〕　Cranston R., *Principles of Banking Law*. Oxford University Press, 2001, pp. 78-79.

〔2〕　范水兰：《企业征信法律制度及运行机制》，法律出版社 2017 年版，第 21 页。

建立信息供给制度的经济法路径一般有三种模式：一种是信息公开，建立强制信息披露制度；一种是由博弈中信息优势一方直接提供信息；一种是由非博弈主体提供信息，即独立第三方、公权力机构或者同行业其他经营者来提供信息。[1]征信的行为正好是以一种独立第三方主体作为信息提供方式，这种法律制度安排具有多元利益主体的特性，需要法律和监管进行利益调整平衡。所以，经济法是为了解决信息不对称的问题进行的调整，并不是为了解决国家干预和限制征信经济活动自由，而是为了促进征信产品交易，平衡征信市场多方主体的权利义务，从而促进各方主体的法益平衡。史际春教授认为，"现代经济法是保障和实现经济自由的法律手段，其出发点和归宿是经济自由，而不是通过干预而限制了经济自由，最终应该是为了解决经济自由的干预和限制"。[2]

（二）信息不对称理论对征信监管利益平衡的解释

1. 信息不对称中征信的三种典型表现与法律监管的一次平衡

以在银行业信贷关系的交易过程中的信息不对称为例分析，信息共享的利益平衡显得十分重要。银行等金融机构通过自己的体系和平台在收集个人信贷信息和信用信息方面往往存在很多限制。由于依赖银行等金融机构的自身力量，因此，在信息收集范围方面往往比较局限，而且投入信息收集的人数、时间、成本等都是信贷中的代价问题。同时，就借款人的利益考量而言，如果银行等金融机构依靠自身的方式收集个人信息，对个人也会产生诸多的不良影响，比如，信息保护的问题，信息格式标准的问题。在信贷市场信息不对称的情况下，由于无法有效地评价借款人信用，其信息收集的成本和基于不信任的溢价成本都可能增加在贷款人身上。在征信的过程中，由于信息不对称造成的利益不平衡，存在着以下三种需要调整的监管法律关系。

第一，信贷关系中由于逆向选择造成的信息不对称。金融信贷过程中，金融借贷法律关系中的借贷双方均处于信息不对称地位。在信贷的过程中，借款人是数据信息的拥有者，在生产经营和个人生活中掌握着生产经营、财务信息，抵押物、个人资产和收入等信息。这些数据的分布十分分散，在现

---

〔1〕 王腾："经济法信息不对称问题的博弈分析及其对策"，载《阜阳师范学院学报》（社会科学版）2019年第6期。

〔2〕 史际春主编：《经济法》，中国人民大学出版社2005年版，第17页。

有第三方社会中介组织的信用缺失的情况下，依靠传统的财务报表和审计信息往往很难获得可靠的评价。贷款人在放贷的时候，面临的最大问题就是如何解决信息不对称。对借款人的还款能力和还款意愿的判断所牵涉的信息都是十分隐蔽的，往往也涉及借款人的个人隐私数据，还有需要据此对借款人的未来信用行为的判断，也牵涉个人的意愿和内心的信用预测。所以，依靠信贷工作人员的信贷调查和单一信息来源的验证就变得十分不切实际，征信的引入恰恰在于打破这种信息不对称。交由专业的机构，以独立第三方的身份，以专业的工作来获取征信分析数据并提供。而这种事前的信息不对称，往往无法通过事后的数据信息进行有效判断，存在很难克服的逆向选择问题。

　　所以，征信机构在金融信贷的风险控制的体系中显得十分重要，在信贷双方中起到信息桥梁的作用。通过第三方机构获得数据，改变数据来源的分散性，多维度地相互印证有关信息，从而获得对企业或者个人信用的判断，降低和克服贷款人的金融信贷风险。将信息不对称理论运用到商业银行信贷中，最根本的目的是尽可能地消除信息不对称所带来的风险，促使银行与良好信用借款人达成良性合作。借贷双方都有权利了解应得的信息，也有义务给予应当付出的信息。[1]

　　第二，信贷关系中由于道德风险造成的信息不对称。为了更好地获得贷款，借款人往往会作出掩盖或者造假的行为，这些行为尤其在经济周期波动或者经营困难的时候，在企业或者个人的财务状况出现困难的时候发生。而银行在决定是否放款的过程中，需要掌握企业或者个人的全面准确的信息，金融机构往往有利用其信息优势地位损害消费者的动机。[2]在金融征信中造成道德风险的情况比较复杂，由于征信机构拥有强大的收集信息的技术能力，造成信息拥有量存在巨大差别，被征信主体往往无法知悉自身哪些信息被采集，哪些信息会影响到自己的信用的判断，对征信机构获取信息的手段和过程也缺乏专业的知识进行甄别。相对于专业的金融公司和征信机构，被征信主体获取征信信用信息的过程需要付出高昂的成本，在维护自我信息完整和安全方面也存在成本过高的情形。这些情形的出现，不同程度地促成了需要

[1]　杨士滢："信息不对称理论在银行信贷业务中的应用"，载《上海商业》2019年第8期。
[2]　蔡瑞琪："信息不对称理论在我国金融消费中的应用"，载《今日湖北》（理论版）2007年第5期。

法律和监管规范来解决征信活动中的信息不对称的现象。

第三，信贷关系中由于征信技术发展造成的信息垄断引发的二次信息不对称。随着大数据的发展，征信机构以及其所依赖的数据平台变成了信息垄断和技术垄断的新的托拉斯形态。"根据阿里巴巴网站及其旗下的云平台存储的数据规模，截至 2018 年底已经超过 EB 级别。而微信和 WeChat 的合并月活跃账户数增加到 10.98 亿个，腾讯 QQ 的整体月活跃账户数增至 8.07 亿个，每天产生的数据量规模超过 200 个 BT。"[1] 这些大数据平台公司往往占有有利的地位，依赖数据平台每天以很低的成本获得市场主体和自然人的原始数据，并保存着大量的原始细节。在大数据背景下，金融消费者处于更加被动的地位，纯粹的市场和纯粹的契约自由只是神话而已。理性人不可能获得全部信息，信息不对称是现在市场中最常见的现象。

2. 征信在信息不对称中的三种典型表现的解决方式体现为需要法律监管的二次平衡

法律的基本价值在于追求公平，在利益的天平失去平衡之后，需要重新得以调整，尤其是监管需要再次对失去平衡的利益进行调整。自从 19 世纪末开始，随着社会经济和科学技术水平的发展，人类社会生活发生了深刻变化。社会各个层面，处于主体关系的契约双方都出现了严重的两极分化和对立。近现代民法赖以存在的两个基础，即所谓的平等性和互换性已经丧失，民法所遵循的私法自治和契约自由的内涵和外延也受到了很大的限制，呈现了所谓的私法的公法化。有学者指出，通过诚实信用原则和公序良俗原则对私法自治和契约自由进行限制。然而，这一论述也仅仅指出了民法规范中的社会基础的变化，在解决路径上，实际上已经发生了重大的变化。监管法律关系的产生即是在私法自我体系无法解决的情况下而出现的社会产物，单单靠诚实信用和公序良俗原则无法对私法进行自我约束。民法无法自行调整时才产生了通过监管法律关系进行利益再次平衡的社会行为。所以，市场经济和技术的高度发展也催生了经济法的诞生。

理性人所假设的能够对所获得的信息作出分析是不切实际的，因为每个人认识问题和分析问题的能力都不同，实际运行中人的理性是有限的，人的

---

[1] 王作功、李慧洋、孙璐璐："数字金融的发展与治理：从信息不对称到数据不对称"，载《金融理论与实践》2019 年第 12 期。

能力是不平等的。[1]在大数据背景下，借款人的财务造假和财务"包装"很容易被金融机构和征信公司运用大数据进行识别。此时，金融消费者也成为征信中的弱势一方，在数据地位不平等的情形下，往往也造成了权利义务不对等。垄断者在履行权利的同时，依据市场规律"合理"规避义务的履行，致使社会利益受到损害。消费者在履行支付义务的同时，知情权难以得到保障。同样地，监管机构虽然掌握着大量的行业数据，但是，由于金融数据平台具有大数据垄断和自我封闭的特征，监管机构也落后于金融大数据平台。还有，监管机构的监管技术水平往往也滞后于市场，在监管机构与数据平台之间也存在着信息不对称。[2]

综上所述，本书认为，综观金融领域，金融借贷关系也充分体现了这样的发展本质。第一个层面，通过法律创设授予征信主体拥有获取信息的法律地位。第二个层面，需要加强对征信业的监管。这两个层面构成了对信息不对称下利益不平衡的"二次平衡"。一方面，加强对征信机构数据方面的重点监管，防止其利用数据垄断地位和技术优势造成系统性金融风险。另一方面，也需要强调消费者权益保护的本体论，严格监管数据平台公司和征信机构利用数据地位和技术地位侵害金融消费者的合法权益。所以在监管的权利平衡机制上，需要进一步创设新的利益平衡机制，实现从二次信息不对称到信息对称的二次平衡。

二、纳什均衡理论与征信监管利益平衡

（一）博弈论与纳什均衡理论

博弈论是近现代一个非常重要的理论"发明"。博弈论的分析方法和理论广泛运用于社会、政治、经济、军事等各个领域。博弈是若干参与主体在一定的条件、游戏规则下，同时或先后，一次或多次，选择各自的行为或策略加以实施，形成相应结果的过程。[3]经过近几十年的发展，博弈论日臻成熟。博弈论最早由冯·纽曼和摩根斯坦恩提出，主要包括以博弈为指导的对策论

---

〔1〕　胡田野：《公司法任意性与强行性规范研究》，法律出版社 2012 年版，第 88 页。

〔2〕　王作功、李慧洋、孙璐璐："数字金融的发展与治理：从信息不对称到数据不对称"，载《金融理论与实践》2019 年第 12 期。

〔3〕　谢识予：《经济博弈论》，复旦大学出版社 2005 年版，第 4 页。

和预期效用理论等；纳什提出"纳什均衡"概念，论述了博弈论与经济均衡的内在关系；杜克尔提出了博弈论经典的"囚徒困境"；泽尔腾研究动态博弈，提出了"精炼纳什均衡"概念；海萨尼把不完全信息引入博弈论的研究，提出"不完全信息静态均衡"，后发展为"贝叶斯纳什均衡"，最终提出"精炼贝叶斯均衡"，把博弈论又向前推进了一步。克瑞普斯、威尔逊、弗登伯格和泰勒尔等人提出了序贯均衡等概念，标志着博弈论的逐步成熟和广泛应用。

纳什均衡问题是博弈论的理论核心和经济学理论的主要基础。一般的纳什均衡模型由三个要素构成，即参与者、参与者的策略集合以及参与者的价值函数。达到纳什均衡，是指所有参与者的一种策略组合，在该策略组合下，任何参与者单独改变其策略都不会得到好处。换句话说，如果在一个策略组合上，当所有参与者都不改变策略时，没有任何一个参与者会单方面改变自己的策略，这样的一个策略组合就是纳什均衡。一般来说，约束的类型有自我约束、对方约束、第三方约束三种情况。零和游戏的博弈是"你死我活"，但是在立法上的利益衡量，追求的目的是"共赢"。[1]以下主要考虑的是第三方约束的情况，即是在法律监管约束条件下的纳什均衡。

（二）第三方约束条件下纳什均衡对监管目标利益均衡的证成

假设参与者为 A 和 B，如果双方守信，可以收益 8；双方违约收益为 0；一方违约，另一方守信，守信方损失 2，违约方可以收获 10；假设守约在无约束的博弈矩阵中，纳什均衡是双方都选择违约，结果谁也得不到收益（见表 1）。

表 1　无外在约束的纳什博弈

A/B	守信	违约
守信	8，8	−2，10
违约	10，−2	0，0

在存在法律监管的第三方约束的情况下，违约将受到法律的惩罚，守信方将得到一定奖励，则博弈的收益结构就会发生变化。我们假设：规定对违

---

[1] 张新宝："从隐私到个人信息：利益再衡量的理论与制度安排"，载《中国法学》2015 年第 3 期。

约方处以 10 的惩罚，而补助损失方 2 的收益，则表 1 博弈矩阵变为表 2。在这种情况下，显然博弈的均衡结果也将发生变化，变为（守信，守信）（见表 2）。

表 2　法律干预下的纳什博弈

A/B	守信	违约
守信	8, 8	2, −10
违约	−10, 2	−10, −10

从以上的分析可以看出，"纳什均衡"表明"看不见的手"原理存在悖论：个体从自利的目的出发，结果却是损人不利己，既不利己也不利他。在纳什均衡中，将个人自利变成集体最优的方法就是共谋。在社会领域的约束中，社会共谋是靠法律完成的。大家约定共谋的结果就是遵守法律，如果有人不遵守约定，违反法律就会受到法律的惩罚。通过这种方式保证最终决策从个人最优策略的纳什均衡点变为集体最优点。本书关于纳什均衡理论的分析，主要是建立在法律监管第三方调整的框架下的利益均衡。

（三）多重博弈中对征信监管利益目标实现的路径

法律监管约束的纳什均衡表明了社会中法律监管的重要性。"政府产业治理的本质，是对市场多方主体的均衡调动，产业发展是多方主体在互动博弈中长期演化形成的结果。"[1]多方的互动博弈是现实产业和社会发展的实际状态。在征信监管中，可以充分运用传统监管理论中的激励性监管理论，该理论契合了多方均衡的纳什均衡。

该理论认为，激励者应当建立激励和惩罚机制，通过激励设计激发监管对象的动力，促使监管对象按照激励设计的目标作出决策。在非对称信息条件下的征信行业的博弈监管研究，说明了信息主体、征信机构和信息提供者和使用者，多方主体动态重复博弈均衡的结果和前提条件需要征信监管机构解决市场信息的不对称。从经济学视角看，监管的本质是设计最优机制的问题，引入激励机制，深入监管的内生要素去分析监管中的问题，运用相对成

---

[1] 伊丽莎白·桑德斯、张贤明："历史制度主义：分析框架、三种变体与动力机制"，载《学习与探索》2017 年第 1 期。

熟的完备合约方法,对监管者和被监管者的行为加以分析。[1]最优机制的设计要求监管机构建立征信市场透明度监管,提供充分的市场信息披露。同时,在激励机制中设计出最优化的征信产品采集和供给的契约激励机制,促使征信行为之间的不同主体的行动目标尽量地保持与征信法律追求的最优目标一致,由此可以实现集体最优的纳什均衡点。在此过程,需要考虑征信业监管中的市场和行为的复杂多变性,考虑结合行为经济学的理论加以修正,以及将博弈主体的有限理性纳入分析考量。

所以,征信行业的纳什均衡博弈,需要考虑演化博弈理论的非对称博弈状态,[2]同时结合前景理论进行分析。在考虑有限理性的实际变量之下,征信监管机构活动可描述为,监管机构与各方主体为实现自身目标而反复进行的非对称博弈。这一过程是监管各方主体的博弈双方通过群体内、群体间的学习、模仿,在试错中不断改进策略,达到博弈均衡的过程。群体内成员的有限理性行为将产生偏差,并将影响策略改进路径,进而影响监管目标的有效实现。应当重视激励机制对监管目标实现的重要作用,监管者可以创造并引入更好的监管激励机制,促使交易遵循资本的逐利驱动,降低代理成本。[3]作为征信业行为的监管机构,应当考虑如何在上述过程中促使监管目标内化为被监管对象的行为准则,并通过监管措施纠正不正当行为,实现市场利益最大化。

三、组织行为学理论与征信监管利益平衡

(一) 组织行为学相关理论

1. 行为经济学对传统经济理论的创新

传统经济学信奉有效市场理论,基于理性假设和完美市场状态展开研究。[4]但是现实分析无法达到这种状态。伴随着对传统经济学理论的质疑,行为经济学兴起于 20 世纪 70 年代,行为经济学采用心理学、社会学、人类

〔1〕 武长海:"论互联网背景下金融业监管理念的重构——兼论政府在金融业监管中的职能与定位",载《中国政法大学学报》2016 年第 4 期。

〔2〕 黄凯南:"演化博弈与演化经济学",载《经济研究》2009 年第 2 期。

〔3〕 武长海:"论互联网背景下金融业监管理念的重构——兼论政府在金融业监管中的职能与定位",载《中国政法大学学报》2016 年第 4 期。

〔4〕 Burton G., Malkiel, "The Efficient Market Hypothesis and Its Critics", *The Journal of Economic Perspectives*, 2003 (14), pp. 59–60.

学、实验经济学等研究方法，对个体经济活动所呈现的共性行为特征进行总结，以不完全理性为基本假设条件，重塑了经济活动中个体行为的研究框架。

"行为金融学对金融监管的启示是，新古典经济学的假设和结论不完全符合事实，自由放任的金融监管理念应被修正。在互联网背景下，理性经济人假设基础改变、市场失灵结构异化、系统性风险高传染性和蝴蝶效应更加凸显。"[1]近年来，行为经济学大势进入金融监管研究领域。行为经济学理论为金融监管的存在和其必要性提供了有力佐证。金融市场中的市场主体基于有限理性的现实情形，普遍会产生行为偏差等现象，市场交易会出现利用这种偏差谋取私利。所以，需要金融监管纠正不当行为，通过防范个体性金融风险，阻断系统性金融风险的发生。行为经济学研究创新了多种有效的金融监管工具，"如信息披露、信息简化、默认选项调整、凸显调整、纠偏和冷静期制度等'助推（Nudge）'型政策"[2]，并取得了良好的实践成效。

行为经济学应用广泛的是个体风险决策分析框架。卡尼曼和特沃斯基提出了前景理论（Prospect Theory），"以前景值函数取代传统效用函数来表征个体风险决策的行为特征，从人的行为偏差视角解释了非均衡'异象'的出现原理等"。[3]前景理论认为，个体风险决策表现为一系列的"拟理性"行动，决策过程通常包括编辑阶段和评估阶段。编辑阶段是一种心理预估，是一种收益与损失价值衡量和概率分析的心理过程；评估阶段通过对风险决策前景值实施评估，据此形成最终决策，证明了非理性人的个体的风险决策结果往往偏离了完全理性假设下的最优结果。

2. 行为监管理论对金融消费者权益保护的倾斜

在金融监管中运用最多的是行为监管理论。泰勒于 1995 年提出的"双峰"理论（Twin Peaks），改变了传统行为监管的地位，强调行为监管与审慎监管应当同时并重，将其作为金融监管的双峰并列，行为监管的重心在于公

---

[1]　武长海："论互联网背景下金融业监管理念的重构——兼论政府在金融业监管中的职能与定位"，载《中国政法大学学报》2016 年第 4 期。

[2]　Mullainathan S., Schwartzstein J. & Congdon W. J. A., "Reduced-Form Approach to Behavioral Public Finance", *Annual Review of Economics*, 2011, 4（4）：511-540.

[3]　Tversky A., Kahneman D., "Rational Choice and the Framing of Decisions", *Journal of Business*, 1986, 59（4）：251-278.

正、市场信心和金融消费者权益的保护方面。[1]该理论在澳洲金融监管市场首先得到实践，最终在2008年金融危机之后，促成了英国成立金融行为监管局（FCA）。具体实践行为监管理论，行为监管强调金融消费者权益保护，监管方式集中在市场规范方面，具体内容包括信息披露、隐私保护、反欺诈误导、反不正当竞争、争端解决等，[2]将行为监管主要职能定位于维护市场公平竞争，保持金融市场信心，回归到加强对金融消费者权益的维护上来。行为监管的范畴不仅仅是对金融消费者行为的关注，还应当包含对金融机构、监管机构行为等，以及整个金融市场主体的行为的关注。[3]

本书认为，"双峰"监管理论强调行为监管的目标是多方面的，市场信心、公平竞争也是其追求的重要内容，都关乎市场的运行及实际行为的效果评价。但是金融消费者利益本位的观念应当更加得到金融监管的回应，金融市场运行供给的金融产品最终应回归到消费者的消费行为上。消费行为是金融市场的导向，消费者权益保护关乎市场的存亡，脱离了消费者本位理念，无疑是"杀鸡取卵"式的市场发展模式，最终会导致消费者和投资利益的减损，导致市场供给成为无源之水。行为监管理论对此作了积极回应，认为行为监管应当定位和倾斜于对金融消费者权益的保护，体现在监管机构的行为监管是实现金融消费者权益保护的重要监管方式。作为市场弱势一方，金融消费者权益保护需要监管介入干预。[4]一方面，通过监管促进金融市场产品更加符合消费者需求，降低金融消费者行为偏差被不合理利用的可能性；另一方面，需要加强消费者市场交易，加强市场宣传，建立完善的金融消费者救济程序和措施，回归到对维护金融消费者的合法权益的保护上。

（二）征信监管的组织行为学表征

监管属性分类中最广为人知的是经济性、社会性的划分方式。经济性监管更多集中在对自然垄断性行业的监管上，比如，对垄断性行业的监管实施

[1] Taylor M. W., "*Twin Peaks*": *A Regulatory Structure for the New Century*, London: Centre for the Study of Financial Institutions, 1995.

[2] 刘鹏："金融消费权益保护：危机后行为监管的发展与加强"，载《上海金融》2014年第4期。

[3] 廖岷："银行业行为监管的国际经验、法理基础与现实挑战"，载《上海金融》2012年第3期。

[4] 郑博、黄昌利、李易："金融消费者保护的国际比较研究"，载《宏观经济研究》2018年第3期。

市场准入监管、价格监管和配额监管等。社会性监管更多集中在对公共产品、市场外部性、社会公共福利损失方面的监管，监管工具主要使用的是制度规制、标准约束、奖惩机制等。[1]从以上分析来看，征信业的行为监管同时具有经济性与社会性的监管属性。征信业关涉信息产业，因为信息的规模效应、信用信息的互联网空间网络特征、金融基础设施特性等；征信报告具有公共产品属性，征信业的最终发展兼具寡头垄断属性；征信产品最终为社会经济服务具有明显的外部性特征。征信行为监管表现为综合性监管的特性，在监管目标上具有多重性，在监管工具上需兼用经济性、社会性。

有鉴于此，本书认为征信监管呈现出多方利益格局，征信市场的发展与行为监管的结合应当具有多层体系。

一是在征信市场层面上，市场的基础配置作用应当能根据不同的阶段进行结构性引导，促使征信市场的发展与模式相互适用。基于中国经济的规模利益庞大，金融信贷和经济发展对征信的需求日益高涨，需要征信市场走出混合征信市场模式，形成公共征信系统为顶层，私营征信体系为基础，行业会员制征信体系为补充的混合体系。同时发挥行业自律组织的市场调整功能，充分重视行业组织建设，为企业发展提供稳定、协调与对称的信息，从而促进企业间信任机制的建立。[2]

二是在征信产品供给层面上，通过激励性监管措施引导不同层面的征信体系开发多元化的征信产品。打通政府、企业、个人各个环节的信息孤岛，开发多元化丰富的征信产品，形成充分有效的征信产品供给。

三是在征信机构发展层面上，通过培育征信机构的规模化发展，形成具有竞争力的龙头征信机构。因为信息产业的规模垄断效应，应当走规模龙头征信机构与专业性定位的征信机构相结合的模式。在市场主体利益格局上，通过监管引导和培育，形成支柱性征信龙头企业。

四是在金融消费者保护层面上，征信应当立足和回归到金融消费者本位保护的基础上来，在征信产品质量的公平和准确监管上下功夫，通过合理程

---

〔1〕　Salamon L. M.，"The New Governance and the Tools of Public Action：An Introduction"，*The Fordham Urban Law Journal*，2001，28（5）：1611-1674.

〔2〕　Kandori M.，"Social Norms and Community Enforcement"，*Levines Working Paper Archive*，2010，59（1）：63-80.

序约束征信机构的征信产品生产质量，加强征信标准管控和征信数据库及征信产品安全责任落实。征信产品最终是服务于个人，服务于金融行业发展，服务于社会经济发展的。

五是在征信监管机构自身建设上，需要征信监管机构创新监管理论，梳理激励兼容理念，明确征信监管的"三位一体"的监管目标，注重行业主体行为的博弈论分析，关注自身监管能力建设，丰富征信监管工具，强化征信监管责任，促进征信业健康。最终通过发挥政府的监管作用，同时充分调动市场的约束作用，形成政府、金融机构、市场约束，主体多方共治的监管格局。[1]

征信业法律监管应当放在宏观环境下，充分考虑到政治制度、经济金融环境、地理因素和法律因素将会影响金融监管制度的有效性。[2]可以借鉴《巴塞尔协议Ⅲ》的主张，针对我国征信市场特征，起草专业的征信监管指引，在提升政府监管效能的同时，注重平衡政府、征信机构、市场参与者三方关系。[3]构建起市场自主配置，市场主体自主经营，行业协会自律管理，政府监管宏观审慎监管和行为监管相结合的多方博弈约束体系。

（三）征信监管的行为监管利益平衡

关于政府监管的利益代表方面，存在着多种不同的理论。随着市场经济的发展，监管的公共利益理论的现实基础引起了质疑，并发展出了监管俘获理论、监管供求理论、监管税收理论、监管社会契约理论、监管政治理论等。[4]其中，监管俘获理论认为，政府的真实利益代表的不是公共利益，而是利益集团的利益，利益集团为争取稀缺性社会经济资源的占有，往往会通过各种优势对政府实施游说和寻租活动，造成自利型的监管机构容易被俘获。[5]但是，监管政治理论认为，政府既不全部代表公众利益，也不是利益集团所俘获的对象，监管机构具有目标的独立性，是一种策略平衡。[6]

---

〔1〕 钟伟、谢婷："巴塞尔协议Ⅲ的新近进展及其影响初探"，载《国际金融研究》2011年第3期。

〔2〕 刘锡良、刘雷："金融监管组织结构研究评述"，载《经济学动态》2017年第1期。

〔3〕 Peihani M., Basel Committee on Banking Supervision, Brill Research Perspectives in International Banking and Securities Law, 2016, 89 (1): 335-347.

〔4〕 茅铭晨："政府管制理论研究综述"，载《管理世界》2007年第2期。

〔5〕 Harrington J. E., Vernon J. M., *Economics of Regulation and Antitrust.* 4th Edition, The MIT Press, 2005, 1 (1): 45-77.

〔6〕 刘鹏："西方监管理论：文献综述和理论清理"，载《中国行政管理》2009年第9期。

基于监管俘获理论，征信监管机构的利益代表也是一个需要研究的问题。监管机构的设置和监督体系的建设，关系到征信监管机构履职的利益代表立场和法律的公平正义，需要通过一系列制度保障和组织建设来促使其回归到公共利益的代言人上来，保障监管机构既不是某一集团，也不是某一既得利益者的利益代言人。从行为监管、监管政治论和公共利益论来看，征信业审慎监管的目标侧重于征信市场的系统风险防范，以及对征信机构的稳健发展的维护，这时需要监管机构换位思考，站在被监管对象的角度考虑问题。而征信业行为监管的目标，则侧重于对大众利益的保护，监管机构回归到市场公平正义的维护者上来，通过监管行为树立监管权威，维护市场秩序，保障金融消费者权益，符合以上理论所述的核心观点。

监管机构如何真正回归到公共利益的代表上来？在监管理论的创新上，有学者提出了金融监管目标设计的"三足定理"，认为在金融效率与金融安全的两者关系上，需要加入消费者保护，形成等边三角形，即金融安全、金融效率和金融消费者权益保护形成等边三角形的"三个足"。[1]综上，本书认为，"三足定理"所强调的三足鼎立的关系，其监管目标与本书所定义的征信监管"三位一体"利益平衡理论不谋而合。体现为：一是公平与效率关乎金融效率的平衡问题。二是私人利益、社会利益与公共利益的关系关乎金融消费者利益与公共利益的平衡问题。三是国家干预、市场竞争与社会自组织的关系关乎宏观金融系统安全和微观市场竞争的利益平衡问题。

据此，本书对征信业监管利益平衡提出如下原则：一是从国家利益出发，征信作为金融基础设施，应当防范系统性金融风险，应当服务于社会经济安全稳定发展；二是从行业发展利益角度出发，完善市场竞争机制，提升征信机构征信产品的多元化供给，维护征信业金融市场公平和良好秩序，营造公平诚信的伦理文化；三是从弱势群体利益出发，维护金融消费者合法权益，加强对信息主体维权救济体系的完善，逐步培育理性金融消费者，建设高质量的信用社会。

---

〔1〕 邢会强："金融危机治乱循环与金融法的改进路径——金融法中'三足定理'的提出"，载《法学评论》2010年第5期。

第三节　征信监管利益平衡的金融学解释

一、普惠金融理论兴起与征信监管

（一）普惠金融理论与征信监管

普惠金融肇始于小额贷款，主要针对小微企业和农民、城镇低收入人群。20 世纪 70 年代，孟加拉国率先推出了小额贷款模式，并以尤努斯教授及其创建的格拉明乡村银行为代表，为数百万人提供了小额贷款，间接帮助了 3000 多万贫困人口，同时保持了连续盈利，表明贫困者也有能力获得金融信贷服务并具有放贷能力。金融信贷概念最早在 2005 年由联合国提出，是指以可以负担的成本为有金融服务需求的社会各基层和群体提供适当、有效的金融服务，以小微企业、农民、城镇低收入人群等弱势群体为重点服务对象，[1]并最终发展成为普惠金融理论。

普惠金融理论提出之后，受到了国际社会的广泛关注，二十国集团（G20）、普惠金融联盟（AFI）、世界银行、各国政策性银行等为推进普惠金融发展作出了很多努力，经过国内外专家学者的不断探索，内涵正在不断完善。

普惠金融理论对发展国家政府的金融监管政策、金融服务提供者以及金融基础设施建设都起到了重大的影响。事实上，政府在金融包容性系统建设中的地位和作用，即政府的宏观治理水平正在变成一个争议的话题。小微贷款的金融专家对政府直接介入小微金融服务和监管各种小微金融服务内容表示了质疑。但是，实际上，政府在监管这个领域的积极作用得到了很好的理解。政府最为重要的作用就是培育多元的金融服务主体的繁荣和竞争环境，尤其是维护金融市场稳定、可接受的利率水平和避免对金融市场造成干扰的不可持续的补贴。[2]

---

〔1〕　白钦先、佟健："重提普惠金融是对金融普惠性异化的回归"，载《金融理论与实践》2017 年第 12 期。

〔2〕　Helms B.，"Access for all：building inclusive financial systems"，*Washington*，*DC*，*C-GAP*，2006. p. 141.

本书认为，普惠金融就其本质而言，蕴含了金融服务的公平性和综合性两个基本特征，强调金融的本质具有公共性，其衡量的准则不是对资本实力的考量，而是为了满足弱势一方对金融服务的基本需求，从机会公平出发为需要服务的个人和中小微企业提供服务。从金融服务的包容性结果追求并强调征信的目的和包容性，以征信为基础的信贷金融服务强调了征信对弱势个体的机会平等。避免金融排斥、政府监管缺失或过严以及不断完善共享性征信体系等都是普惠金融需要发展创新的要点。[1]

（二）普惠金融理论对征信理念的新发展

有西方学者通过实证分析指出，根据其对 1992—1993 年英国在银行缩减成本和风险规避的策略影响下的研究，社区居民发现金融系统偏好他们的存款，而他们很难获得融资信用。金融的信用评估认为，穷人有着更高的金融风险，从而产生对穷人的信用融资的歧视。由于人们普遍缺乏信用，使得社区的投资不足，进一步影响了社区的就业和消费，这样的恶性循环，导致了一个典型的两极分化更趋严重化的结果：富裕的地区越加富裕，而贫困的地区越加贫困。[2]

由此可见，金融普惠服务对社会生活水平和经济发展具有重要的影响。一方面，需要金融发展促进金融市场的繁荣，增加金融供给。另一方面，需要普惠金融价值理念的贯彻落实，金融发展和金融普惠过程必须相互并重、齐头并进。普惠金融是金融发展的重要维度，许多国家已经注意到这个问题，并实施了普惠金融立法，"例如，美国在 1997 年就通过《社区再投资法》，要求银行在整个社区中提供金融服务，而不是仅仅为富人提供金融服务。法国关于金融排斥法律要求公民有权拥有一个银行账户。而英国在 2005 年成立了专门监管普惠金融发展的'金融包容工作小组'"。[3]

普惠金融是金融本质属性的回归，随着理论的不断发展，数字技术在普惠金融应用上得到了持续深化的认识。有学者研究指出，金融包容性可以在

---

〔1〕　赵然："普惠金融的机制创新研究"，载《智库时代》2019 年第 39 期。

〔2〕　Leyshon A.，Thrift N.，"Access to financial services and financial infrastructure with drawal：problems and policies"，1995，Area，26，pp. 269-270.

〔3〕　师俊国、沈中华、张利平："普惠金融对投资效率的非线性效应分析"，载《南方经济》2016 年第 2 期。

资源和资产方面为金融业务提供巨大的潜力。因此，银行需要采取积极步骤，以创新和创造性的方式充分利用技术、业务流程和全体人员的力量。通过技术手段建立一个可靠的信贷征信系统，为多元目标客户建立数据库，从而减少在信贷过程中核查产权归属和抵押物所涉及的交易成本，并有助于更好地避免定价风险。[1]在数字普惠金融八大原则中确定了数字普惠金融的基本发展方向和重要内容，强调了利用数字技术的重要作用，需要平衡好创新和风险，加强数字金融基础设施建设覆盖更多地域，构建好数字普惠金融的法律和监管框架。创立一种综合性的消费者和数据保护方法，重点关注与数字金融服务相关的具体问题，重视普及消费者的数字技术基础知识和金融知识，开发客户身份识别系统，提高数字金融服务的可得性，通过全面、可靠的数据测量评估系统来监测数字普惠金融的进展。由此可见，数字普惠金融的本质属性还是普惠金融的范畴，也是在数字经济大背景下，实现普惠金融的重要方式和手段。

总之，无论是普惠金融还是数字普惠金融的发展，都为金融征信提供了一个基本尺度，引发了信贷金融服务理念的重大转变，确定了金融征信需要引入技术手段，来破解阻碍普惠金融的瓶颈。即不断改善金融信贷过程中，征信对更广泛的个体和小微企业的覆盖面和风险偏好的重新定价，为征信技术手段的创新运用和发展提供了价值目标和原则框架，也强调在构建征信法律价值原则和征信监管框架上需要将其精神贯穿始终。

二、征信监管中普惠金融理论对实质正义的诠释

普惠金融的提出，契合了法关于公平和实质正义的内在价值。正义遵循了两个先后次序安排的原则，"第一个原则是每个人对其他人所拥有的最广泛的基本的自由体系相容的类似自由体制都应该有一种平等权利；第二个原则是社会的和经济的不平等适合于最少受惠者的最大利益，并且依系于在机会公平平等的条件下职务和地位向所有人开放"。[2]通过两个正义原则的论证申明，保障一切人的平等自由和机会平等，且任何不平等的利益分配都要符合

---

〔1〕 Ramakrishnan D., *BFSI: Best Practices in Financial Inclusion*. 22nd SKOCHSummit, 2010.

〔2〕 [美] 约翰·罗尔斯：《正义论》，何怀宏、何包钢、廖申白译，中国社会科学出版社1988年版，第60~83页。

最少受惠者的最大利益。随着大数据时代的到来，技术的发展和网络空间的虚拟化，正在进一步割裂社会阶层，超级资本和垄断资本的发展，金融的复杂性也越来越深入，两极分化也越来越严重，使得金融背离了原来的公共性和普遍性的本质。随着金融征信的发展，信息资产价值中的利益冲突和利益自我强化，使得信息隔离、信息孤岛情形变得错综复杂，信贷服务在追求风险规避的情况下，违背了社会和法所追求的金融服务的实质正义。

传统的征信由于局限于借贷记录的因果关系，大部分个人和中小企业无法满足征信要求，无法获得最低门槛的金融信贷服务，只能被拒之门外。在没有大数据和替代数据的情况下，占绝大部分的中小微企业和个人无法获得金融服务。由此，进一步限制了这些主体的发展，导致了实质不公平的现象。

本书认为，贯彻普惠金融的理念，在技术支持下改变传统征信与大数据征信的发展水平，具有十分现实的社会价值。一是通过顶替数据的引入，可以有效地覆盖传统征信无法解决的部分信用空白人群和中小微企业的信用困境，引入相关关系变量进行信用评价，为这些群体获得金融信贷服务提供最有效的支持。二是可以通过技术和互联网的运用，拓展金融服务空间，降低金融服务成本，使得金融信贷依赖于传统的营业网点的服务局面得到改变，促使金融信贷的受众面变得更加广泛。三是通过大数据征信和人工智能分析等手段，为信用空白人群和中小微企业进行数字化增信，金融机构利用金融科技手段挖掘和分析产业链条上各参与主体的交易信息数据，根据信用评价和风险定价模型，评定贫困户或小微企业的信用等级，并以评级结果分类分级风险定价和设置贷款标准，评级合格的，可以直接发放信用小额贷款。评级差的，由核心企业或者专业担保公司提供信用担保，或者由保险机构提供信用保险机制，解决征信信用不足的难题。[1]

三、普惠金融中征信监管利益平衡分析

以普惠金融理论对征信的解释，更多的是基于金融法学的视角所形成的对征信利益平衡法律理论的解释体系。第一，普惠金融理论强调征信的包容性。是征信业追求的价值和公平理念。征信作为金融基础设施，作为信息主

---

[1]　董玉峰、陈俊兴、杜崇东："数字普惠金融减贫：理论逻辑、模式构建与推进路径"，载《南方金融》2020年第2期。

体获得信贷等公共服务的基础，内含着公平原则的要求，金融信贷服务等如果仅是为少数人服务，最终会导致金融市场的活力丧失，不利于社会的普遍福祉。第二，普惠金融理论强调了借助数字技术的可能性。征信业的时代技术特征，征信活动、征信技术、征信法律制度都安置在网络空间里面，我们的一切被网络空间所包围，征信业也应当充分利用技术服务于行业，改变传统服务短板，扩大征信服务的客户覆盖面。第三，普惠金融理论强调征信监管的本位价值目标，即对金融消费者的保护。指出征信监管实践的最高标准和准则，以此为本位实现征信业的健康发展，实现征信业整体经济利益的最大化。需要监管机构平衡监管理念，以社会福利最大化为宗旨，在金融消费者权利与金融机构的法益之间进行有效平衡，确保征信金融服务的效率、公平和市场的稳定发展。第四，普惠金融理论强调了社会价值本位的追求。将征信放在社会经济发展的宏观利益视角来考虑征信业的发展，要求法律制度应当贯彻这一思想理念，破解阻碍普惠金融的瓶颈。一个良好的社会，其社会目的是促进成员的福祉，每一个人都接受正义原则；该社会根据大家共同接受的主要原则进行有效管理，[1]需要发挥好征信对个体金融权利的覆盖面和风险偏好的重新定价的作用，为征信的新发展提供价值目标和原则框架。

本章小结

对我国征信监管的理论分析框架的探索需要不断创新。以利益平衡理论进行分析的视角正好切中了征信监管的三大基本问题。利益平衡分析的理论是多视角的分析框架，从利益分析法学的视角，从信息不对称、博弈论、组织行为等经济学的分析视角，以及从普惠金融理论等金融学的分析视角出发，构建一个完整的分析理论体系。经济学是研究社会如何使用稀缺资源生产有价值的商品，并把它们在不同人之间进行分配的一门基础性学科。征信信用信息资源的生产和配置的经济行为本身就是一种利益分配的过程，从利益分析法学的视角看，也是权利资源的冲突平衡的体现。经济法的兴起与经济学

---

[1] [美]约翰·罗尔斯：《正义论》，何怀宏、何包钢、廖申白译，中国社会科学出版社 1988 年版，第 2-3 页。

的发展存在亲缘关系。[1]

利益平衡理论分析视角，是以法律所体现的征信法律监管中的权利义务或权力责任为元素，深入构建起利益是什么，利益怎么冲突、利益如何平衡的完整分析体系。利益分析的存在根源于社会现实中的利益冲突与需要平衡的利益无处不在，以及法律所蕴藏的利益调整的内在规律，也根源于法律与社会之间存在的某种适用和不适用的关系，加之法律无法详尽现实情况和各种事实的局限。利益分析是在法律框架下的分析，并遵循着利益分析的三个逻辑阶段：事实利益—法律利益—利益平衡。所以，监管也是在法律框架下实施干预的过程，也遵循着利益分析的三个逻辑阶段。在此过程中，征信监管的利益平衡过程，既是利益衡量，也是权利平衡，还是价值均衡。从宏观的视角分析征信市场与监管的关系，从微观的视角分析信息主体、征信机构、监管机构的具体的权利义务和法律条文规范，对每一个基本元素都可以进行分析，无论是整体还是局部，都为我国征信监管提供了新的理论分析框架。康德认为，法的形而上学，实际上就是从理性而不是从经验中引申出来的理论体系。我们需要获得的是近乎体系的东西，而不是体系本身。[2]但是，本书认为，利益平衡分析理论框架是一个形而上学和功利主义原理交织构建的体系，是理性与经验的结合。

---

〔1〕　李昌麒主编：《经济法学》，法律出版社 2008 年版，第 1 页。

〔2〕　［德］康德：《法的形而上学原理》，沈叔平译，商务印书馆 1991 年版，第 3 页。

第三章

征信对象监管：信息保护与信息自由的
利益平衡分析

目的为一切权利之创造者。

——耶林

征信监管中面临的第一个基本问题：信息主体的权利保护与信息自由之间体现了法律和监管对征信公平与效率问题的利益平衡。征信法律体系的两个基本公共目标在于保护个人隐私权和企业商业秘密，促进信用信息共享与信息自由流动。征信法律需要在信息主体权利保护与信息共享之间取得一种适度的平衡。信息主体权利保护与信息自由流动相平衡的原则是征信法律规制的首要立法价值追求和立法目标，体现了征信法律的核心价值的出发点和立足点。监管的首要目标也在于信息主体权利保护，即回归到对金融消费者权益保护的本位价值上来，在此基础上，建立征信法律体系的大厦，通过权利义务的设定，平衡信息主体权利保护的公平正义和信息自由与征信业发展的效率关系。

第一节　信息主体利益保护的原则与边界

一、信息主体利益保护的价值与边界

（一）信息主体利益保护的价值本位

1. 金融消费者权益保护的发展

金融消费者权益应当属于消费者权利的范畴。消费者权利保护肇始于消费者主权论，并兴起于消费型社会发展中美国消费者运动。关于消费者权利

的首次出现是 1962 年美国总统肯尼迪在国情咨文中提出的消费者权利咨文。联合国也在 1985 年 4 月 9 日通过了《保护消费者准则》，明确了消费者的八项权利。[1]我国 1993 年《消费者权益保护法》中也明确提出了关于消费者的八项权利。[2]有学者通过总结各国和地区关于金融消费者权利的既有规范指出，金融消费者权利主要有受教育权、获得基本金融服务权、知情权、产品适合权、单方反悔权、救济权等。

（1）美国关于金融消费者保护的新改革。

美国是最早在法律规范中明确提出金融消费者权利的国家之一。早在 1999 年，《金融服务现代化法》就明确金融消费者是为了从金融机构获得金融商品或者服务的企业法人或者自然人，重点指出了金融借贷行为，货币转账、纳税申报、金融信贷咨询、居民不动产结算和债务安排等过程中如何确保金融消费者的利益得到有效保护。[3]随着 2008 年次贷危机的深刻影响，美国对现有金融监管体系和法律法规体系进行了重大改革，在 2010 年通过了《多德—弗兰克华尔街改革和消费者保护法》[4]，方案的核心内容主要是系统性风险监管和金融消费者权益保护两大方面，并成立了金融消费者保护局，成为防范金融风险的第一道防线。明确列举了金融消费者获得金融商品和服务的 11 种行为，提出了为金融消费者提供信用贷款咨询，修改延长信用条款，收集分析保存和提供消费者报告或其他账号信息，包括消费者信用记录信息，同时收集相关债务信息等内容。由此，特别强调了金融消费者权益保护在金融监管中的基础性地位。

（2）英国关于金融消费者服务的新发展。

英国在《2000 年金融服务与市场法》[5]中提出了金融消费者概念，将金融消费者与一般的商业贸易和商品消费的企业法人和自然人进行了区分，具有广泛的覆盖性。建立金融服务赔偿计划和金融申诉专员服务，金融服务赔

---

〔1〕　邢会强：《走向规则的经济法原理》，法律出版社 2015 年版，第 130—131 页。

〔2〕　我国《消费者权益保护法》所规定的消费者的八项权利分别是：获得必需物质和服务以确保生存权，价格公平权利，安全保障权利，获取足够生活资料的权利，寻求咨询的权利，获得赔偿和法律帮助的权利，获得消费者教育的权利，享有健康环境的权利。

〔3〕　see The Financial Modernization Act of 1999，SEC. 509.

〔4〕　see Dodd-Frank Wall Street Reform and Comsumer Protection Act，SEC. 1002.

〔5〕　see Financial Services and Markets Act 2000，SEC. 5.

偿计划机制旨在对符合条件的金融消费者在金融机构无力偿还债务时由政府统一进行限额赔付。金融申诉专员服务机制通过建立纠纷调解、裁决机制，在诉讼外建立替代性纠纷解决机制，由独立的申诉专员依据监管法规，以独立、专业、合法的身份，根据公平合理原则，简易快速地解决专业化的金融交易争议纠纷。

2012年12月19日，英国通过了《2012年金融服务法案》，于2013年4月1日开始实施。《2012年金融服务法案》将金融消费者的概念做了更加广泛的规定，明确除了金融服务交易中的消费者，还包括对金融服务或者金融工具拥有相关权利和利益的主体。对传统的金融监管格局进行了大刀阔斧的改革，拆分了金融服务局，成立了隶属于央行的审慎监管局，负责微观审慎监管；成立了隶属于英国财政部和议会的独立机构即行为监管局，负责金融行为监管，从而构建起了"双峰监管和超级央行"的整体框架。

根据《2012年金融服务法案》第1B条的规定，行为监管局有一项总体战略目标和三项具体操作目标，操作目标包括消费者保护目标、健全性目标和竞争目标，其中消费者保护被放在了第一位。[1]主要内容包括设立金融消费者教育机构，通过提高金融消费者对金融知识和风险的认识，确保自我保护意识，树立对金融市场的信心和维护市场稳定。实施消费者赔偿计划，防止金融机构鼓励消费者的负债情况超过其经济承受能力，禁止金融机构未经个人申请而发放信用卡和支票，并限制金融机构在1年至3年内向个人发行信用卡支票的总额等。[2]在救济方面建立超级申诉机制，赋予中小企业为代表的金融消费者团体有权以集体名义向行为监管局提出申诉，保障其合法权益。与其相配套，还建立了金融申诉专员的个案提请权，藉由金融申诉专员根据专业能力对受监管主体以经常性作为或者不作为而侵害金融消费者权益的行为提请行为监管局予以注意并作出处理。

（3）欧盟关于金融消费者保护的新规定。

欧盟也在一系列法规和指令中对金融消费者保护作出规定。2002年欧盟

---

〔1〕 see Financial Services and Markets Act 2000, SEC. 5。

〔2〕 李扬、胡滨主编：《金融危机背景下的全球金融监管改革》，社会科学文献出版社2010年版，第65页。

《远程金融服务消费者指令》[1]中对金融服务和消费者进行了定义，有效地区分了商品交易的消费者和接受金融商品及服务的消费者。欧盟随后在 2004年出台《金融工具市场指令》，2014 年 5 月再次修订形成了《金融工具市场指令（二）》（MiFID Ⅱ）。其立法思路主要是通过对金融消费者依据专业差异程度进行了分类，划分为专业客户、零售客户和适格对手方，并据此对金融机构提出不同程度的服务责任，实施不同的法律规制和保护制度。

2. 金融消费者权益保护本位价值的回归

消费者权利概念的提出和具体化是商品经济社会发展到现代化才出现的。本书认为，消费者权利需要独立提出形成体系的根本原因在于社会分工和专业程度的不断提高造成了社会的分层。社会分层理论认为社会之所以分层是因为社会资源在社会成员中的分配总是不平等的，导致了不同阶层获取有价值的资源的能力和机会不同。[2]而个体或者中小微的企业法人作为主体在商品社会中显然处于劣势，为了调整公正的天平，需要维护商品消费的公平性，迫切需要提出消费者权利并加以维护。这也体现了法的正当性和正义性，以及法对利益调整的重要作用。法的根本目的在于正义的实现，经济法也不例外。"近代法尤其是近代大陆法系或民法法系，从亚里士多德意义上的校正正义发展出了形式正义。"[3]

2008 年金融危机之后，除以上典型代表性国家和组织对金融消费者保护的新进展之外，金融消费者保护的本位价值得到了广泛的重视，金融消费者保护立法和改革方兴未艾。随着消费者主权理论的兴起和发展，其逐步被各国大量的法律系统所接纳，确定了消费者主权的法律基本理念。哈耶克是最早论证消费者主权的经济学家，其基本的原理是所有的社会生产均是由消费者的需求为决定的，消费者拥有最终的选择权和决定权，这是整个商品生产的出发点和终点。

在买方市场到来之后，这一理论更加具有现实意义。经济法的整体利益

---

[1] see Directive 2002/65/EC.

[2] 余少祥：《弱者的权利——社会弱势群体保护的法理研究》，社会科学文献出版社 2008 年版，第 45 页。

[3] ［美］理查德·A. 波斯纳：《法理学问题》，苏力译，中国政法大学出版社 2002 年版，第 396-397 页。

和人类社会福祉的最大化追求中，也彰显了这一理论的价值。一切的生产均来源于消费者的需求，若脱离了这个基础，将失去生产的基本价值。所以，在消费者主权与经营者主权的争议中，在终极意义上，消费者始终是一切生产的目的，而生产始终是一种满足消费者需求的手段。

本书认为，征信中的信息主体即是金融消费者的表述，信息主体是需求者，征信机构是生产经营者。在金融征信领域中，在金融法律体系中，征信监管也同样遵循了金融消费者保护的法律体系。信息主体的权利保护纳入了金融消费者权利保护监管机构的范围。在征信市场中，信用信息供给最终要解决的还是金融普惠服务的问题，征信的意义在于如何更加科学高效地判断信贷需求方的资信，提高信贷的供给效率，确保交易的公平和非歧视性。征信的过程通过对征信活动的行为监管和法律约束，最终在于保护信息主体的合法权利，维护信贷金融市场稳定，最终还是落脚在服务信贷需求方上，即信息主体的金融普惠服务上。

（二）信息主体利益保护的权利边界

1. 信息主体的利益保护：隐私权的视角

我国的征信立法确认了信息主体的权利是隐私权范畴。隐私权是英美法系一项独特的法律权利。1890 年，隐私权概念由美国律师塞缪尔·沃伦和路易斯·布兰代斯在《哈佛法律评论》发表的《隐私权》论文中提出，成为美国最具争议和最有生命力的权利类型之一。[1]隐私权作为一项法律权利获得保护，最初源于 1881 年密歇根法院受理的梅诉罗伯特案件，直到 1965 年美国联邦最高法院在格里斯沃尔德诉康涅狄格州（Griswold v. Connecticut）一案中确立了隐私权是宪法的一项保障权利。但是 100 多年过去了，隐私权至今都未能有一个准确的定义。隐私权的本质是对个人领域的事务即隐私的控制权，然而却是一个难以清楚明确地界定标准的概念。[2]多数学者认为隐私权的含义本来就很模糊，在法律实践和法学研究理论中，隐私权的含义也随着时间的推移在发生改变。

关于隐私权的梳理，比较有影响的观点，如丹尼尔·索洛夫指出关于

---

〔1〕 Samuel Warren, Louis Brandeis, "The Right to Privacy", *Harvard Law Review*. 193-220 (1890).

〔2〕 Daniel Solove, "Conceptualizing Privacy", *California Law Review*, 1087 (2002).

隐私权的定义至少包含了以下六种：一是塞缪尔·沃伦和路易斯·布兰代斯所提出的隐私权是一种个人独处的权利；二是限制接近理论，禁止不受欢迎的人接近自己的权利；三是对他人隐瞒自己私人事务的权利；四是个人信息的自我控制权利；五是保护个人人格尊严的人格权；六是控制或者限制行为人接触他人的亲密关系或者个人生活。[1]也有学者认为，美国的隐私权包含了四种情形，"不合理地侵入他人的隐私空间；使用他人的姓名或肖像；不合理地公开他人的私生活；不合理地在公众面前歪曲他人的形象"。[2]

　　也有学者认为隐私是一种合理期待。隐私期待理论来源于 1967 年美国联邦最高法院查尔斯·卡兹诉美国政府（Katz V. United States）一案，确立了隐私权是一种主观上的真实合理期待与客观上被社会认同的合理期待。[3]其实，关于隐私权的概念和范畴探索的广泛争议，并没有削弱和否定隐私权是美国为主导的普通法系国家所承认的一项基本个人权利。在征信活动过程中，由于征信收集个人数据，势必要面临着征信行为的客体所收集的个人数据，以及处理和使用的个人数据究竟是何种权利范畴的根本问题。

　　根据美国 1974 年《隐私法案》，美国国会赋予了个人多项隐私保护权利。但是，其中保留了最为传统的隐私保护法律原则。例如，在未经法令或者没有获得信息主体的明确授权，或者基于与授权执法活动相关，或者在授权执法活动范围内，任何个人的信息和记录不得被保留，这也是美国宪法《第一修正案》所保障的个人的一种权利。[4]隐私权的保护与信息公开和记录有着天然的冲突与联系，在信息公开方面，隐私权强调对个人信息的保护，构筑私人空间，是个人一种独处和免受干扰的权利。隐私权最终成为美国征信立法保护信息主体的一个合法权利，并得到了多个国家的立法承认。虽然大陆法系强调了个人信息的自决权和人格权保护，本质上也是与隐私权保护一脉

---

〔1〕　张民安主编：《美国当代隐私权研究——美国隐私权的界定、类型、基础以及分析方法》，中山大学出版社 2013 年版，第 4 页。

〔2〕　[美] 肯尼斯·S. 亚伯拉罕、阿尔伯特·C. 泰特选编：《侵权法重述——纲要》，许传玺、石宏等译，法律出版社 2006 年版，第 221-222 页。

〔3〕　Charles Katz V. United States, Supreme Court of the United States, Judgment of 18 December 1967, 389 U. S. 361 (1967).

〔4〕　Vita Cornelius, *Personal Privacy*. Nova Publishers, 2002, p. 7.

相承。故此，本书在信息主体权利保护上，采用我国征信立法确认的信息主体的权利保护表述。

2. 信息主体权利保护边界

征信业法律规制的本质特征集中体现在对征信业所保护法益的界定上。征信是在信用主体的信用信息隐私保护的前提下，通过创设一种第三方信息披露供给制度，反映信息主体的信用情况，解决金融业信贷的信息不对称。"征信的本质特征正是因为其能客观地记载申请者以往的信用信息，很大程度上缓解了信息不对称的程度，在西方信用市场上得到了广泛的应用。"[1]所以，征信业的行业本质特征反映在：一是信用信息的来源应当合法；二是信息披露有利于解决信息不对称；三是基于对信息主体的金融信贷目的，当然，信用信息目前也在保险、雇用、反身份欺诈等领域得到应用，但是不影响征信的发展和存在的意义及目的性。

基于这样的法律制度设计，征信业的发展应当建立在以人为本的目的上，是增加人类福祉和为消费者提供金融信用服务的目的基础上的。一方面，征信业在面对信用信息这一法律客体时，应当遵守对个人或者企业的最基本的权益保护，不得损害个人的信息主权和相关利益。否则，征信业将不具备存在发展的根源，这也是强调对隐私权保护的出发点。另一方面，为了建立信用信息供给，就必须让渡信息主体的一定信息，确保信息得到有效采集，法律才能规范征信业的发展。因此，在权益保护与行业发展中需要取得平衡。

信息主体的权利保护归源于对信息主体个人信息（企业主体为商业秘密）的权利保护。个人信息由于法律所确认的人格利益，要求法律对其进行确认、保护和规范调整。根据法律的概念，个人信息是指可识别个人身份特征的个人信息，个人信息虽然在范围上与隐私权信息范围并非完全一致，但并不妨碍将个人信息归属于隐私权保护范畴。信息主体隐私权保护的难度在于隐私权保护的边界上，基于以下几种原因造成了信息主体利益保护边界的困难。

一是隐私权内涵和外延的边界模糊性。隐私权权利边界往往很难把握，尤其在个人信息保密和信息公开的边界界定方面，隐私信息与信息公开和共享之间是一个复杂的问题。美国的隐私保护的核心隐喻是家里的围墙能为个人

---

[1] 张俊："西方征信理论研究：征信功能的综述"，载《商业文化·学术版》2010 年第 8 期。

的隐私提供什么样的保护。离围墙保护越远，保护作用就越弱。[1] 隐私提供的是"安全阀"的功能，大多数人需要在一个隐私的环境中，在亲朋好友圈或者在私密聊天中表达自己的内心问题或者私密话题，出于坦诚交往，而不用因为信息公开传播带来烦恼和责任。[2] 隐私保障了人与人之间的交流可以坦诚相见，流露心声，建立信任，使人类文明可以有一个归属人类自身的私密空间。如果信息都被记录和公开，后果将不可想象。除非个体被允许过他愿意的生活，按照他们自己有关的方式，否则，文明就不会进步；没有观念的自由市场，真理也不会显露，也就将没有自发性、原创性与天才的余地，也就没有心灵活力、道德勇气的余地。社会将被"集体平庸"的重量压垮。所有丰富与多样化的东西将被习惯的重量、人的恒长的齐一化倾向压垮。[3]

二是信息主体个人信息保护的范围划分难。原因在于，信息主体的信息本身是一个包罗万象的概念，一切的物体和精神的表现都可以表现为符号，最终体现为信息。信息是一种无形的语言，成为世界上最为广泛存在的表征。在信息时代，社会万物互联，个人生活和一切的活动最终经过数据的存储，体现在各种信息系统之中。征信对信息主体这些信息的收集、处理和使用、传播瞬间完成。个人信息的隐私性界定具有相当大的难度，如何确定个人信息的清晰的保护范围，在此基础上再界定清楚信用信息的范围是一项专业的立法过程。只有在信息主体的信息保护范围界定之后，才能更好地实现对信息主体的隐私权保护。

三是征信市场多方主体利益冲突造成的边界不清晰。征信市场多方利益主体涉及信息主体、征信机构、信息控制者和信息使用者，还有其他大量的信息处理者和中间服务者。多方利益主体的个人利益最大追求，促使他们对信息的渴求和广泛的需求。征信产品的生产者需要更多的信息和便捷地获取信息主体的信息，形成了利益主体多方利益博弈，往往会突破信息主体利益保护的边界，侵害信息主体的合法权利。

综上所述，本书认为，法律界定的个人信息的隐私权保护，建立在法律

---

〔1〕 James Q. Whitman, The Two Western Cultures of Privacy: Dignity Versus Liberty, Yale L. J. 1151, 1194 (2004).

〔2〕 Daniel J. Solove, Paul M. Schwartz, *Information privacy law.* Wolters kluwer law & business, (2017). p. 46.

〔3〕 [英] 以赛亚·柏林：《自由论》，胡传胜译，译林出版社 2003 年版，第 195 页。

文本界定的基础之上。但是，现实市场中多方利益主体基于实际利益诉求，对法律边界的模糊地带进行入侵，所以，需要法律进一步平衡和监管。信息主体隐私权的保护边界成为法律监管利益平衡的目标和宗旨。征信立法中将对个人隐私保护和数据自由流动的平衡始终贯穿在法律制定和法律执行之中。

二、金融消费者利益保护的价值与原则

信息主体的隐私权保护自然纳入金融消费者利益保护的范畴之中。金融消费者权利的提出，体现了法律将消费者权利放在金融法律关系中，经过金融法律的特殊性保护而进一步地细化。消费者在金融法律关系中便成为金融消费者，在征信法律关系中便成为信息主体。这无疑是根据特定行业的利益主体作出的特殊法律规定，所以，信息主体通常具有金融消费者的属性，也具有消费者的属性。征信法律关系中，最为基础的是信息主体，所有的法律制度创设均是围绕信息主体的权利作为启动点。"市场的非有效性本质上是消费者的不平等地位，政府部门和监管单位应当以保护弱势群体为征信体系建设的整体架构思路，制定有关法律，从体制上完善企业信息披露，提高市场的公平性与有效性。"[1]没有信息主体的借贷需求行为，脱离了消费者的本体价值宗旨，征信也就无法发生和发展，金融机构也就失去了业务活动存在的意义，监管机构监管的目的和宗旨也将消亡。

从历次金融危机后的监管规律可以看出，金融消费者权利保护的回归是一个永恒的主题。在金融监管的两个维度中，一方面，强调金融宏观审慎监管，需要加强金融监管力度，防范系统性风险，促使市场机制能够稳定发展，通过市场的稳定和发展，回归到市场对金融消费者的服务上去。另一方面，也强调回归到加强对金融消费者权利的直接保护路径上来，防止涸泽而渔。

所以征信中的金融消费者权利本位的梳理具有现实的意义。金融消费者在信贷金融服务中，面对征信机构或者信息平台等信息控制者，面对金融系统错综复杂的技术能力和服务体系，由于专业知识的缺失和自身能力的缺乏，处于弱势地位。征信监管机构应当建立在消费者利益最大化的目标基础上，由此制定最高标准的规则和要求，实现对金融消费者权益的保护，并确保制

---

〔1〕 刘浩武、史广琰："从行为金融学视角解析征信体系建设与金融消费者权益保护的现实选择"，载《征信》2013 年第 2 期。

度对金融消费者的公开、透明和容易理解。

在征信法律层面和征信监管上，本书认为需要两个层面的过程来完成：一个是在实践发生变化之后，法律相应地确认相关利益；一个是征信监管实践中的法律实施理念的调整和利益平衡。通过完善和界定信息主体的权利体系，在法律中确定信息主体与多方利益主体的权利与义务的平衡；在构建权利的过程中确定信息主体与多方利益主体的权利体系，并寻找相应权利义务体系所对应的核心价值目标。法律发现这些利益迫切需求获得保障，就把它们加以分类并或多或少地加以承认。法律确定在什么限度内竭力保障被选定的一些利益，同时也考虑其他已被承认的利益并通过司法或行政过程有效地保障它们的方法。[1]

这是一个利益平衡的监管理念和原则。一方面，需要加强对金融机构的宏观审慎监管，确保系统性风险在可控范围以内。另一方面，需要建立有效的金融消费者保护监管体系，防范金融消费者权益受到侵害，禁止金融市场的技术垄断、市场支配力滥用，禁止金融欺诈和误导，防范金融非法传销和非法集资的行为发生。由此，以社会福利最大化为宗旨，在信息主体的权利与征信机构的法益之间进行有效平衡，确保金融征信服务的效率、公平和稳定发展。

第二节　信息保护与信息自由的利益平衡

信息主体权利保护与信息自由相平衡的原则体现在整个征信法律的核心价值上，以及征信法律需要保护的权利的内容上。法律利益平衡也往往是法律存在的基础，在利益冲突和对立的情形中，通过法律制度取得利益平衡，一方面维护信息主体的合法权益，另一方面达到信息流动，防范金融风险，维护社会经济发展。

一、立足于信息主体利益保护

综观国内外征信立法的经验可以看出，在征信法律的立法精神上，出发

---

〔1〕　〔美〕罗·庞德：《通过法律的社会控制——法律的任务》，沈宗灵、董世忠译，商务印书馆1984年版，第36页。

点在于保护信息主体的隐私权益或者人格权益等法律权益。通过赋予信息主体的各项权利，保障当事人的合法权益。从美国征信业的立法来看，通过征信专项立法确立了多种当事人权利，立法强调的目标之一就是保护当事人的隐私权。对征信活动所做的征信法律行为的规范也是从约束和调整征信机构和信息使用者的行为，达到保护信息主体合法权利的目的。而从德国、欧盟的征信立法来看，其出发点和立脚点也是放在个人信息保护上，通过制定专门个人数据保护法律，赋予了信息主体世界上最严格保护的信息权利。其主基调就是体现了征信法律保护个人隐私免受不法侵害的法律精神和立法目标。从国外主要代表国家的立法梳理中，可以看出：

一是征信立法通常都会明确赋予信息主体的信息保护权利，略有不同的是在权利的表述和细节上的差异而已。比如知情同意规则，美国采取了"opt out"的规则，而欧盟采取了"opt in"的规则。但是除开这些差异，本质上都是承认信息主体对个人信息的一种控制和自主权，"对用户隐私权和同意权的保护应当得到明确"。[1]在收集个人数据时需要获得个人的授权，是明确授权还是默示授权，这取决于一国对信息获取阀门的松紧。二是基本都会形成完整的权利体系。事前的同意权；个人信息被收集和处理时享有知情权；发现信用信息不准确、不完整或者非法时享有的异议权，并且可以提出更正和删除错误的信息。三是救济的权利。赋予信息主体可以投诉和进行诉讼，并规定监管机构建立完整的投诉受理机制和处理制度，保障权利可以得到有效的救济，体现了无救济无权利的法律价值，在市场主体存在违法行为时，可以作出有效的法律制裁。四是强调建立监管执法机构的重要性。为了更好地执行对信息主体隐私权益的保护，各国一般都需要建立监管机构，并赋予监管机构相应的有效权力、充足的监管资源、人才和技术专家，保障其可以依法独立作出客观公正和可持续性的监管行为。五是在法律体系之外加强对信息主体的教育和保护措施。也鼓励和支持通过采取补充措施，诸如推广教育、警示和有助于隐私保护和技能开发等技术措施。

但是，目前的征信实践的权利救济，是需要重新检视的一个重点。由于缺乏相应的人力、物力和专业执法机构，受理和处理投诉往往无法达到立法

---

〔1〕 张忠滨、黄晓彤："互联网+大数据模式下的个人信息保护探析"，载《征信》2015年第9期。

设计的效果，在制度设计上，需要通过异议处理程序加以有效补充。这种制度设计最大好处在于，可以通过异议程序由涉事的主体参与其中，建立征信机构和使用者的自我约束机制，依据法定异议处理程序对异议投诉进行处理；也可以提高处理的及时性，通过征信机构和信息使用者的自我核查发现存在信息错误问题，及时作出自我更正，解决存在的问题；还有利于节约执法成本，节约监管机构的资源。

可以借鉴美国在征信权利救济法律制度方面的做法，即美国制定了专门的征信法规。在权利救济上，美国《公平信用报告法》首先赋予了信息主体在发现信用报告出错时，可以向信息提供者或者征信机构提起异议，并详细规范了信息主体提起异议的处理程序，争议信息的重新调查，异议成立和不成立的具体处理，即处理时限、调查结果的通知，以及最终对错误信息的更正、删除、屏蔽的措施。美国《公平信用报告法》在征信信用信息主体权利救济方面的条文十分细致并具有可操作性。救济法律制度是征信法律制度的重要组成部分，为信息主体的权利保护的实现提供了具体操作程序。没有救济就没有权利，这些制度充分体现了法律对权利保护应有的态度。

信息主体安排的救济性法律制度的出发点也是利益保护的平衡。在征信活动中，信息主体在信用信息的征集、加工、使用的过程中，处于弱势一方。由于个人在信息采集和使用过程中处于弱势地位，在缺乏法律保护和损害赔偿机制的情况下，无法保障个人信息的合法权益，所以，应当加快推动个人信息保护的立法。[1]在征信活动中，征信机构是征信活动中拥有主导权的一方，也是征信活动的主要实施者，信息主体作为被动接受的一方，其信息权益比较容易受到侵害。为了平衡利益，需要设计相应的救济制度加以平衡。[2]

二、保障信用信息自由流动

保障数据的自由流动是征信业得以发展的基础和基本目标之一。数据已经成为当今社会经济发展的一种重要资源，由于数据的利益重要性，经济发

---

〔1〕　张忠滨、刘岩松："互联网征信个人信息保护立法的探讨"，载《征信》2015 年第 8 期。
〔2〕　高燕："我国征信法律框架的构建"，载《西南民族大学学报》（人文社科版）2007 年第 8 期。

展中已经将数据作为一种资产而存在。尤其在大数据发展的当下，征信业所依赖的数据是征信业发展的基础，法律制度创设的目的是界定权利的保护范围和行为的规则。在有法可依的情况下，征信机构和使用者便可以在法律的框架下实施行为，法律制度成为刚性的游戏规则，征信业在法律制度下运行。

综观国内外征信市场的发展，大多都根据各国的征信市场发展阶段、社会经济发展基础、市场结构，技术水平，法律传统和实践现状，制定适合本国的征信法律制度。在适合行业发展的阶段制定法规，并不断修改和调整，最终达到技术对数据的利用和发展。美国的个人征信制度就是一个利益适度平衡的典范。由于美国的征信业是在市场发展中自发形成的，在征信业的发展中，适度宽松的行业发展规则保障了征信业对美国金融经济发展的重要作用；由于征信业的发展，也保障了充分的信用工具的供给。一方面，解决了金融信贷的信用供给问题；另一方面，也支持了金融风险的防控，保持了金融市场的发展，促使数据科技等方面的发展。与欧盟采取的最严格的个人隐私法律规则相比，美国更加重视数据的自由利用，而欧盟由于强调对数据保护采取过高的水平，在一定程度上限制了数据的自由利用，带来了征信机构和使用者等数据利用者的经营成本，遏制了数据科技的发展和供给。

相比而言，我国由于征信法律的滞后性，大部分有价值的信息集中于政府信息系统和国有企业。加之部门利益的障碍，造成了信用信息的获取难度。比如，从中国人民银行的征信系统来看，从信用信息的结构和范围方面分析，主要不足之处有三个方面：部分信息不及时、失实、不详尽；数据主要为银行系统内部信息，较少涉及民间借贷信息；征信的覆盖面还不够广，非常重要的企业间的交易信息也付诸阙如。[1]这种情况下，征信业的数据采集难度很大。从数据来源来看，与金融交易数据相关的信用数据基本上都是政府信息和公共信息。大部分的数据都掌握在政府机构的信息化系统中，还有大部分的关系国计民生的数据在国有企业的系统中，包含了市场、工商、税务、质检、公安、通信、水煤气电等公共部门所有的数据信息。所以，我国的信用规则中也缺乏对相关信息采集的法律支撑，加之对国家秘密的保护，很难突破现有的信息孤岛。

---

〔1〕 徐华:《从传统到现代——中国信贷风控的制度与文化》，社会科学文献出版社 2016 年版，第 281 页。

目前，大多数数据平台公司和征信机构获取的数据类型集中在社交记录、个人消费记录、企业支付数据等，往往缺乏相关征信信用判断的有效性，不具有信用的可解释性。在数据共享的机制尚未建立起来之前，出现了各方的数据孤岛，造成信用数据难以共享；个人征信机构和企业征信机构信用信息不透明，容易造成信用信息系统的重复建设；同时各部门、各地方、各征信市场主体的信用信息支离破碎最后影响了数据的真实性、准确性和完整性，数据的使用效率受到很大影响。

所以，本书认为，我国征信立法制度的完善，在征信业发展的现有阶段，需要极力破除政府和公共信息的信息孤岛的现状。法律规制的重点需要在现行的征信法与政务信息公开方面取得突破。一方面保护个人隐私权、企业商业秘密和国家秘密，做好企业商业秘密和国家秘密的界定，同时应当尽快立法明确数据开放，以开放为原则，以不开放为例外，通过公共数据的供给为社会经济的进一步繁荣发展提供新的生产要素，促进新经济持续发展。

三、信息主体利益保护与信息自由的利益平衡

（一）信息主体利益保护与信息自由的利益平衡原则

唯有服从人们自己为自己所规定的法律，才是自由的。[1]法律一方面赋予了权利，一方面限制了自由，权利与义务是对等的。在这个权利和义务的背后，便是利益的法律调整。无法律无自由，征信业的规制背后，是一种法律制度安排在信息主体权利与数据自由利用之间的调整和平衡。个人的隐私利益，需要在新的社会利益格局之下得到重新思考，信息保护与信息利用需要新的利益衡量。[2]法律不充分保护信息主体的利益，会造成对个人利益的减损，违背了信息主体的利益，最终会阻碍征信业的发展。过于严格限制征信业会造成信息流动停滞，阻碍信息社会的发展，影响经济技术发展，也同样会影响个人的福祉。

本书认为，征信业在信息主体利益保护与信息自由的利益平衡中应当坚持如下原则：一是首要地确定对信息主体的权利保护，需要权衡其背后的利

---

〔1〕　［法］卢梭：《社会契约论》，何兆武译，商务印书馆1980年版，第51页。
〔2〕　张新宝："从隐私到个人信息：利益再衡量的理论与制度安排"，载《中国法学》2015年第3期。

益边界，即是征信法律必须考虑数据自由流动的界限。二是在赋予信息主体的权利的同时，需要考虑权利的相对面，即是否可以在保护个人信息隐私与信息依法得以采集、处理和使用之间进行平衡。三是根据社会市场经济发展现状把控适度的信息保护水平。制定赋予信息主体过度的权利和过于严格的数据保护规则，虽然对信息主体的保护水平得以提高，但是往往会影响到征信业的数据利用和发展。如果对信息主体的权利保护过于宽松、缺乏充分的数据保护规则，则会影响信息主体的权利保护，造成社会不重视信息权利，最后会造成权利滥用，市场过度竞争，也不利于征信业的发展。

（二）坚持法律利益平衡，促进信息主体利益保护与信息自由平衡

信息主体利益保护与数据自由流动是一个经典的论题。数据因为具有稀缺特征，越来越变成一种特殊的资产。在欧盟体系，数据权利保护被认为是人权的范畴；在美国，被认为是隐私权的种属；在大陆法系，被认为是人格权的归类。这些都是数据权利保护的法律价值基础，由此演变出法律对数据保护的基本理念和具体制度设计。

一是美国、英国的征信业发展先行的制度设计。在征信业的发展历程中，以美国和英国为代表孕育的征信业以市场先行，征信业起步阶段，法律和监管并未介入。之后随着权利意识的发展，征信业的数据权利与数据使用的利益冲突加剧，法律的调整以及法律的监管执行被设计，加入行业之中，成为一种重要的理念，调整行业的市场不足，保护私权一方的合法权益，促进了征信业的规范和稳定发展。

二是欧盟的信息利益较高保护水平的制度设计。在欧盟征信业的发展中，具体征信法律制度的设计和形成，都是特定的历史条件和制度背景的产物，无论是政府主导还是市场先行，政府参与市场的程度，市场机制是否灵活，政治传统等因素都对制度形成起到综合作用。如以德国为例，20世纪30年代初期，世界经济危机造成了经济周期变动，系统性风险引发了社会经济的崩溃，尤其金融风险对金融行业的影响十分明显，而过度负债也是一种典型问题，所以，急需征信解决金融机构的信息不对称。在征信业市场尚未发达之时，为了迅速发展符合本国金融市场的征信模式，需要快速实现数据的自由流动和集中共享，只有通过法律强制收集数据，德国选择了设立中央征信系统，由政府介入，在全国范围内建立集中统一的信贷登记系统，并

由法律强制各金融机构接入系统提供信贷信息，这样可以快速地建立起基本的征信数据库，在一定程度上满足信贷征信的需求，同时也为中央银行履行金融宏观审慎监管提供数据支撑，并逐步演变成为一种典型方式，为各国所效仿。

三是日本折中的信息利益保护水平取舍。在日本的会员制模式中，我们可以看到日本征信业经过了百年的发展，走出了自己的模式路径。在欧盟以个人数据安全和个人数据权利保障为主导对数据保护提出较高的保护水平，与美国倾向于市场自我调节以保护消费者权利同时倾向于保护信息的自由流动两种模式之间借鉴并取得了平衡。这一理念体现在法律规制上，日本的征信立法目的和宗旨也充分体现了这一点。日本的个人信息权利保护在个人数据保护方面，一方面，承认个人信息的正当性以及对社会经济发展的重要作用，促进数据加以利用，保障数据自由流动；另一方面，强调对个人数据权利和利益的保护。不同的逻辑起点会导致不同的制度设计与安排，最终产生不同的社会效应。

日本在个人信息权利保护的法律实践过程，是其立法的价值取向和指导思想的选择过程，经历了从美国的隐私权和欧洲的人权范畴的移植过程，最终确立了大陆法系的人格权权利和利益范畴。日本的会员制模式作为亚洲国家的典型，也为我们研究征信业的发展模式和立法框架提供了一个新的视角。尤其是社会化自律机制和信息共享机制，具有很好的创新性，也兼顾吸收了英美与欧盟的数据保护的诸多优点。诚然，任何一种模式均不是万能的，均有其固有的缺点。比如，日本的个人征信机构的"第三方独立性"不足，同时，日本银行业不对外提供个人信用负面信息，日本政府信息披露的网络化程度不高，也限制了日本个人征信业的发展。[1]我们在研究一国法律制度时应该秉承历史的、比较的和客观全面性相统一的基本原则。

本书认为，究其背后，信息主体的利益保护与数据共享和数据效率之间的平衡存在着冲突和矛盾。法律如何平衡和调整与立法价值的取向及立法者对背后法律利益平衡的取舍息息相关。欧盟更加偏向于数据信息安全，而美国更加注重数据的有效供给和市场效用。显然，这需要根据法律体系和传统、

---

〔1〕　池凤彬、刘力臻："日本征信业的历史沿革及运营机制分析"，载《现代日本经济》2018年第5期。

社会经济状况和征信业发展阶段进行平衡和取舍。[1]

平衡是法律的一种基本功能，作为一种利益调整的平衡价值观，在解决利益冲突的情况下，法律起到了关键的作用。金融法是在传统法律体系不能满足社会现实需要的条件下产生的，因此，它核心保护的利益也不是某一方主体的特殊利益。总的来讲，金融法应保护的是整体金融利益和各方当事人利益。金融法首先应保护的是整体金融利益，从社会整体的角度保护整体金融效率、金融秩序和金融安全。[2]这种整体金融利益是一种平衡的结果，是一种诸多的法益权衡安排背后的利益综合。因此，需要在权利和自由之间获得平衡，人类社会、经济生活才能稳定发展。

第三节　征信对象利益保护的核心价值

一、征信对象利益保护的发展脉络

（一）信息主体隐私利益保护的本质

随着大数据时代的到来，大数据对隐私权的挑战也日益加深。在金融领域，所有的个人信息、消费信息、一切与货币支付有关的行为，都将构成大数据的原始细胞，成为个人画像的对象。不将个人信息纳入大数据的大厦里面，个人将无法实现一系列的金融活动。但在加入这个互联网的环境后，个人无处可躲，所有的信息将一览无余地暴露在大数据的世界面前。大数据应当如何划清与个人隐私权的法律界限，将是一道难解的题目。

在金融市场中，征信主体是资金和有关金融服务的需求方，但在征信活动关系中，被征信主体是与金融机构和征信机构相对立的一方主体。金融制度和征信制度建立的核心价值目的，在于保护被征信者的合法金融权益和隐私权，如果脱离了这个目的和根本，法律调整就偏离了轨道。随着征信业的发展，金融机构和征信机构变得十分复杂，无论是金融产品还是征信产品，从消费者的角度来看，均是一个专业和复杂的系统。信息主体往往处于一种

---

〔1〕　董宝茹："欧盟与美国对征信领域中金融消费者保护的比较研究"，载《上海金融》2013年第10期。

〔2〕　刘少军："良性法治环境助力金融国际化"，载《中国报道》2008年第7期。

被动地位，无论是在参与度还是透明度方面，信息主体都是弱势一方，这促使法律对消费者保护的立法倾向，需要通过法律的平衡保护金融消费者权益，使天平回到平衡点。界限是相对的，正确重视均衡，而法恰恰是关于界限和正确的科学。[1]

其中，一个突出的表现是征信机构对征信主体的隐私权的侵害，直接导致了法律天平的倾斜。自从1890年塞缪尔·沃伦和路易斯·布兰代斯在《隐私权》一文中将隐私权上升为一种与法律相联系的个人权利，文章指出，"面对社会生活的发展，普通法应当认可个人独处权利，保护个人有权选择自己的生活，而不受外界的干涉或侵害，除非存在明确的社会需要和合法依据"。随后，个人隐私权日益得到各国法律的肯认，隐私权的法律地位得到了各国的认同，隐私权是个人享有的基本权利和自由。[2]

随着信息化的发展，技术的发展已经突破法律、伦理等方面的限制。对个人信息隐私权的保护呼声日益强烈，这不得不引起世界范围内各国在立法上加强对个人信息的保护。自从1970年德国黑森州制定的《黑森州个人数据保护法》成为世界上第一部专门性个人数据保护法以来，在之后短短的二三十年间，以欧盟为代表的个人数据保护法得以蓬勃发展。瑞典在1973年也制定了全国性的数据保护法律《数据法》；法国在1978年专门针对信息保护和信息公开实施了《信息、档案与自由法》；英国在1984年也制定了《数据保护法》，对个人信息保护作出了专门的立法规定。最终，欧盟在1995年通过了《个人数据保护指令》，将欧洲的个人信息保护推到了世界范围内最高的水平。美国最早进行了征信立法，虽然采取了单行法和分散式立法的模式，但是最终也形成了一个完整的信息保护和信息公开的法律体系。在公共领域，美国通过制定《信息自由法》和《隐私法案》限制公权力侵犯个人信息权利；在私人领域，在金融、电信、医疗等行业领域的市场管理规则中针对不同情况嵌入了个人信息保护条款，从根本上必须在合作本能与利己本能之间维持均衡。社会控制的任务就在于使我们有可能建立和保持这种均衡，而在一

---

〔1〕　刘少军："论法程序的本质与经济法程序"，载《法学家》2006年第3期。

〔2〕　张新宝："从隐私到个人信息：利益再衡量的理论与制度安排"，载《中国法学》2015年第3期。

个发达社会中法就是社会控制的最终有效的工具。[1]

综上所述，在征信规制法律中明确规范列明的法益所保护的是隐私权，最为广泛的观点也认为个人数据保护的权利属于个人隐私权的保护范畴。因为个人数据所包含的个人身份信息，以及经过个人数据识别可以获知个人的人格精神、尊严、个人私生活的秘密和所涉个人安宁等，所以，关于个人数据的范围和界定就明确指向了个人隐私权范围。美国的征信立法均支持个人数据保护是隐私权保护的一种形式。隐私权的权利利益在美国的法律类别上是一种精神利益，隐私利益并非一种财产或名义上的利益，这种利益也不是精神创伤或者精神疾病等方面的利益，它是一种属于个体精神自由方面的利益。[2]

在隐私权和个人信息保护权利方面的立法界定，在我国实施的《民法典》《个人信息保护法》中得到了规范。我国《民法典》在人格权编分别规定了个人信息保护与隐私权，并且规定了个人信息中的私密信息，适用有关隐私权的规定，没有规定的，适用有关个人信息保护的规定。我国《个人信息保护法》将个人信息界定为以电子或者其他方式记录的与已识别或者可识别的自然人有关的各种信息，并排除了匿名化处理后的信息。由此通过立法将隐私权与个人信息保护的关系加以明确，但是实际上，我国关于数据与信息的概念在立法上尚未统一，"信息""数据""个人信息""个人隐私""个人资料""个人数据""个人电子信息"等名称均有出现。所以，在个人信息保护权利表述方面，我们倾向于"个人数据"的表述。目前，在我国法学界对个人数据权是否作为独立一项新型权利方面尚存在争议的情况下，我们倾向于使用隐私权加以规范。而个人信息中的隐私部分，显然与个人信息存在交叉的地方。通常，个人信息是可识别的个人信息，而隐私信息包含了个人信息的范围，个人信息由于人身的识别性特征，实际内涵和外延相对于隐私的法学概念来说，显得狭窄。个人信息中应当加以区别私密信息和非私密信息，其处理规则也存在不同。《民法典》规定私密信息的处理应当先适用关于隐私

---

〔1〕〔美〕罗·庞德：《通过法律的社会控制——法律的任务》，沈宗灵、董世忠译，商务印书馆 1984 年版，第 89 页。

〔2〕 Edward J. Bloustein, "Pricacy as an Aspect of Human Dignity: An answer to Dean Professor". *New York University Law Review*, Vol. 39, 962, 1003 (1964).

权的规定，然后才能适用关于个人信息保护的规定。有关私密信息和非私密信息的处理规则在授权来源、许可主体及许可标准上均存在区别。

第一，权利性质不同。隐私权作为一项人格权，性质上属于绝对权和支配权，具有对世效力，任何组织或个人都必须尊重隐私权，不得加以侵害或妨碍，亦不存在对隐私的合理使用问题。而个人信息权益并未被《民法典》确认为绝对权和支配权。《民法典》第999条和第1036条分别规定了对个人信息的合理使用情形和免责事由。

第二，侵害行为的范围不同。对隐私权的侵害行为无论是发生在商业或公务活动场合，还是家庭社交活动中，均可适用相关规定。而个人信息权益规范的是处理者从事个人信息的收集、存储、使用、加工、传输、公开等活动。纯粹私人或家庭活动中对个人信息的处理不包含在内。

第三，许可他人使用上不同。隐私原则上不能许可他人使用或商业化利用。隐私权的主要权能是排除他人侵害的消极权能。但对于个人信息尤其是非私密的个人信息，只要遵循相应原则并符合条件，就可以对个人信息加以使用或许可他人使用。

第四，私密信息和非私密信息的处理规则不同。在处理私密信息时，首先适用《民法典》关于隐私权的规定，然后才能适用关于个人信息保护的规定。根据《民法典》第1033条和第1036条，其对私密信息和非私密个人信息的处理规则在授权来源、许可主体及许可标准上均存在区别。

（二）信息主体个人信息自决权利保护的本质

欧盟个人信息保护源于隐私权，发展成为个人信息自决权。虽然欧盟在个人数据权利上也沿袭了美国的做法，即纳入隐私权保护范围，但是以大陆法系的德国为代表，却发展出了对个人数据保护的新理论，即个人信息自决权利。个人信息自决概念最先由德国学者施泰姆勒（Steinmüller）于1971年提出，随后得到了1983年德国联邦宪法法院的论述印证。该表述表明个人数据是一般的个人权利，应当确保其不受到无限制地收集、存储、使用和披露，个人原则上有能力决定其披露和使用，除非在压倒性的公共利益的情况下才能限制。该项权利意指个人对其个人信息的自决的自由权利，以及对抗国家或者行政机关的无限制或者强迫的收集、存储和传播的自由。

在德国法意义上，个人信息自决权属于一般人格权的范围。基于此项权利，个人原则上拥有自主决定何时以及何种范围内公开自己的个人数据的权利，个人对其个人数据有合理的隐私期待时，个人也对其拥有自决权，可以此对抗国家和第三人的侵扰。这样的立法理念深刻地影响了征信立法，在个人征信数据采集中制定明示同意的制度，便是这一理念的充分体现。采集个人数据之前应当取得信息主体的明确意思表示和清晰的同意。在征信系统的退出权利方面，也是体现了这样一种精神，信息主体可以拥有删除权和遗忘权，有权选择退出征信系统，这是一种个人对个人数据的自我决定权。

当然，这种自决权也并非绝对的决定权和无法加以限制的控制权，在重大公共利益的平衡下，可以受到限制，但是必须基于合法性基础才能加以限制。个人的数据自决权受到限制，也应当符合比例原则，并通过公共利益与个人利益之间的权衡。这也是征信数据采集应当符合目的性和合法性的一个具体体现，从而确保征信以最少数的数据进行采集。

欧盟《统一数据保护条例》的法律实践则是欧盟关于个人数据保护的一个里程碑，充分体现了个人信息自决权正应用于法律实践。该条例确立了可以说是迄今为止对个人数据保护最为严格的规则。该条例以保护个人信息自决权利的法律核心价值诉求，确立了诸多原则，从而对信息收集、采集和使用的活动进行限制，[1]规定了信息主体拥有完整的权利保护体系。欧盟《统一数据保护条例》对于个人数据在利用活动上的限制与规范，终止了互联网公司以大规模收集和滥用公民隐私为基础来盈利的模式，确立了个人对自身数据的自我主导，强化了公民在网络空间以网络主权为表现形式的基本人权，在关于个人数据保护的立法上具有里程碑式的重大意义。[2]

（三）信息主体利益法律保护的核心价值

无论是普通法的隐私权保护，还是大陆法系基于个人信息自决权的出发点和归属，均是对个人数据权利的法律体系化的归属定位和保护方式。欧美关于隐私的法律也是不同的，其本质差异在于隐私是一种自由还是个人权利的一部分。美国将其视为个人防御政府的自由的掩体，而欧洲将其视为个人

---

〔1〕 欧盟《统一数据保护条例》确立了合法原则，限制原则，必要原则，特定范围原则，数据准确、明确、透明原则，数据采集的数据和范围最小化原则，有限留存原则，公平非歧视原则，机密和责任原则等基本原则。

〔2〕 甘绍平："信息自决权的两个维度"，载《哲学研究》2019年第3期。

尊严的一种人权。[1]然而，隐私权在信息化社会中越来越无法覆盖个人数据的广泛范围，诸如信息的财产权已经突破了精神层面的范围。那么，虽然隐私权的内涵在不断地丰富和调整之中，但是隐私的边界却显得越来越模糊。在个人的物理空间中，随着大数据的入侵，许多固有的空间已经变得界限模糊。互联网轻松就可以到达一个人的家庭空间，并对一个人的行为进行画像，家庭地址、电能消耗、消费习惯、支付流水、阅读偏好、心理倾向等，暴露无遗，个人很容易就成为互联网空间的"透明人"，隐私权的边界变得很难界定。

而个人信息自决权对个人数据的自我主导起到了很好的保障作用，明确了个人数据的自我决定权、个人数据的防御权和诸多的选择权。但是，个人数据自决权与信息共享、信息自由流动以及社会经济、科技发展的人类福祉的价值追求的平衡之间又存在一定的冲突。个人信息自决权是基于德国和欧洲对"二战"的反思和记忆影响中诞生的，个人信息自决权发端于美国的隐私权内核。从隐私权这种防御性权利发展成为一种主动的自决性权利，具有积极意义，当然在对抗现有网络空间社会的现状中也具有积极的意义。但是为了更好地平衡数据对经济生活的发展，正如德国的联邦数据保护法和欧盟的数据保护条例所主张的那样，立法的两个利益：需要在保护个人数据权利的同时促进数据的自由流动和对经济的发展之间取得平衡。

总体来看，在个人数据保护和信息自由与利用之间，欧盟显然选择了倾向于对个人权利的保护，而美国则是追求保护个人信息权利和信息自由与利用的综合平衡。也有学者在大数据数字化情境下提出了"数字化人格权"的法理新概念。但是这一提法有待商榷，数字化人格权因其固有的缺陷，混淆了自然人与数字化人的概念，将自然人人格和数字化人格对立起来，在主体与客体的关系上，其理论显然存在局限。有学者认为在信息化时代，个人数据保护权利具备了法理权利体系中独立成为一项新型权利的基础而被提出来，需要创设一种个人数据权。随着个人数据成为一种新资源和新能量，法律需要对其进行分配，通过创设个人数据权，一方面保障个人对网络空间不置身事外，从而保障个人安全及促进其参与社会生活，另一方面也保障隐私自由，

---

〔1〕　Charles Katz v. United States, Supreme Court of the United States, Judgment of 18 December 1967, 389 U. S. 361 (1967).

防止个人信息被过度地入侵。[1]是否需要创设个人数据权这一新的权利类型，以及该权利类型的法律属性如何，有待进一步研究。

本书认为，从征信业的发展历程可以看出，经济、科技和法律制度相互交织并推动征信业的发展。在征信业发展初期，征信活动基于市场需求自发运作起来，在区域性小规模的时候，尚未形成一个产业。征信业一开始缺乏有针对性的法律制度安排，未能上升到法律强制性利益调整。没有法律的调整，征信业的发展只能神神秘秘地开展，在自我发展与普通法的司法判例中飘摇前进。技术在征信业的发展中也发挥了十分重要的作用，随着技术手段的升级、信息化程度的提高和数据库规模的扩大，征信业进入了发展新阶段，呈现出了新特征，市场主体和市场结构也随之改变，由多元竞争发展演变成为寡头垄断的市场结构。这时，市场的利益冲突加剧，进一步呼唤法律制度安排的调整。

自从征信法律制度诞生之日，征信法律就确立了对隐私权保护的核心价值，数据隐私权便得以提升到法律调整的范围。在征信业发展的整体利益诉求下，平衡个人信息的隐私权保护问题，在信息主体的信息保护与信息自由之间取得平衡。法律制度至此也成为征信业经济发展的内生变量，逐步规范调整乃至成为征信业发展博弈的一个最为硬核的框架。

二、征信信用信息主体信息权利保护的理性回归

（一）征信信用信息主体权利保护的信用权观点及反思

1. 关于信用权的观点梳理

目前，在我国法学界，有观点认为应当将征信权的法理归属纳入信用权的范畴，并通过论述信用权的权利产生与发展，权利的内涵和效用，以论证征信所保护的法益是一种个人或者法人的信用权。然而，我国法学界对信用权概念的界定也存在多方面的分歧，主要体现在权利的本质属性和权利客体上。关于信用权的权利属性，有以下几种主要观点。

一种观点认为，信用权应归属于人格权，是与人格权中的姓名权、名誉权、肖像权并列的独立人格权。主要代表的观点有，"信用权是以享有在社会

---

[1] 郭瑜：《个人数据保护法研究》，北京大学出版社 2012 年版，第 90-91 页。

上与其经济能力相适应的社会评价的利益为内容的权利"。〔1〕"信用权是民事主体就其所具有的经济能力在社会上获得相应信赖与评价所享有的与其保有和维护的人格权。"〔2〕

另外一种观点认为，"信用权应当归属于名誉权或者是无形财产权的范畴。从以下定义可以看出来，信用权是直接支配自己的信誉并享受其利益的权利"。〔3〕"信用权者，以在社会上应受经济的评价之利益为内容之权利，即就其给付能力及给付意思所享有之经济上信誉权。"〔4〕有学者认为"信用权是民事主体对其所具有的偿债能力在社会上获得的信赖与评价而享有的利用、保有和维护的权利"。〔5〕我国台湾地区学者则认为"信用权是指经济活动上的可靠性及支付能力为内容的权利，又称为经济上的信誉权"。〔6〕

综上可以看出，这些观点都认为，信用权应当纳入我国人格权范畴，只是在权属的层级上存在差异。一种观点认为其是人格权中独立的一种权利，是与名誉权相区别的一种新权利；一种观点认为其是从属于名誉权的权利，是关于名誉的经济评价。关于信用权的客体方面，主流观点一般认为，我国民法上所指的信用权的客体主要是指信用利益，信用利益归属于人格权范畴。其差异主要在认定标准上。一种观点认为信用利益是人格权的组成部分，是社会对民事主体的经济评价和信赖，是与名誉权相区别的权利；另一种观点认为信用是具有间接财产权属性的人格权，司法实践通过名誉权间接保护民事主体的信用利益，是一种兼具财产性质的人格权。而信用权的客体所指向的信用利益也存在差异，体现在信用的评价范围上，一种观点认为信用的评价和信赖对象是民事主体的经济能力；另一种观点认为信用的评价和信赖来源仅是主体的偿债能力，对于评价和信赖对象的界定应该具体化。〔7〕

信用作为一个古老的价值体系，有着古老的形态，也有多方的解释。信用本来就存在，只要交易存在，就需要信用。从古罗马时期的交易信用解释

---

〔1〕 王利明主编：《民法·侵权行为法》，中国人民大学出版社 1993 年版，第 299 页。

〔2〕 杨立新：《人格权法》，中国法制出版社 2006 年版，第 251 页。

〔3〕 张俊洁：《民法学原理》，中国政法大学出版社 1991 年版，第 158 页。

〔4〕 史尚宽：《债法总论》，中国政法大学出版社 2000 年版，第 153 页。

〔5〕 吴汉东："论信用权"，载《法学》2001 年第 1 期。

〔6〕 王泽鉴：《侵权行为法》，中国政法大学出版社 2001 年版，第 124 页。

〔7〕 王东明："论信用权"，西南政法大学 2014 年硕士学位论文。

来看，契约精神内含的交易双方在意思自治情形下，即是指所达成的合约必须得到严格信守，不得任意更改。随着民法学科的发展，从罗马法的"一般恶意抗辩"最终演变发展为民法上的诚实信用的基本价值追求，诚实信用内涵就包含了交易双方的讲信用。那么，信用的内涵和外延具体是什么？从信用的发展轨迹可以看出，信用本身是一种交易道德和交易习惯形成的法律化的过程，并不断被理论化和立法吸收的过程。自 20 世纪以降，立法者、司法界学者最终选择了诚实信用原则作为民法的"帝王条款"，成为民法大厦的基石。

2. 征信对信用权构建的理论基础的反思

本书认为，民法的诚实守信基本价值追求强调的是一种道德性、伦理性和内生性的精神。以民法的理念，在平等主体的前提下，法律如何设计规范个体的民事法律行为，其基本逻辑是信任个体的理性，以及赋予个体意思自治精神。在此前提下，通过民事法律行为作出符合规范的行为。所以法律通过民法对个体权利意识的觉醒的呼喊，确保个人的意志自由和自我决定权。但是，由于人类的社会性，权利不是一个人的权利，权利是社会性的权利。在自由的边界上需要有另一个约束自由的边界，个体如何保持民事行为在自由意志和理性之间的中间地带。所以，民事法律发现了诚实守信的价值追求，一个完全理性的个体，应当具有自由意志。与此同时，其内生道德精神应当具有诚实和信用的内核，如此才能确保个体是一个民法上的理性人。这个平衡的选择最终上升为法律的约束，发展成为诚实信用的原则，成为民事法律行为的基本价值追求。在法律效力上，也可以在具体案件中援用裁判，作出合乎法律公平正义的裁决，防止权利的滥用，最终维护法律追求的秩序。契约精神和诚实守信便是天然联系起来的，构成了民法的一个意思自治的统一体系。所以信用在此的意义是内生的，是对个体的一个内在的约束，此时的信用也并非以第三方的行为途径实现的方式所实现的，其是自然的内生精神。

而征信恰恰与此是存在区别的。征信本身是指依靠专业的机构收集企业背景和信用信息，并为交易对手提供服务的行为，现代征信具有的最典型的特征是专业性、第三方和信用评价性，是一种交易过程中的外部第三方行为。征信是评判信用的一种手段，信用是征信追求的价值目标之一。而征信得以被选择并具有存在的价值，就是在交易程度变得复杂和频繁之后。尤其在金融信贷领域，由于信贷具有的特性决定了征信的市场存在，信贷中的货币具有与一般商品不同的流通性、公共性、货币信用等特征。设想贷款人如果携款潜逃，而成本很低，欺诈贷款带来的一本万利，在没有强制力约束的情况下，借钱不返给银行造成的结果可想而知。金融交易的高风险往往已经超过了其他商品交易的程度，在这个交易过程中，需要确保交易的稳定性，保障交易的可信度。

征信作为第三方机构提供的服务恰恰可以填补这个空白。单独依靠金融机构对客户的信用调查和评价存在诸多不足：一是网络不够广泛，往往局限于内部员工的信息收集程度和评价；二是耗费的成本和时间也会比较大；三是在最初征信发展的阶段，信息的收集是一件很困难的事情，往往还会带来诉讼的风险，这些也促使了银行等金融机构依赖于第三方进行取证调查。在分工的需求下，征信机构可以进行专业性的工作，在此成为第三方的机构介入交易双方，第三方的特性显得非常明显，这也是现在法律强调征信机构独立性的意义所在。征信的信用评价性体现在征信是外部的信用评价手段和方式之一，征信本身不是信用，而是追求对交易主体的信用评价结果，这也是征信与信用的差异特征之一，征信作为实现信用评价的价值而存在。

（二）信息主体信息权利与信用权的区别

就以上民法学者对信用权的范畴界定和权利内容界定可以看出，民法以上的信用权构建与征信业所指向的征信权属的本质意义存在诸多的不同，存在理论和逻辑混淆的地方。[1]关于信用权的"名"与"实"需要进行清晰界定，需要分析清楚信用权的实质与征信保护的权利的区别。"不呼其名则无法谈论对象，但给其命名总是先于准确和完全地了解其性质。最不相似的事物被说成并被当作像是性质相同的，最为相似的事物则说成并被当作几乎全无共同之处。"[2]在似是而非的概念之中，厘清法律范畴的内涵与外延非常重要，其区别具体体现在以下几个方面。

第一，从权利的范畴定义上看，诸如人格权中的生命、身体、健康、自

---

〔1〕　胡大武：《侵害信用权民事责任研究——以征信实践为中心》，法律出版社 2008 年版，第 5 页。该书指出，崔建远教授就认为，"信用权规定本身就是一个错误。因为信用权是一个过于广泛以致难以具体化的权利。特别是对信用权的保护，完全可以通过对商誉、名誉等其他人格权的保护来实现，它本身就不应该成为一个单独的人格权"。

〔2〕　[英] 边沁：《道德与立法原理导论》，时殷弘译，商务印书馆 2000 年版，第 250 页。

由、姓名、肖像、名誉、隐私等人格权利的载体指向了自然人，是自然人的一种固有的内生的联系，并不是法律创设所产生的，人格权本身就是自然人所带有的，由于法律的确认而成为法律意义上的权利。但是，信用权观点的支持者认为，信用权指向偿债能力或经济能力，其是基于评价和信赖所产生的民事主体的一种权利，信用权被作为一种人格权存在。在此定义上就显得自相矛盾，人格权强调人格权与人格的本质联系，而信用权基于外界的评价和信赖而存在，这两种权利的产生渊源本来就存在明显的不同。比如，我们不能说见到一个人，就说这个人有信用，与生俱来就具有与人格相关联的信用权，也不能说需要第三方进行评价或者依赖于征信机构进行评判，那么这个人才有了信用的度量和权利。征信行为收集、处理和使用信用数据的过程，法律所指向的个人数据或者个人信息也是与个人相联系的客体，或者基于隐私权考虑，或者基于个人对信息的自决权而产生的权利。这些数据本身并不产生信用，而是因为征信行为的评价才产生了信用，这种信用是一种偿债能力和偿债意愿的体现，从而获得具有金融属性上的信贷额度或者信贷依据。因为个人即使没有所谓的民法上的信用权，在个人需要进行借贷的情况下，银行等金融机构也需要提供借贷的机会，这是个人享受信贷权利的公平机会。基于金融借贷的普惠性，是指一种公平信贷机会的权利，银行此种情况下也不是先说你是否具有信用权，以及信用权如何，而是应当在建立信贷服务契约关系之后，进行征信评价才能排除个人借贷的数额以及是否丧失信贷的额度。征信只是进行评价的一种方式和手段，如果一个人不符合征信要求，也不等于说这个人没有所谓的"信用权"。所以说，信用权不具有与生俱来的人格权属性。

第二，从权利的主体上看，信用权支持者的观点认为信用权的民事主体包含了自然人、法人和非法人主体，均具有信用，并且是一种人格权上的权利。但是，通常意义上，人格权所指的是与自然人相联系的身份人格和精神利益，法人和非法人主体本来就不具备人格权。征信中所指的立法目的对征信机构的约束和对信息主体或者个人权利的保护已经基本限定在对个人主体上，法人主体在征信权利的法律保护和法律调整上所适用的是公司和商业的法律，这两者存在明显的差异。

第三，从权利的客体上看，信用权支持者的观点认为信用权所指的信用利益，民法上的信用利益具有与财产的紧密联系性，比如，担保权、抵押权、质押担保权，所产生的是以不动产和动产的价值为基础而形成的财产权利益。人的担保也是自然人的信用价值的体现。这样的一种论述正好说明信用权的客体指向了物权的内容，此刻所指的信用利益也是建立在依赖于人格权之外的物权的经济能力或者偿债能力的评价的基础之上。就此逻辑而言，信用权本身就是一种无根之源，只能依赖于人身以外之动产、不动产为存在的，实际上很容易造成人是物的异化的结果。"征信本身不是信用"，[1]征信法律行为的客体指向的是个人的信用数据，这种数据包含的内容指向的是身份信息，还债履约行为的情况、财产状况等，还有在一定时期以内的信用行为的信息。与个人相关联的数据和资料才是征信的客体，而财产和履约情况本身并非征信客体本身。

第四，从民法信用权的本质上看，信用权支持者认为信用体现的是一种精神利益，或者兼具财产性的利益，并通常认为如同肖像权一样。肖像不仅是一种民事主体的精神利益，也可以带来财产利益，财产利益并不能影响肖像的人格属性。信用权支持者认为民法上的信用的精神利益本质也正好证明民法意义上的信用的道德性，是基于民事主体的一种内在的信誉的评价，比如，侮辱和诽谤是对名誉权的一种侵害，那么个人产生了精神上的痛苦，并可以提出精神损害赔偿。这是一种精神类型权利的定位及其救济权的方式，精神属性的本质界定与征信对权属的侵害是截然不同的，征信对权属的侵害体现在诸如未经同意而采集个人数据，故意造成的个人数据错误，或者非法进行征信活动造成的个人隐私数据的暴露或者信贷利益的损害。所以，两者的权利属性的本质存在明显的差异。

第五，从权利范围与关系上看，信用权观点认为，民事主体的经济能力是通过征信进行量化所产生的，并指出这是一种客观和权威的评价方式和手段，由此，论证民事主体由于这种征信评价具有的经济能力和信赖因素，才能有效地从事经济活动。通过这样的论述来证明信用权与征信的关系，并说明这是一种信用权的利用权，信用权人可以通过自己的信用，取得相应的经济利益，是权利人对信用利益的使用与支配的权利。在此论述中可以看到，信用权与征信权利的关系是，信用权是主权利，征信是实现信用利益的一种从

---

〔1〕　王晓明：《征信体系构建——制度选择与发展路径》，中国金融出版社 2015 年版，第 6 页。

属权利，即征信是信用权实现的一种利用权。[1]但是征信实际上并非信用利益的实现方式，在没有征信之前，民事主体的履约、借贷、赊销商品等行为都在开展着。如本书前文所指，在银行业发展之后，征信具有了金融属性，这种对金融信用的评价才使得征信获得了真正的功能、价值和市场。所以，不能在没有直接因果关系的两种法律制度安排上进行强行的联系，说信用利用权就是可以利用民事主体的信用获得授信机会的权利，并简单地认为征信就是对民事主体信用权的一种丈量和利用，从而将征信中的信息主体的知情权、异议权、处分权等纳入信用权的信用权益保护上来，导致了一种权利理论范围上的混淆。

第六，从价值取向上看，征信所倡导的最少原则、目的原则、合法原则和限制原则等内容，体现了法律对征信的约束重点在于保护信息主体的数据隐私和数据自决的权利，并尽力减少第三方主体或者公权力对个人私密信息的侵扰，这是法律对征信正义和公平规则的最高要求。然而，民法上的信用权强调对个人资源包括资产、知识、技能、诚信记录等进行信用利益评价，范围十分广泛。民法依靠诚实信用原则的内在约束，加之意思自治的契约精神对契约的履行，已经说明民法追求的是民事主体的内心自我约束。在信用权所指向的私权的交易行为中，对手对民事主体的信用评价的信息资源方面显然是越丰富、越全面越好，而个人为了达成交易，也是尽量地提供个人资源包括资产、知识、技能、诚信记录等。在这个资料范围上，实际与法律对征信的立法价值追求相去甚远。正是这种论述所言："信用具有公开性，而隐私权本身具有私密性。但是二者也有相通之处，其相通之处在于：信用权是因对有关当事人的信用信息的社会评价而产生的，而个人信用信息，在本质上应当属于个人隐私的范畴。个人的财产状况、信用交易记录等，都属于私人信息，属于隐私权的保护范畴"。[2]从而，在论证的逻辑上本身就把信用权与隐私权加以对立，一方面强调其公开性与隐蔽性的差异，一方面又强调信用权需要隐私权所保护的数据来支撑。因为信用权借助信息越多越好，而隐私权则与其相反。这显然在论证的逻辑上是自相矛盾的。

---

[1] 胡大武：《侵害信用权民事责任研究——以征信实践为中心》，法律出版社 2008 年版，第 61-67 页。

[2] 王东明："论信用权"，西南政法大学 2014 年硕士学位论文。

第七，从立法例的引用论证上看，民法上的信用权的立法论述，通常会引用《德国民法典》第824条之规定，认为该条文就是对信用权的一种规定，其重要依据就是对侵害他人信用权益的行为应当赔偿损失。但是我国民法学者认为该法并未将信用权直接规定为一项独立的权利，而且，该条文所指的信用权益事实上并非信用权的信用权益本身。就第824条的规范功能而言，实际上是以保护纯粹财产利益为宗旨的，并非指信用权方面的以保护私人名誉或其他精神利益为宗旨。对该法文的理解，应当放在历史的视角去看待。当时德国随着经济、社会的发展变迁，损害交易的声誉或评论构成了侵犯财产利益的一个重要类型，该条文则恰好弥补和扩大了此类型的财产保护。其针对的是通过声誉或传播非真实的事实而损害他人财产的这一特定行为类型，至少从第824条规定来看，其所保障的绝不是一项独立的人格权，而是一般性的且难以类型化为权利的财产利益，该条文绝不应该作为我国应设立"信用权"的比较法上的依据。[1]

征信业的法律规制具有多层次化，更能为征信领域中的信息主体权益上双保险。而引用英国、美国的信用权立法例，本身也是出现张冠李戴的情况。我国民法学者都承认英美法系国家没有制定诸如大陆法系的民法典等制定法，但却以此正式提出了信用权的法律概念。这些论述经常认为，例如美国《公平信用报告法》《平等信用机会法》等法律，是关于个人信用信息的保护，属于信用方面的法律，从而认为这些法律对于个人信用信息的保护直接体现了英美法系国家对信用权的保护。但是实际上，这样的论述背离了美国《公平信用报告法》《平等信用机会法》的立法目的，与这些征信法律规制的价值追求相去甚远。实际上，这些法律并未提出民法意义上的信用权的概念，因为这些法律规范的目的是基于美国对个人数据的隐私权保护，而非信用权的范畴。[2]

---

〔1〕　周云涛："存疑信用权——《德国民法典》第824条分析"，载《政法论丛》2008年第2期。

〔2〕　李清池、郭雳：《信用征信法律框架研究》，经济日报出版社2008年版，第146—147页。美国《公平信用报告法》第602节所列明的立法目的是：金融业系统建立在公平及准确的信用报告基础之上。不准确的信用报告会直接影响金融系统的效率。不公平的信用报告方法会削弱公众的信心，影响金融业持续发展的基础。必须确保消费者报告机构在履行其职责时是公正无私的，并尊重消费者的隐私权。本法的目的是要求消费者报告机构在满足对消费者信贷、雇用、保险及其他信息的商业需求时，以对消费者公平、公正的方式，采用合理的程序来处理与本法有关的消费者信息的保密性、准确性、相关性和恰当利用。

综合以上分析，本书认为，不难看到信用权的理论构建的理论基础和逻辑体系方面的存疑。所以，简单地将征信的权属纳入民法上的信用权进行调整是不合时宜的。征信法律对信息主体中的个人信息的权益保护应当回归到隐私权保护的路径上来。在法律体系的调整上，本书认为征信业纳入经济法调整的范畴会更加适合。如前所述，征信法律由于兼顾了个人信息权利保护与信息共享、信息自由的两重价值取向，内生的法律关系就具有多层法律价值冲突。征信法具有公私法属性，综合了民法的隐私权保护基础和征信监管的国家干预，与经济法约束国家干预，维护个体权利，追求社会福祉最大化的价值目标不谋而合。

第四节　征信对象信息利益保护的界定

当我们思考网络空间的数据流向时，研究的客体数据往往不像传统的物品，所有权始终是清晰的。不像传统的物品在归属上十分明确，也不像传统物品轻易得到定价并在交易之后可以明确追溯，征信所涉及的个人数据的权属如何界定，这是我们面临的需要解决的首要问题。从现有的法律文献资料看，个人数据的权属方面存在着不同的法律观点。

一、信息财产权归属的概述

（一）个人信息财产权保护的观点总结

一种观点认为，数据中的个人信息产权应具有财产权属性，支持者有美国学者米勒：也许保护隐私最容易的途径是将对个人信息的控制作为信息主体拥有的财产权，能享有宪法和法律对财产所给予的全部保护。[1]持有类似观点的还有美国学者索尔，其认为个人数据应当财产化，确认个人对个人数据拥有所有权，通过所有权来保护个人数据。[2]美国学者阿兰·威斯汀在其《隐私与自由》一书中指出："被视为涉及个人私人人格的决定权的个人信息，

---

〔1〕　Miller R., "Personal Privacy in the Computer Age: The Challenge of New Technology in an Information-Oriented Society", *Mich. L. Rev*, 1969, (167): 1089, 1107-1108.

〔2〕　Scott Shorr, "Personal Information Contracts: How to Protect Privacy without Violating the First Amendment", *Cornell Law Review*, 1995, (80): 1777-1812.

应当被定义为一种财产权。"[1]莫非认为个人信息"与所有的信息一样，都属于财产"，并且"信息的财产权分配是合同应当解决的问题，要么通过明示合同，要么通过未包含明确条款的默示合同回答个人信息具有所有权的问题"。[2]美国学者杰瑞·康主张将个人信息视为一种财产，致力于通过构建一种市场化财产权模型，默示规则的财产权规则可以增加消费者对自身信息的掌控能力。[3]理查德·波斯纳则认为信息的流通越多越好，通过法律创设的隐私权保护必然影响流通，造成企业约束，进而增加交易成本，容易诱发大量欺诈行为。将其产权赋予个人，更能受到保护和提高交易效率，促进社会化财富最大化。"在被数据控制者经营的个人信息被视为商品进行交易上，应当用财产权利加以保护，将数据归属数据主体并通过各种方式的监管，加强保护，避免自由市场的隐私权保护模式。"[4]

国内也有学者支持这种观点，齐爱民认为，"信息财产权是权利人直接支配特定的信息财产并排除他人干涉的权利，信息财产权是信息社会诞生的一种新类型的财产权形态"。[5]汤擎则认为，"信息就是财富，个人对个人数据是对物的某一种权利，个人对其享有所有权，他人只有受限制的使用权"。该观点认为个人对个人数据拥有所有权和隐私权两种权利。[6]洪海林认为，"市场经济的发展使得个人信息具有事实上的经济价值，个人信息财产化形成了有别于传统人格权和所有权的独立的权利类型，有别于个人信息所有权，这是一个个人信息市场完善的过程"。[7]刘德良在《个人信息的财产权保护》一文中剖析了"个人信息财产权保护反对者理论及其缺陷，并指出了赋予个

---

〔1〕　Alan F. Westin A. , *Privacy and Freedom*, New York：Athenum, 1967：324.

〔2〕　Richard Murphy R. , "Property Rights in Personal Information：An Economic Defense of Privacy", *Geo. L. J*, 1996, (84)：2381, 2383-2384.

〔3〕　Arthur Jerry Kang, "Information Privacy in Cyberspace Transactions", *Stan. L. Rev*, 1998, (50)：1193, 1246-1273.

〔4〕　Jacob M. Victor, "The Eu General Data Protection Regulation：Toward A Property Regime for Protecting Data Privacy". 123 *Yale Law Journal* (2013) 513：pp. 518-519.

〔5〕　齐爱民：《捍卫信息社会中的财产——信息财产法原理》，北京大学出版社2009年版，第98页。

〔6〕　汤擎："试论个人数据与相关的法律关系"，载《华东政法学院学报》2000年第5期。

〔7〕　洪海林："个人信息财产化及其法律规制研究"，载《四川大学学报》（哲学社会科学版）2006年第5期。

人信息财产权的必要性和合理性，归根结底，个人信息财产权是个人基于其意志和自由应当享有的财产权"。[1]

（二）个人信息财产权保护的理由

从个人信息财产权化的观点分析来看，主要有以下支持论断：一是个人信息是一种稀缺资源，蕴含商业价值，是具有有用性、可控性的无形资产，可以像其他财产权客体一样流通交易，也能为权利主体带来财产价值。二是法律体系承认商业秘密和知识产权具有财产权属性，在内在逻辑的统一上应当同等赋予个人信息的财产权属性。三是赋予个人信息财产权，是一种最优化的资源配置方式，产权界定是解决信息负外部性内部化的主要手段之一，符合科斯定理。当一种稀缺资源没有产权归属或者产权界定不清晰时，财产权的分配将不是按照产权规则分配而是由强势能力一方抢占。个人信息也一样，法律没有对其进行产权界定时，将由强势一方攫取。[2]四是财产权方式有利于损害赔偿的诉求，加重侵害人的法律责任，维护权利人对个人信息的保护。五是实践中个人信息同意使用的本质是财产权交易，通过出售个人信息换取商家的服务。[3]在市场交易有成本的情况下，合法权利的初始界定会对经济制度的运行效率产生影响。市场交易的前提是明晰权属界定，以减少不确定性和风险。仅在自然状态，对产权的阐释会降低交易成本。产权决定谁从贸易中获利更多，这意味着福利的分配。对信息的财产权定义得越好，交易成本就越低。谁拥有对信息的财产权，谁就有能力转移交易中的盈余。[4]

从个人数据的基本要素入手，认定数据的基础所包含的个人信息应当视为个人财产，并将数据资产视为新出现的财产权，滋生出数据财产权的概念。也有观点认为数据权属应当属于财产权，并实行二元归属，例如，国内的陈筱贞教授认为，原始数据归属数据原始人所有，收集、加工之后的数据属于数据加工者所有，根据合同参与方共同参与的数据平台，还会出现一种共享

---

〔1〕 刘德良："个人信息的财产权保护"，载《法学研究》2007 年第 3 期。

〔2〕 刘德良：《论个人信息的财产权保护》，人民法院出版社 2008 年版，第 105 页。

〔3〕 谢琳、李旭婷："个人信息财产权之证成"，载《电子知识产权》2018 年第 6 期。

〔4〕 ［德］尼古拉·杰因茨：《金融隐私——征信制度国际比较》，万存知译，中国金融出版社 2009 年版，第 11 页。

所有权的状态，"用户使用网络服务，这种使用行为是以用户与网络平台缔结服务合同关系为基础，网络购物、移动支付、邮件使用、点击流量、智慧医疗、网络教育、互联网保险等用户与网络服务平台交互作用产生的数据，都是合同履行行为的记录，合同参与方有时是双方，有时是多方，这类行为信息数据应属于合同参与方共同所有"。所以构成了一种二元归属状态的财产权。

二、反对信息财产权的观点概述

对个人信息采取财产权法律模式提出反对者则认为，个人信息所有者不应拥有任何财产权，持此观点的学者，索罗伍（Solove）也明确指出：信息隐私自身存在问题也正是信息市场机制必须面对的难题，市场机制若想成功运作，必须满足一个前提，即个人同公私机构在个人信息利用上能够平起平坐。[1]利特曼（Litman）认为，将个人信息的财产权向信息使用者转移，并最终削弱或剥夺个人对其信息的控制。[2]萨缪尔森（Samuelson）认为，尽管个人信息财产化理论存在很多优势，但它并不能解决个人信息市场化和商业化背景下的信息隐私保护问题。[3]对个人信息财产权的检讨源自三个方面：人格权理论的批判，财产权无法解决个人信息"客体化"后的人格尊严问题；财产权本身的反思，个人信息不同于传统财产权中的"财产"；实践理性的诘责，财产权理论在实践操作中困难重重。[4]反对者的观点主要包括：

来自人格权理论的批评：一是个人信息的财产定价，等于隐私权处于可供选择或者购买的状态，财产定价模式由于身份的不平等最终会导致人格的不平等。个人信息蕴含了人格尊严、自由利益和经济利益，核心价值是人格尊严和个人隐私保护，经济价值并不是唯一价值追求。二是对个人信息的数据化处理会带来对个人人格的背离，将人格数字化之后会限制个人信息市场真实性并形成个人人格的标签化。三是个人信息能创造经济价值的论证存在

---

〔1〕　Daniel J. Solove, "Privacy and Power: Computer Database and Metaphors for Information Privacy", *Stan. L. Rev*, 2001（53）：1393, 1454–1455.

〔2〕　Jessica Litman, "Information Privacy/Information Property", *Stan. L. Rev*, 2000（52）：1283, 1299–1356.

〔3〕　Pamela Samuelson. "Privacy as Intellectual Property?", *Stan. L. Rev*, 2000（52）：1125–1171.

〔4〕　李延舜："个人信息财产权理论及其检讨"，载《学习与探索》2017年第10期。

逻辑缺陷，个人信息不等同于人格权具体客体，交易将导致人格客体化定价差异，违背了人格权保护等质等量的原则，有经济价值不一定要赋予其财产权属性。

来自财产权归属本身的缺陷：第一，从劳动价值论的角度看，信息主体并未付出劳动，个人信息是个人某些真实信息的直观反映，不是劳动产品，也无法对个人信息进行价值评估。并认为"个人信息所有权客体说"不成立，因为这样混淆了人格利益和财产利益。个人信息也不具有商品本质属性，法律创设上也无法克服个人信息市场的缺陷。第二，从所有权的角度看，个人不应该享有个人数据的所有权。所有权是一种对世的绝对权，包括占有、使用、收益和处分的各种权能。但个人并不能完全垄断或主宰个人数据的使用，相反还受到很多限制。个人信息具有共享性，其价值也并非由个人独创。第三，即使赋予个人对其信息的绝对权，也无法克服个人信息市场的缺陷。从市场效用和产品交易角度，个人无法准确估量个人信息的价值。个人信息具有社会性，物权制度和市场模式无法解决当前信息市场的问题。第四，从可支配和可交易的角度看，个人数据交易不能形成正常的交易市场。第五，将个人信息的所有权赋予信息主体并不能有效地保障信息主体的权利。

来自实践的困境：一是交易双方不对等，面临着定价难的自我决策困境。二是由于有限理性导致个人对格式条款化的被动交易，以及对未来隐私利益损害的无法预估。三是个人信息财产权很难由"自由选择"进行交易，导致要么远离交易，要么进行交易放弃隐私权。四是网民的分散性在面对"隐私蚕食"存在集体维权事件中的搭便车困境。五是大量的"例外规定"使得个人信息财产权名存实亡，在信息社会，无论政府管理、科学研究还是特殊行业发展，都无法避免对个人信息的采集和使用，这些类型众多的"例外规定"使得个人信息财产权名存实亡。[1]

三、观点的反思

统观以上的观点，无论是主张个人数据实行财产权保护，采取隐私权保护抑或知识产权等其他保护方式，都是体现了对个人信息保护的一种法律权

---

[1] 李延舜："个人信息财产权理论及其检讨"，载《学习与探索》2017 年第 10 期。

利体系的归属和法律保护方法的选择。在法律实践上，目前大陆法系的人格权保护和英美法系的隐私权保护在法理上基本是一脉相承的，并作为一种主流法律实践存在，其观点也较为大众所接受。但是目前关于个人信息保护的法学理论研究中，呈现出的这些新的思想，是基于现实生活中信息化社会高速发展引发的广泛的思考，也具有时代的价值和对现有法学固有权利体系的思考。有必要厘清这些观点的脉络，进一步探索这些权利体系归类的抉择。

（一）从思想根源来看，应当围绕核心价值追求确定权利属性

1. 个人信息财产权保护的功利主义基础

西方现代法律制度的背后，体现的是最为核心的两大流派的不同价值追求，一个是自然法学派所追求的平等自由，一个是功利主义所倡导的功利实用。自然法学派强调现代社会的人的平等自由，通过自由创造市民社会。功利主义则强调每个人的本性为趋利避害，人以其内在最大化利益为追求创造社会幸福最大化。

深究法律观点的背后，总能看见两大流派的精神实质。将个人信息纳入财产权保护范畴的观点实际上根植于功利主义理论。边沁作为西方功利主义的创始人，所开创的功利主义思想主要在于利弊计算，通过个人的利益最大化计算，个人的权利通过功利的个人行为模式得以充分展现。"人们联合成为国家和置身于政府之下的重大的和主要的目的，是保护他们的财产。"[1]在最低限度的政治干预之下，在最少约束的环境下，将权利赋予个人，由个人去计算利弊，实现自己利益最大化，从而有利于社会幸福最大化，这与美国的实用主义精神不谋而合。个人管理效率最高，在波斯纳的经济学分析中，犯罪是成本与收益的计算，边沁的标签则是苦和乐的计算，两者之间蕴含了"功利、效用和财富的最大化"。边沁反对自然法，认为自然法只能得到自然的、虚构的权利。人类本性中既有"个人性"又有"社会性"，人们既要"分工"也要"合作"。[2]个人信息论者狄骥就认为自然法学的天赋人权学说只强调了个人的权利，而没有考虑社会的合作。在人权和个人人格权利等方面，创设权利本身如果脱离了社会性和合作性，权利基本也是虚构的，个人

---

〔1〕 ［英］洛克：《政府论》（下篇），叶启芳、瞿菊农译，商务印书馆 1964 年版，第 77 页。

〔2〕 ［法］莱翁·狄骥：《宪法论》（第一卷），钱克新译，商务印书馆 1959 年版，第 64 页。

信息在人格权的权利创设中，没有考虑现实个人的理性参与执行，只是停留在法律规范的艰难保护之中。

从波斯纳的一个关于野生动物保护案例的财产权制度分析来看，野生动物产权没有归属，由于存在经济价值而受到捕杀，解决这一问题有两种方式：一种是国家管制替代财产权，通过执法矫正捕杀行为；一种是建立财产权制度，由私人买下栖息地驯养野生动物进行最佳管理。[1]在功利主义法学视角中，赋予个人信息财产权便是一种最优化的选择，通过个人财产权的赋予，实现了产权的界定，在产权清晰的情况下，借由人的利益计算，实现个人对个人信息的最优化管理，也减少了政府的干预，最终实现了个人利益最大化和社会幸福的最大化。要实现社会财富的最大化，就需要将权利实现的外在成本内在化，将被告对原告造成的损害变成被告行为的"内在"成本，仅此，才能最大限度增加经济效益。其法律精髓就在于外部化的法律保护实际上效用往往是较低的，一方面在于权利主体脱离于制度之外，缺乏有效的参与机制和行动意识；另一方面在于依靠管制规约会造成成本增加和监督缺位，所以往往无法高效地保护有关权利。而且，这种权利需要内化在法律制度中，财产权制度由于建立起了产权规则，个人信息财产权属清晰的情况下，个人信息保护内化在违法者的违法行为的利害计算之中，所以有利于个人通过个人的行为模式去实现对个人信息的管理，实现财富最大化，也有利于建立制度成本。权利的保护通过"内化"为个人的利益考量之后，可以最高效率地得到执行和保护。

1972年卡拉布雷西在其发表的《权利规则、责任规则和不可转让性：一个权威的视角》一文中指出，"权利是可以用来买卖的，因此除了决定权利归属之外，法院还要对随后的权利进行保护，从而形成胜诉方与败诉方特殊的法律关系"。[2]在权利可以买卖的情况下，界定的权利设置需要考虑三个因素，第一个是经济效益，第二个是财富分配，最后才是某些正义的考量。波斯纳就认为在隐私权中，对隐私权的法律规范调整与隐私权保护本身就是相抵触的，因为隐私权规范的实施需要人们去评价侵犯隐私权的行为偏离隐私

---

〔1〕 ［美］理查德·A. 波斯纳：《法律的经济分析》（上），蒋兆康译，中国大百科全书1997年版，第44—45页。

〔2〕 徐爱国：《法学的圣殿——西方法律思想与法学流派》，中国法制出版社2016年版，第488页。

权保护行为的界限，法律在隐私权保护的规范中越是作出积极的限定，越是通过规范来破坏现实个人对隐私权保护的社会自然状态。

2. 反对个人信息财产权保护的自然法学基础

自然法学理论的典型代表人物康德认为，权利科学研究的是有关自然权利原则的哲学上的并且是有系统的知识。[1]自然权利是与生俱来的，是一种"天赋权利"，而其他权利是一种获得权利，是基于社会文明状态产生的"文明权利"。自然权利和文明权利基于权利的内在规律而存在，在个人身份与人格尊严的诸多权利之中，个人信息往往被视为基本人权保护的范畴。密尔在《论自由》中强调，某些自由，包括私人领域，是必需的，借此人们才能发展成为有创造力的人，有创造力的人通过对自身生命规划的选择而为社会问题寻求新的解答方案，从而为普遍福祉作出贡献。信息和空间隐私对个体生活和社会福祉都是根本性的，是人们自我意识的、批判性的、创造性的、富有成效的个性产生和发展的基础，事关社会进步。故此，国家的重要任务需要保障隐私。[2]个人信息纳入隐私权范畴并发展出了个人信息自决权理论，就充分说明了个人信息是一种与个人生命发展、自我规划、自由生命空间相关的隐私权利，以此明晰通过权利保护对国家公权的抵御的法律价值内核，强调了国家保护的一种法定任务的意义。

在权利是否可以转让的问题上，显然自然法学派与功利主义存在截然相反的理念。黑格尔说过，物是与自然精神相对立的，物是与自由意志相对立的、不自由的、无人格及无权利的东西。自由意志通过占有而成为现实意志，人人平等是指人格平等，是说人格在占有的源泉上是平等的，并不意味着实际财产数量上的平等。不同于物，人格、普遍的意志自由、伦理和宗教则是不可转让的。[3]物是非人格的东西，物可以交易转让，但是人格和精神的层面，是一种自由意志，不可以进行交易和转让。个人信息的保护在人格权范畴下，如果具有财产性，就可以进行交易，那么，进行交易的自由意志将使人的平等的源泉变为干涸。马里旦认为自然权利是不可让与的，因为他们以

---

〔1〕 ［德］康德：《法的形而上学原理——权利的科学》，沈书平译，商务印书馆1991年版，第38页。

〔2〕 甘绍平："信息自决权的两个维度"，载《哲学研究》2019年第3期。

〔3〕 ［德］黑格尔：《法哲学原理》，范杨等译，商务印书馆1982年版，第40-77页。

人的本性为依据，人的本性是任何人都不能丧失的。[1]如果以人为本性的东西都可以转让，那么就将导致人性的丧失。在隐私权范畴里，个人信息属于个人人性的成分，所以赋予其财产性，可以进行交易的时候，个人信息便丧失了人的主体意义，人也异化为物的客体进行了交易，这是人权学者或隐私权学者所无法接受的。

权利的来源在自然法学派中可以发现，法律精神高于法律的具体规范，并强调法律是道德的最高准则。在构建我们的法律原则以使其反映我们的道德原则的过程中，我们创造了权利，权利即是来源于政治道德原则的法律原则。[2]实际上这里的法律原则就是法律一般规则之上的价值判断。"人终于成为自己的社会结合的人，从而也就成为自然界的主人，成为自己本身的主人——自由的人。"[3]"人格权利区别于经常被作为技术手段而赋予动物、神像、船只或其他法律活动之对象的权利，并比这些权利更值得尊重，同时也更像是目的。人格不是法律的创造物，而是法律的真正目的。"[4]

综上所述，个人信息的财产权与隐私权的争议，实际反映了西方两大法学流派的精神导向和价值追求的不同。在西方具体的理念构建上，两种思潮此起彼伏，不分伯仲，实际影响了整个法学界。其出发点均是对法律解决社会问题的不同路径的解释体系，选择功利主义，通过设定个人信息的财产权，个人的力量进行保护，通过个人计算实现最大化利益。而选择自然主义，通过人权尊严的保护，天生对公权力的防御保障了私权的平等自由，通过个人的个性和创造性实现个人权利最大化。所以，在社会实践中，价值追求和价值平衡成为最为核心的东西，法律作为文明社会的产物，最终是社会性和实践性的，同时，精神与物质的结合还取决于政治原则、民族性、历史路径和社会结构、经济模式的社会现实。

---

〔1〕 〔法〕马里旦：《人和国家》，霍宗彦译，商务印书馆1964年版，第90-111页。

〔2〕 〔美〕罗纳德·德沃金：《认真对待权利》，信春鹰、吴玉章译，中国大百科全书出版社1998年版，第21页。

〔3〕 〔德〕马克思、恩格斯：《马克思恩格斯选集》（第3卷），人民出版社1995年版，第760页。

〔4〕 〔英〕约翰·菲尼斯：《自然法理论》，吴彦编译，商务印书馆2016年版，第110-112页。

（二）从实践来看，两者存在一定的缺陷和实践困难

1. 个人信息的隐私权保护的法律实践短板

无论关于个人信息的隐私权保护还是财产权保护的思路，皆有一定的短板。有观点认为隐私至今是一个开放性的范畴，概念本身的边界不清晰，隐私更加倾向于静态防御和私人空间的保护。以隐私保护个人信息范围太窄，个人信息由于涉及的内容相当广泛，不仅与个人的隐私相关，一部分与人格相关，还有部分与社会化行为有关，所以仅仅以隐私权加以界定，范围略显狭窄。部分国家将个人信息限定在人格权，人格权中本来没有关于个人信息的内容，加之人格权基本属于人权的范畴，十分强调其主体和内容的精神性和不可转性，诸如肖像、声音和姓名等的财产性也限定在人格权的具体客体方面，个人信息和肖像、声音及姓名概念上并不能等同。有关个人信息自决的理论也被人诟病，个人信息自决权作为宣示性提法，表明个人在信息时代仍然享有思想和行动自由。但并非理解为个人对个人数据拥有绝对的权利，也并非赋予了个人数据的绝对控制权或财产权。[1]

有学者就认为，目前流行的滥觞于德国的个人信息自决权理论主张个人对其一切具有识别性的个人信息享有权利，在理论上也并没有对个人信息中的重要和非重要的类型进行分类，强调其收集、处理和利用享有决定权和控制权。从该学者对这一理论的溯源可以发现，个人信息自决权在德国民法体系上是一种新的权利描述。根据德国联邦宪法法院"小普查案"和"人口普查案"的司法判决，学者将其归纳抽象为个人信息自决权。但是个人信息自决权宣誓的自由意志所要保护的客体往往为外界无法识别，这种把人格权"去客体化"，将个人信息作为客体排他性地归属于信息主体的做法，很难为外界划定清晰的私法保护的范围，在操作上很难实现侵权法保护的民事权利，个人信息自决权在实践中往往会导致个人信息无法流动。[2]但是，本书认为该观点错误地混淆了权利的属性与权利的保护限制两个概念。无论是在隐私权模式的美国还是在人格权模式的欧盟，对个人信息的态度都是防止滥用，

---

〔1〕　郭瑜：《个人数据保护法研究》，北京大学出版社 2012 年版，第 90 页。

〔2〕　杨芳：《隐私权保护与个人信息保护法——对个人信息保护立法潮流的反思》，法律出版社 2016 年版，第 1-70 页。

而不是静态保护。[1]所以，无论是关于隐私性人格权还是个人信息自决权保护，旨在强调对政府的入侵的防御，防止政府对个人信息的私权的侵害，实现政府对个人数据的尊重，但是最终对个人数据的保护，对个人数据的采集、处理和使用，要由专门的法律规则加以规制。[2]

2. 个人信息的财产权保护的法律实践困境

对于财产权保护，在反对者声音中最为明显的是将人格尊严的保护精神和内容加以客体化和财产化，往往造成违背了对人格尊严的立法保护的精神实质，违背了人格权利保护法律原则，所以很难得到认可。个人信息财产权的交易模式存在一定的缺陷。实际中，个人数据的定价本身就是一件难事，也容易导致交易的价格结果最终影响到个人的身份的不平等。对个人数据实施财产权保护的障碍在于物权制度和市场模式无法解决当前信息市场的问题。一是从劳动价值论来看，个人数据呈现的信息不是劳动产品，个人信息仅仅是个人真实信息的反映，不具有价值评估基础；二是个人数据所体现的信息也不具有所有权的绝对对世权，个人信息具有共享性，个人无法完全垄断或主宰个人数据的使用；三是在个人信息所有权向信息使用者转移的情况下，个人信息的保护脱离了原始所有权人的控制。所以，反对者认为个人信息财产权化理论无法从根本上解决当今个人信息市场化和商业化背景下的信息隐私权保护问题。个人数据属于人格权范畴，不可以交易，不能也不应该衡量其使用价值和交换价值，一旦将个人数据进行交易则直接侵犯了信息主体的隐私权。[3]

3. 数据权作为新型权利的提出

关于数据权与子概念个人数据权的提出，在法学界引发了广泛的争议。数据权无论在归属上还是在法律本质上，均存在不同的理论争议观点。通常，一个新理论的构建，需要理性和形而上学的过程，排除有关道德理论中的正义理论，是从理性中引申出来的一个体系。法的形而上学实际上就是从理性而不是从经验引申出来的理论体系。所以，我们需要获得的是近乎体系的东

---

［1］ 李延舜："个人信息财产权理论及其检讨"，载《学习与探索》2017 年第 10 期。

［2］ Paul Schwartz, "The Computer in German and American Constitutional Law: Towards an American Right of Informational Self-Determination", *American Journal of Comparative Law*, Vol. 37, 1989.

［3］ 龙卫球："数据新型财产权构建及其体系研究"，载《政法论坛》2017 年第 4 期。

西，而不是体系本身。[1]所以就康德的观点而言，其认为法的形而上学与法理学是存在明显的差别的，法的形而上学更多的是一种哲学方法，而法理学则是实在的权利和经验上的法律知识。然而，就我们在大数据时代征信监管法律理论构建中，我们秉承的是理性与经验相结合的方式。在实际理论的构建中，以法律权利核心来构建新的理论体系，我们主要是通过把我们所称的法律权利赋予主张各种利益的人来保障这些利益的，而利益在法律上的保障体现为法律权利。[2]

我们发现在大数据背景下引发的征信监管实践中，由于获取和使用数据的过程，在企业法人和个人引发的数据为核心，形成了一系列的法律利益时，这些法益与传统征信的关系是什么，传统征信保护的隐私法益是否产生了新的内涵；为了适应利益改变的数据世界和数字化经济发展，传统的征信权利是否无法适应；是否应当通过构建新的法律范畴加以界定；这些利益迫切需要获得法律的保障，而这个过程就是法律理论构建中如何确定权利是什么，对权利加以分类以及如何保障这些权利的实现。我们认为需要两个层面的过程，一个是在实践发生变化之后，法律相应地确认相关利益；一个是司法实践中的法律实施理念的调整。在权利体系的界定之后，我们才能引出下一步的法律问题，就是权利与义务的对应问题。在构建权利的过程中形成权利体系，而对应权利体系所需要的义务体系也相应地找到了存在的源头。法律发现这些利益迫切需要获得保障。法律就把它们加以分类并或多或少地加以承认。它确定在什么样的限度内要竭力保障被选定的一些利益，同时也考虑到其他已被承认的利益以及通过司法或行政过程来有效地保障它们的方法。[3]

综上，本书认为，隐私与财产的争议和平衡需要整合法律价值与法律体系。在法律价值的位阶上，到底是倾向于私权保护还是倾向于从限制公权力的角度出发。在政治结构的传统中，倾向于私权保护的观点往往习惯于财产权保护，依赖契约对资源的配置，强调契约精神的作用。倾向于公权力限制

---

〔1〕　参见［德］康德：《法的形而上学原理》，沈叔平译，商务印书馆1991年版，第3页。

〔2〕　参见［美］罗·庞德：《通过法律的社会控制——法律的任务》，沈宗灵、董世忠译，商务印书馆1984年版，第41页。

〔3〕　参见［美］罗·庞德：《通过法律的社会控制——法律的任务》，沈宗灵、董世忠译，商务印书馆1984年版，第36页。

的一方，通常会选择通过对法律的管制，约束强势一方的权力和行为，搭建起法律行为的边界，防御公权对私权的入侵。信息的隐私权与财产权的保护方式在个人信息的保护范围和边界上需要重新得到界定，需要一种类型划分和层级化的方式加以区别，在个人信息的核心范围内，隐私权与财产权是互为排斥的。朱利·科恩（Julie E. Cohen）也提出，"信息隐私和财产不可分割。尽管有人认为所有权与信息隐私保护无关，但财产的言辞已悄然进入信息隐私的政策保护的辩论中"。[1] 所以，我们认为，个人数据权包含了人格权和财产权的双重属性。

四、对我国信用信息权益保护的类型化界定完善

从以上的分析可以看出，需要理论上从个人数据的定义入手，界定个人数据的范围，在此基础上进行类型化处理，探寻个人信息的法律关系和主客体保护的内在规律，并最终构建起个人数据的法律规则加以调整保护，从而界定个人数据的权属。而不是先将个人信息纳入私权保护的隐私或者财产权领域中，再寻找保护的规则。毕竟个人信息的保护问题也是由于信息社会化发展而产生的一个新问题，而在原有的民事权利体系中，通过类比或者权利划分的归属很难一揽子解决有关问题。"除法律的公平正义观之外，立法者的利益衡量的首要因素应当考虑社会发展所处历史阶段，个人信息保护法应当以'个人敏感隐私信息'概念对个人信息进行类型化区分"。[2]

（一）数据的类型化和层级化保护划分

由于数据的构成具有一定的来源复杂性和多类型。所以，简单地将数据不加以类型化分析，一概而论地视为隐私权或者财产权，如同以上分析，在一定程度上存在理论上的瑕疵。数据权属保护是伴随着数据产业的发展而出现的一个新的经济法概念，对数据的建设、运营及交易有着重要影响，其定义、法律体系也处于不断发展和完善过程。

不同国家的法律和保护路径，都存在较大的差异。例如，在数据权属保

---

[1] Julie E. Cohen, "Examined Lives: Informational Privacy and the Subject as Object". 52 *Stanford Law Review* (2000) 1373: pp. 1378-1379.

[2] 张新宝："从隐私到个人信息：利益再衡量的理论与制度安排"，载《中国法学》2015年第3期。

护上，国际上有立法例并非指向数据，而是针对数据库加以定性，欧盟1996年《数据库保护指令》对此作出了规范：对具有原创性的数据库给予版权保护，对缺乏原创性，但是开发者投入了大量人力物力财力的数据库，提供一种特别保护。"如果由于数据库内容的选择和编排构成作者的智力创造，该数据库本身就应该受到版权保护。"美国却走向另外一条路径，避开对数据库专有财产权的保护，选择了侵权行为上的保护，并采取侵权的"影响"及其"合理收益能力"判断。个人数据属性的引出，已经引起法学界的广泛关注，由于数据作为一种新的资产的存在，在类型和层级上具有复杂性，对传统物权的产权理论提出了新挑战。所以需要重新构建数据产权理论，需要根据个人数据法益保护的"核心价值"和沿着最有效的法律保护路径进行构建。

从法律的视角来看，首先需要将数据进行类型化分类，根据数据的产生来源，数据主要分为自然界数据、个人数据、企业数据、第三方平台数据和政府数据。从法律属性来看，具有财产权性质的数据包含了以下内容：

（1）自然界数据的归属。本身归属公共财产，在产权界定上比较明确，基本的法律产权逻辑是："谁开发谁利用，谁归属谁所有"。

（2）企业数据的归属。一般认为是归属企业所有的财产权。主要有两大类：一类是有关企业商业秘密的数据，另一类是企业的一般数据。

（3）政务公共数据的归属。一种是依法采集的原始数据，归政府所有；一种是政府采集备案的数据，归企业和个人所有。政府数据主要涉及公安、交通、医疗、教育、科技等政府各部门因为行政管理和监管服务形成的数据。

从数据的国家利益关系属性来看，可以划分为三个层级：第一层级是政务核心治理类数据，此类数据涉及国家安全和核心利益，主要包括安全、国防、外交等核心利益的数据，具有国家高度秘密的内容。第二层级是政务实体服务或者监管类数据，此类数据主要涉及经济和社会利益，主要包括医疗、交通、教育等行政管理和监管服务形成的数据。第三层级是政务指导统计类数据，主要涉及社会管理的基础数据，包括工农业、文化、商业、体育、旅游、知识产权数据。

从数据的内容分类来看，可以分为五类：一是具有政府资源收集权力方能采集的数据，如资源类、税收类、财政类等；二是具有政府资源收集权力方能汇总或获取的数据，如建设、农业、工业等；三是因政府发起才产生的数据，如城市基建、交通基建、医院、教育师资等；四是政府的监管职责所拥有的大量数据，如人口普查、食品药品管理等；五是公共服务产生的客户级消费和档案数据，如社保、水电、教育信息、医疗信息、交通路况、公安等。

从数据属性来看，政务数据可以分为自然信息类、城市建设类、城市市场管理统计监察类和服务与民生消费类等。从广义角度讲，政务公共数据是政府及其公共服务机构用履行工作产生、采集以及因管理服务需求而采集的外部数据（如互联网舆论数据），为政府或者公共服务机构自有和面向政府或者公关服务机构的数据。

故此，以上数据由于不涉及个人人格利益的内容，可以赋予财产权保护方式，从而纳入信息财产权保护的法律范畴中。关于信息财产权的保护，目前也有国家通过立法加以规范和保护。

（二）个人数据的类型化和层级化划分保护

排除以上分析的具有财产权内容的数据，相对缩小其范围，最后对个人数据进行类型化和层级化的严格划分。在国内外现有的观点中，对数据的产权归属主要限定在个人信息财产权的讨论上，应当根据个人信息保护的核心利益和法律价值来确定个人信息的保护路径。

根据以上对个人数据权属的分析，本书认为个人信息的核心部分应当采取隐私权保护模式，非核心部分通过类型化和层级化划分赋予财产权保护方式。将个人数据涉及隐私的范围与非隐私的范围加以区分，并在法律层面上进行层级化划分，突破现有的单一的法律保护框架，构建分层级的法律保护机制。"隐私应当包括绝对个人隐私和相对个人隐私。绝对个人隐私是纯个人的例如人身性数据，相对个人隐私是指由于某种关系产生的隐私，例如家庭关系。"〔1〕在此基础上，建立程序法上的个人数据"正当"法律保护程序。我国《个人信息保护法》显然采取了二层划分法，区分为个人信息与敏感个人信息。敏感个人信息主要指生物识别、宗教信仰、特定身份、医疗健康、金融账户、行踪轨迹等，以及不满十四周岁未成年人的个人信息。本书认为，理论上，在主要层级上可以划分为三层：分别是核心隐私的个人数据，具有人格属性的个人数据和具有行为特征的个人数据。

---

〔1〕 孙志伟：《国际信用体系比较》，中国金融出版社2014年版，第38页。

第一层级的个人数据是涉及个人核心隐私的个人数据。这类个人数据主要包含人类灵魂精神的内核的数据，大体有宗教信仰、遗传信息、基因信息，指纹、声纹、虹膜、脸部定位识别等身体信息，血型，性生活信息，医疗记录，通信内容等。此类数据涉及人类生存中个体的人性特征、基本尊严和核心价值，法律必须严格禁止财产化和商品化，数据本身不得被财产化，也不得作为商品进行交易。除基于国家安全和社会安全，以及合法执法机构基于法律规定和需要进行采集之外，该类信息原则上任何个人和单位不得采集和利用，也不得进行交易。这个在国外的立法和我国的诸多立法中都被加以规范，我国《征信业管理条例》第14条明确规定，"禁止征信机构采集个人的宗教信仰、基因、指纹、血型、疾病和病史信息以及法律、行政法规规定禁止采集的其他个人信息"。

第二层级的个人数据是具有人格属性的个人数据。这类个人数据是个人的姓名权、肖像权、名誉权等权利主体产生的客体内容。比如个人的姓名、照片、视频、荣誉、人格信息等与人格尊严相关的信息。该类信息不得实施财产化保护，必须严格按照人格权保护模式进行保护，确保人格尊严的实施，并按照侵权责任和程序建立法律保护框架。

第三层级是具有行为特征的个人数据。这些数据是个人行为产生的客体反映，是具有社会属性的一类个人数据，比如个人的教育经历、生活经历、婚姻信息、居住信息、资产信息、借贷信息、投资信息、消费信息、社交信息、新闻信息等。在数据时代，该类数据信息具有社会属性和商品化交易的基础，可以实施隐私权保护的同时赋予财产权保护模式。

在三个层级之外，还有一类范围交叉数据是第三方平台数据，其应当具有财产权属性。在涉及以上三个层级界定的保护方式之后，可以赋予第三方平台数据的财产权。具有原创性内容的数据归属第三方平台所有。不具有原创性内容的数据归属数据原始所有人与平台共有。在数据公司或者数据平台根据原始数据进行加工，产生了诸如数据库或者运用大数据形成新的数据内容的情况下，其产权需要进行深入分析。在这里，平台的数据归属于数据产权的范畴，数据产权通常是指权利人对海量数据通过智力劳动所创造的成果所享有的财产权利。按照世界上的通说，是指对数据财产权的一种法律规定，通常通过设置信息财产权或者知识产权加以保护。

也有学者提出以两个类型划分个人信息，或者称为个人敏感信息与个人一般信息，或者称为个人特殊信息与个人一般信息，还有称为个人敏感隐私信息与个人一般信息。"应当将个人信息划分为个人敏感隐私信息和一般信息，所谓个人敏感隐私信息是指关涉个人隐私核心领域、具有高度私密性、对其公开或利用将会对个人造成重大影响的个人信息，如有关性生活、基因信息、遗传信息、医疗记录、财务信息等个人信息。"〔1〕本书考虑到个人信息的复杂层级和产生来源，应当做三层划分。

此种立法保护思路也可以在日本关于个人信息保护法的立法中得到启示。该法区分了"个人信息""个人数据"和"个人信息数据库"的概念，"个人数据"就是指构成个人数据库的个人信息，个人信息数据库是信息集合物，强调的是以检索为目的。其中，个人敏感信息概念详细定义了秘密性个人身份信息，包括面部识别、DNA、声纹信息和笔迹、疾病史、种族、宗教、犯罪记录等，并按照个人脱敏信息、个人信息、个人敏感信息的划分依次递增的保护水平的方式开展对个人信息的保护。〔2〕

欧盟《个人数据保护指令》、世界知识产权组织《数据库知识产权条约草案》、加拿大《个人信息保护和电子文档法案》及美国《隐私法案》等均明确规定个人数据由信息主体所有。一些公司也遵循这种法律规定，例如，谷歌强调其平台上的信息为信息提供者所有，信息提供者对其信息拥有相对完整的产权，包括支配权和剩余索取权等，谷歌若要使用用户信息需征得用户同意，并会以各种方式进行对价交易。

从以上分析可以看出，五种模型的确权机制分别是：一种是基于个人的单方行为直接产生的数据，所有权归属于个人。一种是基于双方合作行为产生的个人数据，归属于双方共有。一种是未经个人授权，基于数据平台产生的个人数据，个人的原始数据未经平台加工的归个人所有。一种是平台经过加工未能改变数据信息内容的归属个人和平台共有。一种是平台经过加工处理具有信息数据库的数据归属平台所有，并享有知识产权和财产权属性。

---

〔1〕 张新宝："从隐私到个人信息：利益再衡量的理论与制度安排"，载《中国法学》2015年第3期。

〔2〕 吕梦达："日本个人信息保护法修改案例研究"，载《时代金融》2019年第9期。

第五节　完善对我国征信对象的监管

一、我国信息主体利益保护的法律框架完善

目前国际有代表性的关于征信的立法倾向于对个人信息的权利保护。征信业作为金融信息服务的一个最为核心的环节，牵涉个人隐私权问题。从个人征信和企业征信的立法来看，世界各国的立法实践中多数国家的征信立法主要针对个人数据的保护，涉及企业征信的内容较少。综观各国立法，主要是通过规范征信数据采集的限定范围，确定数据采集和使用的基本原则，明确数据采集的目的，规范数据采集的程序，规定信息主体的权利，控制数据质量，确保数据安全，规范信息使用方式和信息使用者的责任，搭建起完善的征信法律框架。通过立法对征信机构和征信使用者的行为进行规范和约束，同时明确信息主体的合法权利。至此，法律基本上确认了个人信息主体具有充分的隐私权。

以美国为例，美国《公平信用报告法》出台，立足于金融消费者权益保护为本的价值基础。该法案通过信息主体的参与，授予信息主体充分的信用信息权利，进一步对征信机构的行为进行约束和平衡，以消费者权益保护为本位，信息主体享有较为完整的权利清单。[1]

我国的立法也高度重视征信领域个人信息权利的保护。除《征信业管理条例》关于采集个人信息的范围、知情同意、获取征信报告、异议权、更正

---

〔1〕　see Fair Credit Reporting Act, 15 U. S. C. § §1681-1681（u）, as amended. 根据美国《公平信用报告法》，征信消费者的权利具体包括了以下几个方面：（1）获得征信报告的权利。（2）知悉征信报告被查询的权利。（3）对不完整、不准确信息的异议权，信息主体在发现不完整或者不准确的信息后，可以向征信报告机构提出异议。（4）未经同意的关键信息删除权，未经信息主体授权同意的征信报告，信息主体有权请求将姓名和地址从未经请求的信贷机构或者保险机构的预先筛选的清单列表中删除。（5）获得负面信息通知的权利，任何金融机构向征信报告机构提交或计划提交负面信息时，应当书面或者口头通知该信息主体。在账单或违约通知中包含负面信息时，也应当同样履行通知义务。（6）知悉被拒绝原因的权利，信息主体因征信报告而被拒绝获得信贷、保险或就业机会的，可以询问拒绝的具体原因。（7）获得损害赔偿的权利，信息主体有权通过向州或者联邦法院起诉获得法律救济。（8）信息主体认为受到诈骗时的特殊标记提示权利。（9）拒绝分享非公开信息的选择权，对于金融机构将信息主体的全部或者部分非公开个人信息与非联营第三方或者联营机构分享的行为，信息主体享有拒绝权。

权等规定之外，散见于《民法典》《个人信息保护法》《个人信用信息基础数据库管理暂行办法》《征信机构信息安全规范》《刑法》《网络安全法》等法律法规中，也对规范个人信息的采集、处理和使用作出了规范。随着我国《个人信息保护法》的通过和实施，需要进一步完善我国征信法律制度，在个人信息保护立法中构建完整的信息主体的合法权利，并与征信法律制度作出相应的衔接，促使我国对信息主体的权利保护达到相应的保护水平。

（一）完善信息主体的自决权利：同意权

1. 立法完善同意权的具体内容

同意权是征信活动的合法来源之一，也是对个人信息权保护的最为核心的权利之一。一般认为，同意权也被称为知情同意，知情同意是个人信息保护的核心制度之一，从信息主体的权利保护角度出发，取得用户的授权同意是开展个人信息所有活动的正当性基础。我们可以看到，国外很多个人信息保护的立法中都有收集、处理和使用用户个人信息需要事先取得用户同意的要求。实际上，知情同意并非个人信息保护法律制度所特有，获取同意是很多调整民事法律关系的制度之基础。本书的同意权是指信息主体享有的对个人数据的自我控制并当个人数据被采集、处理和使用时的是否授权同意的决定权利。通常，未经信息主体的同意，不得收集、处理和使用个人数据。包含了三种情况：一是征信机构采集、处理和使用个人数据事前应当取得个人的同意；二是网络运营者在收集个人信息之前应当取得信息主体的同意；三是信息使用者在获取信息和使用信息之前，应当取得信息主体的同意。征信活动的业务开展涉及信用记录、信用调查、信用评分和信用评级等各个环节，这些活动对信息主体的征信利益会产生直接的影响。个人信用信息大部分属于个人隐私，但是由于个人信用报告形式的出现，全面记录了个人信用活动，是个人信用信息的基础数据库，其具有隐私性的信用信息的性质。[1]无论是企业信用信息还是个人信用信息，都应当得到合法合理的保密，因此需要赋予信息主体的同意权来保护其信息利益。

国外的立法所授予信息主体的同意权，如西班牙《个人数据保护法》第6条、第7条规定"个人数据的收集只有在当事人同意的情况下才能进行"。

---

[1] 叶谦、常胜主编：《征信理论与实务》，高等教育出版社 2015 年版，第 166 页。

迄今为止，以欧盟《统一数据保护条例》对信息主体的同意权的规定最为详细和严格，第7条规定了信息主体同意的条件，分为四个条款加以规定，包含了同意的四个最基本内容：一是同意指信息主体对个人数据处理之前实施的授权同意；二是数据的控制者（在本书通常是指征信机构、网络运营者、征信信用信息使用者）负有证明已经取得信息主体的同意的义务，即是负有举证责任；三是信息主体享有与同意权一样的撤销权，撤销具有四个特征：撤销权在同意权实施之前告知信息主体，撤销可以随时作出，撤销不溯及既往，撤销和同意一样容易操作；四是同意是基于自由意志作出，尤其在包含服务条款情形下需要评估是否是履行合同所必要的。[1]

2. 立法完善同意权的两种路径选择

在同意权的实现上存在两种思路，分别是明示同意和默示同意两种方式。欧洲采取"Opt-in"（选择进入）制度，这种同意是基于信息主体的明示同意，只有用户同意了，才能收集、处理和使用其个人数据。美国则采用了"Opt-out"（选择退出）制度，如果信息主体没有选择退出，则意味着信息主体同意了隐私政策，如果信息主体明确表示拒绝，就不得收集、处理和使用其个人数据，也称为默示同意。[2]具体采取哪种立法方式，往往与一国立法的选择有关。

在征信立法上，我国《征信业管理条例》采取了明示同意的立法选择，以下情况都需要取得个人的明示同意：采集个人信息的应当经信息主体本人同意，未经本人同意不得采集；对于个人收入、存款、有价证券、商业保险、不动产信息和纳税数额等敏感信息的采集，我国征信立法也明确规定了应当取得书面同意；征信信用信息使用者向征信机构查询个人信息时，也应当取得信息主体的本人的书面同意并约定用途；以格式条款情形取得个人同意的应当作出足够提示和说明。我国2019年发布的《数据安全管理办法（征求意见稿）》第9条对用户同意也作出了明示同意的规定，如果收集使用规则包含在隐私政策中，应相对集中，明显提示，以方便阅读。另仅当用户知悉收集使用规则并明确同意后，网络运营者方可收集个人信息。

以上可以看出，我国对个人信息采集采取了明示同意。鉴于我国现阶段

---

〔1〕　see Regulition（EU）2016/679.

〔2〕　李清池、郭雳：《信用征信法律框架研究》，经济日报出版社2008年版，第67页。

征信机构、信息提供者和信息使用者处于强势地位，在信息提供的环节，个人信息主体往往缺乏足够的保护应对个人信息的提供，也与一段时间以来我国频频发生在个人信息领域的爬虫挖掘，个人信息买卖，个人信息泄露有很大的关系，与对个人信息侵犯的形势相对严峻有较大关系。同时，也和我国大陆法系的传统，采取欧盟大陆法系征信立法的价值取向有关，例如，德国《联邦数据保护法》就规定，个人数据的处理的同意必须"以书面形式"作出。[1]

关于"Opt-in"和"Opt-out"分别对应是拒绝权，征信体系的退出权。在"Opt-in"中，信息主体有权拒绝对个人征信信用信息的采集，是一种主动的行为，信息主体享有拒绝信息处理的权利。数据控制者如能证明信息处理的目的是公共利益或者信息控制人追求的合法目的，且该种合法依据高于个人利益的，个人不享有拒绝权。但是，如果数据用于直接市场营销的，信息主体有权享有拒绝权。[2]欧盟《统一数据保护条例》第21条进一步增加了拒绝权的内容，在前面两种情形外，信息主体可以根据自身的特殊情形随时拒绝数据控制者基于科学、历史研究以及统计目的的数据处理行为。数据控制者还应当通过明显的方式明确地告知信息主体享有拒绝权。[3]欧盟《统一数据保护条例》第22条对自动化处理赋予信息主体享有个人自决权，实际是对拒绝权的一种延伸权利，信息主体不受基于自动化处理行为作出的决定制约，数据控制者有义务保障信息主体表达干预观点和对决定提出质疑的权利。[4]"Opt-out"体现的是选择退出的权利，信息主体在没有明确拒绝的情况下，视为对信息采集处理的同意。"我们被困在艾可菲的庞大的信用网络中，没有追索权也没有退出的能力。"[5]在进入征信系统采集之后，实际很难再选择退出。美国《公平信用报告法》规定信息主体有权要求征信机构和保险公司不得限期寄送广告，或者要求征信机构将自己的名字从用于此用途的

---

〔1〕 ［德］Christopher Kuner：《欧洲数据保护法——公司遵守与管制》，旷野、杨会永等译，法律出版社2008年版，第73页。

〔2〕 see Directive 95/46/EC.

〔3〕 see Regulition（EU）2016/679.

〔4〕 see Regulition（EU）2016/679.

〔5〕 Ron Lieber, *Why the Equifax Breach Stings So Bad.* N. Y. Times（Sept. 22, 2017），https://ny-ti. ms/2jRsnUr.

名单中删除。[1]

在同意权的法律设计上，还应当考虑到对未成年人这类特殊主体的个人数据的处理方面。例如，欧盟《统一数据保护条例》规定，不得收集未成年人个人数据，对已满 16 周岁的儿童的个人数据，与一般的个人数据处理的合法性基础一致。对不满 16 周岁的儿童，需要取得监护权人的同意。

如果征信机构是从公开渠道，比如，新闻媒体等获取信息主体的信用信息，信息主体则不应享有同意权，因为在通过媒体信息公开之后，个人的信息丧失了隐私性，此时若赋予信息主体的同意权，则与信息公开和新闻自由原则相违背。在这种情形下，虽然信息主体的同意权被否定，但仍应保障其享有知情权。澳大利亚《联邦隐私保护法》规定，"信息收集者如果自一般发行的刊物行收集被征信人的相关信息，需要告知被征信人收集该信息的目的，并且明确地将收集者的身份及获得的收集许可告知被征信人。同时，信息收集者应当告知信息本人其收集信息是与收集目的相关联的，并保证该信息不是陈旧过时的信息，其收集信息的行为并不会泄露个人隐私并保证采取相关的保护措施"。

两种模式分别体现立法上对个人信息保护水平与产业发展的不同程度的平衡。"Opt-in"体现了"用户优先"，由于需要取得个人的明确同意才能开展相应的个人数据采集、处理和使用的活动，一方面更加体现了信息主体对个人信息的控制，增加了企业收集个人信息的难度和法律责任，造成了企业成本的加大。而"Opt-out"体现了"产业优先"，体现了产业优先发展的理念，在个人信息保护与信息自由流动的权衡上，放宽了收集个人信息的门槛，减少了企业收集个人信息的难度。

本书认为，我国的具体立法设计应当考虑征信业发展现状和现有对信息主体利益保护的水平和实际状况，立法进一步明确采取明示同意的模式，并对明示同意作出明确内容界定。我国《个人信息保护法》便采取了个人充分知情、自愿和明确的同意，强调知情下的明示同意的方式。现阶段，我国的征信产业处于需要大力发展的阶段，本来适宜采取宽松的授权同意方式，但是，鉴于我国征信领域信息主体权利保护的紧迫现状，采用明示同意的方式，

---

〔1〕 梁青："美国和欧盟征信中对个人信用权的保护制度"，载《东方企业文化》2013 年第 5 期。

反而契合了我国现阶段对个人信息保护的需要，有利于提高我国对个人信息主体的隐私权保护水平。

（二）完善信息主体的知情权利：知情权与获取权

1. 完善我国信息主体的知情权

我国学者认为广义的知情权本是公民知悉获取信息的自由和权利。公民知情权是宪法权利的一种，是公民的一项基本人权。[1] 随着其外延的发展，在消费者权益方面以及个人数据保护中，知情权得到了广泛的应用。在涉及个人信息保护中，信息主体有知悉其个人信息被何种方式处理的权利，出自对个人信息的隐私权保护，信息主体对个人信息拥有信息如何被采集使用的衍生权利，但是知悉的具体内容当前尚无统一的标准，多散见于各国法律的规定。英国《数据保护法》规定，"信息本人有权要求信息控制者告知其个人信息是否由信息控制者处理或以信息控制名义处理，如果处理真实，并可以请求告知下列事项：（1）其作为信息主体的个人资料；（2）为何目的的资料正在或将要被处理；（3）资料正向或将向那些接收者披露。除此之外，在个人信息用于自动化决策时，信息本人可以要求信息控制者告知该决策是以何种方法做出的"。德国《联邦数据保护法》第 19 条第 1 款规定了信息主体享有知悉权的三种情况：关于他本人的已存储的任何个人信息，包括有关信息的来源；信息披露的接收者或者接收者的种类；信息存储的目的。我国《个人信息保护法》第 44 条、第 45 条便明确规定了个人信息处理的知情权、决定权和获取权。

本书认为，知情权是信息主体一项重要的权利，基于大数据信息化时代的典型特征，由于网络空间的虚拟性和互联网数据库的分散性特征，个人数据的采集和各种算法日趋复杂，个人对数据被采集的保护意识淡薄，被采集的过程也无法知悉技术的特征和各种方式。个人信息全面暴露在网络空间之中，但是个人却往往毫不知情。网络空间理论也强调了对个人信息保护的重要性，在隐私权保护日益困难的情形下，更应当强调对信息主体的知情权保护。由于经济法追求的公益法律价值和平衡价值，为了破解大数据征信天平

---

〔1〕 王森亮："中外比较下的我国公民知情权保护进路"，载《湖南警察学院学报》2013 年第 1 期。

不平衡的情形，在针对信息不对称的破解途径上，首要的是解决信息供给的问题，以及追求一种以金融消费者法益为本位的法律价值观。所以，在制度创设上，需要强调金融消费者的知情权，加大大数据征信公司和金融大数据公司的信息公开，要求信息平台公司直接免费向金融消费者披露的制度就体现了这样的法律精神。积极推进建立信息供给制度，完善信息供应链，保证信息完整、准确、有效地在博弈主体之间传递。[1]

　　所以一般认为，我国征信立法应当进一步完善征信活动的几个关键环节，尤其是增加明确和可操作的告知程序。由此，与我国《个人信息保护法》第17条规定相衔接。该条明确规定，其告知应当遵循几个方面：一是应当显著醒目，二是告知语言应当清晰易懂，三是告知的信息应当是真实、准确和完整。在告知内容时至少应当包括四个方面：一是信息处理者的名称或者姓名和联系方式；二是个人信息处理的目的、处理方式，处理的个人信息种类、保存期限；三是个人行使信息收集处理的方式和程序；四是法定的其他告知事项。通过法律完善，赋予信息主体享有一定的知情权，在采集信息主体的信息时，征信机构应当履行告知义务；在数据处理和使用时，应当告知负面信息和数据处理保留的规则；在信息向第三方披露或收集征信信用信息时，应当告知其收集范围。应当赋予信息主体知悉的主要内容包括：一是数据采集的依据、目的、方式和范围；二是数据采集的规则和保存的规则以及制度；三是数据保留的安全措施；四是数据向第三方披露的情况、目的和范围；五是负面信息收集的情况和负面信息可能导致不利后果的情况；六是数据非直接来源于信息主体的，应当告知信息主体个人数据信息的来源；七是被告知享有的权利或者可能的后果。

　　2. 完善我国信息主体的获取权

　　获取权或者称为信息获取权最早可以追溯到1766年瑞典制定的《出版自由法》。获取权最初是规范公众享有的获取政府信息的权利。[2]随着信息时代的发展，获取权的定义至今没有形成统一认识，但是并未影响其立法的实践。由于获取权与知情权的紧密关系，也关涉公民享有的文化教育权利，获取权

---

　　〔1〕　王腾："经济法信息不对称问题的博弈分析及其对策"，载《阜阳师范学院学报》（社会科学版）2019年第6期。

　　〔2〕　赵媛、管博："我国信息获取权研究综述"，载《现代情报》2015年第11期。

作为其他权利实现的基础而存在。获取权具有主体的普遍性，随着权利意识的觉醒，在我国诸多立法中皆有体现，从对公权信息的获取的关切已经逐步发展到弱势主体信息获取权利实现的基础规范上，比如，《政府信息公开条例》《消费者权益保护法》《产品质量法》《证券法》等法律法规保障信息权利主体的信息获取权。[1]

基于个人信息的隐私权保护，信息主体对个人信息具有控制的自由，征信法律的创设上也需要遵循征信信用信息透明的原则，信息主体有权获得本人的征信报告，也有权访问网络运营者正在处理的个人数据的相关信息。我国可以借鉴美国的立法模式，通过制定规范文件进一步完善征信法律，详细规定信息主体获取权的程序和内容。例如，立法上，规定了信息主体的明确和详细的获取权的内容和程序：一是征信机构应当编辑和保管全国范围内的征信报告，并应当明确提供免费的查询电话、联系方法、访问地址等；二是向信息主体披露的形式可以是亲自到场方式、书面形式、电话方式、电子方式或者其他合理方式；三是信息主体每年免费享有 1 次在提出申请的 15 天内获得征信报告的机会；四是信息主体可以获得征信机构所存储的任何档案内容。[2]

（三）完善信息主体的异议权利：异议权、更正权、删除权

1. 完善我国信息主体的异议权

异议权是信息主体有权对个人不准确、不完整或者错误信息提出异议，并提出对相关个人信息进行更正或删除。我国《网络安全法》规定，个人发现网络运营者违反法律、行政法规的规定或者双方的约定收集、使用其个人信息的，有权要求网络运营者删除其个人信息；发现网络运营者收集、存储的其个人信息有错误的，有权要求网络运营者予以更正。网络运营者应当采取措施予以删除或者更正。我国《个人信息保护法》第 46 条、第 47 条便规定了信息主体的更正、补充权利和请求删除权利，明确规定了五种请求删除个人信息的情形。我国澳门特别行政区《个人资料保护法》第 11 条第 1 款规定，在不得拖延的合理期限内及无需支付过高费用的情况下，数据当事人享

---

〔1〕 周淑云："信息获取权主体探析"，载《图书馆》2014 年第 5 期。

〔2〕 see Fair Credit Reporting Act, 15 U. S. C. § § 1681–1681 (u), as amended.

有自由地、不受限制地从负责处理个人数据的实体知悉法定事项的权利，并且对不符合该规定的数据尤其是不准确、不完整的数据有更正、删除和封存的权利。信息本人可以将以上情况通知曾知悉有关资料的第三人，第三人也应同样对数据进行更正、删除、销毁或者封存。美国在《公平信用报告法》中详细规定了信息主体的异议权和异议程序，在提出异议的对象上，信息主体有权向征信机构和信息提供者提出异议，在信息主体提出信息异议时，信息提供人也同样负有义务校正和更正，并将更正的信息通知征信机构。

2. 完善我国信息主体的更正权和删除权

信息主体有权要求征信机构或者信息提供者对其所提供数据中的不准确、不完整、错误或者已经过期内容进行处理的权利。更正权、删除权的处理效力逐级递进，更正权通常针对错误和不完整信息；删除权通常针对错误或者过期或陈旧信息。对于更正权和删除权，目前基于通常的个人信息保护水平，法律赋予了信息主体拥有更正权和删除权。

如果经过处理的征信报告的信用信息没有得到充分的解释，适当的更新和对错误信息的纠正，可能会对信息主体产生严重的后果。[1]由于在信用社会高度发达的国家，信用信息往往会成为一个人的通行证，无论是在涉及金融信贷服务、购买保险的费率上，还是在寻找工作和租住房屋的情况下，都有可能受到信用信息的影响。所以，对于过期的、错误的，或者不符合披露范围的信用信息，征信法律都规定有权要求进行更改或者删除。我国《征信业管理条例》第16条的规定，实际上也是一种信用重建机制，使得信用的评价能够尽可能及时和准确。[2]

信息主体的异议权和信息的更正与删除的权利，是当事人维护其切身利益的一种具体手段。征信法律应当从信息主体隐私权保护的高度确认这种权利的存在，并通过程序的细化实现信息主体的提出异议申请和更正删除的便利性及参与的自愿性。当初美国在制定《公平信用报告法》时，就认为应当赋予信息主体对其信息补充和修改的权利，"信息主体可以通过补充数据来纠

---

〔1〕 Irving J. Sloan, Law of privacy right in a technological society. *Oceana Publication*, 1986, p. 25.

〔2〕 刘瑛："信用修复的法律依据及类型化实施研究"，载《中国信用》2019年第12期。《征信业管理条例》第16条规定，"征信机构对个人不良信息的保存期限，自不良行为或者事件终止之日起为5年，超过5年的，应当予以删除。在不良信息保存期限内，信息主体可以对不良信息作出说明，征信机构应当予以记载"。

正或者以其他方式修改征信机构及其信息提供者的个人信息"。[1]因为在实际操作中,信息遗漏、信息过失或者信息错误是征信中比较容易发生的情况,信息主体作为利益攸关者,本身更加知悉自身信息的真伪。但是详细和可操作的异议权的程序构建非常重要,美国也存在异议程序的弊端。实际操作中,美国的征信机构对信息主体的异议更多地采取橡皮图章的做法,而不是重新调查。[2]

本书认为,有必要为信息主体设计这样的异议权,并通过便利和可操作的程序实施这种修正的权利。法律在实际执行中,也需要加强程序的可操作性,比如,借鉴美国关于信息主体的异议的系统,通过电子系统(e-OSCAR)提出,该系统由美国消费者信用协会掌管。同时对信息主体的异议权规定详细的程序和标准。所以,在征信立法上,建议我国进一步完善信息主体异议权的内容和程序,在异议程序上增加异议调查程序的后续程序,确保异议权得到充分落实。

(四) 建立信息主体的派生权利:被遗忘权与数据可携权

1. 建立我国信息主体的被遗忘权

随着网络空间的技术特征、覆盖面和复杂程度越来越高,大数据信息化社会出现诸多信息主体的隐私空间萎缩和对个人信息保护的困境,欧盟在最新的个人数据保护法规中赋予了信息主体的两项新权利,分别是被遗忘权和数据便携权,虽然目前成为具有争议的权利,但是并不能影响该项立法为世界的法律实践带来的新思考。欧盟追求以个人信息保护利益优先的核心价值,数据自由流动虽然也是欧盟个人数据保护法所追求的价值之一。个人信息保护受制于数据控制者和使用者,因此需要赋予信息主体更多的权利,保护信息主体的信息权利和信息自决权,增加数据控制者和处理者更多的责任和义务,加强对涉及个人数据采集、处理和使用的管理。这体现了法律的核心价值观,成为立法的一种趋势。

被遗忘权也被称为清除权(Right to erasure or right to be forgotten),是指法律赋予信息主体请求数据提供者或者征信机构永久地清除与其相关的个人数

---

〔1〕 Vita Cornelius, Personal Privacy. *Nova Publishers*, 2002, pp. 6-7.

〔2〕 Chi Chi Wu, "Automated Injustice: How a Mechanized Dispute System Frustrates Consumers Seeking to Fix Errors in Their Credit Reports". 14 *N. C. BANKING INST.* 139, 163-65 (2010).

据及其副本、备份或者相关的链接等的权利，实际上是一种完全的退出权。"被遗忘权是信息主体基于约定或者法定的事由对于一些与个人有关联的信息、数据予以删除，在此基础上不予扩散或者阻止其传播的权利。"[1]被遗忘权作为一项新的权利，起源于2014年谷歌（西班牙）公司和谷歌公司诉西班牙数据保护局和冈萨雷斯一案。该案中，欧洲法院以司法判决首次确立被遗忘权的范畴，欧洲网络用户可以要求谷歌公司从其互联网搜索结果中删除涉及个人的敏感信息，以保护自己的"被遗忘权"。[2]

从目前的法律实践可见，被遗忘权被规定在欧盟《统一数据保护条例》第17条中。2013年10月，美国加州颁发的568号法案，即著名的橡皮擦法案规定，加州境内的未成年人有权要求谷歌、推特、脸书等社交网站删除其自身发布的信息，但是对于其他人发布的关于自己的信息则无权删除。[3]该法案也具有被遗忘权的基本精神。有学者认为被遗忘权起源于法国法律中的忘却权（le droit à l'oubli）或"right of oblivion"，这是一项允许已经服完刑并被改造的罪犯反对将他的监禁和定罪的事实予以公开的权利。[4]从被遗忘权的思想来源看，被遗忘权体现了个人与社会的一种关系调整，是个人"对抗"社会的一种方式，通过这种方式重启新的人生。梅格·莱塔·安布罗斯和杰夫·奥斯洛斯认为，被遗忘权一直被视为合法权利而存在，具有法律保护的价值或利益。由法国的忘却权或者遗忘概念所涵盖，属于一种消极的权利，确保一个人的过去被他人遗忘，也是个人控制其往来信息的权利。[5]

也有学者认为被遗忘权在传统的隐私权领域中早就存在，乌戈·帕加洛（Ugo Pagallo）和马西莫杜兰特（Massimo Durante）就认为，被遗忘权在《欧洲人权公约》第8条关于隐私权的规定中就已经有所体现，信息时代迫使法律重新思考这种权利的理解方式。遗忘权不应被视为法律领域的新权利，它

〔1〕张春梅："被遗忘权的法律研究"，载《法律博览》2018年第15期。

〔2〕刘洪华："欧盟被遗忘权立法及其对我国的启示"，载《西部法学评论》2018年第5期。

〔3〕胡学森："论大数据时代被遗忘权在我国的确立"，载《法制与社会》2019年第10期。

〔4〕Jeffrey Rosen, "The Right To Be forgotten". 64 *Stanford Law Review Online* (2012) 88：p. 88.

〔5〕Meg Leta Ambrose, Jef Ausloos, "The Right To Be Forgotten Across the Pond". *Journal of Information Policy* 3 (2013)：1－23, p. 14, from https://papers. ssrn. com/sol3/papers2. cfm? abstract_ id = 2032325.

实质可以是一种追溯到尊重私生活的传统权利。[1]

被遗忘权适用以下几种数据处理的情形：一是目的丧失，收集和处理数据时的目的已经不存在必要性；二是信息主体行使同意撤销权，信息主体撤销了最初的自己同意或者同意数据控制者的特定目的的数据处理；三是个人数据被非法处理；四是依法应当删除的；五是涉及收集的未成年人相关信息。在以上情况发生的时候，信息主体有权提出遗忘权，永久清除有关个人信息。[2]欧盟《统一数据保护条例》也同时规定了数据控制者的清除义务，在技术可行和成本合理的情况下，原始控制者有义务采取合理措施，包括采用技术手段通知其他数据控制者上传相关数据的链接、复印件或者副本。为了缓和与其他权利的冲突，被遗忘权有五种例外情形：一是因言论自由和信息自由权；二是因法定义务、公共利益或者行政行为执行的任务；三是因公共卫生领域的公共利益需要；四是因公共利益的存档、科研和统计目的；五是因诉讼或者辩护权需要实施。

从以上看，被遗忘权与删除权具有本质上的区别，并非通常意义上的删除权或者名单的退出权，体现在内涵上是基于网络空间的分布性特征提出的，从原始控制者到传播者都需要承担该项义务；在程度上，是彻底和永久的清除，不管是内容还是链接，都得加以删除；在目的上，是基于保护信息主体的充分隐私空间权，因应互联网的广泛性传播特征，强调对个人信息的积极性保护。被遗忘权自出现以来，就受到了很大的争议。西方学者的一般观点都认为被遗忘权属于隐私权范围，拉维·安塔尼认为，如果美国存在被遗忘权，它早就存在于隐私权的语境中。[3]汉斯·格雷克斯、杰夫·奥斯洛斯和佩吉·瓦尔克认为传统的忘却权在基本的隐私权或人格权受到侵犯时已经实现了相当的目标。目前，备受争议的被遗忘权侧重于信息隐私的保护。[4]艾丹·福

---

〔1〕 Ugo Pagallo, Massimo Durante, "Legal Memories and the Right to Be Forgotten", in Protection of Information and the Right to Privacy-A New Equilibrium? Brussels: Springer International Publishing, 2014, p. 17.

〔2〕 高富平主编：《个人数据保护和利用国际规则：源流与趋势》，法律出版社 2016 年版，第130 页。

〔3〕 Ravi Antani, "The Resistance of Memory: Could the European Union ʻS Right To Be Forgotten Exist in the United States?" 30 *Berkeley Technology Law Journal* (2015), pp: 1173-1174.

〔4〕 Hans Graux, Jef Ausloos & Peggy Valcke, The Right to be Forgotten in the Internet Era. Interdisciplinary Centre for Law and ICT, K. U. Leuven, ICRI Working Paper (2012), p. 16. https://papers. ssrn. com/sol3/papers2. cfm? abstract_ id = 2174896.

特认为将被遗忘权看作人自主性的基础以及对当代隐私规则的行为反馈。[1]

反对者认为被遗忘权的范围和标准目前还是比较模糊，很难操作；被遗忘权的具体判断和操作最终还是由数据控制者审查；由于网络运营者承担的被遗忘权的义务，增加了成本、网络审查责任并加重了网络的传输管制；被遗忘权有损网络空间的言论自由和新闻自由的基础。[2]当然，一项新权利在立法初期和实践过程中尚有争议也是正常的，对新事物也有一个接受的过程。目前因应新闻自由和公众领域的公众人物，或者基于特定合法目的如征信目的在内的特定行业领域，在赋予主体的删除权之后，现阶段被遗忘权是否在立法上有必要进一步赋予信息主体，需要在立法中权衡研究。

2. 建立我国信息主体的数据可携权

数据可携权又被称为数据持续控制权（Right to data portability），是指信息主体有权向数据控制者请求以"结构化、通用、机器可读取"的格式获取自己的个人数据，并且在技术可行的条件下要求数据控制者向另外一个数据控制者实现个人数据的直接传输。[3]该权利见于欧盟《统一数据保护条例》第20条规定之中，数据可携权包含了以下内容：在满足信息主体同意和基于合同的约定处理个人数据的情况下，且并不妨碍被遗忘权和执行公共利益或者数据控制者行使职务权限，以及不对其他人权利和自由产生不利影响的情况下，信息主体拥有以下权利：（1）有权获取结构化、通用化和可机读的自动化处理的个人数据；（2）有权将数据转移给其他数据控制者；（3）有权在技术允许下要求该数据控制者直接将数据转移给另一个数据控制者。

数据可携权最大的功能在于突破大数据时代互联网企业中先发优势企业的"锁定效应"，通过赋予信息主体的权利对抗不正当的数据封锁，通过信息主体对数据的连续控制和方便数据的转移，实现数据的自由流动。数据的移植性有利于数据创造的价值和财富，也有利于增强数据的自我修复校准功能，减少企业决策因数据瑕疵而造成的风险。

数据可携权作为个人信息的控制权的一种具体表现，体现了个人对其隐

---

〔1〕　Aidan Forde, "Implications of The Right To Be Forgotten". 18 Tulane Journal of Technology and Intellectual Property（2015）83：pp. 89-90.

〔2〕　刘洪华："欧盟被遗忘权立法及其对我国的启示"，载《西部法学评论》2018年第5期。

〔3〕　谢琳、曾俊森："数据可携权之审视"，载《电子知识产权》2019年第1期。

私数据的持续控制力。但是在实际操作中，由于自动化数据的格式方面的障碍，往往会影响数据转移的可传输性，需要先建立一个统一的、通用的、可以相互传输的标准，促使数据转移便利操作。在实际的操作中，如果数据可携权的信息主体存在牵涉第三方利益的情况，可能会遭受拒绝。

综上所述，数据可携权在增强信息主体对个人信息的自由意志和自决权利的同时，也为数据流动带来了更大的便利性，为打破数据孤岛，实现数据共享提供了新的路径和方法。但是，需要对数据的可携权施加一定的条件限制，在法律规制和实践中需要进一步完善总结。建议我国在征信立法中赋予信息主体的数据可携权，一方面作为保护信息主体的个人信息权的新方式，另一方面作为对抗征信信用信息提供者的一种有效制度，从而建立起促进数据流动利用的新机制，在目前我国数据出现严重孤岛现象的情况下，为实现数据共享作出有益探索。

（五）完善信息主体的权利救济：投诉权、行政和司法救济权

无救济无权利，在法律体系构建中，法律的最大功能之一是在权利与义务之外建立程序救济法。救济的方式虽然多种多样，但是法律层面上大体包含了私力救济、行政救济和司法救济。私力救济是通过契约双方的协商或者调解机制解决，行政救济包含了通过监管机构的投诉举报受理处理实现权利救济，司法救济是权利救济的最后一道防线。在征信法律规范中，信息主体的权利救济是指信息主体的合法权利受到侵害并造成损失时，信息主体有权请求的各种救济方式。包含了以下三个层面。

第一个层面是私力救济。在此层面，主要是根据协议或者企业的客户投诉受理渠道，由信息主体对征信机构、信息提供者或者信息使用者提出投诉请求。"一个彻底的平民政府不仅支持好的行政管理，而且通过使公民对他们自己的事务负责，从而比其他任何政体都更有利于促进更好和更高形式的民族品格。"[1]市场经济体系强调个人的参与性，信息主体作为一个监管对象，在监管法律中也赋予了异议权之类的权利，并规定了相应的程序。作为权利保护轻微问题的纠纷，往往可以通过此渠道高效得到解决。这种救济方式依

---

〔1〕［英］理查德·贝拉米：《自由主义和现代社会：一项历史论证》，毛兴贵等译，江苏人民出版社 2012 年版，第 40 页。

赖于受理单位的自我约束，往往缺乏法律层面的法律效力，主要基于受理单位的内部监督机制。私力救济具有成本低、时效快和处理及时的特征，有利于及时维护信息主体的合法权益，纠正受理的不当行为。但是这种行为不适用于征信机构、信息提供者或者信息使用者存在违法行为的情况。

　　第二个层面是行政救济。包含了信息主体向监管机构投诉的权利。我国《个人信息保护法》第61条第2项便规定了个人信息保护的投诉、举报的权利与监管机构的义务。在专业行业，赋予监管机构受理投诉处理职能，实现行业投诉监管是现代监管体系的一项重要权能，体现了监管机构依据专业和快速的处理能力，及时维护信息主体权利保护的功能，也可以通过投诉受理拓宽执法来源和渠道，通过个人参与机制及时发现征信机构、信息提供者或者使用者的违法行为，及时纠正市场违法行为，维护行业健康发展。投诉的程序设定，需要明确投诉的渠道，投诉的受理机构和层级，投诉的受理时限和处理时限，投诉处理的结果，投诉与举报、行政调解、行政裁决等有效衔接机制，实现投诉的依法透明和公正高效的处理。行政救济程序中都赋予信息主体对投诉处理机制的监督程序衔接和最终获得司法救济的权利。对投诉处理结果不服的，或者认为投诉处理不当的情况下，可以通过司法程序寻求最终裁判。

　　第三个层面是司法救济。司法救济是以国家权力作为后盾的具有强大功能、多种手段和最严厉措施的救济方式。[1]在不影响行政执法程序的情形下，在法定期限内，信息主体有权获得司法救济，一般包含了对征信机构、信息提供者或者信息使用者提出民事诉讼或者刑事诉讼，也包含了对监管机构提出行政诉讼。例如，欧盟《统一数据保护条例》第78条明确规定了信息主体的司法救济权。[2]该条例第80条赋予了涉及数据保护组织中的社会中介组织的投诉权，具有重要的意义。在欧洲国家的社会治理体系中，社会中介组织作为行业自律性组织，往往是特定的行业利益的代表机构，除具有的专业性和服务功能之外，在特定利益的代表方面，参与了行业法律的制定和起草，

---

〔1〕　周继承："权利司法救济缺陷补偿机制试建"，载《法制博览》2019年第9期。

〔2〕　欧盟《统一数据保护条例》第78条规定，信息主体有权就监管机构对其作出的具有法律约束力的决定寻求有效的司法救济，当然这种方式也包含了数据控制者和使用者。在监管机构没有处理投诉或者三个月内未能获得投诉进展和结果时，信息主体也有权寻求司法救济。

代表了弱势一方的利益诉求。我国《个人信息保护法》第 50 条便规定了个人的请求权和担起诉讼的司法救济权利。

本书认为，随着信息社会的技术复杂性的提高，弱势的信息主体往往无力实现自我救济或者提出司法救济。所以，法律赋予非营利性的机构、组织或者协会有权接受委托提出投诉，接受赔偿，并有权不经过信息主体的授权直接提起投诉、寻求司法救济。这一规定，在发达的市场经济社会治理体系中具有重要的意义。完整的社会治理体系往往是由市场主导、个人自决、行业自律、专业监管、政府立法、司法最终救济等多方面集合形成的一个完整体系。并且在各自层面的权利配置中，通过赋予市场主体的权利实现自治，行业自律的作用得到了强调。在公权力与私权利之间，行业自律成了中间的力量，一方面深入行业主体保护特定主体的利益，另一方面起到行业联结作用，对行业的良性发展具有重要的意义。

综上，建议我国的征信立法进一步完善信息主体投诉的详细规范和程序。考虑到我国《征信业管理条例》已经赋予信息主体的投诉权和起诉权，可以在规范性文件上，通过制定规章的方式，进一步明确规定信息主体投诉的受理、处理、调查、处罚和司法衔接等内容的详细操作细则，将投诉权落实到位。

（六）征信对象利益保护体系完善的启示

本书认为，征信市场模式尽管各不相同，但是都有完善的征信立法系统，需要制定完整的征信法律以保护信息主体的合法权益。法律规则随着市场的发展而不断制定和完善，信息主体利益保护水平基本与各国的社会治理和不同法系的法律传统高度吻合。美国注重宽进严出，欧盟注重个人数据保护，日本注重事后救济和异议程序纠错。[1]虽然监管体系和重点各不相同，但是理念基本一致。在完善我国征信对象的权利保护方面，需要进一步强化以下立法理念和立法目标。

一是回归金融消费者信息权益保护的价值理念。立法需要赋予信息主体充分的权利体系以维护自身的信息权利。信息主体享有事前同意或者拒绝采

---

〔1〕 杨庆明、李贞、幸泽林："新法律框架下个人征信主体信息权益保护的国际经验比较与借鉴"，载《征信》2013 年第 11 期。

集和使用分享的权利，免费获取征信报告、错误信息删除更正、充分的知情权、损害赔偿权等权利，并鼓励信息主体参与征信机制，维护自身信息的准确。

二是需要对信息采集、保存和使用采取严格的限制规则。比如，美国的规则是消费者享有"Opt-out"（选择退出）的权利，即事前默许同意，如果信息主体没有明确提出拒绝信息采集或使用时，视为默许同意。比如，英国采取的是"Opt-in"（选择进入）的规则，即事前征得同意，征信机构必须在征得信息主体的同意后才能采集和使用个人信息。征信机构和信息使用者需要严格遵守征信规则和流程，严格限定收集信息的范围和合法使用的情形，其核心内容在于确保信息收集和处理公平非歧视，信息客观准确、安全合理。

三是不得背离征信立法的两个基本目标。征信立法的主要目标在于保障两个基本目标的实现：一方面充分保护个人数据的隐私权，一方面维持数据自由流动，增加征信信用信息的效用，并在两个价值中不断进行平衡。在个人数据保护法律体系上，我国可以借鉴欧盟的立法，尽快制定个人数据保护单行法律。欧盟围绕个人信息保护这一中心，基于欧盟的法律体系，形成了欧盟法律与成员国内法相互衔接的多层次法律体系，以德国为例的国内法根据欧盟的最新法律指令做了多次修改，逐渐形成了个人数据保护的单独法律。当然，德国由于属于典型的大陆法系国家，对个人征信的权属在其固有的民商事法律体系中进行了类型化固定，并形成了多种法规。

四是需要对个人数据保护水平进行法律利益平衡。需要对比不同保护水平带来的法律效果：欧洲具有较高的对个人数据的保护水平，采取了严格的法律保护规定。较之于美国的私营征信模式，欧洲基于历史原因和社会发展阶段，对个人数据采集采取了事前明确同意的制度，并赋予信息主体除一般的数据权益之外的删除权、被遗忘权和退出权等权利，为制约征信机构的征信行为起到了有力的保障作用。一方面体现了欧盟关于对隐私权的保护的重视，将个人数据权利纳入人权体系之后，欧盟各国的最低保护标准将超越目前许多国家和地区的保护标准。另一方面也造成了征信监管机构的适用难度，需要适用复杂的法律体系和管辖规则，也需要适用更加严格的保护措施确保数据的采集、处理和使用的公平、透明和合法。在个人信息保护的法律利益平衡层面，"两头强化，三方平衡"理论应当成为个人信息保护立法的理论基础，立法监管需要在两者之间和三方利益之间取得利益的适度平衡。[1]

二、信息自由与信息共享机制的法律监管完善

信息共享是征信业得以发展的重要基础，信息共享和信息自由流动对经济的促进作用已经得到了广泛的认同。一方面，可以改善信用信息的碎片化，促进信息交叉验证，减少信贷风险。根据信息共享原理，可以对信用申请人的行为起到威慑和限制作用，从而减少市场风险。[2]另一方面，可以通过信息共享，对社会经济发展提供强大的数据支撑，促进经济繁荣。我国也高度重视信息共享工作。目前，在信息共享方面我国制定了规范性文件，主要有《促进大数据发展行动纲要》《政务信息资源共享管理暂行办法》，但是，有关信息共享的效果，实际执行中还存在许多问题。因此，需要进一步借鉴成熟的模式，加强推进我国信息的自由流动，建立完善的信息共享机制。

1. 英国的信用信息共享机制

在信用信息共享方面，征信机构与信息提供机构共建了信用账户信息共享（Credit Account Information Sharing）自律组织，已经拥有包括益百利等在内的350多家成员机构。该模式通过会员制模式共享信息，征信信用信息作为各国公司的最为核心的资源，往往很难分享，并会造成各个信息提供主体各自为营，信息相互隔绝，影响了信息的流动和使用。通过自律组织的最优选择使成员在组织内部自决信息的共享方式和类型，通过几个机制确保信息可以共享：一是前提是必须先成为组织成员，如此才能参与信息共享并获得其他组织成员的信息。二是通过建立互惠原则，打破信息孤岛，这种组织方式能够拓宽采集信息范围和提高信息采集效率，促使各征信主体的信息使用效益最大化。三是划分信息类型，共享信息分为"一般信息"和"特别信息"两种，设置不同的共享条件和共享方式。"一般信息"包括贷款额度、贷款余额、借贷记录等20种常规贷款信息，组织成员间均可以共享。"特别信息"则只包括负面信息，共享条件要求很高。只有成为组织成员，并且共享

〔1〕 张新宝："从隐私到个人信息：利益再衡量的理论与制度安排"，载《中国法学》2015年第3期。"两头强化，三方平衡"中的"两头"指个人敏感隐私信息和个人一般信息的划分，"三方"指个人利益、社会利益和公共利益。

〔2〕 Jappelli T., Pagano M.："Information Sharing in Credit Markets：International Evidence"，*Ssrn Electronic Journal*，1999.

了自己的全部信息，才能从其他成员处共享"特别信息"。不过，出于控制个人消费贷款风险的考虑，英国政府要求银行必须按照"一般信息"模式共享个人消费贷款的全面信息。[1]

2. 德国的信用信息共享机制

德国通过法律确保中央公共征信系统的信息来源。根据《德意志联邦银行法》的规定，德国所有的银行、保险公司、基金公司及其自有账户交易商等金融机构应当每季度向德国中央银行信贷登记中心系统报送正面信息。德国的中央银行信贷登记中心系统的信息提供给银行等金融机构内部使用并明确限制使用范围。除此之外，工商登记信息、法院破产信息、地方法院债务人名单等行政和司法信息系统均对外公布，可供公众查询，共同形成政府层面提供的公共征信信用信息。公共征信系统也对私营征信机构开放，并是其重要的信息来源。与此同时，德国公共征信系统的信息采集设置了较高的门槛，只针对大型借款人，即负债总额超过 300 万马克的借款人采集，中小型贷款和个人数据采集由私营征信机构填补。德国私营征信机构主要有德国通用信贷安保集团（SCHUFA）、信贷改革咨询公司（Creditreform）和克里夫布尔吉尔公司（CRIFBURGEL）三家征信调查和评估机构，通过收集、分析、处理企业和个人信息开展征信活动。德国除了公共征信和私营征信体系，还有会员制征信组织，征信行业协会为其会员提供一个信用信息共享的平台，供内部会员共享使用。

3. 日本的信息共享机制

首先，日本通过法律框架主要解决了个人征信和企业征信的信息来源。根据信息公开法，日本政府信息免费向社会公开，包含企业登记、不动产登记、税务信息，司法系统的案件诉讼、破产申请等信息也予以公开，公众可以免费获取。此举为征信业提供了可靠丰富的数据来源，促进了信息流动，这些信息为征信业的发展起到了重大的推动作用。政府信息公开以公开为原则，不公开为例外，除依法不公开的行政信息之外，其他信息均对社会公开。依法不公开的信息通过立法例列举清楚，主要包括个人身份信息，法人、商业团体商业信息，国家安全和国际关系信息，公共安全信息、政府尚未制定

---

〔1〕 刘荣："英国单一私营型征信体系的实践和启示"，载《征信》2011 年第 6 期。

公布的信息以及正在实施中的信息。除这些信息以外，其他信息都可以依法查询、阅读和复制。

其次，在信息共享方面，日本《贷款业规制法》通过建立信息共享机制解决多重债务问题。一是通过限制个人过度贷款，限制贷款机构向消费者的贷款总额超过其偿还能力；二是为了掌握消费者贷款总额，法定的个人征信机构之间应当共享信用信息，并通过金融信息网络（FINE）实现日本信用情报机构株式会社和信用信息中心株式会社个人征信之间的信息共享，金融信息网络共享信息涵盖了个人基本信息、贷款金额、余额、延迟支付等，共享信息需要收取费用。通过信用信息网络（CRIN）实现日本信用情报机构株式会社、信用信息中心株式会社和东京银行个人信用信息中心之间的信息共享。信用信息网络共享信息覆盖了个人基本信息、合同日期和金额、支付情况以及个人申请信息等。

最后，在会员制管理上，日本的征信管理模式在信息共享机制建立方面独具特色。会员制要求必须申请加入某一个征信协会，才能分享个人信用信息。一旦成为个人征信机构的会员，也同时需要将自身所掌握的全部个人信用信息提供给该协会。会员制遵循着自愿的契约精神，在协会与会员之间建立起相互支撑的关系。一方面，协会建立了完整的会员准入条件和审查制度，个人数据使用的资格、数据使用监测制度，违反协会约定义务的处罚等制度。会员制征信机构会严格审查会员入会，回访和监控会员使用数据情况，监测信息利用与业务开展是否匹配，信息是否存在泄露等，发现会员存在违反协会义务的情形，可以作出暂停会员查询权利，甚至解除会员合同等措施。[1]这种制度体现了社会化行业组织的高度自治与会员之间的契约关系，在协会形成一定数据规模之后，具有了共享信息的充分价值，从而可以很好地汇聚会员加入协会共享信息，通过会员的加入，建立会员合同关系，对会员也有了约束力；而会员通过加入协会可能获得更好的发展，通过贡献自身掌握的数据，促使协会良性发展，这种会员制的协作共享机制具有高度的灵活性和较低的交易成本和监管成本。

---

[1] 池凤彬、刘力臻："日本征信业的历史沿革及运营机制分析"，载《现代日本经济》2018年第5期。

4. 我国信息共享的障碍和法律完善

（1）我国信息共享的障碍。

本书认为，相比以上信用共享机制相对成熟的国家，我国现有信息共享还存在一定的阻碍因素。主要表现在：

一是信息公开存在一定程度的法律障碍。我国《政府信息公开条例》的法律位阶较低，政府信息公开受到了《保守国家秘密法》《档案法》等法律的约束，强调的是保密为原则，公开为例外。在国家秘密的范围没有可操作性的明晰范围规定的情况下，为定密留下了过大的自由裁量权，直接影响了信息公开的范围，也影响了政府公开信息的积极性。在实际政府信息公开运行中，政府部门缺乏政府信息公开可供操作的范围，造成政府信息公开仍是在《保守国家秘密法》控制下的信息公开，大量政府信息被定密，妨碍了政府信息资源的开发利用。

二是各部门和地方的信息共享利益分割。由于部门利益的驱动，各政府行政部门之间规划建设各种政务信息系统或者监管系统，地方政府分别出台了不同的信息公开管理办法，造成在数据范围上的差异和信息系统之间的数据的格式和标准差异，从而造成了部门之间、各地之间的系统数据传递存在障碍，相互之间的数据共享和利用存在很大的差异，影响了相互之间的信息交流和共享。

三是个体系统标准和技术对接障碍。在社会管理、企业、信息控制者各个系统，行政办公系统，营销、产品、支付、物流等业务系统，财务系统，税务系统，新闻网站信息系统等之间，由不同的软件供应商提供，由于信息系统对接标准缺乏，格式各种各样，这也是造成我国信息共享难的因素之一。例如，大多数的征信平台都尚未与工商、税务、海关、司法部门等机构进行有效连接，无法实现有效共享。

四是缺乏有效的共享机制。我国目前主要采用以依靠政府推动信息共享为主导的模式，在政务信息公开方面试图建立一些全国性的信息共享系统。《政务信息资源共享管理暂行办法》明确由国家发展改革委负责组织推动国家共享平台及全国共享平台体系建设。当时由于涉及面广，缺乏统筹规划，缺乏统一领导力度及有效的共享机制，很难短时间内建立起全国性的信息共享平台。

（2）完善我国信息共享的法律和机制。

随着数字经济时代的到来，2021年3月，我国在《国民经济和社会发展第十四个五年规划和 2035 年远景目标纲要》中提出，将数字技术广泛应用于政府管理服务，政府管理流程和服务的数字化成为我国政府提高服务能力和水平的主要方向和手段。加快政府数字化转型，进一步加速政府领域数据的沉淀和积累，在数字化基础上，有利于政务领域的大数据资源的开放利用。一方面，打通数据后台，将促进各个政府部门实现跨部门、跨平台、跨数据结构的信息处理共享。《数据安全法》规定了政务数据的安全与开放，明确提出提高政务数据的科学性、准确性、时效性，提升运用数据服务经济社会发展的能力。并提出国家制定政务数据开放目录，构建统一规范、互联互通、安全可控的政务数据开放平台，推动政务数据开放利用。数据安全法的深入实施，在数据安全的前提下，将为我国充分利用政务数据，促进数据自由流动和利用提供良好的基础和发展契机。

下一步应当建立信息共享机制，促进信息自由流动方面，可以以日本和英国的实践为主要借鉴。根据我国现阶段政府治理模式、社会经济发展阶段、信息管理模式，逐步建立起信息共享机制，促进信息经济进一步发展。

一是进一步加强政府信息公开立法的推动。高度重视信息共享对社会经济发展的重要意义，加快政府信息公开的立法步伐，将现有政务公开的条例和办法上升为法律层面，构建完善的信息公开法律体系，同时发挥政府在信息公开的主导作用，"公共数据具有公共产品属性，并且大量为政府及其相关部门所掌控，数据开放的基础是数据整合，而数据整合的前提是数据标准的统一。无论是统一数据开放标准，还是整合各部门拥有的数据，都需要政府起到主导作用"。[1]应当对非国家秘密和安全、非公开敏感数据等数据实施"数据默认开放"原则。在政务数据公开共享方面，开放相关数据，促进数据利用开发和征信业的产业的发展。

二是进一步推动政府信息共享平台建设步伐。信用数据没有有效共享的主要原因是缺乏统一标准，需要统一数据库采集、存储标准。[2]信息标准化主要解决的是信息系统对接的标准问题。信息标准应当统筹推进，完善各市

---

〔1〕 武长海、常铮："大数据经济背景下公共数据获取与开放探究"，载《经济体制改革》2017年第 1 期。

〔2〕 季伟："国外个人征信机构体系运作模式比较及对我国的启示"，载《金融纵横》2014 年第8 期。

场主体的身份标识代码选择，确保不同系统之间信息主体的身份标识的唯一性；做好信息分类和格式编码，改变信息命名、定义、分类和编码的不统一情况；完善信息保存、安全和保密标准，做好数据库系统统一工作。在征信领域，中国人民银行已起草了征信业标准，包括《征信数据元　数据元设计与管理》《征信数据元　个人征信数据元》等五项征信行业标准，建立征信标准化体系，可以作为政务信息公开的一个参考体系加以推广应用。在此，还需要建立集中化的通告系统，并建议由相关社会组织具体运行管理。在存在个人征信竞争的市场中，如果有着多个采集信息主体的情况下，在信息出错、身份盗用时，信息主体不得不到每个单一的征信机构更正信息，会产生很大的成本和浪费。[1]建立集中化的通告信息系统，具有现实的意义。

三是借鉴建立社会组织化的信息共享机制。在信用信息共享机制上，可以借鉴政府引导、行业共享、企业自愿参与的形式，在现有的行业协会基础上，建立信用共享为目标的社会组织。推动以市场化为导向的模式，建立信用信息共享数据平台，按照自愿参与原则、分享和获取等同原则、互惠原则、信息资源利用监测原则构建信息共享机制，以信息互换、共享和利用为核心建立会员制协会，依据契约约定方式进行管理。以金融共享模式，关注区块链技术的选择，共建共享数据平台这种全新的征信生态模式。[2]与此同时，加快金融共享技术应用，"在央行征信平台的基础之上建立互联网征信系统作为补充，使金融基础信息系统与互联网征信数据库连接起来，提高信息资源的利用效率"。[3]在现有中国人民银行信用信息基础数据库的基础上，加快信用信息与其他信息系统的对接步伐，建立社会管理信息系统、企业信息系统与公共系统、百行征信和私营征信系统的信息交换和共享机制。

本章小结

从利益平衡理论分析，对信息主体权利保护与信息自由的利益平衡，展

---

〔1〕 ［德］尼古拉·杰因茨：《金融隐私——征信制度国际比较》，万存知译，中国金融出版社2009年版，第158页。

〔2〕 梁伟亮："金融征信数据共享：现实困境与未来图景"，载《征信》2019年第6期。

〔3〕 刘芸、朱瑞博："互联网金融、小微企业融资与征信体系深化"，载《征信》2014年第2期。

现了一个全新的视野。

一是征信法律的核心价值追求是保护信息主体的权利。从现代征信的法律监管中发现，征信信用信息主体的权利需要一个完整的保护体系。从信息主体的利益保护权属分析，对信息主体的利益保护的是隐私权，不是信用权，也不全部是财产权。对信息主体的利益保护体现了金融消费者利益保护的本位价值追求。

二是在信息主体利益保护与信息自由之间，利益平衡需要适度。一国个人信息保护的思路影响了一国信息保护的水平。一方面，需要对个人信息的范围作出层级化的划分和类型化的保护，从而在隐私权和财产权归属中作出法律安排。另一方面，推动信息共享，政府信息公开，促进一国的信息自由流动，需要在两者之间根据一国的发展水平和多种因素考虑取得适度平衡。

三是征信监管的首位目标是金融消费者，即信息主体利益保护。从法律的角度看，就是维护市场公平正义。但是，信息主体权利保护与信息自由流动相平衡的原则是征信法律规制的基本目标，信息自由和利用也需要得到法律和监管的重视，征信监管需要在多种利益中进行平衡，所以第一个需要平衡的，也是征信法律的基本目标所赋予的，即征信监管对信息保护与信息自由之间的"公平"和"效率"的平衡。

第四章

征信机构监管：征信行为与法律责任的平衡分析

> 法发展的重心不在立法，不在法学，也不在司法判决，而在社会本身。
>
> ——埃利希

　　征信监管中面临的第二个基本问题：征信行为与法律责任之间体现了法律和监管对私人利益、社会利益与公共利益的利益平衡。征信法律的主要内容在于赋予征信行为的合法性，规范征信行为的范式，界定征信行为的边界。征信监管通过确定征信机构的征信行为与法律责任的平衡，体现了征信法律以权利与义务相对应的调整范式，以及监管在于法律的监督执行，纠正征信市场的不正当行为，制裁违法行为。最终在于实现以征信机构为代表的征信活动的社会经济利益，保障征信市场的依法、公平、有序竞争，实现征信业的健康发展。

第一节　征信行为的合法性原则与边界

一、征信法律行为的提出

　　在我国现有的民法学通说中，"法律行为"一词特指民事法律行为，该词语作为舶来语由我国从日本引入，日本最早将德文的"Rechtsgeschaeft"翻译成为"法律行为"，是借用了汉字中的"法律"和"行为"两词，将"Rechts"和"geschaeft"合译为"法律行为"。"在德国的法律文化传统中，'法律'一词同时含有'公平''正义''合法'（自然法意义上的法）等含义。因此，在德国的法律文化背景下，人们把合法的表意行为称为'法律行为'是很自然的"。[1]"法律行为"一词泛指具有法律意义的一切合法行为。而德国著名的法学家萨维尼（F. K. VON Savigny）在《当代罗马法体系》中认为法律行为即是意思表示，并且将法律行为定义为"对于意思表示或者法律行为，其内容不仅是个人的自由行为，而且行为意思必须是直接设定、变更法律关系"。[2]所以，在我国的民法学界一直将法律行为视为民事法律行为，是私权领域一个古老的专有名词。近年来，关于行政法律行为和诉讼法律行为的概念的使用，本质上是对民事法律行为概念是否专属于民事法律特定范畴的争议。但是，随着对法律行为概念的争议，其他部门法领域也开始使用法律行为概念，法律行为、民事法律行为与民事行为的表述在我国民法学界本身就存在诸多争议，尚未有一个统一的界定。目前，随着研究的深入，发现"法律行为"并非民法所独有，为了民法学领域之外的区分使用，在民事领域称之为"民事法律行为"。[3]

目前有学者认为，法律行为是产生法律关系的主要基础。在民法、行政和刑法中都存在法律行为，法律行为可以分为民事法律行为、行政法律行为和刑事法律行为。此处的法律行为已经突破了民事法律行为的专属概念。无论是在公法还是私法、民法还是商法中，法律行为的核心皆系行为主体的意思表示，其法律效果体现为设定权利义务，民事法律行为即是民事主体设立、变更、终止民事权利义务法律关系的合法行为。比如，有关行政法律行为，通常是行政机关单方面作出的意思表示或作出的行为。[4]关于刑事法律行为较少有研究的，而经济法领域的经济法律行为的概念，目前更是较少学者充分论及。"经济行为是经济法学的一个基本范畴，是明确经济法这一概念的前提，更是经济法设定权利和义务的基本依据。"[5]

由于经济法领域的法域范围目前与民法尚存在争议，造成了经济法领域基础理论构建的困境。有法律学者认为，在私法领域之外，由于缺乏意思自治，在没有意思表示的情形下，也就是说，权利义务的设立、变动以及清除

〔1〕 任博峰："驳'法律行为是合法行为源自阿加尔柯夫'"，载《湖北广播电视大学学报》2013 年第 5 期。

〔2〕 高晓兰："论德国法法律行为概念与罗马契约概念的异同"，载《商》2014 年第 10 期。

〔3〕 刘诗佳："法律行为和民事法律行为辨"，载《法制博览》2014 年第 2 期。

〔4〕 江必新："法律行为效力：公法与私法之异同"，载《法律适用》2019 年第 3 期。

〔5〕 薛克鹏：《经济法基本范畴研究》，北京大学出版社 2013 年版，第 76 页。

不能依照私人的意思而变化，所以，法律行为缺乏存在的基础。但是，从法理学的理论体系来看，打破民法领域，各个法律部门领域的法律关系、法律事实、法律行为这些要素必定会形成，尤其是法律行为。法律规范本身也属于一种行为模式，其调整的主要对象是社会关系，而整个社会关系模式也就是法律行为模式，从这一出发点论证，法理学范围下的法律行为概念是对每个部门法的统领，其中包含了行政法律行为、刑事法律行为以及民事法律行为。[1]所以，本书的征信法律行为的提出，是基于法律规范的行为模式范式作出的定义和阐述。

二、征信行为的合法性证成

征信法律行为的有效存在，必须遵循严格的合法性规则体系，也即本书上述所指的法律规范体系。如同驾驶汽车在行驶过程中，应当遵守系好安全带、限载、限速、车道、红绿灯启停、行人避让等一系列规则，这些规则贯彻整个驾驶行为的全部过程。民事法律行为理论认为其成立的要件包括了四个方面：主体合格，意思表示真实，内容合法，程序合法。法学领域的合法性范式主要包括形式合法性和实质合法性。形式合法性解决的是制度来源和规范；实质合法性则更关注法律制度的正当性、合理性和可接受性，即法律制度的规制和设计是否符合社会道德和价值取向，是否可以被社会公众及被规制行为人接受。[2]形式合法和实质合法相互紧密联系，形式合法是解决法律规范的范式合法性问题，实质合法评价的是法律规范符合法律实质正义和程序正义、是否符合社会实际运行需要，并被大众接受。法律行为的构成必须满足三个条件：一是适格的法主体基于一定的主观条件作出的行为；二是基于法定程序条件要求实施；三是必须针对某客体实施并取得预期法律结果的行为。[3]

故此，本书认为，征信法律行为的合法规则体系一般包含了以下几个约束性条件：一是行为的目的适格和限制；二是行为的合法、公平、透明和安

---

[1] 杨雪瑛："法理学视野下我国的法律行为制度"，载《西南农业大学学报》（社会科学版）2013年第2期。

[2] ［德］马克斯·韦伯：《社会科学方法论》，韩水法、莫茜译，中央编译出版社2002年版，第198页。

[3] 李爱君、刘少军："法行为的性质"，载《政法论坛》2007年第2期。

全；三是行为客体的法律正当性；四是程序的正当性；五是行为与责任相适应。这五大方面构成了判断征信行为是否合法的基础，体现在以下几个方面。

（一）征信法律行为的目的合法性基础

征信法律行为是建立在目的合法的基础上的。征信法律行为应当紧紧围绕征信的目的开展，征信机构的主体适格和经营范围中，都强调了征信机构是从事征信活动特定的企业法人主体。当然，在公共征信系统中，基于央行的行政性质，公共征信系统作为特殊法人主体存在而收集信用信息，本身也是强调了其是基于收集信用信息的目的而存在。

在合法性基础方面，征信法律行为的存在的前提是基于信用信息的社会需求的目的性。在法律规范约束之前，征信的起源也是基于商业交易对信用信息的需要。我国的征信管理法律法规中没有关于征信机构实施征信活动的目的性规范，仅仅有关于信用信息使用需要遵守约定用途的条文规定。在诸多国家关于征信或者个人信息保护法律的规定中，首要解决的是信息采集的合法性和目的性的明确。根据美国《公平信用报告法》在现有法律框架的规定中，征信法律行为的合法性来源通常基于信息主体的同意，在信贷交易、保险消费、雇用目的、法律要求、合法商业需要、儿童抚养财信证明或者法律、司法要求等情况下实施。[1]欧盟《个人数据保护指令》第7条，特别规定对数据采集、处理的合法性目的。[2]

随着数据发展的需要，数据的应用和价值得到了广泛的认可。在随后的二十几年高速发展之后，欧盟的个人数据立法体现了这一变化，欧盟《统一数据保护条例》的合法性基础有所扩张。该条例第6条规定在《个人数据保护指令》第7条规定的范围之外，增加了国家安全、防卫、公共安全、执行犯罪和刑罚程序、经济或者金融等重大公共利益、司法保障需要、职业道德评价需要、监督行政关系需要、保护信息主体和他人权利和自由，以及民法上的请求权等。[3]在这些带有行政、司法、国家和社会的公共利益的目标

---

〔1〕 see Fair Credit Reporting Act, 15 U.S.C. §§1681-1681（u），as amended.

〔2〕 see Directive 95/46/EC. 合法目的主要包括：（1）信息主体的同意；（2）契约约定；（3）履行数据控制者的法定义务所必要；（4）保护信息主体的重大利益；（5）涉及公共利益的必需或者行政授权；（6）基于数据控制者或者接收数据的第三方合法利益，除非需要优先保护信息主体的基本权利和自由的利益。

〔3〕 see Regulition（EU）2016/679.

保护追求上，信息采集的范围得到了扩张。尤其注意到违反职业道德规范的预防、调查、侦查和起诉方面，职业道德的界定范围相当广泛。对个人信息的收集将大量涉及该职员的个人隐私数据，这是一个很大的变化。基于信息主体或者他人的权利和自由的判断，往往也造成了一定的范围上的模糊，他人的权利和自由通常理解为应当是基于权利的权衡遵循比例原则才能得以确定。在这些合法性目的里面，突破了信息收集的最初目的，甚至在没有得到信息主体的同意的情况下基于公共利益目的可以加以收集和处理。法律上要求在数据处理上应当力图避免数据收集和处理不同阶段的目的冲突，避免个人敏感数据的使用，应当考虑信息主体与数据采集者的关系，考虑后续数据处理的可能后果，还有适当的保障措施，比如，加密和匿名化处理。这种合法性基础，也产生了征信法律行为的目的限制和使用限制原则。

（二）征信法律行为符合法的正义追求

征信法律行为的法价值追求是征信法律行为的合法、公平、透明和安全要求。征信法律行为遵循征信法律最基本的价值追求。依法而开展征信活动，并确保公平收集信息，保护个人和企业的合法权益。行为的透明机制在于保障行为的合法和公平。合法在于强调征信法律行为的依法开展，通过公平的价值追求，保护个人隐私和企业商业秘密的法益。在目前各国的征信立法上，例如，美国《公平信用报告法》追求"公平、准确和隐私"，欧盟的立法追求自然人的基本权利和自由保护与保障信息自由。在立法的价值位阶上，法的公平价值追求促使征信法律行为应当严格遵守征信法律规范的强制性约束条款的规定，确保公平对待各信息主体。征信法律行为的公平性决定了信息主体的信用评价结果，并将实际影响到信息主体获得信贷、保险、就业方面的实际利益。

所以，无论是从征信法律行为的结果还是过程来看，均需要秉承公平正义的价值追求。实质正义是指一种公开规范体系所建立的制度的本身合乎正义，并确定了职务和地位，以及权利、义务、权力、豁免。[1]征信机构作为整个征信法律关系的中枢，征信法律赋予了其明确的权利义务，明确了其可

---

[1] [美]约翰·罗尔斯：《正义论》，何怀宏、何包钢、廖申白译，中国社会科学出版社1988年版，第50页。

以实施收集、处理和使用信用信息的权力和责任，以及责任的豁免，在这套法律规范体系中，掌握着信息的采集、处理和使用的全部环节。所以实施征信法律行为的过程中，征信机构处于主动地位。随着征信规模的不断扩大和征信技术的发展，专业化的数据库越来越集中，信息主体相对于征信机构在信息保护的各个方面均处于弱势一方，法律规范强调行为的公平正在于增加征信机构的义务，确保征信法律行为在不偏不倚的轨道上实施行为，做好征信活动的各种工作。

征信法律行为内在要求的透明规则也内含通知程序规则，以及在信息主体知情权和获取权实现上面的配合义务。为了实现对信息主体的知情权和获取权，征信机制应当遵守各项通知义务。通知义务中包括了征信机构以清晰和易读的方式向信息主体提供信息处理的政策、程序和准则。征信机构收集信息的目的、所涉及个人的信息的范围、规则和方式，不利信息的情况，信息使用者的情况，还应当告知信息主体享有的权利。透明规则还包含了对信息主体的教育义务，促使征信法律行为更好地被社会接受。

征信法律行为的安全义务追求法的安全稳定性。由于信用信息处理的特殊性，需要形成数据库和存储的合格条件，这方面需要安全技术的配套要求，需要以适当的安全方式存储数据，并采取必要措施和管理制度保护信息和数据免遭泄露、丢失或者破坏和入侵。信息安全在保护信息主体的隐私权方面具有重要的意义，目前对信息主体的隐私权侵犯最为严重的表现形式之一就是大规模的数据泄露事件。这种数据被盗窃或者泄露事件往往无法阻止信息的流向，也无法消除信息主体隐私信息的流通，使得信息主体隐私信息暴露无遗。补救的措施也较为有限，只能通过及时通知信息主体和采取安全措施填补系统漏洞，防止损失进一步扩大。

由于征信机构的信息安全的特殊义务，法律规范对安全要求作出较严格的规定。无论是软件系统的安全性还是物理硬件形态的隔离和可靠性，都需要符合管理社会大规模信息系统的安全等级要求。在安全管理制度上需要加以规范，建立全生命周期保护数据安全，免遭未经授权的访问、使用、修改、损毁、披露和丢失等风险。同时也需要建立数据泄露报告义务，及时通知信息主体，向监管机构报告事件发生的情况和采取的措施，避免损失进一步扩大造成更多的安全问题。在数据销毁程序上也需要加强规范，建立合理和严格的过期数据销毁程序，切实保护信息主体的隐私权和商业秘密等合法权益。

（三）征信法律行为的客体规范

征信法律行为所指向的信用信息，也应当符合规范的形式正义和实质正义。信用信息在法律规范方面主要有两个原则要求：一方面是平衡信息的最小范围采集，在保障可以满足信用信息的充足性、与征信目的相关性的情况下，保障信息采集行为限定在最小必要范围之内；另一方面需要信息是准确和完整及时的，信息准确是征信法律规范追求的一项重要内容。在信用信息不准确的情况下，所收集的信用信息将影响到对信息主体的客观评价，也将影响法律的公平追求。

目的限定和使用限定原则是最小化原则派生的内容。在征信目的下收集数据，并且在符合最初收集目的的情形下使用信用信息。这种规则确保了征信机构应当坚持最小化原则和必要标准收集个人信息和隐私信息。征信法律行为的目的限制原则要求在收集和随后的处理个人数据符合约定的目的。其中，最为重要的是应当坚持比例原则，比如，确保信息的收集是适当的。适当的界定是指根据征信目的的需要作出的与其目的实现相匹配的数据收集，包括对数据范围和数据数量的考量，应当体现与征信目的相匹配的比例；与征信的目的相关的采集，除此目的之外，应当严格限制信息的采集和使用；还有确保数据的采集不是超量的，防止进行大规模的数据采集和存储。此类规定的意义在于防止数据和计算机系统处理的随意性，加强对信用信息采集行为的具体法律标准约束。比如说，在此项原则下，软件、硬件、数据库和其他处理系统必须确保处理个人数据时不能"有漏洞"或者"浪费"，只能处理最少量的必要数据。[1]

信用信息质量原则对数据的准确和完整及时作出了具体要求。比如，美国《公平信用报告法》通过"合理的程序"确保最大可能的准确度。[2]所指的合理程序即是个人参与原则的体现，通过信息主体对获取的征信报告的异议程序，启动征信机构对争议信息的调查程序，在合理的期限内调查清楚，确保数据的准确，不准确的信息需要在 30 天内删除，并且永久禁止再次采

---

〔1〕　［德］Christopher Kuner：《欧洲数据保护法——公司遵守与管制》，旷野、杨会永等译，法律出版社 2008 年版，第 79 页。

〔2〕　see Fair Credit Reporting Act, 15 U. S. C. § § 1681–1681 (u), as amended.

集。对于争议信息，征信机构同时应当通知信息提供者，经过核实的数据应当通知信息提供者同步更正。相对地，为了加重对信息提供者的连带责任，法律规范通常也设置信息提供者在信息存在争议时的责任，信息提供者有法律义务调查、矫正和更新相关争议内容的信息。如果信息异议成立，应当及时通知征信机构，也在一定程度上保障了信用信息的准确和完整及时。通过个人的异议程序参与，及时纠正存在的错误信息或者不完整信息，从征信机构到信息提供者都启动调查程序，最终根据调查情况作出更正或者删除或者保留标记的结果，最终结果应当通过全国征信机构的联合通知系统来通知其他的征信机构，确保征信信用信息在全国范围内的准确、完整和及时。[1]征信法律行为通过遵循法定的程序，最大限度地保障征信信用信息的准确，确保了征信法律行为的行为结果和客体的合法性。

（四）征信法律行为的正当程序

正当程序起源于英美法系，最早的正当程序主要是指司法上的正当程序，1215 年《英国大宪章》第 39 条规定，"凡自由民除经贵族的合法裁判或根据国家的法律追究之外不受逮捕监禁，剥夺放逐或用任何别的方式加以摧残"。在不断的理论完善和法律实践中，正当程序得到了广泛的认同和重视。程序正义是通过正当程序达到的价值目标，而正当程序是程序正义得以生成的制度基础。[2]在实体正义和程序正义中，在某些法律领域，其重要性超过了实体正义，程序正义不仅是一个程序原则，也是法治体制、社会正义及基本价值的核心。[3]无论是纯粹的、完全的、不完全的，三种程序正义类型均是实现实质正义的并行的同等重要的概念。[4]

体现在立法和法律规范中，就是需要摒弃重实体轻程序的做法，通过比较我国的征信立法与域外的法律规范可以发现，我国的征信立法在程序操作方面，显得相对薄弱，缺乏对程序和操作细节的规范。当前世界上较为完善的征信立法就是对征信机构设定一系列的程序性义务，确保征信机构能够严

---

〔1〕 李清池、郭雳：《信用征信法律框架研究》，经济日报出版社 2008 年版，第 56 页。

〔2〕 刘少军："通过正当程序实现实体正义"，载《安徽大学法律评论》2005 年第 2 期。

〔3〕 朱延斌、谢春华："浅论程序正义的内涵及独立性价值"，载《法制与社会》2007 年第 11 期。

〔4〕 ［美］约翰·罗尔斯：《正义论》，何怀宏、何包钢、廖申白译，中国社会科学出版社 1988 年版，第 80-83 页。

格按照这些程序实施征信法律行为，同时，保护征信立法的核心价值的实现。例如，信息主体的知情权和获取权的实现，法律规范就明确征信机构如何提供清晰的内容和查询的渠道，如何确保信息主体以相对容易的方式了解自己的信息被采集和使用的情况。这些都体现了征信法律对征信行为的法律程序刚性约束，通过征信行为的法律程序正义实现法律对实体利益的保护和调整。

本书认为，提出征信法律行为的范畴并对征信行为的法律行为证成具有理论意义和现实意义。从我国研究征信的法律学者中提出"个人征信法律行为"的范畴寥寥无几，个人征信法律行为是指能够引起个人征信法律关系发生、变更和消灭的法律事实。[1]此定义，一是在法律范畴上不甚精准，法律事实是一个更加广泛的法律范畴。虽然其包含了法律行为和法律事件，但是精神在于表述客观事实。法律事实强调的是依法能够引起法律关系产生、变更、消灭的客观情况，如果个人征信法律行为是征信法律关系发生、变更和消灭的法律事实，那么个人征信法律行为是否包括了法律事件呢？二是理论上没有对其进行合法性论证，关于法律行为的理论在经济法领域的使用，尤其在征信法律范畴中还属罕见，征信法律行为是否存在，是属于民事法律行为还是属于经济法律行为，都需要进行充分的论证。

从前文对征信法律行为的提出和合法性证成可以看出，征信法律行为是征信机构依法定程序实施征信行为并产生、变更和消灭征信法律关系的行为。在征信法律行为的范畴上，为什么认为征信法律行为不应当属于一种私行为，而是一种经济法范畴的行为？主要基于以下几点原因。

一是基于征信法律行为的本质特征。民事法律行为本质上是一种意思表示的行为，作为民法的特定概念，合法与否不是定义的核心。在民事法律行为中强调合法性，容易造成民事法律行为的概念冲突，反而凸显公权对意思表示自由的干预，违背了意思自治的内涵和精神。但是，本书所提出的征信法律行为，本质上恰好是法律作为强制力的介入调整的体现，需要强调的是依法作出的经济法律行为。如同行政行为一般，如果没有依法作出行政行为，其必然不是合法的行政行为，也不得产生其应有的法律效果，造成了行为的瑕疵。征信法律行为也是如此，是一种法律规范的行为，不是基于行为主体

---

〔1〕　翟相娟：《个人征信法律关系研究》，上海三联书店 2019 年版，第 181 页。

的意思自治下的意思表示即可完成的行为，而是一种依法采集、处理和使用信用信息的行为。

二是基于征信法律行为的法律规范的行为范式。征信法律行为范式在于经济法领域形成的法律规范行为模式，是诸多行为约束的法律规则规范下的行为体系。经济行为是生产、流通、分配和消费等经济活动的行为，由于市场有特定的运行规律和机制，经济行为应当遵循市场规律和原则。[1]如同在公路上驾驶的行为，在一系列交通规则中存在的行为，征信法律行为是一种连贯的行为，是征信机构对征信产品从生产到使用的全部行为的总称。民事法律行为的行为范式强调的是单一引起法律关系产生、变更、消灭的行为，甚至包含了消极不作为的行为范式。

三是基于征信法律行为的特定经济法律关系的行为。征信法律行为中，征信机构在信息收集时并非与信息主体存在物权、债权或者侵权的法律关系，而是一种依法采集信息的行为。信息主体的同意原则是一种知情权下的决定权，因征信法律行为是在法律授权之下已经可以为的行为，而不需要一种个体的授权可以为的行为。相对于个体而言，个体可以选择同意和不同意，而不是一种民法上的授权或者契约行为，是法律设定的个人信息隐私权利或者法人信息资源控制权让渡权利的行为。征信机构在收集信息、存储信息、处理信息、分析信息的行为过程中，是一种自主行为。

综上所述，征信法律行为应当被认定为经济法范畴中经济行为的一种行为，是一种具有公权与私权相互结合的经济法律行为，一种经济权利与义务相结合的经济法律行为，同时也是一种法律约束规则规范下的经济法律行为。并且，与民事法律行为不同的是，在违反法律的情况下，可能产生民事责任、行政处罚责任或者刑事责任的行为。

第二节　征信行为监管的利益平衡原则

征信管制规则与征信责任相适应的原则强调了征信立法应当遵循对征信数据采集的基本约束原则。赋予征信机构和使用者遵循规则采集、处理和使

---

〔1〕　薛克鹏：《经济法基本范畴研究》，北京大学出版社 2013 年版，第 78-82 页。

用数据的权利，同时明确征信机构和使用者应当承担的对应法律责任，确保征信行为的自我约束和法律约束达到合理的水平。所以，个人数据保护方面强调经济合作与发展组织的"八项原则"，可以发现其内在形成了严密的逻辑，各项原则之间相互联系、相辅相成。

一、征信行为监管利益平衡的目标

从各种征信模式和法律规则框架来看，各国在征信立法上基本围绕着个人信息权利保护这一核心开展，形成了完整的保护个人数据信息的规则和约束征信机构及其使用者的行为规则体系。征信法律也体现在赋予个人对个人数据保护的一系列权利，通过这些基本的保护手段赋予个体针对数据采集、控制、处理和使用的各个环节的个人参与和个人基于数据权利的法律主张，以消除征信机构及其使用者对个人数据权利的非法入侵。欧盟根据大数据时代的特征提出的反对权、被遗忘权、可携权，均立足于个人数据保护的根本立场，体现了 20 世纪 60 年代以来，在后工业时代对金融消费者权益的保护和个人信息保护的倾斜。

在征信机构及其使用者的行为约束上，基本遵循了经济合作与发展组织1980 年颁布的《隐私保护和个人数据跨境流通指南》所总结的国内法适用的个人数据利用和保护八项基本原则，不断修改完善，形成了个人数据利用和保护的基本原则。[1]通过遵循这些规则建立了对征信机构及其使用者的行为限制规则，从而确立起来了系统化的征信业行为规范。所以，法规的框架基本是从两个方面入手建立征信业基本法律规则，一方面，通过个人的参与，赋予个人数据保护的各项权利和手段，促使个人对数据的控制和知悉，维护自身利益。另一方面，通过征信机构及其使用者的行为约束，由征信机构及其使用者确立征信基本行为规则，通过这两个方面的结合，能够很好地起到保护个人数据权利的作用。

然而，法律并非一成不变。在经历了信息化高度发展之后，互联网时代的到来，大数据的挑战，以及各种网络空间的存在，为法律的调整提供了新的社会经济环境基础和物质条件。个人数据的权利体系和个人数据保护的基

---

〔1〕　高富平主编：《个人数据保护和利用国际规则：源流与趋势》，法律出版社 2016 年版，第 6 页。

本规则的内涵也处于调整和发展之中。综观美国《公平信用报告法》、德国《联邦数据保护法》、欧盟《个人数据保护指令》等征信法律制度，都历经了多次修改，其内容和体系在不断完善之中。包括经济合作与发展组织的《隐私保护和个人数据跨境流通指南》也历经修订，面对大数据时代的机遇和挑战，每个国家都希望可以充分利用信息技术和大数据分析技术来发展本国经济，提升国家治理水平，优化社会服务，造福人类社会。因此，经济合作与发展组织的基本原则也没有停止发展的步伐，而是需要通过不断吸收完善，丰富内涵，更好地适应社会发展的实际情况。

法律往往赋予特定利益作为核心利益进行广泛的保护，对其他利益则不予以保护或仅予以较小的保护；同时设置了命令、限制或者禁止性行为，以及对违反强制性规范的行为进行制裁，这种对权利的赋予或拒绝，以及对责任的分配等都是法律的内在价值评价。法律价值目标是法学研究的首要原则和指导司法实践的基本准则，围绕法律价值目标的法律制度构建赋予了当代法部门的划分和法学研究的现实意义，得以重新建立起当代法学体系。法律价值目标才是法的真正灵魂，才是不同法部门划分的本质性标志。

所以，考察征信行为的利益关系平衡，首要的是在个人利益、社会利益和公共利益中进行平衡。庞德认为法律所确认保障和实现的三种利益，个人利益是个人生活包括人格、家庭关系、物质利益三类的主张、要求和愿望；社会利益是包括一般安全、社会组织安全、一般道德利益、保护社会资源、一般进步利益、个人生活方面六类的行为或者利益主张；公共利益包含了国家作为法人和国家作为社会利益捍卫者两类利益。这些利益彼此重叠，需要一种从经验中寻找无损于整体利益方案条件下的利益调整，能在最小阻碍和浪费的条件下调整关系和安排行为的方法。[1]对征信机构所带来的社会经济利益，需要加以法律保护、确认、规范其合法性，从而达到促进社会经济发展的目标。在这个目标的并行目标之中，还有以个人利益代表的信息主体的利益，也是征信法律对信息隐私权的保护，体现了法律对个人信息的人格利益的核心价值保护。当然，这种利益关系在公共利益的目标之下，个人利益得让位于公共利益。个人利益、社会利益和公共利益得到了一种法律的平衡，

---

〔1〕 ［美〕罗斯科·庞德：《通过法律的社会控制》，沈宗灵译，商务印书馆2010年版，第66页。

促使征信业得以繁荣和健康发展，最终服务于信息主体，服务于社会经济发展。

二、征信行为监管利益平衡的基本原则

征信法律行为的范式从无法可依到法律规范的过程，恰恰说明了征信法律行为是经济利益平衡的产物。拉伦茨认为，立法通常受到了法所要调整的特定领域的目的、正义考量的指引，而对法律的评价是其最终基础。在构建征信行为监管利益平衡的时候需要遵循以下基本原则。

一是坚持征信业发展的社会经济利益平衡的基本原则。从征信机构的发展历程来看，从熟人之间的个人信用担保、发展到公司介入收集信用信息、再到全国性乃至全球性的征信机构和公共信用系统进行规范化和专业化的征信活动，恰恰证明了征信业是这种信息交互评价的中枢。社会经济生产交易通过发现一种高效的组织方式来开展信用收集活动，逐步形成了一种第三方的强制信用信息供给制度。

征信业发展的路径遵循了从脱离个人的收集和信用对价到征信机构的专业化发展的过程，本身就是金融市场发展和繁荣带来的一种产物。零散、碎片化的信息收集无法适应现代化金融频繁的交易需要，促使专业的征信机构的形成和发展，并不断通过提高效率、确保信用信息公平和准确地提供给市场的需求方，促进信用评价交易的发生。征信机构的存在就是这种信息中枢作用。法律的创设，一方面，保护了信息主体的权利；另一方面，在法律制度演变的过程中，也进一步确定了征信机构所拥有的这种征信法律行为的合法性存在。

二是遵循征信的经济法价值目标评价的利益平衡原则。经济法行为是一种体现经济法价值目标的行为，经济法行为规范是一种体现着特殊的法行为价值目标的行为规则体系，是一个在整体经济利益价值目标下建立起来的法行为权利（权力）义务（职责）体系，是不同法行为价值目标的特定边际均衡点。[1]例如，征信法律规范中对信息主体的隐私权的核心价值保护，对征信机构实施的征信法律行为的强制性规范的体系建立，就体现了类型化价值归类的趋势。单纯的概念法学的"抽象涵摄"方法无法完成对法律规范的全

---

[1] 刘少军："经济法行为性质论"，载《天津师范大学学报》（社会科学版）2009 年第 1 期。

部评价，所以，造成法律定义的局限性在于无法涵盖整个社会法律规范中可能包含的一个或多个不能作为单纯涵摄的要素。为此，以价值评价导向的类型化方法是另外一条分析进路，该方法总是维持其与指导性价值观点间的联系，其思维过程指向了所有被考量的特征的价值导向，促成整体类型的核心价值，借此实现了价值的归类。通过价值导向型思维，法官借此对于大多数案件就会有一个客观的评价；借助类型，法律的发现和解释都将趋于客观性和科学化。[1]

我们可以发现，征信机构的发展背后，实际是市场推动的结果。市场经济效率的提高，形成了行业的信息集中，这是一种社会经济发展的内生力量促成的，是一种社会生产的产物。法律只不过是进一步确认和平衡了这种状态，加强了介入和规范，从而产生了新的征信与法律的相互关系。法律最终通过规范赋予征信机构可以行使征信调查，开展信息收集和分析活动，这种服务和咨询活动本身就是对隐私权等私权的介入和入侵。如果按照信贷契约的相对性，征信机构的征信活动本身只能作为第三方机构委托进入。但是，征信活动为什么可以相对独立地存在，并在信贷契约之前存在，实质上也是信息主体权利和责任分配的结果。为什么赋予信息主体的同意权利，信息主体让渡了一部分隐私权，促使了征信机构通过征信的手段可以对征信主体的信用进行调查、评价，这是价值评价的表现。

这也是征信业需要征信机构保持独立性的一个根本原因。征信机构必须在债权人和被征信主体之间保持一种客观的中立，确保其对信用的评价结果是基于正确的程序所获取的信息，并形成客观科学的评估报告。如果信用信息无法保障信息的公平准确、客观完整，将导致征信机构缺乏存在的基础。征信机构的征信活动如果以侵害信息主体的权利为导向，那么，征信机构面临着征信主体的侵害求索。所以，必须建立一种法律规范体系，确保征信法律行为在合法的范围内开展征信活动。

三是遵循法律规范利益调整动态平衡的基本原则。征信机构的征信法律行为，包括了信用信息的采集、处理和使用权，征信调查权，信息共享权，有限豁免权等基本权利。征信机构的征信调查权是确保征信机构可以开展征信活动的必要手段，当然，这种手段必须基于合法的信用目的，基于正当的

---

〔1〕 程淑娟："商行为：一种类型化方法的诠释"，载《法制与社会发展》2013年第3期。

法律程序，确保在不侵害征信主体的合法权利的情况下开展。信息共享权和有限豁免权，是征信市场高度发展和征信技术手段高度发达之后，面对大量的征信活动，为了适应这种变化而发展出来的作业形式，传统的方式是当债权人需要征信信用信息的时候，委托征信机构开展征信活动，获取相对人的信用信息。现代大规模金融活动高速发展，随着数据时代的到来，信息技术促使了信息的集中，带来的一个新的情况便是，征信机构为了确保信息的高效、及时和准确，其通过沉淀和不断地事先收集，建立起信用信息数据库，以档案的形式保持更新。

所以，这种信用信息数据库的建立，确立了一种新的社会标准。通过法律制度安排得以合法存在，也带来了一种新的价值，即是信息有效集中和自由流动。据此，破除信息孤岛，促使信用信息的标准统一，信用信息得到有效共享。如果没有这个发展路径和法律规范的介入，利益没有得到有效平衡，那么大规模的现代征信业就很难形成。而有限豁免权是征信机构责任分担的机制，就是在征信主体发现信用信息存在错误或者遗漏的情况下，可以豁免征信机构承担法律责任，征信机构在遵循法定程序之下，可以先进行核对和调整。当然，这种豁免权是有限度的，是基于征信机构没有主观故意、及时核对调整信用信息为前提的。如果征信机构存在主观故意，或者对信息主体的异议权不予以重视和及时调整，造成了信息主体的信用评价遭受非法的侵害，那么，将导致法律责任的再次分配，将承担故意或者不作为的法律责任。

总之，征信法律行为围绕着信息主体的隐私权保护，产生追求信息的自由流动的价值。通过法律体系建立起了征信法律行为的规则，更多地体现出了强制性约束的行为模式，是利益平衡之后的结果。

第三节　域外征信行为监管机制

一、域外主要国家征信行为规则与约束机制

（一）美国征信行为的约束规则

1. 通过单行法建立完善的征信行为规制法律体系

美国对征信业的立法规制采取单行法的方式。美国对征信业采取多层次

的立法规制，包括宪法修正案中的权利法案所引申的法律规则，联邦立法、州立法、法院判决和行业自律规则。[1] 征信法律规制基本由三个方面组成。

第一方面是直接规范征信的法律规则。自 20 世纪 70 年代以来，美国相继出台了 17 部法案形成了一个征信规制的成文法体系。目前，"《诚实信贷法》《公平信用报告法》《平等信用机会法》《公平债务催收作业法》《信用修复机构法》五部法案的最新版本收录于美国法典第 15 卷第 41 章"，[2] 形成了征信的法律框架的核心，成为美国关于征信立法的最基本的法律制度，逐步发展成为征信业基本完整的法律监管体系。

第二方面是专门保护个人隐私的法律。主要包括美国《隐私法案》《有组织犯罪控制法》《财务隐私权利法》等。

第三方面是关于政府信息公开的法律。政府信息也是征信机构信用信息的主要来源之一，构成了征信法律体系相互衔接的组成部分，为征信业收集政府信息提供法律依据。主要有《信息自由法》《电子信息自由法修正案》《联邦咨询委员会法》和《阳光下的联邦政府法》等。值得注意的是，2003年美国《公平与准确信用交易法》规定各州和地方政府不得超越《公平信用报告法》采取更加严格的标准，以此确保信用信息在美国境内的自由流动。此举可以防止州政府制定比联邦更严格的金融隐私保护措施和标准，而导致征信机构、信息的提供者与使用者适用不同的标准，最后阻碍信用信息的有效供给。[3]

2. 严格限制征信机构的信用报告使用范围

基于保护消费者的隐私权不受到侵犯，又确保征信机构有法可依，促进征信业发展的大背景下，[4] 美国《公平信用报告法》对适用范围和征信机构做了详细的界定，主要包括征信机构、信用报告使用者、信用信息原始提供者或者信息主体。美国的征信机构通常是指以收集获取信用信息，生成消费者报告，以供第三人参考使用的企业法人。征信机构在进行信息收集、使用、分析和处理过程中应当遵守依法开展，并保持客观公正，尊重个人隐

---

[1] Fred H. Cate, "The Changing Face of Privacy Protection in the European Union and the United States", 33 *Indiana Law Review* 173, 196–219 (1999).

[2] 廖理："美国个人征信业的发展阶段和制度建设"，载《人民论坛》2019 年第 21 期。

[3] 李清池、郭雳：《信用征信法律框架研究》，经济日报出版社 2008 年版，第 51 页。

[4] 孙志伟：《国际信用体系比较》，中国金融出版社 2014 年版，第 99 页。

私等基本原则。基于规范征信机构个人信息的公平、准确和隐私保护，美国《公平信用报告法》确立了征信机构的业务规则和消费者参与相互结合的平衡机制。

首先，美国《公平信用报告法》要求征信报告机构应当依法采取合理的程序收集和公开信息主体的个人信息，并最大限度地确保征信报告的准确性，避免提供不准确的或陈旧的信息。从美国《公平信用报告法》对征信报告作出的详细定义可以看出，美国的消费者征信报告的范围包含了正面信息和负面信息，征信报告中应当载明信息的来源，以及该法中所规定的信息主体的权利。并可以收集"个人消费特点和信用品格"等带有个性信用色彩的信息，体现了美国对个人信用信息的使用弹性。

其次，严格限定消费者征信报告使用范围。对征信报告的使用范围作了明确和严格的限定，只能在法定的情形下才能得以披露使用。[1]任何其他目的，需要法院的决议或该消费者的同意。不得因预见未来将会被允许的目的而披露使用消费者报告。[2]通过征信使用合法目的性的要求确定了征信报告披露使用的情形，除以上的法定情形下披露使用之外，不得将个人征信报告用于其他任何民事、行政或刑事诉讼程序或者其他目的。

3. 建立严格的征信行为约束规则

对于征信机构，美国征信法案也严格规范了征信机构和信息使用者的依法开展征信行为，建立严格规则体系。其规则包含了征信报告的使用主体；负面信息删除的期限和分类；关联和非关联金融机构的信用信息使用披露义务；不得披露给非关联第三方机构；个人医疗信息的特殊禁止；信息保密规

---

〔1〕 Fair Credit Reporting Act, 15 U. S. C. §§1681-1681（u），as amended. 美国《公平信用报告法》关于征信报告的披露使用范围主要有：（1）与信贷交易有关的业务，包括信用展期和审查个人账户；（2）签订保险合同时；（3）任何其他消费者主动进行的商业交易，而信用报告的使用人有合法的商业需要；（4）基于法院的要求，必须是应有管辖权的法院发出的命令，或者是应联邦大陪审团审理诉讼而发出的传票；（5）为就业目的，但是必须要得到消费者的事前同意（尽管对于联邦政府机构的安全审查来说并不需要），以及如果雇主由于该信用报告而决定不雇用某人，那么必须要告知该消费者其作出决定所基于的特定信息；（6）按法律要求取得政府机构许可或授予其他利益的相应资格的信息；（7）为建立儿童抚养的个人支付能力或决定适当的支付水平，或者是应州或地方儿童抚养执行机构的要求。条文翻译参考李清池、郭雳：《信用征信法律框架研究》，经济日报出版社2008年版。

〔2〕 Fair Credit Reporting Act, 15 U. S. C. §§1681-1681（u），as amended.

则；信息存储安全规则；信息和报告的销毁程序；异议的调查通知程序等方面。[1]《金融服务法现代化法案》规定金融机构应当确保客户数据的安全和保密，必须将数据存储于隐蔽的媒介中，并采取特定的安全措施来保护数据存储及其传输安全。[2] 1996 年《消费者信用改革法》对征信机构施加了新的法律责任，征信机构应当调查不准确信息并通知信息主体的调查结果以及向消费者提供调查报告，信息提供人如果与征信机构分享信息，同样也要承担信息主体异议的调查核实责任。[3]

此外，《诚实信贷法》及其实施规则，建立放贷机构强制信息披露制度，放贷机构应当向金融消费者书面披露贷款的时间、形式、内容、标准、年化利率等基本信息，成为金融信贷市场透明度的基础，有利于确保信贷机构公平对待金融消费者。《公平信贷机会法》建立公平信贷的基本制度，征信授信

---

〔1〕 Fair Credit Reporting Act, 15 U.S.C. §§1681-1681 (u), as amended. 美国《公平信用报告法》对征信行为的限制性规则主要有：（1）限制征信报告使用主体，只有有合法需求的主体，通常为银行、保险机构、雇主、房东或者其他从事信贷业务的公司才有权访问信息主体的征信报告。（2）负面信息过期删除，法规规定征信报告中的负面信息最长保存期限为 7 年，7 年后必须从档案中删除。适用例外时限规定，应当披露的情形有：涉及破产、涉嫌犯罪等信息；申请超过 15 万美元的贷款；申请保险金超过 15 万美元的保险合同；或要申请工资超过 7.5 万美元的职位的。（3）金融机构在与消费者客户关系存续期间，每年负有义务明确告知信息主体有关其向联营机构和非联营第三方披露的，信息主体的非公开个人信息的具体政策和程序。（4）金融机构不得将信息主体的存款、交易及信用卡账户号码披露给非联营第三方用于营销活动。（5）个人医疗信息隐私禁止使用权利，信息主体的医疗信息被禁止在信贷征信和任何方面进行获取或使用。（6）信息保密规则，不允许在信贷等个人业务中在收据或者其他文件上公布完整的社会信用安全号码。（7）强调个人隐私保护和数据安全保护，《金融服务法现代化法案》规定金融机构应当确保客户数据的安全和保密，必须将数据存储于隐蔽的媒介中，并采取特定的安全措施来保护数据存储及其传输安全。（8）建立合理消费者报告销毁程序。联邦贸易委员会为此出台了相关文件监管征信机构及银行、保险公司、雇主、政府机构、抵押经纪人等消费者报告销毁程序，要求使用合理和适当的方式进行处置，防止消费者报告中的信息未经授权而被访问或被使用。（9）1996 年《消费者信用改革法》对征信机构施加了新的法律责任，征信机构应当调查不准确信息并通知信息主体的调查结果以及向消费者提供调查报告，信息提供人如果与征信机构分享信息，同样也要承担信息主体异议的调查核实责任。条文翻译参考李清池、郭雳：《信用征信法律框架研究》，经济日报出版社 2008 年版。

〔2〕《金融服务法现代化法案》也称为《格拉斯—里奇—比利雷案》，1999 年由克林顿政府提交金融监管改革绿皮书，并经过美国国会通过，废除了 1933 年《格拉斯—斯蒂格勒法案》有关条款，在美国金融立法上具有重要意义，结束了美国长达 66 年的金融分业经营的模式，目的在于加强金融行业中银行、证券和保险的竞争水平，从法律上消除了银行、证券、保险机构的业务范围边界，允许银行和证券、保险混业经营。关于客户数据安全保密在本法案的第五编中进行了规定。

〔3〕 李清池、郭雳：《信用征信法律框架研究》，经济日报出版社 2008 年版，第 56-57 页。

不得对信贷申请人的性别、婚姻状态、种族、宗教信仰、年龄等因素作出歧视性待遇，也不得因申请人的配偶存在不良信用记录而歧视申请人，也不能询问贷款人的生育计划以及由此假设申请人因为生育而失去工作和收入，该方案确保美国金融消费者的信贷机会平等，对政府机构、信贷机构和个人提供信贷服务作出了严格的管制。《公平债务催收作业法》对债务催收方进行了严格监管，采用列举的立法例对催收方的滥用权利的行为进行了界定，保护了债务人及其亲朋免受非法催收的不法侵害。《信用修复机构法》严格规范信用修复机构应当履行义务告知债务人自身享有征信不完整、不准确信息的知情权、异议权等，所提供服务应当与债务人签订明确详细的服务协议，防止欺诈或者误导债务人进行伪造或者篡改信用记录，或者误导债权人在服务前收费等行为。

4. 建立与征信行为相适应的法律责任

根据美国《公平信用报告法》建立完善的法律责任，征信机构或者信息使用者存在侵害信息主体的违法行为，应承担相应的民事责任和刑事责任。民事责任承担方面，主要集中在：（1）征信报告中存在故意造成的虚假信息或存在故意损害信息主体合法权益的虚假信息的情况下，征信机构、信息使用者或任何向征信机构提供信息的人应当承担诽谤、侵犯隐私或过失侵权法律责任；（2）故意提供错误的信用信息或拒绝当事人知情权的情形下，征信机构及其他机构承担对个人名誉权或隐私权的侵权责任。同时，《公平信用报告法》也赋予联邦贸易委员会强制有关征信机构和所有其他人遵守《公平信用报告法》规定的权力，其可以在美国地区法院启动民事诉讼对任何违反《公平信用报告法》的人主张民事罚款。在刑事责任承担方面，主要集中在以下两种危害性较为严重的行为：（1）以欺诈方式获取他人信用信息；（2）征信机构的职员或雇员未经授权而故意对他人信用信息进行披露。

（二）英国征信行为的约束规则

1. 建立完善的征信行为约束法律体系

英国的征信业的全球市场规模仅次于美国。与美国相同，英国的征信机构都是由私人组建和拥有。经过近200年的市场竞争发展之后，英国目前形成了以益博睿、艾可菲和阔尔信用为主的个人征信公司。鉴于市场主导的特征，英国征信监管的法律以对信息主体的权利保护为出发点，加强规范征信机构对个人数据的采集和使用。目前，英国征信行业相关的监管法律主要有三个方面：一是制定了专门规范征信业的法律，主要有 1974 年《消费信用法》。根据欧盟《个人数据保护指令》调整并做了重新修订，出台了 1998 年《数据保护法》和 2010 年《消费者信用监管规定》等。二是规范政府信息公开，界定政府与个人信息自由边界的法案，比如，《信息自由法案》和 2003 年《保密和电子传输条例》及 2004 年《环境信息条例》等。三是主要有《追债指导——不公平商业行为的最终指导》和《追债合规性审查指南》等法律，以保护消费者权益，监管追债的行为。

2. 确保对征信机构行为实施严格规制

英国对征信业的法律规制的核心内容之一是对个人征信信用信息的收集和使用作出了严格的规范，具体体现在以下几个基本规则上。（1）征信机构应当基于公平合法的方式收集个人信息；（2）收集个人信息应当事前征得信息主体的同意；（3）所收集的信息不得超过已声明的目的所关联的范围，涉及国际安全、犯罪、医疗健康等个人的相关敏感数据不得收集；（4）应当确保信息准确和及时，应当通过技术手段保持信息每月得到更新；（5）过期信息不得保留和使用；（6）应当依据个人合法权利处理信息；（7）信息应当得到安全妥善的存储和保护；（8）未经信息主体同意，不得查询和使用个人征信报告，不得将个人数据向第三方披露；（9）获得损害赔偿的权利，个人数据受到不法侵害造成损失的，可以请求征信机构承担民事赔偿责任；（10）个人信息不得传送和泄露到欧盟以外的地区，特殊情况例外。

3. 限制征信行为的合法性目的

英国的立法特别强调征信的合法目的性法益，英国《数据保护法》提出的个人数据的收集、处理和使用必须遵守"合法利益"目的，不能侵害信息主体的个人信息权益和信息自由。其合法利益的目的主要基于：（1）信贷业务中的信用评估、授信决策、统计分析；（2）用于客户身份地址验证，以及用于对欺诈、洗钱等犯罪行为的监测防范；（3）客户账户管理，帮助放贷机构维护客户账号准确，识别早期风险和调整信用额度；（4）合法的追踪和债务回收需要；（5）营销名单的筛选，可以用于不符合条件人群的筛选，但是，不能用于识别和选择潜在的客户；（6）法律许可的和监管部门要求的目的。通过法案，一方面，限制征信机构必须基于合法利益目的采集、处理和使用个人信用数据；另一方面，法案为了平衡合法利益，征信机构基于此种目的可以排除信息主体的基于非法目的的数据携带权，拒绝信息主体在法律强制性规定的情形下将其个人数据无障碍地转移至另一家数据控制机构；也可以拒绝信息主体基于非法目的或者掩盖不佳信用记录而提出的信息修改删除权；还可以用于限制信息主体的"Opt-in"（选择进入）的绝对权利。如果数据处理是为了保护其他自然人或者法人的权利或者公众利益，征信机构也可以拒绝信息主体提出的申请。[1]

英国在个人信用信息使用与政府机构的关系上也进行了规范。司法、警察等政府部门依法可以在法律许可的范围内查询个人信息，但是需要支付一定的费用。同时，对于政府部门超出"合法目的利益"法律规定的查询行为，征信机构基于保护消费者权益可以作出拒绝；政府部门被征信机构拒绝以后，如需进行查询的，应当获得法院的判决许可。通过设定这些法律规则严格约束信用信息的使用目的。

（三）德国征信行为的约束规则

1. 建立完善的征信法律体系

德国主要通过《德意志联邦银行法》规范公共征信系统，对征信业监管规制的法律主要集中在个人信息保护上，先后制定了多部法律。主要有 1970 年在德国黑森州通过了世界上第一部关于个人数据保护的法律《黑森州个人数据保护法》；1970 年还颁布了《分期付款法》；1976 年制定了《一般交易约定法》；1977 年通过了《联邦数据保护法》；1990 年对《联邦数据保护法》进行了修订。有关个人数据保护的法律还有《电信服务数据保护法》《信息主体金融法》等。

德国的信用体系的特点以公共征信为主体，之后也发展出了私营征信机构和行业协会相结合的混合征信模式，信用评级机构主要由行业协会自律组织管理。由于德国属于大陆法系，法律体系主要依靠法典统一编纂进行规范，根据这种市场机构，有关征信涉及的法律规则分散于各种民商事法律和诉讼程序法中，比如，联邦政府实施的《商法典》（HGB）和《信贷法》（KWG）等多部法律。德国的征信立法重点是对个人数据保护进行严格立法，将个人

---

〔1〕于真、杨渊："英国征信机构《个人数据处理公告》解读"，载《征信》2018 年第 10 期。

数据权利保护定义为民法上的一般人格权进行规范。对个人数据保护以 1977 年《联邦数据保护法》为核心，该法以个人数据保护的鼻祖《黑森州个人数据保护法》为样板，历经多年修改，至今成为大陆法系关于个人数据保护的典范。[1]

2. 对个人信息收集范畴的严格限定

在个人数据保护方面，德国在欧盟的法律体系下，建立了完整的个人数据保护法律体系。其中，1977 年《联邦数据保护法》是德国最主要的数据保护法规。后根据欧盟的《个人数据保护指令》进行了多次修改。根据 2002 年《联邦数据保护法》第一章第 3 条第 1 款对个人信息作出了定义，指任何与一个身份已识别的或可被识别的个人（信息主体）或者具体情况有关的信息。该定义与欧盟《个人数据保护指令》关于个人信息的定义保持一致，个人信息的定义涉及对个人数据的范围和外延的界定，是数据保护范围划分判断的基础。即使在欧盟《个人数据保护指令》的统一界定下，欧盟各成员对于个人信息的定义也存在诸多差异。然而德国的定义显得相对严谨和符合实际情况。个人信息的识别包含了三层意思：一是信息的可识别性，即通过数据的内容或者数据链条形成的内容可以直接或者间接识别出特定的个人；二是信息与个人身份的关联性，该信息必须是与个人的信息和身份紧密相关的，身份主要涉及的是个人的基本特征、人格特征、身份号码、家庭住址、性别、宗教等和人紧密相关的信息；三是信息类型的广泛性，不仅仅是数字或者事实，还可能是图像等任何信息类型。

3. 对征信行为的严格法律约束

德国通过立法对数据控制主体和使用者提出了诸多约束规则：一是目的限制，基于合法目的进行收集和处理。二是最少数限制，任何收集、处理和使用个人数据的，应当遵守最少数据原则，尽可能少量地收集个人数据，没有必要的数据的，不得采集。三是敏感数据一般禁止收集。四是基于自身目的收集，应当是基于合同关系、数据控制者的合法利益或者以从公共资源获得等形式进行收集。五是采取安全措施，数据控制者和使用者应当做好法律要求的安全措施，确保数据安全。六是设置数据保护专员，对数据收集、处

---

[1] 江宇、刘碧芳、黄昀："国外征信立法模式比较及其启示"，载《福建金融》2014 年第 A2 期。

理和使用提出建议和监督。七是违规声明义务，如果数据控制者或者使用者存储了敏感数据或者专业秘密数据、犯罪数据、银行或信用卡数据的，出现了数据被非法交易由第三方非法获取，数据主体的权益存在受到损害的风险时，应当履行声明义务。八是严格的法律责任，征信机构非法获取数据或者获取非法个人数据，无论过失或者故意非法处理或者转移个人数据，或者故意侵害或基于牟利收集、处理和传输个人数据，均被认定为违法行为，并需承担相应的民事、刑事法律责任。[1]

（四）欧盟征信行为的约束规则

欧盟范围内的国家存在不同的征信模式。迄今为止，欧盟成员有德国、法国、意大利、西班牙、葡萄牙、比利时和奥地利等14个国家采取公共征信主导型模式。有瑞典、波兰、荷兰、匈牙利、芬兰、丹麦等12个国家采取私营征信主导型模式。差异比较大，但是欧盟通过立法将欧盟的法规适用于欧盟成员，促成了欧盟国家在保护个人数据法律框架最低水平方面基本保持一致。

1. 约束征信行为的法律体系

欧盟各国除本国的法律之外，各国征信行业机构还需要遵守欧盟制定的征信相关的法律，主要是欧盟的相关的个人数据保护的指令。目前欧盟形成了多层级的征信法律体系：一是欧盟宪法层面《欧盟基本权利宪章》中关于个人数据保护权利规定。二是欧盟层面的数据保护相关指令，主要有《个人数据保护指令》《数据保护指令》《关于在信息高速公路上收集和传递个人数据的保护指令》《隐私与电子通讯指令》《消费者信用指令》和《资本要求指令》等法令的约束和管理。三是欧盟各国国内基本数据保护法律，比如德国2002年《联邦数据保护法》和《电信服务数据保护法》，法国《消费者保护条例》和《信息技术与自由法案》，西班牙《个人数据保护法》等。[2]

欧盟《个人数据保护指令》建立了系列原则，对征信机构的征信行为作出认定规范，包含了特定目的使用原则，数据准确及时，数据安全，敏感信

---

〔1〕　姜天怡："《德国联邦数据保护法》对我国个人征信权益保护的启示"，载《黑龙江金融》2012 年第 12 期。

〔2〕　邹芳莉："欧盟国家征信立法中对信用信息主体权益的保护及启示"，载《西南石油大学学报》（社会科学版）2012 年第 4 期。

息需要特殊保护，数据处理要透明，限制二级使用或传送等约束规则。[1]
2000年欧盟制定了《欧盟基本权利宪章》，从欧盟宪法层面将个人数据权利
纳入基本人权范畴，规定个人享有数据受保护的权利，个人享有数据查阅权、
更正权及其他权利。随着互联网近20年的快速发展，物联网技术的出现和大
数据等运用，网络空间变得越来越复杂，个人信息数据呈现爆发式增长，个
人信息在网络空间的链条越来越暴露，个人信息侵权的情况纷繁复杂，传统
的个人信息保护框架已无法应对大数据时代的挑战。加之各成员国内法的差
异和国内法管辖的障碍，造成了欧盟内部数据流动的极大困难。[2]2016年，
欧盟重新起草了《统一数据保护条例》[3]，提出了较高的个人数据保护
水平。

2. 欧盟立法对征信业监管产生的影响

欧盟《统一数据保护条例》收紧了对征信行业的监管要求。对征信行业
的发展带来深刻影响，对征信机构和数据处理者的业务提出了新的挑战，征
信机构和数据处理者必须遵守严格的事前明确同意，并遵守数据主体的反对
权、被遗忘权和数据可携权所带来的影响。传统的对数字画像和大数据挖掘
技术等数据自动化处理方式的容忍得到了限制。欧盟的整体思路一方面认为
数字经济和新技术为信贷征信市场带来了积极作用，但是另一方面更加强调
金融科技等新技术带来的风险。主要是考虑金融科技是否造成了对特定部分
人群的排斥，是否加剧了对个人隐私的侵害，还有引入社交媒体数据带来的
新的数据保护问题等。如何平衡金融科技发展与市场监管，维护金融消费者
数据权利安全与数据共享流动之间的尺度，是摆在监管者与征信机构和数据
处理者面前的一个恒久的问题。《统一数据保护条例》对征信业带来了深刻的
影响，对传统的数据保护框架作出了重大改革。[4]

在《数据保护指令》之外，欧盟通过《隐私与电子通讯指令》对欧盟成
员国在公共通信网络和公用电子通信服务方面设定了最低数据保护水平。对

---

[1] 李清池、郭雳：《信用征信法律框架研究》，经济日报出版社2008年版，第66页。

[2] 刘佳："欧盟数据保护新规对征信行业的影响"，载《经济研究导刊》2018年第20期。

[3] see Regulition（EU）2016/679 of the European Parliament and of the Council of 27 April 2016 on the protection of natural persons with regard to the processing of personal data and on the free movement of such data, and repealing Directive 95/46/EC（General Data Protection Regulation）.

[4] 刘佳："欧盟数据保护新规对征信行业的影响"，载《经济研究导刊》2018年第20期。

电信、传真、电子邮件、互联网和其他类似服务所涉及的数据保护问题做了规范。确保通信保密, 限制通信数据采集和处理, 限制未经请求的骚扰通信, 在用户知情或者有机会选择拒绝的情况下才能使用、存储 Cookies 和 "间谍软件"。确保设备与保护个人数据标准一致, 定位数据应当在满足用户同意或者匿名并提供增值服务所必需的期间的条件下才能使用。订户名录建立前应当通知订户, 并通过《数据留存指令》修改了《数据保护指令》中的数据留存条款, 即成员国为了特定目的可以限制《数据保护指令》所保障的一些权利。[1]

数据控制者和数据处理者承担相同的数据保护法律责任。《统一数据保护条例》要求数据控制者必须建立完善的内部控制制度, 建立完善的问责机制。需要设立数据保护专员专门负责本单位的数据保护工作; 数据采集和处理应当记录建档, 详细记录数据处理活动的全过程和相关措施; 建立数据保护与风险评估制度, 预先评估高风险数据处理活动的影响; 应当及时报告数据泄露的情况, 在 72 小时内报告监管机构, 对信息主体的权利和自由带来巨大风险的, 必须同时立即通知信息主体。

(五) 日本征信行为的约束规则

1. 制定完善的征信规制法律体系

日本针对征信业起草了专门的法律, 形成了完整的征信法律体系。

一是规范信用信息采集、处理和使用方面的法律。1983 年《贷款业规制法》(2006 年修订)、1983 年《分期付款销售法》(1984 年第一次修订, 2008 年第二次修订) 明确规范了信贷金融机构在个人信贷授信中应当通过个人征信机构查询征信情况, 同时要求个人征信机构之间的信用信息进行必要共享。

二是在政府信息公开和信用信息共享方面也制定了相应法律。1993 年《行政改革委员会行政信息公开法纲要》、1999 年《关于行政机关所保有之信息公开的法律》明确规范政府应当将其掌握的信用信息免费向社会公开。

三是针对行业监管方面, 2009 年《金融工具和交易法案 (修订案)》和 2009 年《内阁府令》明确由日本金融服务局对信用评级机构的业务进行监

---

〔1〕 〔德〕Christopher Kuner:《欧洲数据保护法——公司遵守与管制》, 旷野、杨会永等译, 法律出版社 2008 年版, 第 107 页。

管，并建立了评级注册制，并对评级的质量控制、轮换制、管理委员会和合规管理等具体监管内容作出了规范。

四是专门针对个人信息保护起草法律，1988 年《行政机关保有的电子计算机处理的个人信息保护法》规范了政府机构为保有的个人信息提供法律保护。在 2005 年制定了《日本个人信息保护法》，2017 年进行了重大修改，对个人信息保护实施了全方位的规范。并制定了《行政机关所持有之个人信息的法律》《独立行政法人等所持有之个人信息的法律》以及《信息公开与个人信息保护审查会设置法》等一系列配套法律加强对个人信用信息的保护。[1]

五是除了国家法律体系之外，日本行业协会通过起草内部制度对征信机构起草自律约束力制度，分别由全国银行协会（JBA）、贷金业协会（JFSA）和消费者信用协会（JCA）三大协会起草了内部规章制度，对会员进行约束管理。[2]

日本的法律体系和框架根据征信行业的发展逐步得以完善。由于征信文化的独特性，日本最终形成了自己独特的模式。由于征信市场的独特运作模式，随着制定的法律框架也进一步适用和调整了该模式，在数据来源、数据共享机制、个人数据保护、政府信息公开共享等方面形成了体系化规定。

2. 对征信行为的目的严格限制

在个人数据采集和处理方面，日本法律明确了个人数据处理的基本规则，应当遵循目的限定原则，《日本个人信息保护法》规定应当尽可能地利用该个人信息的目的特定；规定了特定范围个人信息事前同意原则，未经本人同意的，不得超出特定利用目的的范围处理个人信息；规定了禁止非法获取信息原则，不得以虚假及其他不正当手段获取个人信息；规定了及时通知义务，个人征信业者取得个人信息后，应当迅速将该个人信息的利用目的通知本人或者予以公布，已事先公布其利用目的的情形除外；规定了未经同意禁止向第三方披露原则，未经数据主体同意，不得将个人信息提供给第三方。

在个人信息保护方面，《日本个人信息保护法》在移植和借鉴欧洲和美国的个人信息保护规则之后，确立了个人信息保护的八项法律原则：（1）目的明

---

〔1〕 孙红、金兵兵："日本征信市场的特点及启示"，载《征信》2015 年第 6 期。
〔2〕 王秋香："日本征信市场发展的经验及启示"，载《北京金融评论》2015 年第 2 期。

确化原则；（2）使用限制原则；（3）收集限制原则；（4）资料内容完整准确原则；（5）安全保护原则；（6）公开原则；（7）个人参与原则；（8）责任原则。[1]可见，经过了亚洲国家法律移植之后，在对征信的数据权利保护方面，路径十分清晰，也基本沿袭《隐私保护和个人数据跨境流通指南》的立法原则。同时，个人信息保护法律也对侵犯个人信息保护的行为作出了严格法律责任规定。

二、域外主要国家征信法律行为监管经验

通过以上分析，综观域外以私营征信系统、中央征信系统、会员制征信系统为代表的几种模式的代表性国家的征信立法，我国征信行为的立法规范体系建立有以下几个完善的方向。

一是建立完整的专门针对征信业的法律。其他国家或地区的征信立法不断修改完善，形成完善的征信法律体系，通常都包含了征信业行为规制法律、个人信息保护法律、政府信息公开法律、金融征信信贷相关的法律四大部分，并十分强调法律的可操作性，对征信行为的程序作出详细规定，促使征信法律规定详细并具有可操作性。以美国为例，其征信立法体系修改及时，美国立法机构在 1970 年到 2003 年 30 多年间，先后修改法案达 20 次。在 1990 年到 2000 年 10 年间，随着互联网和大数据环境的到来，美国的征信业快速发展，公众对征信业发展带来的信息安全和个人隐私权保护问题十分关注，美国立法机构在此 10 年间先后修法高达 14 次，促使征信法律体系不断完善，以回应社会对信息主体权利保护的需求，严格规范征信行为，不断适应征信业发展。[2]

二是征信法律的主要内容是约束征信行为的实体和程序规则。根据经济与合作组织的八项原则为蓝本，根据本国法系和征信业发展情况，形成了规范征信行为的规则体系，其中尤其重视征信行为的目的限制和使用限制原则，同时注重对个人数据采集、处理的公平、准确和安全，确保征信机构履行法律监管要求的各项义务。有的国家还十分重视对征信机构内控的约束，法律

---

〔1〕 柏亮主编、孙爽主笔：《金融基石——全球征信行业前沿》，电子工业出版社 2018 年版，第 53 页。

〔2〕 杨光：“美国征信法律立法变迁及对我国的启示”，载《国际金融》2017 年第 3 期。

要求设置数据保护专员，对数据收集、处理和使用提出建议和监督。

三是建立与征信行为相适应的法律责任。各国对征信机构的法律责任类型主要有民事责任、行政处罚和刑事责任。征信法律的重点为制裁征信报告中存在故意造成的虚假信息或存在故意损害信息主体合法权益的虚假信息的行为。征信法律禁止超出目的范围处理个人信息；禁止非法获取信息；禁止以虚假及其他不正当手段获取个人信息；禁止故意提供错误的信用信息或拒绝当事人知情权。对以欺诈方式获取他人信用信息；征信机构的职员或雇员未经授权而故意对他人信用信息进行披露的行为课以刑事责任。

第四节　我国征信行为监管完善

我国学者在研究征信行为约束基本规则时，主要存在以下观点。一种是从征信规则入手归纳总结，有学者总结认为，在处理信用信息法律保护与共享之间权利冲突中实现权利和利益的平衡，应当遵循的法律原则主要有：利益平衡原则，区别保护原则，知情同意原则，合理和谨慎原则。[1] 还有一种视角，是从征信业市场发展视角入手总结，例如，有学者认为我国的征信行为约束立法应当坚持市场化原则、信息公开与信息安全并重原则、效率优先兼顾公平原则、实体权利与程序规则并重等。[2] 也有学者从信息主体的权益保护归纳总结，例如，邹芳莉认为征信行为约束规则应当遵循以下原则：(1) 平衡保护原则；(2) 直接保护原则；(3) 可操作性原则；(4) 权责明确原则。[3]

从我国学者的研究总结思路来看，即使是从信息主体的隐私权保护角度总结出的法律基本规则，也是一种自我论述，其中某些原则契合了征信业权利保护的核心价值，具有一定的指导意义，例如平衡原则，指出了征信立法应当在数据保护与数据流动中取得利益平衡，促使个人隐私权利保护与征信

---

〔1〕　参见叶世清："征信的法理研究"，西南政法大学 2008 年博士学位论文。

〔2〕　参见高燕："简论我国征信立法原则"，载《四川理工学院学报》（社会科学版）2009 年第 4 期，第 70-72 页。

〔3〕　邹芳莉："欧盟国家征信立法中对信用信息主体权益的保护及启示"，载《西南石油大学学报》（社会科学版）2012 年第 4 期，第 40 页。

业发展的动态平衡，从八项原则中加以提炼，这也符合征信权利保护的法律指导精神。但是，有些原则显得零碎，比如区别保护原则，强调个人征信与企业征信应当区别对待，坚持不同的征信法律规制制度，个人征信与企业征信保护的法益本来就存在较大差异，征信立法的时候采取不同规则是应有之义。这种论述本来就显得缺乏针对性，很难上升为征信行为约束法律规则中的一项基本原则。而诸如坚持市场化原则，其本身作为一项立足于市场的发展原则，很难从法律角度与征信业的发展产生联系，由于缺乏对我国征信业和征信体系的论证，我国征信以中央公共征信系统为主导的模式，也鼓励市场化体系的发展，但是是否坚持市场化发展，不是征信业立法规制需要坚持的基本原则。也诸如可操作性原则，权责明确原则，本身是放诸四海皆准的一项原则，与征信行为约束规制法律原则的范畴相差甚远。

有关于国外学者理论总结和《隐私保护和个人数据跨境流通指南》八项原则为蓝本的基本原则，对征信权利立法方面起不到统筹全面的作用，显得比较局限。毕竟征信业规则的法律原则不仅是需要确立个人数据保护的基本原则，在另外一条主线上，还有数据利用的问题，没有数据的流动和利用，征信业将没有生存发展的空间，社会赖以发展利用数据的空间也将受到极大的限制，也不符合当今社会发展的实际情况。

正如经济法的实践和经济法的理论表明，在确定经济法原则之时，至少应当满足特殊性、规范性和指导性这三个要求，一是这个规范的特殊属性方面的本质特征；二是具有法律规范的一般属性，包括了可操作性、可适应性和可诉性等特征；三是作为理解和解释经济法律其他条文的基准，可以依据其寻找到法律的精神和本意。[1]本书认为，从征信业法律规制的基本规律出发，应当坚持以下几个法律原则的确立标准来抽象征信行为规制法律规范的原则，一是能够反映征信行为法律规制的本质特征；二是可以用于统领和贯穿全部征信行为规制的法律规范的精神；三是可以反映征信行为规制法律规范的基本属性。

通过梳理发现，我国征信立法对征信机构的征信行为的约束规则存在如下问题：缺乏详细和完整的目的限制原则，信息采集限制原则，使用披露规

---

〔1〕　参见王保树主编：《经济法原理》，社会科学文献出版社2004年版，第36—37页。

则。在缺乏个人参与和法律责任规定缺乏可操作程序等方面的情况下，需要在以下几个方面建立适合我国征信机构行为的法律监管规则。

一、遵循最少数原则约束机制

必要性标准体现为在信用数据的采集、整理、使用、保存的全过程中，需要确保其数据属性与征信目的具有因果关系或者相关关系，并确保这种信用数据是为了实现征信目的所必需和最低限度的数据供给。我国《数据安全法》第32条规定，任何组织、个人收集数据，应当采取合法、正当的方式，不得窃取或者以其他非法方式获取数据。法律、行政法规对收集、使用数据的目的、范围有规定的，应当在法律、行政法规规定的目的和范围内收集、使用数据。就数据收集，强调了合法性、目的性和范围。我国《网络安全法》规定，网络运营者收集、使用个人信息，应当遵循合法、正当、必要的原则，公开收集、使用规则，明示收集、使用信息的目的、方式和范围，并经被收集者同意。网络运营者不得收集与其提供的服务无关的个人信息，不得违反法律、行政法规的规定和双方的约定收集、使用个人信息，并应当依照法律、行政法规的规定和与用户的约定，处理其保存的个人信息。我国《个人信息保护法》第5条规定处理个人信息的合法、正当、必要和诚信原则。收集、处理个人信息应当建立在合法和正当基础之上，并强调了必要性原则，没有必要的、无关联和因果关系的信息不得擅自收集、处理。这成为数据收集的最低限度要求。

遵循必要性标准强调征信在面对纷繁复杂的数据来源时，如何判断和界定数据采集的范围。所以，本书认为应当建立一个清晰的判断标准体系，我们称之为必须标准。必须标准是指基于必须的关系而对被征信对象收集相关的信用信息。必须标准包含两个层面：一是数据与信用评价具有因果关系的直接联系；二是数据具有与信用评价的间接相关关系。

一是数据与信用评价具有因果关系的判断。征信数据的来源是基于被征信主体的借贷行为或者金融合同履约所产生的，必须是与借贷信用、信用卡履行行为等体现还款意愿和还款能力的信用评价存在因果关系的数据。

二是数据具有与信用评价的间接相关关系的判断。数据采集具有与信用评价相关关系的数据，目前也被国内监管部门称为替代数据。传统征信主要是信贷信息，而大量的小微企业、信用空白的个人和"三农"人员，恰恰缺乏信贷信息，为了解决征信问题，替代数据应运而生。主要包括了四类：第一类是个人身份信息和企业注册登记信息；第二类是有关资质信息，个人资质如学历、工作单位、职位，企业资质如各类生产资质及许可证；第三类是行政处罚信息，包括纳税稽查、环保处罚情况，司法诉讼、仲裁案件等；第四类是通过信息技术等采集的行为信息，如运营商信息，租房记录、水电费缴纳、消费行为信息等。[1]

对这些数据范围我们应当进行甄别。对于第一类、第二类数据，属于主体资质识别的，在征信数据来源上，与征信息息相关，需要先对有关征信主体进行识别，才能获得对数据范围的最初界定。第三类信息是特定行政信息和司法信息，主要采纳税务信用情况，市场违法行为和司法诉讼、仲裁等与个人和企业的信用信息具有直接关系的信息。这些数据的采集也应当遵循与征信目的的关联关系。第四类目前属于征信的相关数据，并非与金融信贷等具有直接因果关系，但是具有一定的弱相关关系，可以作为征信信用评价的一个辅助判断标准，比如，租房记录可以用于判断个人的居住是否稳定，从租房的类型可以推断个人的收入水平和节俭程度等。这些数据本身与金融借贷反馈的信用没有一种因果关系，但是有一定程度的必然性联系，所以可以作为信用信息加以采集。

实际上，在法律实践中日本的模式具有一定的借鉴意义。在一般的征信立法中，应区分禁止收集类信息、限制收集类信息、其他与征信目的关联类的信息。依据不同的信息依次实施不同的保护水平，根据合法性目的作出相应的采集规则和例外情况的规定，从而为信用信息的范围确定一个可供操作的范围。

二、建立目的限制原则约束机制

目的限制原则或者标准是指应当将被征信主体的数据采集和使用限定在征信的目的范围以内。目的限定原则源自经济合作与发展组织《隐私保护和个人数据跨境流通指南》，该原则最初的定义有三层内涵：一是只有目的确

---

〔1〕万存知："替代数据如何解决信息不对称"，载 https://finance.caixin.com/2019-10-11/101469965.html，最后访问时间：2021 年 8 月 1 日。

定，才能采集数据；二是使用该数据时，得限定在该目的范围内；三是如果目的变更，也不得与之前的目的存在冲突。

目的限制原则在欧盟《个人数据保护指令》第 6 条第 1 款 b 项中得到了充分的体现，该条款也明确规定了个人数据必须"为具体、明确且合法的目的收集，且随后不得以与该目的相矛盾的方式进行处理"。该原则由两部分组成：（1）数据控制者必须明确告知信息主体收集数据的目的；（2）一旦数据被适当收集，就不得以与最初目的相矛盾的方式进一步使用这些数据。[1]即数据处理要求被严格限制在最初通知信息主体的目的范围内。根据欧盟《个人数据保护指令》第 6 条第 1 款 b 项规定的条文精神，有两条标准可以加以抽象，用于实际立法和监管判定：一是必须基于具体、明确且合法的目的收集；二是该目的是适当的、相关的和不过量的。这两条判断标准可以推导出个人数据收集处理的最少化原则，即个人数据的处理必须被限制在所必需的最少数量内。德国《联邦数据保护法》第 3a 条规定：（1）数据处理系统的组织和选择要以尽可能少地收集、处理或者使用个人数据为目的；（2）特别是，应根据付出的费用和精力与所追求的保护目的之间的合理关联，尽可能地使用化名或者匿名。[2]我国《个人信息保护法》第 6 条便规定了目的原则，处理个人信息应当具有明确、合理的目的，强调了内在目的的直接关联性和因果关系。并必须遵循对个人权益影响最小的方式收集、处理，反对过度收集个人信息，应当限定在处理目的最小范围内。

以上个人数据保护的目的限制原则和使用限制原则虽然表述不尽相同，但是基本精神是一致的，其实质是隐含着最少数规则。目的限制是一种从目的与行为的一致性对征信行为的约束，在立法理念上体现了最少化地收集信用数据。因为在现实经济活动中，关于信用数据采集的这些数据是广泛存在的，也是很难清晰地界定是否是隐私，但是，法律赋予征信机构依法经营的权利，那么，法律需要平衡这种利益的冲突，从而在经营行为目的上对征信行为加以限制，确保信用信息收集的行为与征信目的保持一致。这种目的的

---

〔1〕 ［德］Christopher Kuner：《欧洲数据保护法——公司遵守与管制》，旷野、杨会永等译，法律出版社 2008 年版，第 107 页。

〔2〕 ［德］Christopher Kuner：《欧洲数据保护法——公司遵守与管制》，旷野、杨会永等译，法律出版社 2008 年版，第 78—79 页。

合法性一般是基于信息主体的同意、契约的履行、法律的授权等。

从以上的立法原则分析，我们可以总结出目的限制原则的重要意义，在于推演和确立了收集信用信息的合理关联和最少化原则。在使用数据时应当秉承审慎的态度，时刻关注是否侵害信息主体的隐私权利，不得擅自公开信用数据；不得未经合法程序无目的地使用数据；不得未经履行通知和经过信息主体同意而披露给第三方使用数据或者随意变更目的或与收集时的目的不一致地使用数据。比如，在收集的时候是用于雇用的目的，结果未经法定程序在使用时用于数据统计或者社会规划。通过目的限制的约束，确保在信息主体信息权利保护与征信行为之间取得平衡发展。

三、建立透明度参与原则约束机制

透明度标准将公开原则和个人参与原则合二为一。从个人数据保护原则援引作为约束征信行为的一个基本原则，强调征信行为的管理对于信息主体应当公开透明，并履行必要通知义务，通过个人参与矫正征信行为中存在的问题。个人数据保护中的公开原则被认为是个人参与的前提，是一种信息披露规则。"良好的信息披露是市场约束有效性的前提。"[1]一是收集方式方法需要告知信息主体，二是信息主体知悉如何获取信用信息的途径。而个人参与原则旨在鼓励信息主体以免费的方式获知信用信息，并有权通过异议程序解决存在的问题，直至更正或者删除。我国《个人信息保护法》第7条便规定了公开、透明原则，公开个人信息处理规则，需要明示处理个人信息的目的、方式和范围。

实际上，公开原则和个人参与原则这两项原则是一体化的前后逻辑关系，制度设计的目的在于鼓励个人的参与矫正征信行为，同时通过公开透明规则约束征信机构及其使用者，从而建立自我约束机制。透明度是最好的监督和约束机制，其优势和功能就在于自我约束与参与者的约束博弈之间达到一种自我平衡的机制。

法律所建立的监督的成本往往是高昂的，执法行为也是有一定的成本且占用一定的社会资源。所以法律通过创设不同参与主体之间的博弈，建立透

---

〔1〕　Llewellyn D. T., "Inside the 'Black Box' of Market Discipline", *Economic Affairs*, 2010, 25 (1): pp. 41-47.

明度规则，进行内部监督和不同利益主体的监督制衡，往往可以通过较低的成本和社会资源解决监督违法的行为，约束权力较为明显的一方的行为，达到法律最终预期的效果。如果通过透明度规则可以在行为实施过程中实现对征信行为的权利制约，那么制度设计就是公平有效的。在当今数据技术大力发展的情形下，个人面对数据企业巨头和专业的征信机构，往往显得茫然失措，基于个人力量无法对抗强有力的征信主体体系，此时加强其透明度标准对平衡两者的关系具有重要的实践意义。

四、建立数据质量原则约束机制

信用信息质量体现在数据的准确、完整和不陈旧。信用信息准确是征信立法的一个重要的规范目标，是信息主体权利保护基本目标之下的一个从属目标，没有准确的信用信息，信用评价就不可能准确，就失去了征信的信用评价所追求的目标，就会造成对信息主体其他经济利益的损害，产生严重的后果。所以，数据质量原则一直为各国立法所重视。我国《个人信息保护法》第8条便规定处理个人信息应当保证个人信息的质量，避免因个人信息不准确、不完整对个人权益造成不利影响，强调了信息的准确性和完整性。实际监管中，也为各国所重点关注。2012年5月，哥伦布通讯社发表了关于征信报告的系列报道，发现在联邦贸易委员会监管受理的近3万件投诉中，大约有四分之一的征信报告存在内容错误，其他的存在信息主体同名同姓或者近似的身份信息，或者存在信息主体的姓名、生日、地址或者其他身份信息错误。[1]数据质量不高会带来严重的后果。对征信产品的准确性监管是征信监管的一项重要内容。数据质量约束规则在征信中体现为数据具有信用评价的关系和可解释性，应保持数据的准确、完整、更新。采集的信息如果与征信信用评价不相关，那么很难开展信用评价；如果信用数据不准确，容易产生信用评价的错误；如果数据不完整，无法体现信用的完整性；如果信用数据不及时更新，信用评价容易产生滞后性。这些都会影响到征信产品的客观性和准确性，从而对金融消费者权益造成实质性损害，需要在立法和监管实践中加以纠正，实现对信息主体的利益保护。

---

〔1〕 Jill Riepenhoff, Mike Wagner, *Dispatch Investigation - Credit Scars: Bad Judgments.* COLUMBUS DISPATCH (May 9, 2012), www. dispatch. com/content/stories/local/2012/05/09/bad-judgments. html.

数据质量原则具体体现在数据指标的四个维度的标准上，一个是数据的相关性，一个是数据的准确性，一个是数据的完整性，一个是数据的时限性。[1]我国现有的征信活动就存在数据质量不高的情况，数据采集环节存在的最大问题便是数据源质量不高。除法律不完善之外，还有一个主要原因在于信息孤岛和信息缺乏共享，即碎片化的信息往往无法交叉验证，无法证明其真实性和准确性。缺乏提供信息的统一格式也是一种影响因素。美国征信局协会制定了用于个人征信业务的统一标准数据报告和采集格式："Metro1"和"Metro2"，规定任何企业都要使用统一规范的格式提供信息。我国目前也采取这种标准，虽然也制定了数据采集和处理标准，但是除银行金融机构上报的基本信贷信息外，其他行业领域的数据通常会在基础环节出现数据不完整、不准确，数据的相关性缺乏严重而影响数据质量。

所以，我国的征信立法中需要明确引入数据质量原则，并通过制定详细的质量保障机制和判断标准，明确数据指标标准作为判断信用信息采集和处理的约束规则，从数据源头做好征信信用信息质量的把控和管理。

五、征信行为与法律责任相适应

在征信业的法律规范和监管中，应当强调征信行为约束规则与法律责任的相适应。征信业在发展过程中，已经证明了征信业作为社会经济发展的产物，由于遵循市场规律的发展，在法律介入后成为一种以金融属性为主的法律制度安排。法律在规范征信业方面体现了国家干预的精神，对征信业需要上升到法律规范层面，以调整征信业的行为规范，确认合法的程序，保障征信行为的有法可依。这种法律规则背后体现了征信机构依法独立运作，应当按照约束规则实施征信行为。与此同时，通过法律建立民事和刑事法律责任，征信机构在一种适度的规范约束规则下实施经营行为，既可实现征信业的目的，也可保护信息主体的合法权益。需要法律制度安排建立起体现符合行业发展规律的管制规则，并通过建立起相适应的法律责任，以法律的权威和制裁来约束违反、破坏管制规则的违法行为。所以，应当坚持管制规则与法律责任相适应的基本原则。

---

〔1〕 高富平主编：《个人数据保护和利用国际规则：源流与趋势》，法律出版社 2016 年版，第7-8 页。

（一）征信法律行为的法律责任体系

征信机构作为一个持牌经营企业，拥有合法的信息采集权，其法律性质决定了征信机构应当具备的征信行为准则。以上的四条原则和相关标准已经清晰地建立起了征信机构及其使用者的基本行为准则。但是，目前世界各国普遍存在的问题是关于征信机构的法律责任承担与征信行为准则的相适应。一方面，征信机构作为客观的数据信息提供者，为银行等金融信贷机构的风控体系提供数据支持，应当严格遵守"信息的采集与信息的使用相对独立"的第三方原则，这种行为准则强调征信机构及其使用者在法律的规范之下的所为。另一方面，也需要在征信行为违背法律规则的时候，对征信行为进行相适应的制裁。法律的价值之一也在于通过法律责任的设计，达到法律的教育和矫正功能。

征信机构在采集信息时，应当明确自己的身份、信息采集的目的，各国法律均禁止征信机构以欺骗、窃取、贿赂、利诱等方式收集信息。美国《公平信用报告法》针对征信机构以欺诈方式获取他人信息和征信机构的职员未经授权而故意对他人信息进行披露的两种行为规定了刑事责任；德国 1990 年《联邦数据保护法》对于征信机构为了取得非法报酬或出于陷害数据主体的目的收集信息等行为规定了刑事责任。

目前，我国的法律责任主要包含了民事责任、行政处罚责任和刑事责任。"法律用惩罚、预防、特定救济和顶替救济来保障各种利益，但是惩罚必然有其局限的范围，只适用于为确保一般社会利益而设定的决定义务。"[1]民事责任通过违约赔偿和侵权损害赔偿促使平等主体之间的利益损害得到补偿；行政处罚责任是监管机构对违法行为的行政处罚或者行政强制措施，体现了经济惩治性和行政约束的强制性。而刑事责任是对严重的侵犯法律保护的法益的犯罪行为的法律惩治。

应当将征信行为准则进行梳理，首先，对违法行为的类型化分析，分别制定不同的法律责任。比如，违约或者侵权的行为方式，采取承担民事责任加以惩治。对于违反市场监管行为的违法，通过行政处罚加以惩治。对于严重违法行为危害征信业法益的行为，比如，通过欺诈、违法收集、处理和使

---

〔1〕［美］罗斯科·庞德：《通过法律的社会控制》，沈宗灵译，商务印书馆 2010 年版，第 35 页。

用信用信息；通过对个人禁止收集的信用信息进行非法牟利的行为；故意造成信用信息重大泄露造成严重后果的；严重妨碍监管执法的违法行为，应当通过刑事法律责任加以惩治。对于数据控制者，未经信息主体同意获取或者采用显失公平的格式条款获取个人信息以及收集个人隐私信息并经要求拒绝删除的，应当被认定为侵权；通过非法手段获取个人隐私信息，采取技术手段破解匿名化数据并进行非法活动，情节严重的，应当受到刑法的制裁。[1]但是在实施刑法惩治的时候，需要考虑行为与责任的平衡和刑法的适度性，"应注重平衡个人金融信息保护与信息披露制度的关系，对个人金融信息的合理使用与传播范围应考虑法律授权、目的正当、客户同意、过程适当等因素，对个人金融信息犯罪做到刑法规制的适度"。[2]

其次，需要对不同法律责任建立可操作性的责任体系，以民事责任为主，行政处罚责任和刑事责任为辅助。从我国现有的征信立法精神来看，其实际过于依赖行政责任，大量的行为归类为行政处罚行为进行惩治，过度地大比例依赖于行政处罚责任体系。由于违法行为的隐蔽性和取证困难，通过投诉渠道、监管执法检查等方式很容易造成违法行为的错漏，也造成了行政执法的高成本和低效率。实际上，对某些征信行为通过引入民事责任的无过错法律责任，无过错的举证责任倒置，加以高额的赔偿范围，将对征信业的规范发展起到更加积极的作用，这在侵权行为法上无疑也是具有重要意义的。

（二）征信机构的有限豁免权

从世界各国的征信立法分析可以看出，对于征信机构的规范，更加强调法律对行为的约束和规范，更加强调征信程序的合法性问题。征信机构在主观上不存在故意，依法履行了严格程序的情况下，往往不需要承担信息不准确的法律责任。例如，在美国，有关对公共记录的征信准确法律责任方面，通常法院会保护征信机构对公共记录的征信报告，法官认为公共记录的信息一般是可靠的，而不会判决征信机构承担信息不准确的法律责任。[3]所以，

---

〔1〕　武长海、常铮："大数据经济背景下公共数据获取与开放探究"，载《经济体制改革》2017年第1期。

〔2〕　李振林："非法利用个人金融信息行为之刑法规制限度"，载《法学》2017年第2期。

〔3〕　Henson v. CSC Credit Servs. , 29 F. 3d 280, 285 (7th Cir. 1994).

在这种情况下，即使征信机构提供的征信报告对此记录不完整，征信机构也不承担不准确的责任。

征信机构作为处理数据的专业机构，每天都会处理大量的数据，数据错误在所难免。同时，由于有些数据征信机构是通过其他机构上报等形式被动获取的，原始数据的修改整理权限都在信息提供者。如果一旦出现数据错误，征信机构就需承担法律责任，如此将有违法律的公平正义原则，也不利于征信业的发展，最终影响金融业的稳定。因此，在一定情形下，各国法律需要对征信机构建立信息准确的异议矫正程序和免责机制。综观各国立法，征信机构免责通常表现为两种形式：一种为直接规定征信机构免责的条款；另一种为通过设立"合理程序原则"来判断征信机构是否应当免责。直接规定征信机构免责的，如《新加坡征信局有限公司行为准则》第4.4条规定，征信机构不对在获得资料时就包含的误差或错误而引起的数据上同样的误差和错误负责。通过"合理程序原则"来判断征信机构是否应当免责的立法例的，如美国《公平信用报告法》第1681. D.（C）条规定了合理程序原则。合理程序原则需要征信机构能出示证据，例如，收费证据证明，征信机构已经依据美国《公平信用报告法》设定的合理办事程序履行了信息采集程序，则不承担相应的信用不准确的责任。从有限责任豁免等可以看出，美国《公平信用报告法》本身一般并不被认为是一部很严格的责任法律。[1]在对数据进行采集、分析、应用的过程中，征信机构可能由于不正当的行为造成被征信人诸如隐私泄露、人格尊严受损等损害，根据损害程度的不同，征信机构需要承担侵权责任、刑事责任等。但在特殊情形下，征信机构对于其造成的损害可以免责。

本书建议，我国应当在立法上进一步明确征信行为的免责条款。比如，我国《民法典》规定的处理个人信息的免责情况包含了三种情形，一是基于自然人或者监护人同意的范围内实施的行为；二是对自然人自愿公开或者已经合法公开的信息进行合法利用并且该自然人没有明确拒绝，或者处理该信息不存在侵害其重大利益的；三是为了维护公共利益或者该自然人的合法权益，合理实施的其他行为。除了适用《民法典》的免责条款，在征信立法完

---

〔1〕 Daniel J. Solove, *Paul M. Schwartz, Imformation Privacy Law.* Wolters Kluwer Law & Business, 2017, p. 758.

善上，可以按照直接规定和合理程序原则相结合的方式建立对征信机构的免责。明确征信机构可以直接免责的主要有两种情况：一种是数据采集前，已经存在错误或者误差，征信机构在合理的识别水平上无法甄别的情况；另一种是信息提供者故意隐瞒或者提供错误信息，造成征信机构的数据错误或者偏差的。同时，在立法例上也应当引入合理程序原则，合理程序原则的标准在于两个方面：一是征信机构应当证明其依法履行了征信法律程序；二是实施该征信行为时，主观上并不存在故意或者重大过失。基于程序合理性履行判断是否对征信机构实施免责。通过免责机制的建立，进一步完善我国的征信行为利益平衡体系，促使征信行为与法律责任的动态平衡。在需要法律加重法律责任的，有必要严格加以规范；对于法律规定可以免责的，应当予以免责。通过法律责任的约束引导机制，一方面为征信机构松绑，另一方面规范征信行为的程序，从而促进征信机构规范和公平的发展。

（三）信用信息提供者和使用者的法律规范

关于信用信息提供者的法律规范相对较少，以美国征信立法为例，信息提供者的义务主要有两项。一是提供准确信息的义务，为了从源头上防止错误信息的采集，立法禁止信息提供者在知晓信息不准确的情况下向征信机构提供该信息；在信息存在争议的情况下，信息提供者同样负有相应的义务更正和更新信息以确保其完整和准确。二是对争议信息的重新调查的义务，在信息主体存在异议的时候，征信机构应将该异议通报给信息提供者，信息提供者收到异议通报之后必须对信息进行调查核实，并且应当遵循严格的调查程序：（1）对异议信息展开调查核实；（2）除了异议信息，还应当对与异议信息有关的所有其他相关信息进行调查核实；（3）将调查结果报告给征信机构；（4）对经过调查核实的不完整或不准确的信息，通过全国征信信用信息通知系统通知所有提供过该信息的征信机构更正有关信息；（5）对异议中经过调查还无法确认的信息进行永久删除，对欺诈和盗用身份的信息进行永久删除。

我们从相关法律规定必须看到，整个征信业的发生和发展，源于债权人对信用信息的需求，为了确保交易的发生，降低交易的成本，从最开始的买卖双方对交易信用的获取开始，逐步发现信用信息是一种交易的必要因素，债权人需要获取充分的信息并确保资金的安全。从而，债权人因获取信用的需要而形成了信用知情权。如果一个社会的信用体系被破坏，债权人的权利得不到尊重，债务人反而可以很方便地逃避债务，那么整个社会的经济活动将无法展开。所以，政府的主要任务之一就是维护信用体系，进而保护个人的财产权利。[1]

我们通常认为，债权人的信用知情权主要包括了信用获取权、信用使用权和信用拒绝权。当金融服务变成一种社会普遍服务的情况下，信用成为金融交易的本质。信用知情权为债权人在金融交易中的确保资金安全，降低交易风险，保障债权人利益的一项重要的权利。在借贷关系中，也有学者从契约的附随义务出发研究债权人的信用知情权。无论从哪个角度来看，债权人对债务人的信息知悉和评估都变得十分重要和必要，这种利益诉求反映在法律上，应当通过一种利益调整机制得以体现。债权人的信用知情权确保债权人有权获得债务人的信用，并依据所获取的信用信息进行客观的评价，对债务人的信用评价决定了是否交易以及交易的数额，如果债务人的履行意愿和履约能力达不到要求，那么，债权人有权拒绝提供融资支持。债权人的这种信用评价需求，促使了征信业的发生和发展，没有需求的市场是不存在的，法律必须确保这种合法的知情权的存在。

本章小结

从利益平衡理论分析，对征信机构与法律责任的利益平衡监管，体现在对征信行为的监管上，从对征信机构的监管转移到对征信机构的行为监管上来。这是因为，在征信的法律体系中，征信法律的主要内容是建立对征信机构的强制规范和程序，通过对征信行为的信息采集、处理和使用的约束，促使征信行为按照法定的原则进行征信活动。通过对征信法律行为的合法性证成，以及提出征信行为与法律责任相适应的利益平衡框架，促使征信行为在法律约束下自我平衡发展，实现对信息主体的合法权益保护，也体现了市场对征信行为的配置发展。征信市场准入监管不在于准入，而在于对被监管对象的监管水平维持在准入的水平上，是一个动态的过程。征信监管就此确定

---

〔1〕 王福重：《金融的解释》，中信出版社 2014 年版，第 76 页。

的行为监管理论也从"重准入、轻监管"转向了行为监管。征信监管并不是要追求一个强制的惩治体系；其本身强调的是一种程序的规制体系；也是一个市场配置、监管纠正市场违规行为的二次平衡体系；也是信息主体利益与征信行为利益平衡的法律制度体系。

第五章

征信市场监管：市场发展与政府监管的平衡分析

> 法律的生命在于其实施。因而迫切需要对怎样使大量立法和司法解释有效进行认真的科学研究。
>
> ——庞德

征信监管中面临的第三个基本问题：征信市场与法律监管体系之间体现了法律和监管对国家干预、市场竞争与社会自组织的关系问题的利益平衡。征信业市场的发生发展，最终选择了法律监管介入，法律制度的安排和监管成为征信业发展的内生变量，市场、监管和社会自组织代表了多方利益博弈和不断平衡的结果。征信监管与市场的适度性、匹配性、平衡性影响着征信业的繁荣发展，征信监管的根本目标就是实现对法律制度安排的最优化监督执行，征信市场的效率与公平的平衡，个人利益、社会利益和公共利益的平衡，通过市场无形之手——得到配置，通过监管有形之手——得到调整。

第一节　大数据与网络空间时代的到来

随着信息的爆炸式增长和科学技术的不断突破，"人类文明已悄无声息地从 IT（信息技术）时代迈入 DT（数据处理技术）时代"。[1]"我们以为 IT（Information Technology）和 DT（Data Technology）是技术的提升，其实这是两个时代的竞争。征信类似某种双向的星级网络，因为信用报告的使用者（同时是信息的提供者）互相之间罕有直接交换信息的，取而代之的是征信机

---

〔1〕　大数据战略重点实验室编：《数据革命：2015 年贵阳国际大数据博览会暨全球大数据时代贵阳峰会全记录》，当代中国出版社 2016 年版，第 19 页。

构充当数据交换的中央电路。[1]征信活动，从网络空间来看，形成了一个信息网络空间的信息链条，征信相关的数据源在金融网络中的不同主体之间不断产生，征信机构作为中间环节采集各种征信数据，通过加工和分析之后，形成征信产品，最终通过市场交易提供出去。数据的产生、收集、加工、利用、使用变成了一个网状结构，具有网络的基本特征。这是对传统的对称式和线性的权利义务规范的一种新挑战，法律在监管这个领域的时候，必须突破传统法律监管理论，基于互联网空间的物理基础视角，构建新型的征信监管法律理论。

一、大数据范畴与特征

（一）大数据范畴

目前，对于大数据的概念莫衷一是，根据维基百科的定义，大数据是由巨型数据集组成，这些数据集大小常超出人类在可接受时间下的收集、使用、管理和处理能力。大数据，指无法在一定时间范围内用常规软件工具进行捕捉、管理和处理的数据集合，是需要新处理模式处理才能具有更强的决策力、洞察发现力和流程优化能力的海量、高增长率和多样化的信息资产。

大数据作为 2005 年以来的一个流行术语，维克托·迈尔-舍恩伯格、肯尼思·库克耶在《大数据时代——生活、工作与思维的大变革》中对大数据的理解就是，"大数据，不是随机样本，而是所有数据；不是精确性，而是混杂性；不是因果关系，而是相关关系"。这里强调的便是数据的多样性。IBM公司提出了大数据具有的 5V 特点：Volume（大量）、Velocity（高速）、Variety（多样）、Value（低价值密度）、Veracity（真实性）。其实，作者认为，大数据不是指数据本身，从这些表述可以确认大数据是方法和手段，一种对海量的结构化或者非结构化数据进行分析和应用的方法。大数据与机器识别、人工智能、云计算有着天然联系，是数据处理的各个维度，相互交织，也相互促进和影响。

（二）大数据呈现的特征

第一，对大数据的处理分析正成为新一代信息技术融合应用的结点。移

动互联网、物联网、社交网络、数字家庭、电子商务等是新一代信息技术的应用形态，这些应用不断产生大数据。云计算为这些海量、多样化的大数据提供存储和运算平台。通过对不同来源的数据的管理、处理、分析与优化，将结果反馈到上述应用中，将创造出巨大的经济和社会价值。卡内基·梅隆大学 Ramayya Krishnan 就指出，大数据具有催生社会变革的能量。但释放这种能量，需要严谨的数据治理、富有洞见的数据分析和激发管理创新的环境。

第二，大数据是信息产业持续高速增长的新引擎。面向大数据市场的新技术、新产品、新服务、新业态会不断涌现。在硬件与集成设备领域，大数据将对芯片、存储产业产生重要影响，还将催生一体化数据存储处理服务器、内存计算等市场。在软件与服务领域，大数据将引发数据快速处理分析方法、数据挖掘技术和软件产品的发展。

第三，大数据利用将成为提高核心竞争力的关键因素。各行各业的决策正在从"业务驱动"转变为"数据驱动"。对大数据的分析可以使零售商实时掌握市场动态并迅速作出应对；可以为商家制定更加精准有效的营销策略提供决策支持；可以帮助企业为消费者提供更加及时和个性化的服务；在医疗领域，可提高诊断准确性和药物有效性；在公共事业领域，大数据也开始发挥促进经济发展、维护社会稳定等方面的重要作用。

第四，大数据时代科学研究的方法手段将发生重大改变。例如，抽样调查是社会科学的基本研究方法。在大数据时代，可通过实时监测、跟踪研究对象在互联网上产生的海量行为数据，进行挖掘分析，揭示出规律性的东西，提出研究结论和对策。

众所周知，大数据已经不简简单单是数据大的事实了，而最重要的现实是对大数据进行分析，只有通过分析才能获取很多智能的、深入的、有价值的信息。那么越来越多的应用涉及大数据，而这些大数据的属性，包括数量、速度、多样性等都呈现了大数据不断增长的复杂性，所以大数据的分析方法在大数据领域就显得尤为重要，可以说是决定最终信息是否有价值的因素。

（三）大数据的优势及在金融领域的应用

1. 可视化分析

大数据分析的使用者有大数据分析专家，同时还有普通用户，但是他们二者对于大数据分析最基本的要求就是可视化分析，因为可视化分析能够直观地呈现大数据的特点，同时能够非常容易被读者接受，就如同看图说话一样简单明了。

2. 数据挖掘算法

大数据分析的理论核心就是数据挖掘算法，各种数据挖掘的算法基于不同的数据类型和格式才能更加科学地呈现出数据本身具备的特点。一方面，也正是这些被全世界统计学家公认的各种统计方法（可以称之为真理）才能深入数据内部，挖掘出公认的价值。另一方面，也只有这些数据挖掘的算法才能更快速地处理大数据，如果一个算法得花上好几年才能得出结论，那大数据的价值也就无从说起了。

3. 预测性分析

大数据分析最重要的应用领域之一就是预测性分析，从大数据中挖掘出特点，通过科学地建立模型，之后便可以通过模型带入新的数据，从而预测未来的数据。

4. 语义引擎

非结构化数据的多元化给数据分析带来新的挑战，我们需要一套工具系统地去分析、提炼数据。语义引擎需要设计到有足够的人工智能足以从数据中主动地提取信息。

5. 数据质量和数据管理

大数据分析离不开数据质量和数据管理，高质量的数据和有效的数据管理，无论是在学术研究还是在商业应用领域，都能够保证分析结果的真实和有价值。ABC 公司忽略了数据管理的长期存在的规律：如果输入的是垃圾，那么输出的也一定是垃圾，这个规律适用于列式数据库和非关系数据库，也一样适用于 People Soft 软件和其他企业系统。[1]

大数据分析的基础就是以上五个方面，当然更加深入分析大数据的话，还有很多更加有特点的、更加深入的、更加专业的大数据分析方法。像许多技术术语一样，"大数据"的发展遵循着从对一组技术的清晰描述，到一个被过度使用的流行术语的典型发展曲线。当一切在突然之间都成为大数据时，这将给我们带来一个重新定义术语内涵及其重要性的机会，这就是我们今天

---

〔1〕 ［美］Phil Simon：《大数据应用——商业案例实践》，漆晨曦、张淑芳译，人民邮电出版社 2014 年版，第 155 页。

发现自己价值的所在，因为大数据仅仅是描述一个现象的标签。当一切都是大数据，我们可以聚焦于大数据实际上意味着什么，以及它的含义又是什么。[1]

大数据时代数据的来源及价值受到了更加广泛的关注。银行和其他金融机构就必须处理海量数据；然而，单一分析任务所处理的数据量随着时间的推移而有了很大的增长，要求计算能力的提高和更大的内存、存储能力。[2]

在实际运行中，金融行业主要包含银行、保险、证券（包含基金），大数据在三个市场主体上均有应用。大数据时代的数据主要来源于四种类型的公司。一是大数据交易所（中心），比如，中关村数海大数据交易平台、贵阳大数据交易所、长江大数据交易所、上海数据交易中心等涉及的金融信息。二是金融公司，比如，银行、保险和证券公司等。三是平台型公司，例如，谷歌、百度、阿里、脸书、移动、电信、联通等拥有个人消费、移动行为、社交行为信息等。四是专门的数据公司，例如，中金数据系统有限公司的公司简介就明确定位在解决中小微企业的融资难、金融机构的贷前/贷后管理难、企业信贷信息数据不准确等问题，切实改善创业企业的金融环境，实现政策引导和金融资源的结合。创新云平台将提供包括信贷融资、投资、支付结算、互联网金融支付、外汇业务、企业员工金融等综合金融服务，以及例如办理、审批"绿色通道"，信贷融资服务"特色信用贷款"等全方位的优惠，简化业务手续，优化操作流程，并协助企业建立完善的资金管理体系，防范资金风险，提高资金运营效率。

目前，从调研和收集的资料显示，金融信贷机构正在越来越多地应用大数据。银行的数据风控体系体现了大数据支持下的人工智能分析能力，也即客户画像，而该应用主要分为个人客户画像和企业客户画像。个人客户画像包括人口统计学特征、消费能力数据、兴趣数据、风险偏好等；企业客户画像包括企业的生产、流通、运营、财务、销售和客户数据、相关产业链上下游等数据。

---

〔1〕［美］Phil Simon：《大数据应用——商业案例实践》，漆晨曦、张淑芳译，人民邮电出版社2014年版，第122-123页。

〔2〕［德］Yves Hilpisch：《Python金融大数据分析》，姚军译，人民邮电出版社2015年版，第11页。

随着大数据技术的发展，大数据在金融领域的应用场景将更加丰富，形成更多样的特征。大数据也将引起征信业的新发展。大数据为征信活动提供了一个全新的视角，基于海量的、多样性的数据，征信机构可以获得信息主体及时、全方位的信息。大数据为征信发展提供了新的图景，使征信在数据源、数据存储和处理、提供产品和服务等方面发生巨大的变化。[1]从信贷风控的角度讲，大数据技术有两层意味：一是海量信息和多维信息。克服传统风控的信息造假和信息获取的高昂成本；二是意味着一种信息分享技术能做到精准和快速，又可以避免人工判断的不准确性。[2]

二、大数据网络空间时代的到来

随着大数据时代的到来，将形成万物互联、人机交互、天地一体的网络空间。据著名咨询公司国际数据公司（International Data Corporation，IDC）发布的研究报告，全球被创建和被复制的数据总量为1.8ZB。预计到2020年，人类产生的数据总量将达到40ZB，人均数据预计将达5247GB，中国将产生其中21%的数据。数字宇宙膨胀的主要原因是机器生成的数据量的增长，在这个数字宇宙中33%的数据将包含有价值的信息。

2012年，联合国发布了《大数据促发展：挑战与机遇》白皮书，指出大数据对于全世界是一个历史性的机遇，可以利用大数据造福人类。2012年3月，美国政府发布了《大数据研究和发展倡议》，此项带有2亿美元推动资金的倡议，旨在通过推动和改善与大数据相关的收集、组织和分析工具及技术，提升从海量和复杂的数据库中获取知识和洞察分析能力。美国将大数据作为国家级的战略，数据在其经济社会发展中占有重要地位。

2013年被认为是大数据时代元年，大数据的科学价值和社会价值正在逐渐体现，数据的作用正在被迅速而充分地释放，从商业科技到医疗、政府、教育、经济、人文以及社会的其他各个领域。大数据正以一种前所未有的方式影响世界。通过对海量数据进行分析，可以获得有巨大价值的产品和服务，或深刻的洞见。2011年，世界经济论坛称大数据为新财富。2012年，瑞士达

---

〔1〕　中国人民银行征信管理局编著：《现代征信学》，中国金融出版社2015年版，第33页。

〔2〕　徐华：《从传统到现代——中国信贷风控的制度与文化》，社会科学文献出版社2016年版，第288页。

沃斯论坛的《大数据，大冲击》（Big Data，Big Impact）把数据当作如货币或黄金一样的经济资产类别。美国政府认为大数据关系到国家的经济结构调整和产业升级，是"未来的新石油"。

大数据正在改变我们的生活，以及理解世界的方式，甚至比我们自己更了解自己，当然，这需要庞大的数据资源、数据挖掘算法以及数据处理能力作为支撑。我们也变成了数据的创造者，我们的行为、位置、社交关系，甚至生理数据都可能被记录并成为分析和处理的数据源。

空间数据挖掘是指从空间数据库中抽取没有清楚表现出来的隐含的知识和空间关系，并发现其中有用的特征和模式的理论、方法和技术。空间数据挖掘和知识发现的过程大致可分为以下多个步骤：数据准备、数据选择、数据预处理、数据缩减或者数据变换、确定数据挖掘目标、确定知识发现算法、数据挖掘、模式解释、知识评价等，而数据挖掘只是其中的一个关键步骤。

数据的奥妙只为谦逊、愿意聆听且掌握了聆听手段的人所知。而大数据时代的这种聆听手段主要体现在数据挖掘上，它可以接受数据一定程度上的不精确和不完美，但能够更好地理解这个世界，并能够更好地进行预测；它注重数据本身，让数据发声，聆听到以前从未意识到的联系的存在，即相关关系，而不是一味地得到明确的因果关系。因此谷歌可以预测季节性流感在时间和空间上的传播、车费预测（Farecast）可以预测机票的价格走势、亚马逊可以帮助我们推荐想要的书、脸书等社交平台可以帮助我们找到可能认识或者感兴趣的人，甚至我们使用的微软办公软件可以帮助我们检查拼写和语法错误。

没有信息就没有交易。没有信息交换的市场是不存在的。任何经济交易的第一步就是信息交换。若不如此，市场参与者之间就不会相互信任，贸易就不会产生。[1]信息不对称在市场中普遍存在，在网络时代，万物互联的情况下，信息的收集、处理和分析将成为整个经济的核心。网络空间无处不在，数据成为最重要的资产。对网络空间的数据的研究已经成为法学的一个重要内容。

---

〔1〕 〔德〕尼古拉·杰因茨：《金融隐私——征信制度国际比较》，万存知译，中国金融出版社2009年版，第1页。

三、征信的网络空间法理基础

网络经济的显著特征在于其特有的结构——网络结构，征信业就是一个典型的基于网络信息的产业。[1]网络空间的发展改变了传统社会空间，在网络空间形成了新的虚拟世界，其行为规则需要新的法律规则进行调整。

大数据网络空间在于突破地理位置上的限制。随着互联网的发展，虚拟社会空间广泛存在，并造成社会结构的关系改变。社会主体企业法人和自然人变成了网络空间中虚拟的主体存在，信息高速公路突破了物理世界的界限，企业法人和自然人进行了零距离和瞬间的交易，并在网络空间中留下了行为轨迹。方兴未艾的网络空间在经济生活中开疆拓土的同时也形成了广袤的人称"电子边疆的荒芜西部"。有鉴于此，有些学者认为华尔街的金融危机是一场法律危机，是在纯粹实体经济下制定的法律不能适应虚拟经济要求而发生的危机。[2]技术化的空间过度依赖于第三方平台而存在，在某种程度上，企业和自然人变成了网络空间的虚拟主体，行为依赖于网络空间而存在。征信行为通过空间数据挖掘，产生了复杂的行为，一方面，需要更加复杂的监管体系，建立与大数据时代征信相适应的监管体系。另一方面，也需要改变传统的实体法律制度框架，建立网络空间法律制度。在典型的信息删除权方面，就是一个典型的例证。首先，由于网络空间的即时性，数据的采集来源和环节变得十分模糊，所以在经过层层编辑之后，数据所反映的信息是否真实全面客观，需要为信息的来源者创设或提供一种信息删除权利，以防止删除的错误表达，维护原始信息拥有者的信息权利。其次，"新的网络空间成为新经济的基础结构，从而导致了社会组织模式的改变，如企业由传统金字塔形的科层制组织形态逐渐转向结构扁平化的渔网式组织，促使企业组织进一步虚拟化，成为一张没有控制中心、由节点相互沟通编织而成的弹性的渔网"。[3]

征信基于固有信息对信用和违约概率进行判断。传统的分析方式是过去和现在的静止分析。在网络空间大数据时代，概率分析和动态分析，以及预测将面向未来。

---

〔1〕 王晓明：《征信体系构建——制度选择与发展路径》，中国金融出版社 2015 年版，第 32-33 页。
〔2〕 张世明、刘亚丛、王济东主编：《经济法基础文献会要》，法律出版社 2012 年版，第 27 页。
〔3〕 张世明、刘亚丛、王济东主编：《经济法基础文献会要》，法律出版社 2012 年版，第 28 页。

（1）网络空间化的大数据征信改变了传统征信模式的分析方式。首先体现在决策方式上，主要进行概率分析和模糊化决策。在空间数据挖掘中，模糊集可用作模糊评判、模糊决策、模糊模式识别、模糊聚类分析、合成证据和计算置信度等，让非结构和非线性分析变成可能。还可以进行探测性的数据分析（exploratory data analysis，EDA），采用动态统计图形和动态链接技术显示数据及其统计特征，发现数据中非直观的数据特征和异常数据，使在线数据挖掘方法具有普遍意义。

（2）可以进行空间在线数据挖掘（spatial online analytical mining，SOLAM）。即建立在多维视图基础之上，基于网络的验证型空间数据挖掘和分析工具。它强调执行效率和对用户命令的及时响应。直接数据源一般是空间数据仓库。网络是巨大的分布式并行信息空间和极具价值的信息源，但因网络所固有的开放性、动态性与异构性，又使得用户很难准确、快捷地从网络上获取所需信息。空间在线数据挖掘的目的就在于解决如何利用分散的异构环境数据源，及时得到准确的信息和知识。它突破了局部限制，发现的知识也更有普遍意义。

（3）数据表达的可视化（visualization）。通过研制计算机工具、技术和系统，把实验或数值计算获得的大量空间抽象数据（如信息模式、数据的关联或趋势等）转换为人的视觉可以直接感受的具体计算机图形图像，以供数据挖掘和分析。空间数据挖掘（SDMKD）涉及复杂的数学方法和信息技术，可视化是空间数据的视觉表达与分析，借助图形、图像、动画等可视化手段对于形象地指导操作、定位重要的数据、引导挖掘、表达结果和评价模式的质量等具有现实意义。

（4）神经网络（neural network）：是由大量神经元通过极其丰富和完善的连接而构成的自适应非线性动态系统，并具有分布存储、联想记忆、大规模并行处理、自学习、自组织、自适应等功能。神经网络具有鲜明的"具体问题具体分析"特点，其收敛性、稳定性、局部最小值以及参数调整等问题尚待更深入的研究，尤其对于输入变量多、系统复杂且非线性程度大等情况。

（5）遗传算法（genetic algorithms）：是模拟生物进化过程，利用复制（选择）、交叉（重组）和变异（突变）三个基本算子优化求解的技术。在空间数据挖掘中，把数据挖掘任务表达为一种搜索问题，利用遗传算法的空间搜索能力，经过若干代的遗传，就能求得满足适应值的最优解规则。[1]

这些新的数据变化，将渗透并改变传统的征信数据收集和分析方式。

四、网络空间理论对监管理论的贡献

自 20 世纪初德国社会学家齐美尔在其著作中使用了"网络"一词后，开启了后人对"网络"一词的使用和研究。英国学者相继提出"社会网"的概念并进行了系统化研究，网络分析方法尤其是社会网络分析方法成为社会学的重要分析方法。20 世纪 60 年代，国外的一些学者还从网络的视角出发研究了许多经济问题，从而兴起了新经济社会学。几乎与此同时，"网络"这一概念也成为空间经济学和经济地理学以及后来的新经济地理学的基本概念和分析工具。此后，网络方法被迅速扩大到对物理基础设施网络的分析中，形成了网络产业经济学。20 世纪 90 年代初，形成了专门以经济网络为研究对象的网络经济学理论雏形，它把网络理解为经济代理人之间合作和共担风险的交易结构。20 世纪 90 年代以后，随着计算机网络的应用和普及又出现了互联网经济学、电子商务经济学等。

网络概念成为现代社会中的定义性范式之一，经过 10 多年的发展，已经被运用到人类学、社会学、经济学、传播学、语言学、物理学、生物学、流行病传播和精神疗法等领域，"网络"成为各个学科理论研究中的一个重要视角和分析工具并显现出其优势。"通过运用网络分析方法，研究者可以解释任何个体和单位在其所属的更大的活动空间中的互动。"网络，又可称为网状，是指纵横交错的组织或系统。西方网络经济学家给网络的定义为，"网络是互补的结合链构成的。网络重要而鲜明的特征是不同的结合链之间的互补性。网络提供的服务需要两个或更多的组成部分"。有的西方网络经济学家也指出，"网络能够被视为既建立在经济行为主体之间的相互作用的一个集，也是经济行为主体对不同经济目的采取相似行为的一个集"。

对网络经济可以从狭义和广义两个方面来理解。狭义而言，网络经济主要是指以信息和计算机网络为核心的信息和通信技术的产业群体。广义而言，网络经济主要是指电信、电力、能源、交通运输等网状运行行业构成的产业群

---

[1]　此内容可参见网址：http://blog.sciencenet.cn/blog-769953-713182.html。

体。网络经济学者认为，网络经济已经成为规模经济或范围经济，其经济运作往往涉及一个国家的范围，甚至跨越国界，把几个国家或一个巨大的区域联结在一起。

网络经济学把网络区分为真实网络和虚拟网络。真实网络是指经济行为主体间构建特定的网络联系物理结构的实物资本和人力资本投资而形成的。实物资本和人力资本之总和构成真实网络的沉没成本。这种沉没成本构成了进入和退出特定的真实网络的重要壁垒。而虚拟网络却与此不同，它是能兼容产品（分享一个共同的技术平台）的一种组合，各种数字产品能在共同技术平台的网络链上流通。

西方网络经济学家重视对网络外部性和锁定效应的分析。网络外部性是网络的属性之一。在同质的网络中，所有经济行为主体可能会认同参与者的数量具有正的值，因为网络外部性允许他们比在网络不存在的条件下，以更低的成本去访问网络中的其他成员。所谓锁定效应是指由于经济行为主体的有限理性和他们无法预见未来的无效率，则把经济行为主体局限在原来的技术网络之中，或锁定在原来的运行平台。比如说，一种新的发明或技术进步提供了比旧技术更有效的解决方案，但是，经济行为主体依然依赖旧技术，行为主体被锁定在过时的经济或技术解决方案之中。其原因是从一种旧的解决方案转向另一种新的解决方案，需要付出巨额的成本。传统产业中，经济行为主体锁定在旧技术状态中，不愿意从旧技术转换到新技术，不愿意承担沉重的转换沉没成本，这就是传统的锁定效应。

西方网络经济学家认为，在网络产品市场上，特定的网络经营主体则把传统锁定效应转换成管理锁定效应。在网络经济运行中，熟悉正外部性重要性的公司能够运用自己掌握的专利技术和专门知识，来锁定自身公司的业务和经营渠道，并在市场中获得支配地位。比如，某计算机软件开发公司，大量开发软件产品，不断将软件升级，将自身软件产品支配市场，成为行业标准。这样，"在积极地产生管理锁定的过程中，以从一个网络转向另一个竞争网络相关的巨大的转换成本的形式，阻止其他市场竞争者进入，企业能够从壁垒中获得巨额租金。这样，对网络产品市场控制来说，企业设置转换成本的能力是一项重要的战略性的交易特权。因为锁定效应能从一个网络的非常高的异质方面出现，所以发现或创造对客户锁定的可能性也变得很重要"。

社会经济变迁到网络经济形态，"网络"的出现至少说明了以下几个问题：一是社会经济活动的宏观背景发生了变化，"网络化"已经成为经济活动必须面对和依赖的外部环境；二是网络已经成为经济活动的一种方式和经济关系的链接方式，即"网络"已经成为全球化背景下的新的生产方式；三是说明了在网络经济形态中出现了新的规律和内容，使之成为一种新的经济形态；四是说明了对当代经济的研究视角发生了改变。

网络经济学对征信法律监管理论的贡献体现在理解征信业的信息承担和信息共享上面，首先，必须打破信息孤岛和信息壁垒，促成信息的进一步整合，通过动态、非线性和非结构化特征数据判定具体信用行为。其次，在建立征信监管体系上，需要建立统一监管体系，克服多部门交叉监管，面对一个无所不触及的网络空间，需要一个强有力的监管体系实施最基本的监管功能。最后，需要监管机构充分运用网络空间的基本理念开展监管工作，延伸和运用网络技术手段，开展强有力的技术监管。

第二节　征信市场发展变革对监管产生的影响分析

一、大数据网络空间时代到来对征信市场的影响

（一）大数据征信范畴与技术优势

征信业正在从传统的依赖人工分析和信息化系统管理中走出来，迈向大数据征信时代，[1]并出现一系列新的发展趋势。当一切都是大数据，大数据将深刻地改变一切。[2]。拥有数据的总体能力将成为一个国家综合国力的重要组成部分，数据正在成为一种战略资源，数据主权甚至与陆权、海权、空权同等地位，成为国家核心资产。[3]作为 2005 年以来的一个全球的流行术

---

〔1〕　在互联网进入大数据时代之际，关于互联网发展的时代特征，具有多种的表述，有大数据时代、信息社会、信息革命、网络空间等，本书倾向于使用"大数据时代"或者"大数据背景下"的表述。

〔2〕　[美] Phil Simon：《大数据应用——商业案例实践》，漆晨曦、张淑芳译，人民邮电出版社2014 年版，第 122-123 页。

〔3〕　李健、王丽萍、刘瑞："美国的大数据研发计划及对我国的启示"，载《中国科技资源导刊》2013 年第 1 期。

语，至今人们对大数据的概念莫衷一是。[1]大数据，不是随机样本，而是所有数据；不是精确性，而是混杂性；不是因果关系，而是相关关系。本书认为，数据信息已成为重要的资源要素。数据成为征信机构的核心资产，大数据技术在征信产品和服务中得到了应用。[2]大数据不是指数据本身，而是一种全新的计算方法和手段，一种对海量的结构化或者非结构化数据进行分析和应用的方法。

大数据的运用正在产生深远的影响。随着大数据时代的到来，一方面征信面临着顶替数据的大量来源，另一方面也出现了大量的大数据征信公司收集信息资料。在社会生活的每一个角落，记录着人类生活的每一个信息，在网络上的每一个节点，收集着社会生活点点滴滴的数据。在个人浑然无知的情况下，最终形成了个人画像，成为各种消费的对象。而企业也面临着同样的问题，各种爬虫技术和大数据技术，通过企业的财务资料、纳税信息、交易信息、环保信息、诉讼信息、违规信息、处罚信息等数据汇集，最终形成企业信用的画像。

随着征信业的发展，外国征信发达国家进入了全社会征信的阶段。传统征信的应用场景局限于金融信贷方面，但是互联网时代到来后，征信也随之从金融场景发展到各种生活场景。这些场景为大数据的应用提供了丰沃的土壤，大数据征信在这些领域的应用也是从2005年之后才慢慢发展起来的，大数据征信的概念和大数据征信的技术，最早来源于美国。以美国为例，在大数据时代，美国的征信发展基本体现在两个方面：一是对传统征信企业的影响和渗透；二是新型大数据征信公司的出现，促使了美国的传统征信业的诸多发展。也有学者将大数据征信界定为互联网征信。"大数据征信，简单地说就是运用海量数据集合，经挖掘分析后用于证明一个人或企业的信用状况。"[3]大数据征信具有以下的特征和优势。

一是大数据征信的数据来源变得多元化。大数据最为突出的优势是其非

〔1〕 De Mauro, Greco & Grimaldi, "A Formal Definition of Big Data Based on its Essential Features". 65 *library Review*, (No. 3, 2016), pp. 122-135.

〔2〕 刘新海：《征信与大数据——移动互联时代如何重塑"信用体系"》，中信出版社2016年版，第11页。

〔3〕 陈志："我国大数据征信发展现状及对征信监管体系的影响"，载《征信》2016年第8期。

结构化数据处理能力，具有广泛的数据来源，其征信产品更能满足用户的个性化需求。[1]大数据时代数据的来源及价值日益重要，大数据征信需要处理海量数据，个人的行为、位置、社交关系，甚至生理数据都可能被记录并成为分析和处理的数据源。

二是大数据征信的数据挖掘和存储能力日益发展。大数据正在改变我们的生活以及理解世界的方式，甚至它比我们还更了解自己。大数据时代的主要特征体现在数据挖掘上，以使我们能够更好地理解这个世界，更好地进行动态预测；注重相关关系，而不是一味地得到明确的因果关系。单一分析任务所处理的数据量随着时间的推移而有了很大的增长，要求计算能力的提高和更大的内存和存储能力。[2]

三是数据成为大数据征信的核心资产。信息不对称在市场中普遍存在，在网络时代万物互联的情况下，信息的收集、处理和分析将成为整个经济的核心。网络空间无处不在，数据成为最重要的资产。对网络空间的数据的研究已经成为法学的一个重要内容。

四是大数据征信已经广泛应用于金融行业。随着大数据技术的发展，大数据征信在金融领域的应用场景将更加丰富，形成更多样的特征。从调研和收集的资料显示，金融信贷机构正在越来越多地应用大数据征信。银行的风控体系体现了大数据征信支持下的人工智能分析能力，也即客户画像，主要分为基于大数据征信的个人客户画像和企业客户画像。"经统计，发现美国有近25%的人群没有个人信用记录，因此无法获得相应的金融服务，造成这种情况的主要原因是传统的信用评价指标单一，无法覆盖。互联网征信使得评价指标更多样化，覆盖面更广，可以很好地改善这种情况。"[3]

五是大数据征信有相比传统征信的优势。大数据为征信活动提供了一个全新的视角，基于海量的、多样性的数据，征信机构可以获得信息主体及时、全方位的信息。大数据为征信发展提供了新的图景，使征信的数据源、数据存储和处理、提供产品和服务等方面发生巨大的变化。[4]从信贷风控的角度

---

〔1〕　黄玺："互联网金融背景下我国征信业发展的思考"，载《征信》2014年第5期。

〔2〕　［德］Yver Hilpisch：《Python 金融大数据分析》，姚军译，人民邮电出版社2015年版，第11页。

〔3〕　Chris Jay Hoofnagle, "How the Fair Credit Reporting Act Regulates Big Data", *Future of Privacy Forum Workshop on Big Data and Privacy: Making Ends Meet*, 2013.

〔4〕　中国人民银行征信管理局编著：《现代征信学》，中国金融出版社2015年版，第33页。

讲，大数据技术有两层内涵：一是海量信息和多维信息出现，克服传统风控的信息造假和信息获取将付出高昂成本；二是信息分享技术能做到精准和快速，又可以避免人工判断的不准确性。[1]相比于传统征信，大数据征信具有分析基础更多样、采集的数据更加广泛、成本更低、信息更具备时效性的优势。

六是大数据征信建立在网络空间主权之上。征信业就是一个典型的基于网络信息的产业。[2]网络空间的发展改变了传统社会空间，在网络空间形成了新的虚拟世界，其行为规则需要新的法律规则进行调整。"方兴未艾的网络空间在经济生活中开疆拓土的同时也形成了广袤的人称'电子边疆的荒芜西部'。正是有鉴于此，有些学者认为华尔街的金融危机是一场法律危机，是在纯粹实体经济下制定的法律不能适应虚拟经济要求而发生的危机。"[3]

征信业自诞生之日，就是与信息相关的产业。征信数据来源于信息，服务于信息，也回归于信息。征信类似某种双向的星际网络，因为信用报告的使用者（同时是信息的提供者）罕有互相之间直接交换信息的，取而代之的是征信机构充当数据交换的"中央电路"。[4]本书认为，现阶段大数据征信的运用才刚刚起步，在大数据征信产品尚未发展成熟之前，大数据征信是对传统征信的一种补充。但是大数据征信的发展将深刻改变征信行业。在数据应用上，大数据的技术和方法结合云存储和云计算，促使传统征信业的数据处理和分析能力得到了极大的提高；在征信内容上，与传统征信业并驾齐驱，提出和丰富了征信评分和评级的模型和内容；在征信数据库的创新和附加服务上，进一步促进了全面征信和完善了惠普金融的发展。大数据征信并未改变征信的本质和征信的生产方式。但是，传统征信会不断吸收大数据征信的方法和技术手段，达到真正的融合，以满足社会对征信的完整性需求。

（二）大数据征信发展与信息自由的路径

1. 传统的征信公司开始运用大数据技术布局未来

（1）益博睿收购数据公司和高科技公司，对传统征信数据库和数据分析

〔1〕 徐华：《从传统到现代——中国信贷风控的制度与文化》，社会科学文献出版社2016年版，第288页。

〔2〕 王晓明：《征信体系构建——制度选择与发展路径》，中国金融出版社2015年版，第32-33页。

〔3〕 张世明、刘亚丛、王济东主编：《经济法基础文献会要》，法律出版社2012年版，第27页。

〔4〕 ［德］尼古拉·杰因茨：《金融隐私——征信制度国际比较》，万存知译，中国金融出版社2009年版，第12页。

能力进行不断优化。在数据源上，数据是个人征信机构的血液，是维持征信业务开展的生命线。2005 年，益博睿收购益百利，收集面向零售地产的数据；2010 年，收购租金办公室（Rent Bureau）公司，并入 700 万美国人的租房历史数据，通过收购数据公司，扩充数据源，丰富征信产品信息维度，降低与传统征信数据合作的风险，促使更多人以更低的价格享受租房服务。在征信技术上，益博睿开展了全球性的高科技公司收购，2004 年收购通信数据和身份验证解决方案的提供商——快速地址服务商（Quick Address Service）。2007 年收购法国电子邮件营销公司（Emailing Solution），扩张现有的猎豹邮件公司（Cheetah Mail）。收购 Hitwise，一个从互联网服务商网络直接获取手机数据的互联网监测服务商。2011 年，收购一家英国网络监测服务提供商——大蒜（Garlik）公司，2013 年收购反欺诈厂商第 41 参数（41st Parameter），增加反欺诈分析能力和拓展在网络欺诈交易保护方面的份额。益博睿也重视收购新兴的征信服务公司，收购新兴挑战者。2002 年收购消费者信息网（Consumer-Info. com），开始向消费者提供信用报告，并提供信用监测报告。2004 年收购猎豹邮件公司，提供电脑邮件市场营销软件和服务。2011 年，控股了一家英国数据驱动和营销的公司（Techlightenment）。2011 年收购作为美国医疗师的数据分析和软件服务商（Medical Present Value）。2011 年收购了巴西的一家电子营销公司（Virid），提供电子交付，以及基于电子邮件的客户行为细分，整合移动交付和社交媒体，提供实时营销活动报告。2013 年，收购身份健康通讯公司（Passport Health Communications）。该公司成立于 1996 年，向全美超过 2500 家医院、超过 9000 家其他医疗机构提供病患通用品牌和支付产品。经过近十年的兼并收购和全球化发展，益博睿发展成为横跨 39 个国家的全球信息服务集团。益博睿在北美、拉美、英国、爱尔兰、欧洲、中东、非洲和亚太地区开展业务，服务场景已经从单一的信用服务，拓展到市场营销、决策分析和消费者服务等领域。益博睿的调查数据涉及企业、个人、机动车辆和保险数据，也通过互联网调查的方式收集信用主体的整个生命周期的数据，形成一个庞大的数据库，其中仅个人消费者的信用信息服务，全球约有 8.9 亿个消费者的记录，1.03 亿个小微企业的信用信息。

　　益博睿在传统的信用服务里面加强了数据搜索、匹配和分析技术，加工生产基本的征信产品，帮助放贷者快速判断消费者和企业还贷的能力。每天，益博睿在全球范围内生产高达 380 万份信用报告，这些报告包括个人信用报告和小微企业信用报告，报告的格式繁简不一，可以分为基础版、标准版、完整版等，满足不同客户的需求。

在决策分析软件上，益博睿将数据和来自于机构客户及第三方的数据结合，应用分析模型将这些数据转换为信息和洞察力。益博睿基于商业数据的理解，整合了数据资源、分析能力和软件平台，利用数据科学、分析技术来挖掘数据中潜在的价值，通过决策分析服务，给机构客户提供辨别力，以便他们理解数据，作出快捷、有效的决策，使得在线信用申请审批从过去的数天缩短到目前的几秒钟。益博睿的身份鉴定服务向商业机构提供可以立即确认客户身份和组织欺诈的必要信息。在市场营销服务方面，益博睿帮助各企业客户验证和核实并优化数据集合，提供统一视图，利用第三方数据提供交叉验证，确保数据及时准确。益博睿利用数据管理和分析的优势，从许多数据源中获取数据（包括客户自身的数据），生成消费者画像。这些画像可以帮助益博睿的企业客户辨识出最好的顾客并更好地理解客户的主要兴趣和动机。益博睿拥有营销数据库、车辆数据库和保险数据库，可以服务于市场营销活动，其中，营销数据库主要为客户提供营销目标锁定服务，涉及消费者拓展、维护和管理方案，以及活动效果的评估和改进等方面。该数据库收集了数百万消费者的地域、人口、财务和生活方式信息以及大量的英美企业信息。益博睿同时在美国和英国给消费者提供互联网查询信用报告和信用评分服务，还向消费者提供信用监测和信用专家在内的消费者信用权益保护服务。

（2）艾可菲公司 2010 年收购了一家身份验证公司阿纳卡姆（Anakam）。2011 年收购商业智能公司伊索瑞特（Ethority）。艾可菲公司通过将消费者的信用数据、经济数据以及其他数据形成完整的金融健康状况视图，利用自身的分析能力、先进技术、多渠道的数据资产和决策模式生产独特的解决方案（Decision360），可以运用于消费者的信用管理的全周期，例如，风险管理、欺诈防范、营销和收债等。

艾可菲公司在 2011 年开始向美国国土安全部和美国公民及移民局提供移民就业资格核查服务。2014 年开发了帮助电信公司免受欺诈的"实时身份验证工具"，用以验证用户身份，以及提供关于客户按时缴纳手机账单的情况。艾可菲公司开发的工作编号数据库，是人力资源解决方案的一部分，能够了解消费者在求职过程中的信用状况，同时也可以将其用到金融信贷中，给放贷者提供分析透明度，帮助他们控制风险，降低信贷成本。

（3）全联公司作为以数据为核心资产的征信机构，经过多年的积累，截至 2016 年，全联公司目前已经拥有 9 万个数据来源和超过 30PB 的数据。目前，全联公司为 6.5 万个机构用户和 3500 万个人消费者提供信用服务。2002 年，通过收购真实信用（True Credit）网站，直接进入为消费者提供服务的市场，通过便捷的在线服务，帮助数以百万计的消费者保护和提升信用。全联公司自称是美国唯一的既能综合处理全国消费者信用数据，又能处理多样的公共记录数据的规模供应商。全联公司提出了趋势数据（Trend Data）的概念来提供消费者风险画像的轨迹，整合可替代数据来更好地评估有银行账户和没有银行账户的消费者。全联公司的服务以基本信用服务为基础，延伸到市场营销服务，通过邮件、网络和移动设备帮助商业机构开发生成面向未来的市场营销客户清单，商业机构可以利用数据库联系个人消费者，进行拓展信用贷款和保险相关服务的营销。全联公司也开发了决策分析服务，帮助商业机构解释数据和预测模型结构，帮助客户进行自动化决策。全联公司在个人消费者服务方面包括了信用报告、信用评分、信用监控、身份欺诈和金融理财等内容，帮助消费者管理个人财务和预防身份盗用。

（4）在信用评分方面，随着大数据的发展，替代数据得到了实际应用，新评分模式也呼之欲出。费埃哲公司传统的评分模式对信用不足或者信用缺失的消费者无效，导致美国将近 20%的消费者无法获得正常的信用评分。针对这种情况，费埃哲公司联合艾可菲公司和律商联讯集团合作，开发菲科新信用评分模式。该信用评分模式利用电信和公共事业交费大数据，使用移动电话、有线电视和电话账单、财产记录等数据，根据费埃哲的算法模型形成新的评分模型。全联公司也开发了"信用视野链接"新信用评分，将传统征信数据结合替代数据源，再根据对消费者传统支付历史的分析，可以得到对风险更加准确的评估。在其数据中增加消费者每月的支付规模和支付增减的变化，同时考虑消费者改变住所的频率、支付日的数据、账户历史等因素。目前，已经被部分贷款方实际使用。

2. 新型大数据征信公司的发展

（1）美国互联网金融公司泽斯塔公司是美国典型的大数据征信公司。泽斯塔公司成立于 2009 年，前期的业务主要通过在线平台提供放贷服务，后来专注于提供信用评估服务，通过大数据应用，为难以获得传统金融服务的个人创造可用的信用，降低他们的借贷成本。传统的信用评分费埃哲评分固有的模型，使得信用记录不完整或者不够完整的个人消费者，无法获取常规的金融服务，或者需要付出很大的代价才能获得常规的金融服务。泽斯塔公司从大数据征信的视角出发，改变传统征信依赖于银行信贷数据的单一情况，在传统征信数据的基础上，依赖于结构化数据，同时引入大量的非结构化数据，利用大数据收集更多的非传统数据，例如，借款人的房租缴纳记录、典当行记录、网络数据信息、搬家次数、IP 地址、浏览器版本、电脑屏幕分辨率等。

通过引入基于多角度学习的评分预测模型。传统评分模型一般拥有 500 个数据项，从中提取 50 个变量，利用一个预测模型作出信用风险量化评估。泽斯塔公司的新模式，往往用到了 3500 个数据项，从中提取 7 万个变量，利用 10 个预测风险模型进行集成学习或者多角度学习，进行最终的消费者信用评分。泽斯塔公司的数据是大数据，可以生成数以万计的风险变量，然后输入不同的预测模型中，例如，反欺诈模型、身份验证模型、预付能力模型、还款能力模型、还款意愿模型以及稳定性模型等。每个子模型都从不同的角度预测个人消费者的信用状况，克服了传统信用评估中一个模型考虑因素的局限性，使预测更加细致。2012 年至今，泽斯塔公司差不多每一季度就会新推出一个信用评估模型，而且模型是以每一个不同开发者命名。

（2）美国的 P2P 信贷机构新贵（Upstart）公司成立于 2012 年，针对传统信用评估对没有信用交易的年轻人的数据不足的情况，提出了大数据信用评估的方法。通过新的大数据征信手段致力于解决年轻消费者的信贷难题。目前，美国消费信贷评估的一个重要的依据是菲科信用评分。

传统的菲科信用评分模型的基本思想是比较借款人信用历史资料与数据库中的全体借款人的信用习惯，检查借款人的发展趋势与经常违约、随意透支，甚至申请破产等各种陷入财务困境的借款人的发展趋势是否相似。它主要从五个方面考察用户的信贷资质，往往只考察贷款者的过去：有多少个银行户口、有多少存款、偿还了多少贷款等。但随着信贷业务的进一步开展，菲科信用评分由于单一的标准、严苛的门槛和片面的评估结果而饱受诟病。年轻的消费者由于信贷历史比较短，信用记录比较少，所以一般信用评分分数比较低，影响了他们享受信贷服务的机会。不像大多数依赖菲科评分和信贷记录的传统银行，新贵公司通过一系列其他维度的消费者信息（例如毕业学校、GPA、SAT 得分、所在公司的状况）来量化借款人偿付贷款的能力。在信审上，新贵公司平台除关注传统信用数据外，认为就业能力、收入潜力和教育程度与消费者的未来还款的可能性具有很强的相关性。基于这个思路，新贵公司可以得到关于消费者的新的信用评估，在该平台上将借款者和投资人进行链接。新贵公司给予消费者客户比菲科信用评分更合理的信用评级，并为其提供更加合理的贷款，利率比其他贷款低 30% 或更多。往往只用几分钟的时间，消费者就可以知道能获得多少贷款，第一天申请贷款，第二天便可以得到贷款。

新贵公司的目标是识别未来合格的借款人，新的信用评估模型真正关注的不是消费者过去的行为，而是消费者的未来状况。新贵公司开展业务的基础就是其强大的智能数据管理和分析技术。新贵公司的信用评估和传统的菲科信用评分模型的思路有一些差异。菲科信用评分的理念是基于消费者的信用模式的一致性：过去消费者的信用状况差，未来消费者的信用状况也差。而新贵公司的分析模型类似于风投理念的成长模型，消费者的教育背景越好，成绩越好，职业前景越好，未来就会有较好的还款能力，越有可能在新贵公司获得低息贷款。新贵公司不拘泥于现实和过去，着眼于消费者未来，认为年轻的消费者过去信用状况差，未来的信用状况可能比较好。

（3）由于缺少传统银行信贷记录，全球有 25 亿人无法享受金融服务，但是这些人中有 16 亿人拥有手机，很多都是后付费用户。由于电信付费数据是和金融征信强相关的数据源，传统的征信机构也开始设计将电信大数据应用到征信业务的产品，主要围绕通信话费缴纳，为金融机构提供替代信用风险分析方案。新兴的大数据公司比较激进，整合消费者除话费缴纳之外更多的电信大数据，主要在新兴市场国家为普惠金融机构提供风险分析服务。

起初，国外的征信机构没有把电信数据纳入征信报告。2015 年，菲科公司和艾可菲公司、律商联讯集团 3 家公司合作启动可替代评分项目，在 12 家大的信用卡公司使用，对不能获得传统信贷服务的消费者进行信用评估。相关研究结果表明电信数据具有相对较好的效果，利用替代数据，可以为大约 50% 不能进行传统信用评估的用户正确评分。上百万的消费者可以拥有比较高的信用评分，享受正常的金融服务，并且很多拥有新评分的消费者很快成为金融服务的主流人群。上述机构在利用电信数据进行信用评分的同时，将电信数据也纳入信用报告，提供给金融机构或消费者。国外征信机构将电信数据用于银行信贷风险评估的大数据模式目前还处于尝试阶段。

过去10年中，移动终端发展到无处不在，超过90%的人有移动电话。在发展中国家，蜂窝电话数据使用者多于发达国家。根据世界银行2014年发布的报告可知：全世界人口中有近1/3的人没有银行账户，因此对这些人来说不仅银行征信资料是缺失的，甚至任何资金的记录都是空白的。相比而言，拥有手机的人口则占全世界人口的3/4，即拥有手机的人比拥有银行账户的人多。随着移动电话成为新兴市场中必要的交流模式，可收集和分析的数据变得越来越丰富和可描述。通话信息记录数据库提供了一系列包括通话对象、频度时长和支付信息等特征内容的详细信息。研究发现，通过简单的特征（如通话的间隔时间、账户服务的持续性、余额询问频率和通话时长等）可以构建相对有预测能力的模型。一些风险管控服务提供商（如 Cignifi、First Access、Master Card Advisors 等）已经开发了针对缺失传统征信记录的消费者的风险控制模型，根据这些模型显示预付费用户的付费情况，通话、上网行为等信息，能够在一定程度上预测贷款人的还款意愿及还款能力。针对消费者几个月的手机数据便能提供足够的样本量进行风险建模。例如，统计显示，发起呼叫的数量（不是接收呼叫的数量）较多以及通话时长较长这两个维度与信用度是正相关的；相反，在一些模型中，如果工作时段接听较多的电话或者通话的朋友圈相对较小，则可能是低信用客户。因此，基于预付费手机相关数据的风险控制建模，可以极大地帮助一些缺乏征信数据的发展中国家的市场实现普惠金融的健康成长。电信大数据是与消费者信用强相关的征信数据，仅次于银行信贷数据。大数据公司西尼（Cignifi）和第一通路（First Access）是进行这种尝试的典型代表。

西尼是一家基于电信数据的风险和信息分析公司，大概成立于2011年，在巴西进行测试，总部在美国马萨诸塞州的剑桥，很多商业创意产生于英国的牛津大学。基本业务市场营销和风险评估分别对应两种产品，即市场营销倾向性评分和风险评分。西尼的信用评分是为金融机构、零售商和保险商开发的，可以为没有传统信用评分历史的顾客服务，效果很好，涵盖信用卡、循环信用卡和短期的消费者贷款，在不增加风险的前提下使消费者贷款的批准率达到了25%。西尼用到的电信大数据不仅仅限于话费缴费信息，其主要的一些数据指标包括，通话时长、每天用电话的时间、通话的频率、谁先打的电话、电话的位置信息、短信和数据的活跃度、定时和充值金额。所在的市场包括墨西哥、加纳、智利、巴西、乌干达、菲律宾、尼加拉瓜。西尼注重与电信运营商和传统的征信机构合作，目前的合作伙伴包括艾可菲、西班牙电话公司等。

　　第一通路是一家面向微金融服务的信息服务商。首先在坦桑尼亚开始了相关的工作，涉及的产品有微贷、分期贷款、短期贷款、农业贷款、小微企业贷款、太阳能灯贷款和房屋装修贷款等。其主要的服务对象是商业银行、微金融机构、盈利或者非盈利金融机构。在进行信用评估时，该公司考虑的因素是移动电话、水、公共设施、被申请者启动的电话次数、所在电话网络的大小和充值的频率等。第一通路通过查看客户的手机通话记录与短信记录，对客户的信用状况进行评判。第一通路监控的并不是通话与短信的内容，而是通话的时间、地理位置、频率、通话费用等数据，从而通过分析这些数据形成对客户的行为特征判定。在特定客户的行为特征模型形成之后，相互的通话也将成为其他客户行为特征的判定因素之一。最终，第一通路通过内部算法得出相应的信用额度。整个过程通过自动化算法分析完成，因此从客户同意提供数据到信用额度的公布仅需要几分钟的时间。第一通路在应用中也取得了一定的效果，相比传统的风险分析方法，每一个借贷者都节省了将近12美元的花销，在最初的18个月内就有超过7.5万个借贷推荐。

　　征信业在经历了近百年的发展之后，正在从传统的依赖人工分析和信息化系统管理中走出来，迈向大数据征信时代，并出现一系列新的发展趋势：一是数据源多元化。除金融相关数据外，电商、电信业、商业交易数据正在进入征信体系。二是数据标准输出。美国征信局协会（CDIA）正在将美国征信数据的标准推广至其他国家，以促进征信体系的全球化发展。三是征信体系融合。个人征信与企业征信的应用呈现融合趋势。例如，评价企业风险同时考量其高管、董事会成员的个人风险应用场景拓展。四是风险评估种类不断细化。从单一信用风险到资产预测、破产预测、偿债预测、收入预测等细化风险；从简单评分产品到定制化的数据应用与工具对接服务，评分产品仅为初级筛选，同时作为模型输入对接定制化的客户应用和工具；超越风险领域，例如，帮助企业找到潜在目标客户，提升营销效率。征信业的法律历程与其背后的逻辑对于中国发展征信行业具有一定的借鉴意义。刺激消费是中国经济发展的一大主题，随之而来的个人信贷需求的爆发可以预期。互联网金融的发展亟待突破征信瓶颈，而互联网及大数据技术在中国突飞猛进的发展无疑为发展征信行业提供了坚实的技术基础。

（三）大数据征信对征信监管的新要求

1. 需要进一步推动传统征信与大数据征信的衔接

目前，大数据征信在世界范围内才刚刚发展，传统征信与大数据征信的衔接还没有建立起相关的规范。传统征信数据主要以银行贷款、个人信用卡还款以及违约记录等为主，目前在我国的第二版征信系统更新之后，加入了多项公共记录，增加刊载了个人的性别、出生日期、教育水平、户籍地址、居住地址、联系方式、工作单位、单位地址、工作起始时间和婚姻状况，如果结婚，则包含配偶工作单位、电话等，还增加了个体不遵纪守法的信息，包括欠税、强制执行、民事判决、行政处罚信息，以及养老保险、公积金、低保救助、执业资格等。今后，还需要不断更新，加入更多样化的数据来源。

2. 需要加强政务信息公开共享机制监管力度，打破信息孤岛

"长期以来，由于我们国家社会治理结构的特点，政府部门掌握全社会近80%的信用信息资源，这些信息分布在工商、税务、外贸、海关等政府部门，部门间的信息和数据既不流动也不公开，大量有价值的信息资源被闲置和浪费。"[1]截至 2019 年 6 月末，我国的国家金融信用信息基础数据库共收录自然人 9.99 亿人，其中有信贷记录的 5.48 亿人，有信贷记录人群占比 54.9%；企业 2758 万户，其中有信贷记录的 938 万户，有信贷记录企业仅占比 34%。从这些数据可以看出，传统征信高度依赖信贷记录的短板已经显现出来，大数据征信对传统征信的补充完善具有现实意义。

3. 需要加强对大数据征信的研究和监管引导

目前，大数据征信的发展还存在着突出的问题，首先是在理论的准备上

---

[1] 宋晓瑞："美、英、日三国征信监管模式比较及其启示"，载《征信》2014 年第 12 期。

还存在许多空白。比如，大数据征信的内涵和外延，大数据征信与传统征信的关系界定，大数据产权归属问题，大数据征信存在的经济学理论基础和法理基础，大数据征信的法律体系，大数据征信存在的侵权行为及其法律责任等。大数据机构无法保证数据质量，如果输入的是垃圾，那么输出的也一定是垃圾。[1]大数据的数据来源可能存在不可靠的情况，出现数据的不一致、不全面和不准确；大数据征信机构的安全性管理问题可能更加突出，需要更加完善的安全措施和标准加以规范和监管。

4. 需要完善监管技术手段和法律体系与大数据征信的适应性

"目前征信法律规范的调整和规制对象主要是传统金融机构，面对大数据征信的要求，尚未得到征信市场的有效验证。"[2]大数据征信在法律规制实践中还存在着诸多问题：一是缺乏相关法律法规规范，对大数据的规范只能依靠个人信息保护、数据安全法案和民法等分散的法律规范进行调整。二是大数据征信数据采集范围不明确，数据采集标准不一，数据采集、加工、存储的环节界限不清。三是数据信息安全保护薄弱，很容易受到黑客的攻击，致使信息被窃取，完全暴露个人信息。四是数据孤岛现象严重，数据共享机制建立存在很大障碍。五是大数据开放与个人数据隐私保护的框架模糊。六是缺乏健全适度的政府监管体系，对于大数据征信活动缺乏系统性监管。这些都亟待政府有关监管部门的实践总结，以及经济金融领域、金融科技技术领域和法学领域的学者持续不断的研究，共同推动大数据征信的进一步发展。

二、我国征信市场发展培育相对滞后

（一）我国征信业的发展现状

1. 我国征信市场起步较晚

我国的现代征信活动最早可以追溯到中国征信所的设立。1932 年发起组织的中国兴信社，是中国征信所设立之前的征信研究机构。中国兴信社的成立实际是一种历史必然中的偶然。随后在中国兴信社下属设立中国征信所，于 1932

---

〔1〕 ［美］Phil Simon：《大数据应用——商业案例实践》，漆晨曦、张淑芳译，人民邮电出版社 2014 年版，第 155 页。

〔2〕 陈志："我国大数据征信发展现状及对征信监管体系的影响"，载《征信》2016 年第 8 期。

年 6 月 6 日正式开业。经过一段时间发展，中国的征信业处于中断状态。[1]

相对于西方征信发达国家，我国的征信行业起步较晚，真正的发展起步于 20 世纪 80 年代末，改革开放促使首批征信机构出现。20 世纪 80 年代后期，国内企业债券市场的发展促使第一家信用评级公司——上海远东资信评估有限公司成立。同期，对外贸易扩大要求国内外企业对彼此信用情况有更深的了解，对外经济贸易部计算中心与国际企业征信机构邓白氏公司合作，相互提供中国和外国企业的信用报告。1993 年，新华信国际信息咨询有限公司开始正式对外专门提供企业征信服务，随后一批专业信用调查中介机构陆续出现。

如果从 1993 年算起，企业征信在中国已经存在将近 30 年，开展企业征信的有 150 多家，但是绝大多数都没有什么业务。目前比较活跃的有华夏邓白氏、益博睿、中诚信、深圳彭元、拉卡拉、北京宜信志诚、网信等几家。到 2015 年，企业征信总的市场收益不过 20 亿元。[2] 20 世纪 90 年代至 21 世纪初，个人征信开始试点，基础数据库实现全国联网查询，征信业全面起步。中国人民银行成立征信管理局，成为征信业监管机构，按照《征信业管理条例》《征信机构管理办法》等相关法律法规履行监管职责。全国统一的个人信用信息基础数据库和企业信用信息基础数据库，即国家金融信用信息基础数据库上线运行，为征信业提供了基础数据支持。经过近 30 年的发展，形成了以中国人民银行征信中心为主导的公共征信模式。目前，中国人民银行已经建立起覆盖全国的公共征信网络，民营征信机构业务逐步向市场化迈进，整个行业进入快速发展期。

2. 我国形成以国家金融信用信息基础数据库为主导的征信模式

中国人民银行征信系统包括企业信用信息基础数据库和个人信用信息基础数据库，于 2006 年 7 月实现全国联网查询。中国人民银行征信系统的数据主要来源于银行业金融机构等传统意义上的信贷机构，同时也包括社保、公积金等公共信息。从这些机构得到信用数据后，通过模型评分评级，形成信用报告、信用评级等征信产品。中国人民银行征信系统的需求方包括银行、

---

〔1〕 孙建国：《信用的嬗变：上海中国征信所研究》，中国社会科学出版社 2007 年版，第 119-289 页。

〔2〕 徐华：《从传统到现代——中国信贷风控的制度与文化》，社会科学文献出版社 2016 年版，第 282 页。

政府部门、工商企业、自然人等，多数发生在个人购房和购车、个人小额信贷、企业信贷、债券买卖等场景中。

我国征信体系建设由信贷征信起步，目前已经基本形成以中国人民银行的公共信用信息征集系统为主、市场化征信机构为辅的多元化格局。中国人民银行征信系统基本上为每一个有信用活动的企业和个人建立了信用档案，对外提供基础性的信用信息服务。市场化征信机构则立足于细分市场，发挥其细分数据优势，向社会提供多样化的信用信息服务。

2013 年，我国征信行业首部行政法规《征信业管理条例》正式实施。2014 年，国家关于社会信用体系的首部专项规划《社会信用体系建设规划纲要（2014—2020 年）》发布。2013 年底至 2015 年 3 月底，多家企业征信机构获得牌照。[1]2015 年，中国人民银行《关于做好个人征信业务准备工作的通知》，开始了个人征信业务的市场化推进进程。2015 年 6 月 11 日，我国宣布实现了社会信用代码的统一，标志着我国全民开始进入征信的数字化时代。2018 年 3 月 19 日，百行征信有限公司在深圳成立，成为我国第一家个人征信机构。百行征信有限公司由中国互联网金融协会联合芝麻信用、腾讯征信、深圳前海征信、考拉征信、鹏元征信、中诚信征信、中智诚征信、北京华道征信 8 家市场机构参股组成。这些进展表明我国的征信业在大数据时代正弯道超车，大步迈进。

（二）我国征信市场发展存在的问题

1. 征信市场结构与体系不合理

目前来看，我国的征信监管市场主体培育还是显得相对滞后。历史原因和我国征信起步的现状，决定了我国选择政府主导的中央型公共征信系统的发展模式，并取得了瞩目的成就。经过一段时间的发展，国家金融信用信息基础数据库发挥了巨大的作用，数据信息主体的数量和信息覆盖面已经位居世界第一，支撑了我国金融信贷系统的运行发展，在防范金融信贷风险上起到了基础设施的重要作用。但是也造成了过度依靠政府投入，国家金融信用信息基础数据库目前也存在诸多问题。监管者与运营者无法分离，在缺乏有效竞争的机制下，容易造成投入不足，产品研发缺乏持续性，效率低下等问

---

〔1〕 王晓明：《征信体系构建——制度选择与发展路径》，中国金融出版社 2015 年版，第 3 页。

题，同时影响了私营市场主体的培育发展。

加之现有征信市场的管制多于放松，市场主体的组成和结构上显得不合理。现阶段对个人征信牌照的市场准入监管十分严格，至今只批准了百行征信有限公司 1 家个人征信企业。出现了征信市场活力不足的情况，截至 2019 年初，全国共有企业征信机构 130 家左右。截至 2018 年 9 月，被注销备案的企业征信机构有 10 家，其中，2016 年被注销的有 4 家，2017 年有 1 家。[1] 目前，许多私营市场主体出现同质化，竞争力差，行业规模和行业收入严重不足以支撑市场的发展。

我国私营征信机构市场竞争力不足。由于我国征信业发展起步较晚，加之以中央型公共征信模式为重点的体系，造成了我国现有征信市场中的私营征信机构尚处于发展的早期阶段，没有发展出规模较大的企业，也缺乏龙头征信企业，没有形成体系丰富的细分领域的专业征信机构。私营征信企业的发展效率也较低，在互联网征信发展的初级阶段，由于缺乏法律对接和专业引导，没有审批形成竞争态势的个人征信机构。随着 2015 年互联网金融泡沫的逐步释放，互联网征信的热潮有所减退，征信市场的竞争活力呈现下降趋势。

2. 征信机构定位不准和征信产品单一造成市场供给不足

我国私营征信机构发展定位不准。至今，我国征信市场还有部分征信机构处于买卖原始数据的阶段。许多私营征信机构依靠一定的数据来源，未经征信的处理形成完整的征信报告进行交易，成为信息提供者。由于缺乏时间、技术和人才的沉淀，无法完成与相对征信产品的生产和对接。而且同质化的情况比较严重。征信机构的本质定位不是挖掘数据和炒作买卖数据，而是生产征信产品的企业，需要遵循征信的理论和逻辑，建立渠道进行数据采集，并通过研发和加工处理，形成有灵魂、有内容的征信产品。[2]

我国现阶段的征信产品单一、供给不足。国家金融信用信息基础数据库只提供信用信息查询，没有开发征信产品。目前，"百行征信坚持市场化的发展道路，数据来源呈现多样性和广泛性，涉及网购、教育、医疗等消费生活，

---

〔1〕 刘双霞："多机构被注销资质 企业征信格局重塑"，载《北京商报》2018 年 9 月 12 日，第 D1 版。

〔2〕 吴晶妹："2019 年，征信业从哪里出发？"，载《征信》2019 年第 1 期。

但其征信产品仍十分有限"。[1]截至 2019 年第一季度，百行征信有限公司开发了三款产品。[2]其他企业征信机构的征信产品单一，缺乏差异性和竞争力，征信产品的供给与我国现有金融经济的发展不相适合。与征信市场发达国家比较，还有很大差距，比如，美国征信市场除了规模较大的综合性征信巨头，还有定位于雇用调查、房租审查、汽车和财产保险、银行账户和支票审查、面向低收入和次级贷款人群、医疗服务、电信公共事业、零售、博彩业等方面的专业征信服务机构。[3]

3. 外资征信机构逐步进入中国市场加剧征信市场竞争

随着我国金融市场开发的进程，我国金融市场开放力度空前。近期，《外商投资法》自 2020 年 1 月 1 日起开始施行。外资投资的准入，采取负面清单的管理方式，给予外国投资者国民待遇甚至部分优惠待遇。2020 年 4 月 1 日起，我国的金融资本市场和金融服务市场对外资全面放开，国外的券商、保险、期货公司这些金融机构，以及信用评级机构，可以在我国投资设立全资公司。外资征信机构也加速入场，进一步加剧我国征信业的竞争。2018 年 9 月，中国人民银行营业管理部发布公告显示，根据《征信业管理条例》《征信机构管理办法》《企业征信机构备案管理办法》等有关规定，完成对益博睿征信（北京）有限公司的企业征信业务的经营备案。[4]发展成熟的国外征信企业逐步进入市场，将引发市场结构和格局的改变，对我国的征信市场建设水平和法律监管水平提出了更高的要求。

三、我国征信监管与征信市场发展阶段不相适应

随着我国征信市场的发展，我国征信监管也面临着体系的完善问题。现阶段存在的监管问题体现在：征信监管的功能和服务定位都从属于银行系统，征信的发展未能面向整个经济。[5]现阶段我国征信监管存在与市场发展阶段

---

〔1〕 张晶、李育冬："从百行征信看我国个人征信的市场化发展"，载《征信》2019 年第 12 期。

〔2〕 参见百行征信官网，http://www.baihangcredit.com/news/news_ 16.html。

〔3〕 刘新海："专业征信机构：未来中国征信业的方向"，载《征信》2019 年第 7 期。

〔4〕 2017 年 10 月，中国人民银行上海总部发布了《关于对上海华夏邓白氏商业信息咨询有限公司企业征信机构备案的公示》。

〔5〕 吴晶妹："2019 年，征信业从哪里出发？"，载《征信》2019 年第 1 期；同时参考［美］玛格里特·米勒编：《征信体系和国际经济》，王晓蕾、佟焱、穆长春译，中国金融出版社 2004 年版。

不相适应的情况，具体体现在以下情况。

第一，征信监管法律体系、征信业顶层设计和发展规划的问题。关于我国现有的以《征信业管理条例》为核心的征信监管法律体系，本书前文也梳理了其存在的三大问题需要法律与监管进行平衡完善。核心问题是对征信业发展和监管的顶层设计的欠缺，在征信法律体系的完善上步伐缓慢，没有形成适合我国发展的相对完整的征信法律规制体系。这一系列问题反映了，存在着征信法的制定问题，比如，信息公开的问题，信息保护的问题，信息共享机制的问题，征信与社会信用体系建设关系的问题等。一方面，这些问题的产生，在整体上受到我国现有法律体系的制约；另一方面，由于缺乏对征信业的专业立法，现阶段的法律体系出现征信法律体系完整性、法律位阶、法律体系衔接等方面不健全等情况。

第二，征信监管与市场的发展关系问题。市场与监管的关系是一个宏观和永恒的问题，市场与监管的关系体现了公平与效率的关系，个人利益、社会利益、公共利益的关系，关系到征信业发展路径和资源配置的基本问题。我国现阶段的征信市场发展显然没有找到监管与市场发展的平衡点，效率与公平之间存在失衡，信息主体的利益保护与征信机构征信社会经济利益还没有得到很好的平衡。这些问题体现在最为核心的三大基本问题上，即没有很好地处理信息主体利益保护与信息自由的冲突矛盾；没有很好地处理征信法律行为的规范约束机制与法律责任的法律平衡完善；没有很好地处理市场发展与征信监管的关系等。

第三，征信监管体系构建和配置问题。征信监管体系缺乏独立性和高效性。我国的征信监管机构是中国人民银行征信管理局，作为一个二级部门而存在，并不具有相对独立的监管机构的意义。监管机构隶属于中国人民银行虽然也是一种通用的国际的征信监管设置模式，但是，随着2008年金融危机之后，行为监管理论的实践发展证明，需要增加行为监管的力度并保持其适度的独立性。独立性是保障征信业监管有效性的首要因素，国际金融监管改革基本都始于独立性行为监管机构的确立。独立性体现在四个维度：一是依据的法律独立，二是依法监管，三是独立监管，四是不受外界干扰。就目前我国征信业行为监管的实际情况看，亟待进一步改革，确保征信监管组织形式的相对独立性，并配置可独立有效履行监管职责的权能机构和组织体系。

　　第四，征信监管的具体职能配置问题。一是缺乏适应于市场发展的征信监管职责和权限，法律在赋予相应的权力方面有所缺位。二是监管工具显得单一，在征信监管的法律、经济和行政的三类监管工具中，法律、经济监管工具相对薄弱，缺乏有效性。由于征信监管法律体系的欠缺制约了征信监管的统一战略目标的确定；也影响了法定的、统一的、清晰的和可操作的监管标准的构建。由于缺乏有效的经济监管工具，影响了征信监管在经济监管手段方面的前瞻性、柔软性和及时响应性；缺乏对征信业的全周期行为的覆盖和市场引导。三是监管资源不够充足，征信监管的人力、资金、技术滞后于市场发展。四是缺乏有效的征信监管的监督和激励体系，缺乏监管问责机制，缺乏专业的监管行为制约和完善的监管信息披露。

　　综上，这些具体体现在不同层级的问题上。一是征信监管法律体系完善的问题；二是征信业发展的顶层设计和发展规划的问题；三是征信市场与监管的关系平衡问题；四是征信监管体系构建和配置的问题；五是征信监管面向市场的监管目标、方法、工具、监督机制等方面的具体监管权能的配置问题。需要我国在征信市场监管实践中不断完善总结，形成适合我国社会经济发展水平，符合我国历史文化、政治传统、行政管理体制和征信业发展规律的征信监管路径和模式。

第三节　征信市场监管利益平衡的目标与原则

一、征信市场与征信监管利益平衡分析

　　"无形之手"与"有形之手"的关系是一个辩证性的问题。在经济事务中，并不是要排斥政府的介入，而是希望能够获得一种法治下的经济活动自由。而且，自由市场不排除政府的必要干预。但市场所要做的是，一方面大量减少必须通过政府手段来决定的问题的范围；另一方面缩小政府直接参与竞争的程度。[1]

　　（一）征信市场发展模式的内在规律

　　美国一直以鼓励市场竞争的模式促进市场经济高度发达，征信业通过漫

---

　　〔1〕　［美］米尔顿·弗里德曼：《资本主义与自由》，张瑞玉译，商务印书馆2006年版，第19页。

长的发展阶段不断地重新调整发展，形成了市场发展模式为主导的形式。政府介入经济的边界相对明确，所以缺乏对于公共征信系统的实际需求。公共征信的监管模式作为国家干预经济运行的一个典型方式而存在，经济发展模式无论是莱茵模式、拉美模式、东亚模式还是转轨模式，均有一个基本的特征，即是私营征信市场刚刚起步或者发展缓慢，而整个金融市场的结构往往也是银行主导模式，加之市场征信信用信息透明度相对较低，征信业处于起步发展阶段，以政府介入的方式，建立公共征信模式可以快速和高效地解决该国的征信基本要求，这种模式与加强政府干预经济的经济发展模式具有高度的契合度。[1]

所以，应当根据一国的经济发展模式、政府介入经济的程度和征信业发展阶段综合平衡选择不同的发展模式。在实践结果中，各国往往最后采取混合模式，以便起到各种征信机构相互补充的作用。以德国为例，除以公告征信模式为主导之外，还以私营征信机构和会员制模式起到相互补充的作用。

（二）征信监管在多种利益中平衡发展

一是在征信业的市场、技术、法律中的利益平衡发展。在征信业中，随着市场、技术的发展，法律也开始逐步从无到有。为了平衡征信业各方主体的利益，法律从规范征信机构、确保征信公平开始，转变到了保护个人信息权利的立场上来，在这个转变中，法律本身没有创设利益。法律发现了征信业的内在利益的变化，随着征信业的集中和寡头垄断的形成，在技术的发展已经变得十分复杂的情况下，法律的天平向个人信息权益保护倾斜。法律对社会的规范是通过利益调整来实现的，然而，利益不是被创设，只是被法律发现。这决定了现代社会法治的基本范式是通过法律的利益调整、协调和再平衡实现的。"我们主要是通过把我们所称的法律权利赋予主张各种利益的人来保障这些利益的。"[2]

二是征信监管必须对个人利益、社会利益和公共利益进行平衡发展。通过处理好个人利益、社会利益和公共利益关系平衡，才能确保法律这一社会

---

〔1〕 耿得科、张旭昆："公共征信机构建立的供求契机及境外实践"，载《经济理论与经济管理》2011年第11期。

〔2〕 ［美］罗·庞德：《通过法律的社会控制——法律的任务》，沈宗灵、董世忠译，商务印书馆1984年版，第36页。

工程的运作达到良好运行状态。"法律发现这些利益迫切需要获得保障。它就把它们加以分类并或多或少加以承认。它确定在什么样的限度内要竭力保障这样被选定的一些利益，同时也考虑到其他已被承认的利益和通过司法、信息过程来有效地保障它们的可能性。在承认了这些利益并确定范围后，它又定出了保障它的方法。"[1]在征信业发展的内在法律控制中，我们发现了围绕着信息主体的信用信息的采集、处理和使用，形成了以信息主体的利益、征信机构的征信法律行为获取社会经济利益、信用信息使用者各自利益的利益结构，在行政过程中通过监管权的进一步再调整、协调和平衡控制，形成了一个权利平衡的协同关系。

三是需要在大数据背景下的法律权利框架的平衡发展。随着互联网、大数据和人工智能的发展，金融服务的普惠性提高了，为征信提供了全新的手段和方法。但是，也带来了新的挑战，引起了严重的信息不对称和数据不对称，产生了技术、资源的强势者和弱势的个体。因此，需要我们构建更为严谨合理、兼顾各方利益的治理和监管体系，才能促进其更好地发展。[2]征信业得以繁荣发展，离不开一个动态的权利平衡框架。以信息主体的隐私权利、征信机构的征信法律行为、信用信息使用者的利益相互平衡，相互制约，其基点在于征信主体的隐私权保护，促使个人重视和保护自身的信息权利，使全社会形成一个有信用的社会，信用变成了金融融通的一个基本核心要素。债权人在这个过程中可以合法获得信用报告等信用信息，征信行业通过确认和赋予征信机构的征信法律行为，可以合法开展信用调查、信用评价。这种内生的权利平衡，就是一种法的规则设计本身。在法律修改和完善的模式下，也尽可能地充分考虑市场的自我运行规律与特点，对民间征信机构的发展给予一定的制度保障与扶持，并在立法的框架下对其予以正确引导。[3]

四是需要在法律正义和秩序目标追求中实现征信业的利益平衡发展。法律正义目的和秩序目标之所以得以实现，是因为法律能够对各种相互冲突的利益作出调整，通过减少摩擦和不必要的牺牲，最大限度地满足人们的利益

---

〔1〕　［美］罗·庞德：《通过法律的社会控制——法律的任务》，沈宗灵、董世忠译，商务印书馆1984年版，第41页。

〔2〕　王作功、李慧洋、孙璐璐："数字金融的发展与治理：从信息不对称到数据不对称"，载《金融理论与实践》2019年第12期。

〔3〕　何玲丽："信用立法之法理分析"，载《理论月刊》2013年第4期。

需要。"这种支配力是直接地通过社会控制来保持的，是通过人们对每个人所施加的压力来保持的。施加这种压力是为了迫使他尽自己本分来维持文明社会，并阻止他从事反社会行为，即不符合社会秩序假定的行为。"〔1〕金融市场需要政府发挥作用，以克服市场失灵和市场失败。但是就目前的状况而言，发展中国家的市场失灵要比发达国家严重。〔2〕而国家在行政过程中通过监管权对征信业监管行业执法监管，促使各主体依法行为，促使征信法益得以进一步再调整、协调和平衡控制，使其更加合法，更加贴近法律规制的框架，从而形成了一个良性发展和利益平衡的征信业市场。最终，法行为理论追求的应是行为起点、过程和结果的权利（权力）义务（职责）的综合平衡，但是这种平衡也不是总体上的完全相等，弱势主体总是处在法学理论的遗憾之中，这是人类主观需要得以最大满足的客观代价。〔3〕

二、征信市场与征信监管平衡的基本原则

（一）征信市场与征信监管的利益平衡界定

1. 市场与法律监管良性博弈是根本性的利益关系

征信市场的发展是解决信息不对称的过程。市场交易中存在着信息不对称所产生的信用风险，而征信市场是解决的有效路径之一。〔4〕征信业的发展带来了社会经济的发展，法律对其进行的合法性确认，进一步促进了征信业的发展。"在现实经济生活中，一切资源配置的实现都是市场和政府互相结合的结果，而所有的结合都是在不完善的市场和不完美的政府之间的一种次优组合。"〔5〕我们需要深入探究征信法律规制的内在规律和法律价值，确立征信市场与法律监管的利益和价值平衡关系。结合经济法的基本规范，在传统征信市场法律监管利益平衡上进行梳理，推演出具有全局性、指导性、根本性的利益关系。从相对市场经济发展的多方利益主体博弈的体系来看，带有根

---

〔1〕 ［美］罗·庞德：《通过法律的社会控制——法律的任务》，沈宗灵、董世忠译，商务印书馆1984年版，第9页。

〔2〕 Stiglitz, Joseph E., "The Role On The State in Financial Markets". *Proceedings of the World Bank Annual Conference on Development Economics*, 1993.

〔3〕 李爱君、刘少军："法行为的性质"，载《政法论坛》2007年第2期。

〔4〕 吴国平："中国征信市场监管立法研究"，载《法学杂志》2007年第4期。

〔5〕 陈雨露："金融发展中的政府与市场关系"，载《经济研究》2014年第1期。

本性的利益关系就是市场与法律，市场与监管相互博弈的互动结果，因为这是对市场核心利益的调整和干预，直接影响了市场主体的权利和义务的关系。

2. 对征信市场的法律监管是征信市场发展的内生变量

实践证明，政府是现代经济发展变迁的内生要素。政府已经深入市场经济发展之中，市场经济的演化离不开政府的有效介入。[1] 关于征信市场与监管利益的平衡印证了征信市场的发展需要征信监管的介入。从征信监管介入的路径来看，体现了法律顶层设计的痕迹。征信市场并不是无序发展的状态，在核心利益保护上，体现了法律监管的具体调整。在征信业发展过程中，对核心利益的保护方面，无论是美国的从隐私权保护出发，还是德国的个人信息自决理论，都是一脉相承的。在法律介入征信市场的实践中，基本围绕个人数据的隐私保护开展，并以经济合作与发展组织的个人数据保护"八项原则"为基础不断丰富发展。这些法律原则主要是从保护信息主体的信息权利的角度进行设计的，围绕着通过对征信行为的约束，是征信机构在个人数据保护过程中应当遵循的基本精神。其核心内容还是对征信行为的规范和个人数据利益的保护。在征信监管实践中，确立了以"八项原则"为蓝本的法律框架对征信业进行规制，体现了在征信市场发展中，对个人数据保护的利益追求，同时，还有通过规范征信行为促进对征信数据利用的问题。没有数据的流动和利用，征信业将没有生存发展的空间，社会赖以发展利用数据的空间也将受到极大的限制，也不符合当今社会发展的实际情况。

3. 法律规制的内在规律体现了市场与监管的适度边界

从法律的视角看，关于征信市场的各种法律规制的路径存在多种观点。有的是在处理信用信息法律保护与共享之间权利冲突中实现权利和利益的平衡，强调了法律的利益平衡，认为需要坚持征信监管的利益平衡。[2] 有的是从征信业市场发展视角分析，认为征信立法应当坚持市场化方向、坚持信息公开与信息安全并重、效率优先兼顾公平、实体权利与程序规则并重和借鉴国外立法经验等方面的法律发展道路。[3] 也有的认为征信业发展需要回归到以信息主体利益保护为主，认为应当坚持对信息主体的利益的平衡保护和直

---

〔1〕　[英] 约翰·希克斯：《经济史理论》，厉以平译，商务印书馆1999年版，第55—56页。

〔2〕　叶世清："征信的法理研究"，西南政法大学2008年博士学位论文。

〔3〕　高燕："简论我国征信立法原则"，载《四川理工学院学报》（社会科学版）2009年第4期。

接保护，并确保法律的可操作性和权责明确。[1]

目前，有关征信业市场发展与法律监管理论的观点都认为，征信市场需要政府的监管，法律规制是征信业得以有序健康发展的保障。但是，在市场与征信监管的具体利益平衡边界上，为什么监管征信市场，监管征信市场的什么，以及如何监管征信市场，存在着不同的认识。"一方面是自由的个人主动精神和个人的自发创造主张；另一方面是合作的、有序的、组织起来的活动。"[2]所以，需要在征信监管理论分析中寻找到征信市场发展与法律监管的内在规律。需要强调的是，征信业法律监管需要切合征信业发展的不同模式和不同阶段；需要坚持征信监管的法律精神和立法宗旨，确立切合征信市场发展的法律原则和符合征信业实际发展的行之有效的法律规则，正确处理好市场与监管的利益平衡发展问题。"发展中国家的政府可能做得过少，或干预得太多，而引致更多的扭曲和无效。"[3]对市场监管的多与少的问题，总是在经验和理性中取得平衡。

（二）征信市场与征信监管利益平衡的基本原则

征信监管作为金融监管的一种，也应当符合金融市场与金融监管的规律和精神。金融体系的基本功能比金融机构本身更加具有稳定性，尽管具体金融功能的表现形式可能具有多样性，但是，只要保持金融监管方式与金融基本功能二者之间的制度适度性，就可以有效地达到监管目的。[4]实现监管目标需要平衡监管制度的适度性。功能监管往往会导致监管机构趋向于扩大自身的监管范围，出现监管权力扩张的情形，导致许多不属于监管范围的业务也纳入监管，而监管对象则以功能区分规避严格的监管，功能监管很容易导致重复监管以及监管缺位。[5]实现监管的目标也需要平衡监管的范围。

---

〔1〕 邹芳莉："欧盟国家征信立法中对信用信息主体权益的保护及启示"，载《西南石油大学学报》（社会科学版）2012 年第 4 期。

〔2〕 ［美］罗斯科·庞德：《通过法律的社会控制》，沈宗灵译，商务印书馆 1984 年版，第 79 页。

〔3〕 Noland M, Pack H. *Industrial policy in an era of globalization*: *Lessons from Asia*，Peterson Institute，2003.

〔4〕 Robert C. Merton, "A Functional Perspective of Financial Intermediation", 24 *Financial Management* 23, 1995.

〔5〕 F. Hodge O' Neal, *Corporate and Securities Law Symposium*: *The Modernization of Financial Services Legislation*: *Article*: *Regulation In A Multisectored Financial Services Industry*: *An Exploration Essay*, 77 Wash. U. L. Q. 319.

经济法的实践和理论表明，经济法基本原则的归纳应当符合特殊性、规范性和指导性三个要求。"一是具有部门法特殊属性方面的本质特征；二是具有法律规范的一般属性，包括了可操作性、可适应性和可诉性等特征；三是作为理解和解释经济法律其他条文的基准，可以依据其寻找到法律的精神和本意。"[1]本书认为，根据征信业法律监管的基本规律出发，应当坚持以下几个法律原则来确立征信市场与征信监管利益平衡的基本原则，一是能够反映征信市场发展与法律监管的本质特征；二是可以用于统领和贯穿处理征信市场与法律监管关系的精神；三是可以反映征信市场与法律监管的基本属性。由此，我们认为，在征信市场与法律监管的利益平衡上，除了坚持经济法监管的一般原则，还应当坚持如下基本原则。

一是坚持国家干预的适度性原则。在做基本原则的归纳时，除抽象化分析外，实证分析也是一种经常的方法，没有经验的实践证明，无法证明这个利益平衡的正确与否。经过实证分析推导出来的国家调节适度原则作为经济法的基本原则，符合经济法基本原则应当具备的特征，是中国可持续发展的客观要求，体现了经济法价值与具体规则的汇合和融通，较好地体现了中国经济发展客观规律的实证精神。[2]在市场与政府监管上也是应当体现出国家调节的适度性。

二是坚持对市场效率、公平、安全监管的相互统一的原则。在征信业法律规范的基本属性上，应当确保法律规制的目标是促进征信业的高效发展，保障信用公平和信息安全的统一。征信通过获得信用信息，最终通过信用评价，作为信贷风控手段解决信贷的依据，或者作为保险的一个风险评价依据，或者用在雇用领域作为对个人信用评价的基础。在征信活动中，首先，应当保障征信机构的高效率发展，效率是市场经济资源配置的内在要求。其次，应当体现法律的公平原则，信用公平体现了金融服务的公平非歧视性，是征信法律贯穿始终的基准。而信息公平还需要法律确立的安全来保障，如此才能形成法律追求的良好秩序。这是法律秩序的价值追求的前提。公平和安全在征信业规则法律规范上的具体体现是，强调信用公平和信息安全的统一，

---

〔1〕　王保树主编：《经济法原理》，社会科学文献出版社 2004 年版，第 36—37 页。

〔2〕　孙晋、王薇丹："论经济法的基本原则"，载徐杰主编：《经济法论丛》（第 5 卷），法律出版社 2005 年版，第 64—69 页。

达到法所追求的价值目标和秩序。

三是坚持征信业法律监管"三个基本问题"有机统一平衡的原则。征信市场法律监管的利益平衡是征信业法律监管三个基本问题的总和。需要在三个基本问题上进行三个不同层面的利益平衡，以及由此产生的利益再平衡。即信息主体利益保护与信息自由的利益关系与平衡；征信行为的合法性开展与征信法律规制的利益关系与平衡；征信市场与政府监管的利益关系与平衡，我们称之为"三种问题，三个层面"的综合平衡。有关经济法的基本原则方面的论述，均指明了基本原则应当是具有指导意义和使用价值的指导思想或者准则。在价值本位下对核心价值进一步具体化体现，基本原则往往需要体现法律宗旨，确定立法、司法、执法和监管全过程的基本准则，在探讨征信市场发展与法律监管利益平衡基本原则的时候，需要将政府在监管征信活动中的基本价值准则作出抽象化的提炼，成为指导征信业法律监管的灵魂和基本指导性原则。

第四节　域外征信市场监管分析

一、域外主要国家征信市场监管设置的规则

（一）美国"多头"征信监管模式

1. 形成"多头"征信监管格局

在征信监管体系上，美国采取的是分散监管的模式，至今没有设置单一和统一的监管机构。对征信业的行业监管由多个监管部门实施，形成多头监管的格局。美国征信业多头监管机构主要包含了美国联邦贸易委员会（Federal Trade Commission，FTC）、消费者金融保护局（Consumer Financial Protection-Bureau，CFPB）、国家信用联盟管理办公室（National Credit Union Administration，NCA）、储蓄监督办公室（Office of Thrift Supervision，OTS）、货币监理局（Office of Comptroller of the Currency，OCC）、美国联邦储备系统（Federal Reserve System）、联邦储蓄保险公司（Federal Deposit Insurance Corporation，FDIC），形成了"九龙治水"的格局。美国崇尚自由、公平竞争，强调权力分立、相互制衡，因此，美国各监管部门之间形成了一种相互制约、监督又

相互竞争的微妙关系。[1]民间协会在征信自律体系中也起到了重要的作用。由于美国实行联邦制，美国的征信业监管分为联邦监管机构和各州监管机构两个层级。2010 年，美国政府通过了《多德—弗兰克华尔街改革与消费者保护法》，确定了金融消费者保护局与联邦政府监管机构、州政府监管机构之间主要通过备忘录方式沟通和协调信息共享机制。[2]

美国对征信业的监管主要是以消费者权益保护为中心，对征信机构行为进行监管。征信报告涉及的基本法律关系分散在不同的监管机构，通过调整这些法律关系进行监管。其中，最为重要的监管机构是美国联邦贸易委员会，该机构是美国主要的征信监管机构。其对征信监管的主要职责有：负责征信立法，征信程序制定；负责征信法律的执行和权威解释；对征信违法行为进行调查和处理；监督征信机构的征信行为，监管信用报告的公平准确。征信行业在美国不需要市场准入，美国对征信业的监管更多地体现在事中和事后监管，尤其在消费者投诉方面建立了完整的体系。

2. 赋予消费者权益保护救济调查机制

2015 年以来，美国消费者金融保护局主要是监管年收入 700 万美元以上的 44 家规模征信机构。法规主要赋予监管救济和案件调查处理权利，在消费者权益受到侵害时，可以快速和专业地受理用户投诉，启动调查程序，及时解决纠纷：（1）消费者投诉处理。在消费者保护方面，联邦贸易委员会直接受理消费者的投诉并可开展公开和非公开的调查。协助消费者处理投诉，消费者金融保护局自 2014 年开始将该数据库所涉及的所有细节对外公布。这一举措将帮助消费者、金融业监管者、研究人员以及金融机构辨别不良信贷行为的特征。（2）调查权和现场监管权力。对于这些征信机构，消费者金融保护局拥有定期现场检查权，拥有审查权、现场调查权、询问权，并可要求征信机构随时向其提交报告，开展金融消费者权益保护合规性检查。[3]（3）裁决权。一旦联邦贸易委员会确认被调查公司违反了相关法律，即可对其进行

---

〔1〕　宋晓瑞："美、英、日三国征信监管模式比较及其启示"，载《征信》2014 年第 12 期。

〔2〕　乐玉贵："关于建立'三位一体'银行业宏观审慎监管目标的思考"，载《国际金融研究》2014 年第 2 期。

〔3〕　王兆星："机构监管与功能监管的变革：银行监管改革探索之七"，载《中国金融》2015 年第 3 期。

裁决。[1]

3. 开展征信业务监管

美国消费者金融保护局在法规的授权下还负责开展业务监管，主要是通过约束征信机构的行为，规制征信机构依法开展征信活动。(1) 保护信用卡用户免受欺诈或者免受歧视做法的利益损害救济处理。(2) 约束收债公司滥用权力的行为，监管第三方催债公司对债务人的过度侵权行为。对于严重侵权及影响恶劣的催收侵权案件，美国消费者金融保护局和美国联邦贸易委员会将有权启动行政执法检查，有权向法院提起诉讼。(3) 美国消费者金融保护局还在督促征信机构提高工作质量方面进行了大量的工作，包括出具监管报告和提出监管建议等。(4) 对金融机构借贷法律进行评估和信用风险管理控制。(5) 美国联邦储备系统主要负责制定、评估和实施金融机构相关的借贷法律。依据法律对联邦储备的会员银行的商业信贷活动进行监管，包括对银行机构的行为进行检查，对其违法行为进行惩罚、督促改正，以保护消费者的合法信贷权利。

4. 建立完善的社会自律组织

美国的行业组织和协会的自律管理在征信业的监管中也发挥了极其重要的作用。经过上百年的发展，美国的信用行业组织，在一个良好的行业自律环境和大量信用交易发展的基础上，根据企业和消费者的要求逐步发展和建立起来。在美国，主要的征信协会包括全国信用管理协会（NACM）、消费者信用协会（CDIA）和美国国际信用收账协会（ACA International）。

美国征信业的高度成熟的市场化发展离不开征信机构的自我约束和行业协会的自律性监管，行业协会成为美国征信监管和法律监管的有效补充。[2]由于社会中介组织在专业性和与会员密切联系方面的特殊性和优势。行业组织和协会往往汇聚行业专业人才和顶级公司企业，为行业的发展带来创新和可操作性更强的行业标准和操作细则。比如，全国信用管理协会是美国历史最悠久的民间信用管理组织，拥有近 15 000 家的企业和个人会员，其开发了信用管理者指数（Credit Manager's Index，CMI），用于衡量美国经济的整体信用状况。消费者信用协会则拥有超过 140 多位会员，包括益博睿、艾可菲、全联

---

[1] see Fair Credit Reporting Act, 15 U. S. C. § § 1681-1681 (u), as amended.

[2] 王黎平、邹巧宜、衷卫平："美国个人征信业的监管经验及启示"，载《征信》2016 年第 8 期。

三大征信机构，是美国征信数据产生最为集中的行业组织，其会员每年销售的信用报告超过 10 亿份。

全国信用管理协会主要的职能有：（1）从事商业信用拓展相关的业务。全国信用管理协会还开发了信用管理者指数（Credit Manager's Index，CMI），用于衡量美国经济的整体信用状况。（2）开展学术交流。全国信用管理协会在每个季度都会召开一次大型的会议，为征信市场企业提供学术和经验的交流机会。开通了海外会员，为其提供若干种信用管理服务。（3）行业自律管理方面，承担了行业自律、信用管理服务、信息共享、信用宣传以及教育培训和交流等众多职能。（4）颁布消费者信用报告的标准，并且参与起草了美国信用管理专业法律。

消费者信用协会在会员的支持下，曾与美国联邦贸易委员会一同制定了《数据报送资源指南》。《数据报送资源指南》对信用交易数据的报送作出了若干原则性的规定。按照要求，数据提供机构必须确保数据的准确、完整和及时性。数据报送的内容必须满足美国《公平信用报告法》和《平等信用机会法》等法律的要求。《数据报送资源指南》还设计了征信数据的采集格式"Metro2"，为美国的数据处理和提供机构制定了一个标准的数据处理格式。按照"Metro2"的要求，数据提供机构必须以消费者账户为单位报送消费者的信用交易数据，包括基本数据和账户交易数据。基本数据分为三类信息：（1）身份标识类数据，即姓名、出生日期以及社会安全号。（2）联系类数据，主要为电话号码和地址。（3）就业数据，主要为职业、雇主名称和雇主地址。账户交易数据则要求包括从账户开立、还款到结清的整个生命周期的账户还款数据。《数据报送资源指南》使得美国信用交易数据的处理能够及时地适应信贷业务不断发展的需求，确保了征信原始数据的真实性与一致性，避免了信息资源的浪费。

美国国际信用收账协会是商业债务催收行业的自律组织，通过制定严格的职业道德准则来维护征信行业的稳定、公允和健康发展；并为相关从业人员提供专业教育，举办从业人员执照的培训和考试等；同时还受理消费者对其会员的投诉。总体来讲，美国对征信市场的监管以行业自律为主，行政监管为辅。在市场化为主的引导下，以"保护消费者权益"为中心，各行业自律组织、联邦和州立监管机构按照自己的管辖范围，依照法律对征信行业的相关从业机构和人员进行监管。

(二) 英国"双峰"征信监管模式

1. 形成"双峰"监管模式

综观英国的金融领域的监管模式演变，可以发现"两条主线"和"双重监管"目标贯彻其中。一条主线是消费者保护。20世纪60年代全球范围内消费者保护运动中，英国深受其影响。以消费者权利保护为宗旨构成了当时经济立法的一个主题，在普通法国家，依靠判例立法显然无法在某一特定时期内对某一行业作出系统化的法律规制，需要制定成文法进行规范。而征信业市场发展到20世纪60年代后，在市场缺乏专业和有效监管的情况下，信息采集和使用的泛滥等诸多问题，已经严重侵害了消费者的信息合法权益。所以，需要进行专门的成文立法，以解决这一经济发展问题。无论是立法的具体内容还是监管机构的职权，英国的征信立法均对此作出了回应，并严格限制征信机构和信息提供者的行为，赋予消费者充分的信息权利。也通过鼓励信息主体参与其中，主动维护自身利益，保障法律有效地实施。所以，英国十分重视消费者投诉，并建立系统的消费者投诉受理处理程序和工作机制。另一条主线是金融监管的宏观审慎原则，维护金融系统的安全性和稳定性，防范系统性风险。随着20世纪90年代金融系统混业经营的出现，金融规模扩大和金融系统的复杂化程度不断攀升，金融风险累积加剧，急需加强金融监管。1995年，英国经济学家泰勒提出了著名的金融监管"双峰"（Twin Peaks）理论，将金融监管划分为两个大的类型，分别是宏观审慎监管和市场行为监管。[1]一个监管机构负责审慎监管，主要定位于维护金融系统的稳定和金融机构的稳健经营；另一个监管机构负责市场行为监管，在于保护消费者权益，保障金融市场公平、公正和健康运行和促进有效竞争。[2]双峰理论最先在澳大利亚得到实践，英国在2008年金融危机之后，将行为监管提升到与金融消费者保护同等重要的地位，通过《2012年金融服务法案》构建了"双峰监管+超级央行"的整体框架。在英格兰银行理事会下设负责宏观审慎

---

〔1〕 Taylor M. W.，*"Twin Peaks"：A Regulatory Structure for the New Century*，London：Centre for the Study of Financial Institutions，1995. pp. 10–11.

〔2〕 冯乾、侯合心："金融业行为监管国际模式比较与借鉴——基于'双峰'理论的实践"，载《财经科学》2016年第5期。

的金融政策委员会（FPC），将金融服务局拆分出审慎监管局（PRA）并入英格兰银行，作为其附属机构，其职能是负责微观审慎监管，由此打造集货币政策、宏观审慎、微观审慎于一身的"超级央行"；同时设置英国金融行为监管局（FCA）直接对议会负责，作为设置在财政部的相对独立机构，负责金融业的行为监管，由此建立起审慎监管局与行为监管局的并立模式。

2. 以行为监管职能配置监管机构

一是"双峰"监管各司其职。英国的经济监管机关一般都是设置专门机构，属于政府的组成部门，并赋予强大权力。[1]在征信行业监管方面，英国主要的征信监管部门除英格兰银行理事会、英国金融行为监管局之外，还设置了信息委员办公室（Information Commissioner's Office，ICO）等监管机构。在征信业监管分权中，英格兰银行主要负责对金融机构的宏观信贷活动监督指导。英国金融行为监管局主要根据执行《消费信贷法》，对征信业市场实施具体监管。信息委员办公室是从英格兰银行分离出来的独立监管办公室，隶属于英国议会，目前主要负责英国《数据保护法》的执行实施。

二是赋予独立监管职能。英国征信监管部门的主要职责是维护征信市场的正常运行，一般情况下，监管机构不得直接干预征信行业机构的经营活动。根据英国的征信法规赋予监管机构主要的监管职能有：（1）市场准入管理，实施许可手续的报批；（2）监督检查；（3）受理消费者投诉；（4）监管征信机构依法开展征信业务的情况；（5）案件调查和起诉，针对征信机构的违法行为采取刑事起诉、非刑事执法和审计行动。

三是实施市场准入监管。英国在征信业市场准入方面进行了立法规范，《消费信贷法》对征信机构设定了准入条件，对征信机构的高管任职资格、业务能力和征信机构的信息技术和安全保护提出了要求，征信机构需要通过公平贸易办公室的审批并获得许可证才能运营。准入审查主要采取合法性审查，包括，征信机构是否涉及任何欺诈和暴力等犯罪行为；是否有可能导致对于不同性别、种族和国籍的歧视行为；是否违反《消费信贷法》以及其他相关法律的任何条款等。根据英国《数据保护法》的要求，境外机构征信机构应当在英国设立分支机构或者代理机构才能采集个人信用数据。

---

〔1〕〔英〕A. W. 布拉德利、K. D. 尤因：《宪法与行政法》（上），程洁译，商务印书馆2008年版，第582页。

四是加强行业自律监管。在防止征信行业欺诈方面，英国还组建了非营利组织进行行业自律。主要机构是信用行业防范组织（CIFAS），该组织成员为银行、建筑协会、保险公司、信用卡公司和金融公司。该组织致力于防范金融犯罪，如果某成员确认了某人具有欺诈行为，将会向数据库发出详细信息，成员机构可以互相交换被认为有欺诈行为的人员、服务（如欺诈性保险信息）乃至欺诈受害者的信息，甚至将此信息显示在个人信用报告中，从而防范和制止欺诈侵害继续扩大。此外，消失债务人信息网（GAIN）成员可以互相交流"消失债务人"信息，共享所获得的"消失债务人"最新地址信息。[1]

（三）德国"统一"征信监管模式

1. 德国建立"统一"监管模式

德国征信业的主要监管机构有德意志联邦银行和联邦金融服务监管局（BaFin）。德意志联邦银行作为德国的央行，履行中央信贷登记征信系统的建设和维护。德意志联邦银行虽然不是金融监管部门，但是法律赋予了德意志联邦银行与联邦金融服务监管局对银行金融机构共同履行监管职责。同时，联邦银行作为央行具有履行宏观审慎监测分析的核心地位，法律赋予其获取全面数据的权力，全国的银行金融机构都必须依照法律规定向德意志联邦银行的征信系统报送数据。

德国联邦金融服务监管局（BaFin）于 2002 年 5 月 1 日成立，是德国金融行业的综合监管机构，是隶属于德国联邦财政部的相对独立联邦监管机构，由原来的联邦银行、联邦保险、联邦证券三大金融行业监管机构重组而成，总部位于波恩和法兰克福。德国联邦金融服务监管局负责全国范围内的 2700多家银行，800 多家金融服务机构和 700 多个保险事业的监管。联邦金融服务监管局在各州没有设立分支机构，各州银行的日常监管工作由德意志联邦银行的分支机构负责监管。此外，个人数据保护监管局也是德国征信监管体系的重要组成部分，在德国的联邦政府及各州政府均有设置，主要的功能在于对涉及个人数据的相关市场机构进行监督和指导。[2]

---

〔1〕 刘荣："英国单一私营型征信体系的实践和启示"，载《征信》2011 年第 6 期。
〔2〕 刘荣、孟灿霞："欧盟国家征信行业监管框架研究"，载《金融纵横》2011 年第 10 期。

2. 完善的征信监管职能配置

德国对征信业的监管体现在以下几个方面：一是负责系统性金融信息收集和金融系统稳定性评估监管；通过公共征信信息系统对银行、保险、基金等信息汇集之后进行统计分析和评估；监管信贷系统的风险稳定情况；评估和监控消费者的负债情况。二是负责监管各项数据保护法律规则的遵守和执行。三是具体监管征信机构在数据采集、处理和使用过程中，是否遵守了数据收集、披露和安全等方面的程序和措施。四是重点保障用户的知情权、查询权、异议权、更正权和删除权等金融消费者的合法权益。五是履行个人数据保护的国际公约和国际合作职能，对数据转移进行监管和审查。六是建立数据保护专员制度，对私营征信机构涉及个人数据的征信工作提供指引，保护信息主体的各项权利，监督公共征信机构的数据保护工作，纠正违规行为。七是通过建立投诉制度，维护信息主体的合法权益。

（四）日本"折中"征信监管模式

在征信业监管上，日本政府坚持减少政府干预，积极培育市场的模式。在征信业发展初期，政府对征信业的发展予以资金和业务支持。在征信业发展进入正轨之后，政府逐渐退出市场干预，强调市场竞争和行业自律，政府将更多的精力集中在个人征信救济体系的建立上。日本没有专门针对个人征信机构进行监管的立法，行业自律起到了很大的作用。2003 年，日本政府专门设置了信息公开与个人信息保护审查会，隶属于日本内阁府，主要职能是依法对个人征信案件进行调查和审议，并没有相关的监管职能。在具体的行业监督管理上，赋予地方公共团体的监督职责和行业协会的自律管理职能。地方公共团体主要有两项职责：一是监督个人征信法律的执行情况；二是协助本地区个人征信业务的投诉和处理。行业自律方面通过一系列机制实现，一是会员应当严格遵守行业内部的活动规则；二是协会内部设置有专门的监察部门，负责违规操作的监督和惩处；三是对会员入会和会员开展严格管理。[1]

随着个人信息保护水平的不断提高，根据 2017 年《日本个人信息保护

---

〔1〕 苏志伟、李小林：《世界主要国家和地区征信体系发展模式与实践——对中国征信体系建设的反思》，经济科学出版社 2014 年版，第 79 页。

法》的规定设立了个人信息保护委员会，将原来隶属于政府各部门的监督权集中起来，建立了相对独立的一体化监管体制。其主要职责是履行监督检查权力，对个人信息获取者进行指导、监督、检查；认证个人信息保护认证机构并加以监管；接受咨询和解答用户的相关法律问题；评价个人信息保护和风险应对体系；接受关于个人信息有关的投诉等。[1]

二、域外主要国家征信市场监管经验分析

（一）分散的征信监管模式来源于私营征信市场的历史与发展

各国的征信体系发展模式不同，政府监管模式也存在较大的差异。美国采用市场主导型的模式，征信业是市场化竞争发展的结果。在征信业发展过程中，由于政府实行不干预理念，任由征信机构作为以营利为目的的商业组织参与市场具体运作服务。在征信市场发展之初，政府并未建立专门的监管机构进行业务监管，所产生的市场纠纷也往往通过司法判决进行解决。由于政府不直接参与征信市场秩序的维护，加上在 20 世纪 70 年代尚未有专门针对征信业的法律，造成政府监管的缺位。随着数据滥用和信息侵权的大量发生，保护个人信息权益的呼声日益高涨，将个人数据保护纳入以隐私权为代表的法律价值体系中去。专门对征信业中涉及个人的信息采集、处理和使用的法律得到重视并起草，公平信用法的起草成为一个重大标志。但是，由于征信业涉及个人数据保护、数据控制和使用等，所涉及包含的机构比较广泛，包含银行、证券、保险、雇用企业、政府、司法等不同的机构。所以监管主体相对分散，法规并未明确规定征信业的统一监管模式，各行业的监管机构分别履行各自的监管职责，形成分散监管的模式。

（二）统一的征信监管模式来源于金融监管体系的历史与结构

以中央征信系统为主导模式的欧盟国家，由于采取的是中央信贷系统的设计、建设和运用，不是市场化选择的结果，而是由政府统管。欧洲国家没有自发产生私营征信机构，只能通过政府干预建立公共征信为主的征信模式，

---

〔1〕 魏健馨、宋仁超："日本个人信息权利立法保护的经验及借鉴"，载《沈阳工业大学学报》（社会科学版）2018 年第 4 期。

形成了过程控制保护模式。[1]所以，在运用模式上通常由各国的中央银行直接管理，由于各国央行是国家行政体系中对金融领域监管最为专业的行政机构，本身就具有对银行等金融机构的监管职能。所以，征信监管职能在诞生之日，基本上作为央行的组成部分，央行自然也变成了监督者，所以形成由央行对口监管的体系。随着征信业市场化的充分发展，在金融业进入 20 世纪 90 年代的混业经营大背景下，对统一监管模式的需求越来越强烈，欧洲的统一监管模式，从央行的监管职能中又分离出行为监管的专业部门。以德国为例，2002 年德国成立的联邦金融服务监管局就是德国金融行业的综合监管机构，由银行、保险、证券三大金融行业监管机构重组而成，并对银行、保险和证券实行混业经营监管，也与央行在联邦政府层面实现了对全国金融业的统一监管。

（三）各种模式各有优劣，适合本国市场的法律监管模式才是最优选

本书认为，不同的征信监管模式都各有其优劣。以美国为代表的分散监管模式根植于大市场、小政府的社会治理模式。在征信业尚未单独成为很大体量的行业，需要政府进行专门监管的情况下，依托现有的不同监管机构进行监管显得十分实用。其优势在于，可节省大量的政府资源；在不同的监管机构中分别进行监管往往也容易形成监管开放体系；通过监管机构的联合工作机制，往往可以克服交叉监管的问题，形成联动和统合的功能。当然，由于分散监管，也容易造成监管缺位和监管重叠的现象。

统一监管模式最大的优势在于，可以系统地集中专业理念，形成独立监管机构，对征信业形成专业独立的监管。对同一行业实施主要监管机构的统一监管，实现了有权监管机构的单一化，减少同一事件受到多个监管机构监管的局面，可以减少不同监管机构之间执法的管辖权纠纷。统一监管的最大效能在于可以明晰权力和监管责任的统一，明确界定监管权力的边界，在一个监管机构内部形成监管职能的统一和监管效用的最大化，也可以集中充分的人才和财政支持，保证监管的独立性和专业性，发挥出行业监管的综合功能。当然，也存在诸多弊端，由于征信业涉及多个部门法调整，因此统一监

---

〔1〕 杨庆明、李贞、幸泽林：“新法律框架下个人征信主体信息权益保护的国际经验比较与借鉴”，载《征信》2013 年第 11 期。

管模式也存在一定的监管模糊地带，影响监管的综合监管；加之容易发生监管俘获造成监管政策游说，影响监管的独立性和科学性；或者发生监管机构的自我利益强化造成管制过严；在监管职能设计不科学的情况下，往往也会造成监管的适应性不足。

综上所述，综观不同模式的征信监管体系，都各有优势和不足。应当立足于征信业的本位价值追求，界定好权力与市场的关系，达到市场与监管之间最优化的利益平衡效果。一个有效的市场经济，需要国家的干预。一些监管在符合有效市场发展的情况下，有益于增进市场经济的作用；但是，也有与市场自由制度原则相冲突的监管行为，必须被排除，否则市场将无法运行。[1]在建立和发展本国的征信监管体系的过程中，各国应该尽可能地吸收各种模式的优点，建立适合本国的征信监管模式。

第五节　我国征信市场监管的完善

一、完善基于征信市场利益平衡的监管模式

（一）征信监管机构的设定模式

现代市场经济的模式是市场加监管的模式。监管职能的本质就是法律赋予的相对独立的行政力量对市场经济的重要管制手段，是实施市场规范法律和实施市场规则的最重要力量。在市场无形之手之外，监管作为一只有形的手对其加以调整和干预。在法律上形成了监管法律关系，征信监管机构通过对征信业的市场准入、业务规范、从业人员准入、投诉受理、日常检查、案件调查、专业建议、司法协助等职能的实施，克服信息不对称、市场外部性和市场失灵等来保障征信行业的健康稳定发展。

金融监管模式主要包含监管机构的设置以及监管职权的分配。[2]不同法律体系、监管模式下监管机构的设定也各不相同。在金融监管机构的设置上，世界上各国的金融监管组织架构呈现了多种设置模式，争论的主要焦点集中

---

〔1〕　［英］弗里德里希·冯·哈耶克：《自由秩序原理》，邓正来译，生活·读书·新知三联书店1997年版，第281页。

〔2〕　Cranston R. , *Principles of Banking Law*. Oxford University Press, 2001, pp. 78-79.

在是否实行统一监管组织架构和中央银行是否行使监管职能上。根据监管机构的权力集中程度、分业和混业模式、监管理论、金融监管机构的设置和监管机构的集中程度等划分标准，均可以产生不同的监管机构设置模式。[1]比如，根据分业和混业以及监管机构的设置方式，可以划分为四种组合：一种是分业经营和分业监管；一种是分业经营和统一监管；一种是混业经营和分业监管；一种是混业经营和统一监管。按照金融监管机制的设置，可以分为四类：分业监管，监管机构设置在央行内，央行负责金融业监管；分业监管，监管机构设置在央行外；混业监管，监管机构设置在央行内；混业经营，监管机构设置在央行外。由此可见，各国金融监管模式各有不同，各种模式各有优劣，不可一概而论。

综观各国法律实践，征信监管模式作为金融监管模式的组成部分，也具有金融监管模式的样式。征信领域的监管机构在设立模式上，主要有两种类型：一种是专门成立集中统一的征信监管机构，如英国设立的信息委员会，德国设立的信用信息保护委员会等。与此同时，其他的机构也协助监管，如英国的公平贸易办公室负责对从事信用信息业务的征信机构颁发市场准入许可证，德国的财政部负责征信机构的成立许可审核。另一种是多头分散监管模式，如美国的征信监管机构涉及联邦贸易委员会、联邦储蓄委员会、财政部货币监理局、证券交易委员会等多个部门。当然，征信机构行业协会的自律监管也不容忽视，其在促进行业内部信息交流、建立行业自律机制、承担信用教育、从业人员资格的认定等方面发挥了重要的作用。

（二）完善基于市场征信体系相关适应度的监管模式

1. 各国监管模式根植于征信市场体系的适应度

世界范围内的征信活动有将近 200 年的历史，具有典型代表的发达国家经过不断地实践发展，形成了相对比较完善的社会征信管理体系。目前，世界上主流的征信市场结构和监管模式有三种：一种是以美国与英国为代表的市场主导型的征信市场结构和分散的多层级的征信监管法律模式；一种是以欧洲法国为代表的政府主导型的中央统一征信市场模式和政府主导监管的模

---

〔1〕 张鹏、陈潇："关于金融监管组织架构分类的理论综述"，载《金融理论与教学》2011 年第 6 期。

式；还有一种是以日本会员制为主导的社团组织模式和分散型政府监管体系与行业自律相结合的监管模式。当然，还有欧洲德国为代表的混合型征信模式，集合了中央统一征信系统、市场征信系统和会员制征信组织体系的混合型征信发展模式。

由于我国已经建立了以政府主导为基础、市场私营征信主体为补充、协会介入的百行征信为创新的混合型征信模式，具有兼备各种征信体系和监管模式优点的基础。监管者的责任需要在这些体制的利益发展之间进行权衡〔1〕，在监管体系的选择和匹配上，建立与我国征信市场体系相适应的监管模式。征信业发展的市场结构和模式与各国征信发展的历史演变、市场经济的市场结构和发展程度、法律制度框架等因素紧密相连，并逐步形成了各国不同的模式和特征。征信体系和监管模式根植于各国的政治经济体制、历史文化土壤和各自的法律体系之中，在不同的国家形成了不同的征信市场体系和监管模式。公共征信模式和私人征信模式都有各自的优缺点。

一是可以吸收市场主导型征信模式的优点，积极培育市场，在加强监管和放松管制方面平衡。美国对征信业实现多层次的立法规制，包括宪法修正案中的权利法案所引申的法律规则，联邦立法、州法、法院判决和行业自律规则。〔2〕法律体系本身就很具有弹性，形成了多元化的格局，在联邦与各州之间形成了监管体系的竞争。英国在征信业的市场结构和监管模式与美国基本相似。综观美国和英国以私营企业发展起来的征信业，市场发展比较充分，美国征信立法的目的在于保障征信业有足够的发展空间，最终保护信息主体的权利。〔3〕法律规则和监管模式随着市场的发展而不断制定和完善，与美国和英国的社会治理和普通法系的法律传统高度吻合。

二是可以吸收政府主导型征信模式的优点，加强推进信用信息基础设施建设和监管。政府主导型征信模式，又被称公共征信模式，以欧洲的德国和法国为典型代表。1934 年，世界第一个公共征信机构在德国成立，1946 年法国、1964 年意大利先后建立了中央公共征信机构，该模式以中央银行在全国

---

〔1〕 ［德］尼古拉·杰因茨：《金融隐私——征信制度国际比较》，万存知译，中国金融出版社 2009 年版，第 158 页。

〔2〕 Fred H. Cate, "The Changing Face of Privacy Protection in the European Union and the United States". 33 *Indiana Law Review* 173, pp. 196-219 (1999).

〔3〕 江宇、刘碧芳、黄昀："国外征信立法模式比较及其启示"，载《福建金融》2014 年 A2 期。

范围内建立的中央集中的征信信息系统为主体，负责全国征信信息的收集、处理。由政府负责运营的公共征信模式可以快速地实现金融信用信息的集中，可以通过政府的力量建设成为覆盖面广的基础信用信息数据库，并具有更好的调控市场风险的功能，同时，市场发展模式可以作为补充，使征信数据库的数据更加丰富。[1]从公共征信模式来看，在欧洲大陆肇始于 20 世纪 30 年代，自 20 世纪 60 年代之后，得到了广泛的运用。在欧洲、拉丁美洲、亚洲和非洲许多国家至今已经超过 60 多个国家建立了公共征信系统。[2]公共征信模式的产生与法律的模式以及该国经济发展模式和征信业发展阶段高度契合。

三是可以吸收会员制征信模式的优点，积极推动信息共享机制建立。与私营征信模式和公共征信模式不同，指以征信行业协会建立共享平台运作个人征信中心并结合市场化运作的企业征信机构并存发展的模式。其典型特征是通过行业协会建立个人信用信息中心，负责个人信用信息采集、处理和使用，信息在协会和会员之间共享。私营征信机构以市场竞争模式负责企业信息采集、处理和使用。

2. 完善我国现阶段征信监管体系的路径选择

本书认为，在我国现有征信监管体系基础上，可以借鉴英国的"双峰"监管模式进行完善。随着机构监管理论、功能监管理论和行为监管理论的发展，行为监管理论日益受到重视，尤其在 2008 年国际金融危机以来，该理论被监管实践加以吸收，具有理论的先进性和实践的可操作性。加之我国目前的征信市场体系具有混合型的特征，需要加大征信市场培育力度，加快适应征信市场国际化开放程度，各种市场需求促使我国改革现有的征信监管模式。

一种观点认为，在两个层级上建立金融行为监管局。现有"一行三会"内部的金融消费者保护部门各自履职，形成了多头监管、职责分散的局面。[3]在保持目前总体监管框架下，在"一行二会"之上应当组建一个与其并行的行为监管机构，负责建构金融消费者保护。

---

〔1〕　Miller M J., "Credit Reporting System and the International Economy", *Defusing Default Incentives & Institutions*, 2003（1）.

〔2〕　郭长平、杜若华："国外公共征信模式研究及对我国的借鉴与启示"，载《甘肃金融》2008 年第 5 期。

〔3〕　陈眺："英国双峰监管模式下的金融消费者保护模式对我国的启示"，载《甘肃金融》2019 年第 3 期。

一种观点认为在"一行两会"体系中整合金融消费者保护部门，外加消费者保护协会，成立独立的行为监管局。可以整合"一行两会"中已有的金融消费者保护部门，同时，联合消费者保护协会，共同组建成立专门的独立的行为监管局。[1]

　　一种观点认为在中国人民银行构架下设置金融消费者保护行为监管局。将目前"一行三会"的消费者保护职能合并，成立着眼于整个金融体系的统一的金融消费者权益保护部门。[2]"考虑到改革成本及政策的延续性和央行在行为监管方面具有天然的优势，建议将这个消保部门设立在央行内部。"[3]

　　所以，本书认为，受制于我国金融法律方面的障碍，我国目前主要存在《中国人民银行法》《银行业监督管理法》《商业银行法》《证券法》和《保险法》，但上述法律在关于行业监督管理的规定方面主要侧重于审慎监管，并未专门提及行为监管。[4]在对行为监管体系的法律顶层设计上，至今还是空白。现阶段，在金融监管体系没有启动改革的情况下，金融法律的立法进程会相对较慢，影响法律顶层设计。对行为监管理论的借鉴，不必过于注重是否具有"双峰"的形式。重要的是要寻找到行为监管理论所倡导的监管目标和监管思路。目标监管理论也表明，根据目标确定监管体系和内容是一条可行之路。目标的确定，实际是核心利益的权衡确定的过程，行为监管理论的背后蕴含着监管权法定的配置思路。现阶段，一是可以改变传统的监管指导理论，推行行为监管理论，先建立起目标监管体系，促使征信监管机构与最新的监管理论体系对接。二是可以在中国人民银行征信管理局的现有构架上，进一步提升征信管理局的地位。将征信管理局改革为征信监管局，并设置为中国人民银行领导下的相对独立的国家局，具体负责征信业监管，在具体监管中体现审慎监管与行为监管的分离和统一的实践，进一步积累经验，为今后改革提供实践基础。三是有待我国金融体制改革进一步启动，可以在金融体制改革的大体系下，进一步明确和细化征信监管机构的行为监管职能。待时机

　　[1]　陈斌彬："从统一监管到双峰监管：英国金融监管改革法案的演进及启示"，载《华侨大学学报》（哲学社会科学版）2019年第2期。

　　[2]　王敏："'双峰监管'模式的发展及对中国的启示"，载《陕西行政学院学报》2016年第2期。

　　[3]　陈眺："英国双峰监管模式下的金融消费者保护模式对我国的启示"，载《甘肃金融》2019年第3期。

　　[4]　贾晓雯："内双峰模式下我国实施行为监管的挑战与展望"，载《银行家》2017年第11期。

到来，再推行完整的行为监管的改革方案。

3. 完善我国现阶段征信监管机构的组织能力

在我国现阶段从宏观方面无法实现行为监管体系的情形下，应当先完善征信监管机构的基础能力体系建设。"良好的宏观经济环境、具有广度和深度的金融市场、有效的金融监管、完善的金融基础设施、稳健的金融机构是影响金融稳定的关键因素。"[1]在法律框架中，往往会对监管机构的设立、地位、程序性规定、权力分类与职责配置作出详尽的规定。

（1）确保征信监管机构履职的独立性。

专业化和应对有效的监管机构都建立在独立性的基础之上。在确保监管机构独立性方面，包含了监管依据的独立性、组织体系的独立性、职能的独立性等保障体系的独立性。在确保金融监管机构独立性方面，需要建立四个独立性保障：一是规则独立，二是监督独立，三是机构独立，四是预算独立。[2]独立性是金融监管体系有效性原则中的首位要素。欧盟监管改革基本都始于独立性行为监管机构（部门）的确立。《有效银行监管核心原则》和欧盟《统一数据保护条例》中就特别强调数据保护监管机构的独立性设置问题，应当确保监管机构为履行监管职责，能够依照法定职责独立开展监管工作而不受外界干预。监管机构履职的独立性最先体现在组织形式的独立性，还有监管行为的独立性，确保法律明确授予其监管职能。在监管权能的具体规定方面应当符合独立开展监管的要求，例如，明确赋予监管机构相应的许可权、检查权、调查权、裁决权、行政处罚权、建议权和指导权等。

（2）确保征信监管履职资源的充足性。

有效监管还需要满足监管资源的充足性，这是确保监管有效开展的基础。监管资源一般可以划分为人力、资金、技术三大类。一是需要配备适合履行监管职能的人才队伍。包含了监管人员的数量，监管人员的专业性，也强调了监管人员的学历构成、知识结构、专业水平、素质水平等，监管人员的素质水平也是重要内容之一，其衡量标准主要包括了受教育年限、平均年龄、工作年限等方面。二是保障监管机构的资金来源独立和充足。为防止监管机

---

〔1〕 綦相："国际金融监管改革启示"，载《金融研究》2015 年第 2 期。

〔2〕 杜征征、华猛："以银监会为例论金融监管机构独立性"，载《浙江工商职业技术学院学报》2008 年第 1 期。

构被俘获，应当保障监管机构充足的资金来源，在缺乏资金来源的情况下，监管机构无法开展正常和深入的现场监管和监管手段开发，会制约监管机构的独立性和有效性。三是保障必要的监管技术手段和技术资源。配置先进的监管设备和技术手段，配置高效的数据采集与信息分析系统，投入建立高效便捷的信息报送系统等，甚至建立大数据行为监管信息系统等，确保监管机构履职的专业性和高效性。

综上所述，本书认为，我国的征信监管体系应当奉行市场与监管相互平衡的价值体系。将国家金融信用信息基础信用库作为信用信息的基础性供给设施，今后的发展方向应当是以主要依靠市场竞争进行利益调配的格局。在市场与监管的关系上对加强管制和放松管制的天平不断调整，通过制定完善的征信法律体系，确保征信监管机构能够形成对征信市场的有序发展的监管，对市场竞争确定的利益进行法律制度的调整，体现征信监管较强的调整力度和弹性。所以说，并不存在所谓的"最优模式"，适合于本国的金融市场体系和现有监管基础的就是最优的模式。在实施一种监管模式时，需要综合考虑改革成本，主要考虑行政体制改革、立法的成本、社会合规的成本等方面，从而进行利益权衡分析。监管模式是否有效，取决于多种因素的影响，最终受到监管的专业水平、监管资源、监管机构间的协调能力等多种因素的影响。监管模式的实践和监管效果的取得，也是一个不断探索和再改进的过程。[1]

二、完善征信市场监管的核心目标和内容

清晰的监管目标是一切监管的基础。有效的监管建立在监管目标之上，由此，确保监管机构承担实现目标责任。[2]征信监管应当围绕征信监管目标开展监管，围绕监管目标确定内容。美国的金融消费者保护局的总体监管目标是确保金融产品与金融服务的公平、透明与竞争性。[3]英国的征信监管纳入金融监管中，其"双峰"监管的两个基本目标：一个是宏观审慎监管，主要定位于维护金融系统的稳定和金融机构的稳健经营；另一个是行为监管，

〔1〕 吴云、张涛："危机后的金融监管改革：二元结构的'双峰监管'模式"，载《华东政法大学学报》2016年第3期。

〔2〕 Charles Goodhart, et al. , *Financial Regulation: Why, How and Where Now?* P. 181 (1998).

〔3〕 刘丹丹："国际行为监管背景下完善我国金融消费权益保护工作的思考"，载《西部金融》2015年第2期。

在于保护消费者权益，保障金融市场公平、公正和健康运行及促进有效竞争。澳大利亚的安全和投资委员会（Australian Securities and Investment Commission）是澳大利亚主要的金融业行为监管机构，其监管目标主要包括两个：一是维护金融市场的公平和透明，保持经济声誉与健康发展；二是保障投资者与金融消费者的权益，促进金融市场信心。"双峰监管清晰阐明了监管的目标，注意到了两个目标在监管要求的差异，通过设立不同监管机构专门化实现监管目标，这种理论上的优势得到了广泛认可。"[1]

根据行为监管理论和金融监管目标设计的"三足定理"，金融监管的目标设定为金融效率、金融安全和消费者保护三足鼎立。在征信监管中，本书将"三足定理"应用到征信监管领域，提出我国征信监管的目标为公平、效率和安全的征信监管"三足目标"。公平监管代表金融消费者利益保护，体现了征信法律的核心价值，体现了征信法律追求的正义目标，体现了征信法律追求对弱势群体的保护和对信息主体利益的保护；效率监管代表征信行为经济效率利益，体现了征信业市场的资源配置本质要求，体现了维护征信行为的经济效率的目标追求，体现了征信法律对信息自由流动和利用的利益诉求；安全监管代表金融整理安全利益，体现了金融宏观审慎监管和信息安全防控，体现了征信法律追求的安全稳定的秩序目标，体现了征信法律对金融市场整体安全利益的维护。公平、效率和安全三者互为关系，形成了一个适合当下征信监管的目标体系，我国需要进一步完善和建立起适合我国征信市场的征信监管战略目标。

（一）公平监管目标

公平监管目标是征信市场发展和征信法律内在要求的首要目标之一。包含了对金融消费者的合法利益保护的监管；促进对市场的公平竞争；纠正违规行为，保障市场公平透明运行三个层面的目标和内容。需要持续地评估征信市场各方主体是否依照征信法律体系保持了公平有序、透明有效的运行。征信的意义对于信息主体的影响巨大，征信监管应当坚持公平原则。

一是以消费者权益保护为本位的利益平衡监管。信息主体的利益保护，

---

[1] 吴云、张涛："危机后的金融监管改革：二元结构的'双峰监管'模式"，载《华东政法大学学报》2016年第3期。

除本书所论述的信息主体隐私权保护的利益之外，监管者还需要重点关注征信与信贷和金融业的紧密发展，征信的评价结果与个人是否可以获得信贷金融服务、保险利率的优劣、雇用就业等利益紧密相连。征信体系主要通过降低融资约束和提高信贷水平这两方面，达到促进信用市场的发展。征信评价的信用具有金融信用属性。从理论上讲，征信体系给出的评级可以被看成是实物抵押、担保等之外的一种信誉抵押物。征信体系主要通过申请者不良信息的记录来发挥惩戒功能，途径是使失信者的融资成本增加，甚至不能继续融资。[1]中国征信活动实践表明，申请贷款被拒绝，直接使申请人丧失获得融资机会、提升生活水平的权利。而这种机会利益的损失，有时甚至是难以弥补的，[2]需要监管者对金融消费者保护作为重点目标列入监管体系中。

二是需要保障信息主体的机会平等。对于信息主体的信用信息评判指标和数据信用评价指标应当保障一视同仁。通过科学的体系设置解决信用评价客观性和金融服务的非歧视性，不得因当事人的身份、地区、民族、学历、职业等因素不同造成信用评价的不同。应当遵循普惠金融服务的原则，以格拉明乡村银行为代表金融机构对贫困地区的服务来看，其突破了传统征信和信贷服务固有的短视。这种对广大弱势群体和贫困地区提供金融支持的可能性，体现出很好的征信正义性，在征信立法中也应当体现这种精神。

三是应当坚持征信信用信息客观公平评价的原则。西方学者现在对信贷公平的研究也呈现了一个新的视角，美国学者在一个建模分析中指出，在无担保消费信贷发生违约的情况下，应当考虑到其内生的影响因素，不应一概而论地把其列为征信不良而将其排除在信贷市场之外。尤其是在借款人的家庭受到持续或暂时的冲击时，诸如离婚、暂时失业、突发疾病等情况，贷款人必须解决风控系统的顶替情况并予以修正。在做征信信用风险评估时，贷款人应当考虑到借款人产生违约的家庭内生性决定因素，以及该种违约风险是否是借款人完全意愿的体现。[3]需要监管征信市场与金融其他领域的关系，积极发挥征信的金融基础设施的作用。

〔1〕 张俊："西方征信理论研究：征信功能的综述"，载《商业文化·学术版》2010 年第 8 期。

〔2〕 胡大武：《侵害信用权民事责任研究——以征信实践为中心》，法律出版社 2008 年版，第 74 页。

〔3〕 See Chatterjee, Corbae, Dempsey, https://www.cmu.edu/tepper/faculty-and-research/assets/docs/Chatterjee.pdf, pp. 31-32.

四是加强对市场违法违规行为的调查处理，通过消费者教育，增加消费者维权意识，建立消费者维权机制，保障消费者合法权益。加强对征信市场的违法违规行为的调查和处理，纠正市场不正当行为，处罚侵害消费者权利的严重违法行为，发挥法律教育功能、矫正功能和惩罚激励功能，让市场回归理性和透明，加强信息披露，促使市场主体依法经营。通过征信产品的质量监管，建立激励和责任机制，确保信用信息公平、准确、不陈旧，促进征信产品供给质量和标准，维护市场的公平竞争。

五是增强信用数据的包容性，引导征信机构加大征信产品研发供给。近年来，全球趋势是信息主体权益保护日益严格，征信机构在信息采集过程中受到越来越多的限制，传统的征信模式往往采集不到足够的数据而受到挑战，尤其是涉及资产信息的采集时，更是困难，导致传统征信机构很难从资产—负债的全视角对信息主体的信用状况进行全方位评估。[1] 需要进一步考虑信用信息为多元目标客户建立数据库，正如在普惠金融理论体系中所确认的，通过信用信息的类型化多维度判断，减少在信贷过程中核查产权归属和抵押物所涉及的交易成本，实现更好的定价风险，增加对传统信息主体提供获取信贷的可能性。加强顶替数据的应用引导作用。数据顶替方面需要考虑技术进步带来数据范围的增加。随着顶替数据的作用越来越受到重视，在有关交易数据、纳税数据和个人消费数据、电能数据、行为交易数据等方面引入顶替数据，促使传统的以信贷信息为主的信用信息体系得到拓展。发挥顶替信用信息的应有作用，为信用空白或者信用不良用户提供新的征信服务维度。

（二）效率监管目标

征信市场的效率监管包含了对征信市场的配置效率和对征信市场的技术发展。

一是保持监管与征信市场的适度平衡，促进征信市场的高效发展。征信市场的高效发展，需要平衡多种关系，在市场与监管，科学技术发展与市场，经济效率与行政监管合理性之间，建立一种适度的关系，对市场的监管需要多方的平衡，"确保科学、技术、经济和行政合理性"。[2] 需要征信监管者围

---

〔1〕 王晓明：《征信体系构建——制度选择与发展路径》，中国金融出版社 2015 年版，第 60 页。

〔2〕 ［日］古川光等：《标准化》，李自卫、周学敏译，中国标准出版社 1984 年版，第 2 页。

绕市场效率原则制定出科学和合理的监管方案，让市场发挥应有的创新活力和竞争活力。

二是促进信息自由流动和信息共享机制的建立，提高征信市场的发展效率。信息自由和信息共享机制也是影响征信市场效率的一个重要方面，在一个信息公开透明的社会中，征信市场的效率会得到更好的提高，社会经济会因为数据的支撑而更加高效和创新，引导和建立符合我国国情的信息共享机制，也是征信监管的重要内容之一。

三是积极培育征信市场主体，引入竞争机制，促使征业业多层级多元化征信机构的发展。除了国家金融信用信息基础数据库的建设之外，我国的市场主体开始出现了私营企业征信机构等市场主体，但是，与我国的经济规模和信用社会发展还有很大差距。现有的征信供给产品内容单一，形式同质，可供选择的品种也不多，已经无法高效满足社会经济生活的需求。所以，加强市场培育，改变现有征信市场结构和基础势在必行。

四是加强引导征信市场的技术创新和技术中性监管。技术已经渗透社会生活的各个领域，无论在个人生活、企业经营、政府管理，还是司法管理中，技术的作用都越来越大。就连最保守的司法领域，技术也正在被引入司法系统，从而提高审判程序的效率和增加司法的透明公开。[1]征信立法也应当坚持对大数据等新兴信息技术规制的中立态度，在金融创新的初级阶段，应当运用技术促进现有法律框架的发展。技术本身并没有法律价值取向。所以，应当加强对技术创新的引导，法律不应当排斥和限制金融科技的创新，这在实际监管中意义重大。"可以用来作为叙述的全部发展过程的一个出发点是技术。"[2]随着征信的发展，在当今时代，征信的发展路径正在不断地信息化并与大数据高度结合取得发展，新技术手段对金融的改变正在产生新的业态和新的金融场景，为征信的风控维度带来了巨大的变化。在技术发展的过程中，有一个研发、实践和试错的过程，但是法律又是滞后于实践的，这种情况下，法律应当为科技创新预留一定的空间，当然，前提是技术的发展应当坚持技

〔1〕 Liebman, Benjamin L., et al. "Mass Digitization of Chinese Court Decisions: How to Use Text as Data in the Field of Chinese Law." SSRN Working Paper (2017). Online: https://papers.ssrn.com/sol3/papers.cfm.abstract_ id=2985861.

〔2〕 ［美］约·肯·加尔布雷思：《经济学和公共目标》，蔡受百译，商务印书馆1980年版，第44页。

术伦理和技术发展以人为本的目标。

对技术本身的监管是中性的，技术发挥的作用在于使用者的本意和目的。在好人手中将为社会带来福祉，在坏者手中将为社会带来损害。对技术的监管和积极引导是当下的一个重要课题，大数据的发展同样面临着这样的问题。在现有的金融科技创新浪潮下，首先，新兴技术在征信中的应用体现在数据来源的广度上，数据挖掘技术将许多分散的网络空间的数据加以收集，相关关系的数据得到了应用；其次，体现在场景应用上，在生产供应链条上，在交易的全过程中，"商流、物流、资金流、信息流"四流合一，得以印证交易的真实性和有效性，为供应链上下游中、小微企业的征信提供了信用共享，征信数据的场景创新为金融信贷提供了新领域。最后，有关的金融创新带来的技术变革，为数据建模带来了可能性，人工智能在数据征信中发挥了作用，将大力降低传统征信的成本和准确性，为普惠金融的包容性带来了实现的可能性。这些变化，在征信法规制中应当秉持一种开放的态度，加以引导和规范，一方面防范侵害个人信息保护的行为，另一方面保持对技术的金融属性的监管，防范金融风险，推动技术的创新和发展。

（三）安全监管目标

信息化时代的到来，信息安全监管和金融系统性安全监管日益重要。我国自 2014 年以来已经高度重视信息安全保护工作，成立了中共中央网络安全和信息化委员会办公室，加强信息安全保护。2015 年 7 月，我国《国家安全法》正式公布实施，提出国家要建设网络与信息安全保障体系，提升网络与信息安全保护能力，加强网络和信息技术的创新研究和开发应用，实现网络和信息核心技术、关键基础设施和重要领域信息系统及数据的安全可控。随后公布的《网络安全法》，成为我国保护信息安全的最为重要的法律，提出了网络空间主权的概念，首次将网络安全上升为与地理主权同等重要的地位。征信法律保护的信息安全法益与《网络安全法》衔接的法益是一致的，均是保障网络安全，维护网络空间和国家安全、社会公共利益，保护公民、法人和其他组织的合法权益。还有《生物安全法》和《电子商务法》。与其相互配套的还有《全国人民代表大会常务委员会关于加强网络信息保护的决定》《信息安全等级保护管理办法》《电信和互联网用户个人信息保护规定》等法规和标准。在数据安全领域，我国不断加强和推动数据安全立法，2021 年 6

月 10 日我国通过了《数据安全法》，以基本法位阶建立国家数据安全法律体系，确定数据安全监管框架，规定了国家对数据分级分类保护，确立了各方数据主体在数据活动中的义务与违反义务的法律后果。《数据安全法》的提出，为征信活动提出了更高的要求，征信作为信用数据密集型行业，自然应纳入数据安全法的监管范围。美国在征信数据泄露的防范和事后救济方面具有完备的实践经验。美国针对 2017 年发生的艾可菲征信信息泄露案件，制定了《阻止黑客入侵并改善电子数据安全法案》，通过强制上报有效保护纽约公民免受艾可菲信息泄露事件的威胁，法案通过加强安全防护措施为企业和公民信息安全带来保障，并对受到金融制裁支持的信息泄露事件采取新的控制措施。[1]征信安全监管目标包含了宏观审慎监管对征信系统风险的防控，征信市场的安全稳定发展，以及信用信息的监管安全。

我国《个人信息保护法》强调了对个人信息保护的力度，需要建立个人信息保护影响评价制度，个人信息保护专员制度、个人信息危险重大事项报告制度、受委托处理个人信息安全协助义务，由此建立起高标准的保护个人信息权利的制度体系，并规定了境外组织、个人对我国公民个人信息权益造成侵害或者危害我国国家安全、公共利益的法定禁止性义务。

一是征信的宏观审慎监管也日益变得重要。这是由征信与金融风险的关系，以及征信对社会经济和社会信用建设的重要意义所决定的。征信在促进信用经济发展和社会信用体系建设中发挥着重要的基础作用，通常认为建立完善和有效的征信系统具有重要作用：其一是防范信用风险。征信降低了交易中参与各方的信息不对称，避免因信息不对称而带来的交易风险，从而起到风险判断和揭示的作用。其二是扩大信用交易。征信解决了制约信用交易的瓶颈问题，促成了信用交易的达成，促进了金融信用产品和商业信用产品的创新，有效扩大了信用交易的范围和方式，带动了信用经济规模的扩张。其三是提高经济运行效率。通过专业化的信用信息服务，降低了交易中的信息收集成本，缩短了交易时间，拓宽了交易空间，提高了经济主体的运行效率，促进了经济社会的发展。其四是推动社会信用体系建设。征信业是社会信用体系建设的重要组成部分，发展征信业有助于遏制不良信用行为的发生，

〔1〕 Eric T. Schneiderman. A. G. , Schneiderman Announces SHIELD Act To Protect New Yorkers From Data Breaches〔N〕. 2017（11）.

使守信者利益得到更大的保障，有利于维护良好的经济和社会秩序，促进社会信用体系建设的不断发展完善。

根据世界银行 2011 年《征信通用原则》报告中分析指出，一个有效的征信系统具有十分重要的作用：其一是信用风险评估和防范方面，能够支持金融机构和其他信贷授予人准确地评估信贷发放决策所涉及的风险，并保持良好的信贷组合；其二是稳定可靠地支持信贷的发展，能以负责任和高效的方式促进经济中信贷的可持续扩张；其三是支持稳健的监管系统，防范系统性金融风险，能支持金融监管机构对被监管对象进行监管，确保受监管机构保持安全稳健，最大限度降低系统性风险；其四是公平和非歧视地确保金融消费者获得信贷服务，能以有竞争力的条件促进公平、公正地获得各类信贷产品；其五是引导金融消费者和企业保持良好的信用行为，教育和鼓励个人和企业负责任地管理其财务，鼓励负责任的行为和遏制过度的负债问题；其六是能够保护消费者利益。[1]可见，征信系统在一个国家金融和经济发展中的重要地位和作用，其能防控征信风险，即可以在源头上防控金融信贷的系统性风险。

二是征信信用安全监管变得越来越重要。征信信息系统的信息泄露和系统入侵的案件时有发生，无论是在规模还是频次上带来了巨大的损害。"要持之以恒抓好征信信息安全工作，牢牢守住不发生征信信息泄露的风险底线。"[2]在艾可菲征信机构信息系统被黑客入侵后，被盗窃了多达 1.43 亿人的个人信息，包括个人的驾照和社会安全号码、犯罪记录和医疗债务、付款记录和租金记录。[3]征信数据安全监管在于确保个人、企业信息安全，有利于增强信息主体对征信业的信心，防范征信信息泄露和非法使用，需要技术、程序、制度和监管合力形成有效的信息安全保障机制。"百行征信的数据源涉及大量敏感且机密的个人信息，这些信息的泄露、毁坏或丢失将对其业务造成巨大

---

〔1〕 The World Bank, *General Principles for Credit Reporting*. http://documents. worldbank. org/curated/en/662161468147557554/General-principles-for-credit-re porting.

〔2〕 央行："进一步提升征信监管效能"，载 http://www.cs. com. cn/xwzx/hg/201810/t20181019_5882584. html，最后访问时间：2020 年 3 月 1 日。

〔3〕 Stacey Cowley, Tara Siegel Bernard, As Equifax Amassed Ever More Data, Safety Was a Sales Pitch. N. Y. Times（Sept. 23, 2017），https://nyti. ms/2jSPZb2.

损失，带来恶劣的社会影响甚至严重的法律后果。"[1]

自征信业发展以来，征信数据的泄露事件时有发生。由于征信信用数据高度集中，信息内容具有一定的隐秘性，具有泄露影响大的特性，数据的泄露会造成当事人身份信息被曝光，造成个人隐私受到侵害。所以，加强信用信息安全保护具有现实意义。需要加强并运用技术手段保护信息安全，相比于商业数据，政府直接、间接控制的数据与公民的切身利益更相关，均表现为个人的核心信息，一旦泄露将会带来极为严重的后果。[2]

本书认为，征信规制法律制度需要与数据安全法律做好衔接，征信机构应当根据数据安全法律法规和标准的要求，建立与征信活动相互适应的安全保障体系，包含完善安全管理制度、安全保护等级、安全专员配置和培训考核、安全保障技术、安全监测预警、安全风险评估、安全事件应急处置、安全事件通知和减少损失及影响的措施等。同时需要加强对信息地理空间安全和信息出境的法律监管。随着大数据时代的到来，对征信信息安全监管不仅应当停留在法律保护上，还应当通过"技术"与"法规"结合的手段保护个人信息安全，安全措施不仅要根据技术进步和社会发展而不断改进，还要与所处理的数据具体情形相适应。[3]研发接入机构与征信中心反馈数据比对辅助软件，改变目前手工核对的检查方式。留存信息主体电子查询授权材料，[4]需要征信监管对征信机构的安全管理体系、安全技术手段、安全管理文化、信息安全应急制度等方面作出严格监管。

综上所述，以上三个基本目标紧密联系，构成了征信法律对征信市场监管的核心利益保护和追求。"这种以目标为导向的监管配置思路更为周延，职责更为明晰。"[5]在我国征信监管中应当确立科学和合理的基本目标和战略目标，据此形成完整的监管内容，作出详细的监管方案和框架，形成有效的监管职能配置，建立网站的征信监管体系。并随着市场的发展变化，法律的修

[1] 张晶、李育冬："从百行征信看我国个人征信的市场化发展"，载《征信》2019年第12期。
[2] 武长海、常铮："大数据经济背景下公共数据获取与开放探究"，载《经济体制改革》2017年第1期。
[3] 高富平主编：《个人数据保护和利用国际规则：源流与趋势》，法律出版社2016年版，第66页。
[4] 赫明刚："当前征信信息安全管理中存在的问题及对策探析"，载《征信》2018年第12期。
[5] 陈斌彬："从统一监管到双峰监管：英国金融监管改革法案的演进及启示"，载《华侨大学学报》（哲学社会科学版）2019年第2期。

改完善，市场主体的创新发展，技术力量的对比变动和市场利益格局的改变等变化及时作出调整和完善，如此才能保证征信监管在正确的轨道上前进，从而促进征信业健康繁荣发展。

三、基于征信市场利益平衡的监管职能配置

（一）赋予与我国征信市场相适应的征信监管权能

事实上，很长一段时间，关于政府在市场中的作用存在着很大的争议。对行业是否实施干预，干预的法律依据、权力边界，干预的程序，干预的监督机制等方面引发了法律界的广泛思考。市场经济的发展和监管实践的深入，逐步证明了监管机构的存在价值。虽然各国的征信监管模式不尽相同，体现出各自的特殊性，但是建立征信监管机构成为一种主流，征信业的发展离不开征信监管的干预。在诸多方面，征信监管是征信业规范、健康、可持续发展的重要组成部分。"加尔布雷斯（John K. Galbraith）进一步指出，自由放任政策已不合时宜，管制和调节是当前这个时代的迫切需要。"[1]但是，考察监管机制的成功与否，受到很多因素的影响，存在诸多的约束条件。无论是历史传统、宪政体系、市场结构、法律体系等宏观方面的因素，还是监管机构的法律授权、组织设置、独立性保障机制、职能配置、人员队伍、物质保障等多方面的微观因素，都会对监管机构的职能实现、法律的执行和监管的能力造成影响。行业监管存在的诸多问题，往往不是监管本身失灵，或者是监管制度是否有效的存疑，实际上是诸多因素的配置不科学或者错配造成的。考察监管机构的功能和配置需要进行多方面研究，除了监管机制本身，还需要从宏观因素和微观因素进行全面分析。为了更好地发挥监管机构的作用，往往需要多种制度保障方能充分体现出监管机构的价值。需要在权能配置、监管的具体工具和方法、组织体系等方面形成科学的监管体系。

监管机构有别于传统行政机构。其区别在于监管机构强调了依据法律规范的授权实施市场监管行为，具有与传统行政机构诸多不同的规则。主要是职权法定，机构和业务相对独立，专业和透明，集中准立法、行政、司法的

---

〔1〕　Galbraith. How the Economists got it Wrong〔EB/OL〕. http://www. prospect. org/archives/V11-7/galbraith-. J htm1.

职能于一体，以便监管机构可以更加专业高效公正地对市场实施干预，纠正市场无法克服的偏差行为。就法律层面的实践来看，为了实现监管机构的监管能力，必须确保监管机构的职能到位，监管机构通常都被法律赋予准立法权、行政权和准司法权，以确保监管权的有效实施。[1]监管机构的职能配置和组织构建在行业发展中具有重要作用，已经得到越来越广泛的重视。

　　无论是统一监管还是分散监管模式，征信业的监管机构均需要根据法律的要求依法监管。监管机构被赋予准立法权，主要是针对行业的实际情况，制定行业的实施细则和具体标准；也被赋予了行政权，一般都拥有现场检查权、调查权、案件受理和处理权、业务监管和市场准入等职责，在征信活动中对相关机构在业务运营中的法律法规执行情况进行调查了解和监督检查。对信息提供者和信息处理机构的业务操作的合规性进行监督检查。监管机构一般都被赋予行政执法和处罚权力，对征信机构等市场主体的违法行为进行处罚。一般也被赋予争议调解的权力，依法可以对纠纷作出争议调解。在欧盟的立法中，还特别强调对司法参与权的重视，监管机构可以主动对违法行为提起诉讼，或者实施法定程序，启动强制措施，确保法律得以执行。通常对征信监管机构赋予一定的法定职责，具体包含了政策制定和规章起草权力；实施整体规划的职责；对征信机构实施日常监管；负责征信行业的统计、调查、分析和预测；负责信用信息数据库的建设；执法检查和行政处罚；维护当事人合法权益；处理行政复议等职责。[2]

　　根据我国现阶段征信发展的情况，为建成与我国金融经济发展相适应的征信监管系统，推动信用社会建设的完成，根据我国征信监管相对独立性不够以及监管资源和能力不足的现象，在监管机构的职能配置上，进一步完善我国征信监管机构的监管权能。

　　1. 赋予征信监管机构的规范性文件的制定职能

　　法律应当赋予征信监管机构合理的准立法权，通常是在征信法律的框架下，赋予系统的行业实施细则、行业标准、技术规范等方面的权力。征信监管机构具有的专业性和透明度，一方面，应使征信监管机构掌握行业的全貌，深知行业存在的问题和发展的方向，在规制操作层面上，需要完善的实施细

---

〔1〕 宋慧宇："行政监管权的设立依据及法律特征分析"，载《经济视角》（下）2011 年第 3 期。
〔2〕 吴国平："中国征信市场监管立法研究"，载《法学杂志》2007 年第 4 期。

则加以约束和管制。另一方面，征信监管机构具有的专业能力，促使征信监管机构能够胜任行业规则标准等的起草工作；征信监管机构的专业性体现在专业人员的配置上，经过长期的监管实践掌握的专业的知识和技能，往往是其他立法者所不具备的。赋予征信监管机构的这项权能，恰恰可以补充立法在操作层面的不足，实现法的真正价值的实现和落实。目前，我国在这方面还需要加强对中国人民银行征信管理局的规范性文件起草的支持力度。由于立法工作牵涉顶层设计范畴，规范普遍性的问题，解决行业利益矛盾冲突最为突出的问题，所以需要专业的人才和队伍，需要加大专家立法的扶持力度。因此，建设建立立法咨询委员会等机构，在规范性文件的起草上，建立专家立法、委托立法、行业社会组织共同推动立法的方式，克服现有的人才限制的弊端。

2. 赋予征信监管机构的综合业务监管职能

（1）完善征信机构市场准入监管。

完善我国征信市场的准入监管，在重视准入与加强监管之间取得平衡。市场准入监管包括一般市场准入监管、特殊市场准入监管和涉外市场准入监管。[1]征信机构市场准入监管通常采用分类监管的方式，在市场准入门槛方面，根据市场设置不同的准入标准。市场准入监管采用的手段有国家垄断、许可、申报、审批、营业执照、标准设立等。[2]通常，征信机构从事个人征信业务和企业征信业务在市场准入监管方面存在不同。但是，鉴于现阶段我国培育征信市场的需要，建议实行较为宽松的市场准入管理，即对征信机构的市场准入实行备案管理制，通过相对较低的准入门槛，吸引更多的机构开展征信业务，通过自由的市场竞争来推动征信行业的健康快速发展，同时加强业务监管和完善退市制度，维护市场公平竞争。

（2）完善征信机构的非现场监管手段。

加强完善我国征信监管的非现场监管手段和能力。监管机关对征信机构的业务监管主要集中在信用信息的采集和信用信息的使用两个方面。信用信息采集的监管主要通过明确设定信息采集的范围和内容、信息采集的程序和方式、负面信息的保留期限等方式来实现。信用信息使用的监管主要通过明

---

〔1〕　李昌麒主编：《经济法学》，中国政法大学出版社 2002 年版，第 149 页。
〔2〕　吕忠梅、陈虹：《经济法原论》，法律出版社 2008 年版，第 276 页。

确信用信息的使用方式和范围、使用信用信息需符合国家信息安全保密要求等方式来实现。加强我国征信监管机构的大数据技术应用以及信息化的非现场监管手段的建设和完善，提高非现场监管能力。大数据平台建设是现阶段提升我国金融监管有效性的关键。[1]

（3）加强对征信从业高级管理人员的监管。

完善对于从业人员的监管，建议建立征信业高级管理人员的从业监管。由于征信业的特殊性，征信监管机构通常会统一制定征信业专职业务人员资格考核办法，对征信从业人员在知识结构、征信法律知识、征信业务、职业道德等方面进行考核。征信从业人员的执业资格一般需要划分为征信机构的董监高等高级管理人员和专职岗位从业人员，分别进行考核管理。制定一系列的程序对从业资格进行确认、检查、变更、注销等。随着信息化管理的加强和增加从业人员管理的公示透明度，监管机构往往会建立征信从业人员名单和资格信息管理系统，对征信执业人员名单进行公示和注册登记管理。部分国家的监管机构还建立了征信从业人员资格考试，并要求从业人员应当通过所在征信机构向征信业协会提出职业资格证书申请。

（4）加强对征信机构的现场监管建设。

完善我国征信监管机构的专业执法人员和执法检查能力建设。通过规范性配套文件，完善现场检查执法的程序和流程。对于征信机构、信息提供者或者信息使用者的经营场所，法律应当赋予征信监管机构开展现场检查的权力，主要体现在进入经营场所，可以实施查阅、复制资料，可以进入信息系统进行技术查询和核对，抽查相关信用信息，检查有关管理制度和安全措施，测试安全系统，还可以询问有关工作人员。法律应当授权征信监管机构建立必要的技术专业人才和力量，配置专业的工具，与其实施现场检查权相匹配。

（5）加强对市场不当行为和违法行为的纠正和惩处。

完善我国征信监管机构对违法违规行为实施行政处罚或者采取行政强制的措施和手段。通过制定规范性文件，明确规范征信监管机构必要的调查权力，在发现征信市场主体的违法违规行为时，可以通过立案调查程序，在法定期限内调查相关案件。可以进入信息系统检查，查封、封存相关证据资料，

---

〔1〕 丁志勇：“大数据与金融监管”，载《中国金融》2016 年第 20 期。

审计有关部门和外部相关主体。经过调查，违法违规行为不成立的不予处理；对轻微的不当行为加以约谈和引导，或者提出监管建议加以约束解决；存在违法违规行为的，依法实施行政处罚和采取相应的行政强制措施。

3. 完善征信金融消费者权益保护和维权体系

建议我国进一步完善投诉的受理和处理工作机制。通过金融知识宣传普及等工作提升金融消费者素养，从根本上遏制金融消费者因有限理性形成的行为偏差，但该类政策的效果可控性相对较弱。而完善金融消费者维权纠纷处置机制能有效激发金融消费者的市场约束作用，这不仅是维护金融消费者正当权益的直接性手段，更是获取银行业不当行为信息的重要路径。[1]借鉴目前各国大部分征信立法建立的监管机构投诉受理处理工作机制，建立"一站式"的服务机制和处罚融合机制，在调查核实的基础上，通过投诉受理纠正市场不正当行为和违法行为。进一步建立方便信息主体的维权活动的工作渠道，"维权成本高企是抑制消费者维权行为的重要原因，主要表现为程序繁冗、举证困难及投入回报不理想等"。[2]投诉机制作为现代市场监管的一种有效手段，通过投诉渠道可以迅速获得征信监管机构的专业化处理。法律通过赋予监管机构的投诉受理处理权力，一方面拓宽了发现市场违法行为的来源渠道；另一方面降低了执法成本，及时发现市场中存在的侵犯信息主体合法权益的行为，并加以及时处理，维护信息主体的合法权益。

征信监管部门负责的投诉举报等维权纠纷处置问题，本质上是一个动态纳什博弈的问题。一方面需要树立监管权威，对不正当行为进行纠正；另一方面也需要考虑金融消费者的投诉维权机制的成本和成效；还有一方面需要考虑到投诉者以较低的成本为监管机构带来的调查核实的沉重成本，以及对征信机构带来的非合理的配合和额外付出。所以，应当建立起信息主体异议程序与投诉调查程序的有机衔接，合理地设计异议与投诉机制，发挥信息主体的参与约束和征信机构的自我约束相结合的工作机制，降低多方的运作成本，高效地解决存在的问题。同时，也需要建立行政处罚衔接机制，做好投

〔1〕　张景智："'监管沙盒'制度设计和实施特点：经验及启示"，载《国际金融研究》2018年第1期。

〔2〕　何颖、季连帅："论我国消费者维权成本过高的原因及解决对策"，载《学习与探索》2013年第6期。

诉程序与行政处罚程序的有机衔接，确实存在违法行为的，予以立案查处，规范市场秩序、维护金融消费者的正当权益。在维权纠纷处置的具体机制设计与强制性行政措施的使用等方面还有待深入研究，对实际工作中可能遇到的各类复杂情形考虑不足的，需进一步细化。

4. 根据征信市场发展阶段，完善征信监管必要的司法参与权

准司法权也是监管机构的一项特殊职能，通常在发达国家的市场监管机构中存在。准司法权是指监管机构有权对违法违规行为提起诉讼的权力，或者启动合适的程序，或者参与其他法律程序强制执行征信法律。有学者称之为司法监管权，指经济监管机构在监管过程中，发现违法、违规行为请求通过司法机关进行裁判的权力。[1]通常的行政法官制度就是准司法权的充分体现。在监管机构中设置行政法官，使其拥有调解权、裁决权、诉讼提起和参与权。调解权在于对行业的争议问题调查核实之后，认为未能达到处罚程度的，可以通过调解解决存在的利益冲突和轻微的违规行为。而裁决权可以就相关问题提供行政裁决，贯彻实施征信法律法规。还有司法诉讼提起和参与程序，赋予了监管机构最强有力的征信法律规范的执行力。为了更好地实现立法与司法的价值目标，确立合理的案件审理范围与原则制度体系，首先需要系统地修改我国的诉讼法律体系，引入经济法诉讼和公益诉讼体系，使得各类监管机关、公益组织，甚至是代表群体利益的个人都能够成为涉及公众案件的起诉主体，并代表社会公众提出利益补偿要求。[2]此次我国实施的《个人信息保护法》便是一个很好的突破，该法第 70 条规定了经济法诉讼制度，个人信息处理者违法处理个人信息，侵害众多个人的权益的，以下三种组织有权向人民法院提起诉讼：人民检察院、法律规定的消费者组织（例如消费者协会），以及国家网信部门确定的组织（例如信息协会等组织）。

（二）不断完善征信监管工具和方法

从现阶段我国征信监管的目标和重点看，需要加强对征信机构的培育和监管并重的思路。一方面在于建立和培育征信市场的服务体系，激发征信市场的活力和竞争力。比如，引导征信机构加强征信服务的信息披露和征信产

---

〔1〕 刘少军："论法律监督权与经济公诉权"，载《经济法论坛》2014 年第 1 期。

〔2〕 刘少军："论司法的价值与案件审理的范围和原则"，载《晋阳学刊》2018 年第 1 期。

品研发的行为，加强对金融消费者账户的管理和维护，加强对信息主体的隐私和数据保护，建立完善的投诉举报纠纷解决机制，加强征信主体的市场教育与金融消费者自我保护能力建设。另一方面在行为监管上，加强"前瞻式""判断式""柔性"等行为监管方式。前瞻性监管方式强调了预防性和事前监管，主要是针对特定金融产品或交易行为进行前瞻性调查，并对此作出评估，对出现的监管风险进行必要和及时的预警，根据风险评估或者可能出现的风险等级，依法可以对金融产品服务或者行为采取临时禁止或限制的措施，或者对其作出永久禁止或限制等措施。[1]

1. 完善我国征信监管工具箱

完善我国征信监管的工作箱，以确保监管效能的发挥和能够取得预期的效果。一是引入金融机构系统性评估框架（FSF）。建立适合征信监管的征信机构系统性评估框架，强调从征信机构的商业模式、产品、服务、企业文化等多维度对征信机构实施前端介入。金融机构系统性评估框架工具箱主要包括商业模式和策略分析工具（Business Model and Strategy Analysis，BMSA）与深度评估工具（Deep Dive Assessment，DDA）两种方式，其中 BMSA 作为机构准入的门槛条件使用，DDA 作为日常性监管方式持续征信机构整个经营区间。二是可以完善引入专题审查工具。即针对征信市场中的某一任务或特定产品，实施跨机构、跨市场的风险分析，对标根源性问题综合施治。三是可以完善引入市场分析工具。即对征信市场进行整体性评估，主要关注征信市场和金融市场的竞争充分性、征信市场参与者信息公开、信息主体的信息获取的及时性、金融消费者自主选择及服务转换便捷度、征信产品与金融消费者匹配度等。

2. 完善我国征信监管方式

主要从以下三个方面完善我国的行为监管方式。一是开展前瞻性机构监管方式。强调提前介入单家或按照特定条件分类的某一类征信机构，评估该征信机构或该类征信机构遵守征信行为监管目标的状况，并对可能性风险因素实施提前干预。二是开展专题和产品线监管工作。对涉及多领域或多机构的征信业务、征信产品进行功能性监测与分析，从金融消费者权益保护视角

---

〔1〕 朱明、谭芝灵："西方政府规制理论综述——兼谈金融危机下我国规制改革建议"，载《华东经济管理》2010 年第 10 期。

研究和揭示风险。三是开展事件响应式监管方式。强调征信公平和安全事件响应环节的快速果断，通过事件受理、金融消费者反馈等渠道，获知征信机构出现的损害金融消费者权益、征信市场诚信以及公平竞争的行为，实施干预处理。监管中秉持的理念应是拥有前瞻性的视野，力求发现问题及早介入，处理问题标本兼治。[1]

通过建立以上先进的监管方式和工具，进一步提高我国监管工具的有效性。有效的监管工具是监管活动实施的保障。在完善法律、经济和行政三类工具的基础上，加强引入创新监管工具，丰富工具箱内容和品种。加强对有效的监管方法和工具的评估，发挥其应有的效力。强化判断式为主的监管方法和具备前瞻性、介入性和及时响应性的监管方法，形成符合我国征信市场发展的监管方法和工具体系。

(三) 同步强化征信监管履职的问责和监督

在赋予征信监管机构完整的监管权能之际，应当加强对我国征信监管的监督和责任的建设。应当强调征信监管机构的依法监管的原则，一切的权能和权力均来自法律的授权，并应当接受法律的监督。绝对权力导致绝对腐败，在赋予与市场监管相适应的监管权能的同时，对征信监管机构的履责和监管，需要同步得到强化。应当建立起以权力制约权力、以制度制约权力、以法治来监督和控制权力的对监管者进行监管的制度，并将任何掌握公权力的主体，包括基层执法人员，都纳入其中。[2]

需要同时加强对征信监管人员的职业操守和问责机制的建设。征信业的行为监管难以实现完全的标准化和程序化管理。监管履职过程中存在着大量对监管人员自由裁量的空间，监管寻租成为所有监管机构需要面对的问题。因此，需要建立完善的监管问责机制，主要建立行为守则、问责标准、免责情形；需要加强公平的透明度，在监管机构的信息公开和程序公开方面，建立信息披露制度和各种通知制度，及时披露监管信息和监管处罚信息；需要加强对征信机构的监督制约，在内控制度、法制监督、纪律监督、监管对象监督等方面建立完善的监督体系，确保征信机构依法、廉洁、高效地开展监管工作。

---

〔1〕 陈宇、叶睿："英国监管体制改革路径：双峰监管模式与金融行为监管局运行机制"，载《中国银行业》2015 年第 7 期。

〔2〕 《依法治国新举措》编写组：《依法治国新举措》，新华出版社 2015 年版，第 134 页。

四、我国征信市场开放与信息跨境流动监管

监管竞争理论源于亚当·斯密的市场竞争理论，其认为完全的市场竞争可以造就完善的市场。但是，在国际竞争实践中，一方面为了吸引更多的投资，各国在竞争中会降低监管标准，放宽市场准入条件，吸引投资主体，导致恶性竞争态势；另一方面也可能因为国际竞争保护，出现过度的监管，设置过高的监管标准，对外国投资者造成不平等和不平衡的竞争。在征信市场国际化开放和信用信息跨境市场流动方面，就存在大量需要研究的问题。

数据跨境流动的各种风险加剧，往往涉及数据安全和数据国家主权问题。由于数据的可复制和方便的存储、携带方式，在大数据时代，互联网平台企业和跨境企业，云平台各种大数据公司，往往就是一个海量数据的拥有方，数据很容易从一个国家流动到另一个国家。这不仅关系到数据的收集、处理、存储等各个环节的安全以及数据处理平台的安全等问题，也关系到数据所反映的与个人敏感信息的可识别性。海量数据，甚至看似无用的碎片数据在汇集、处理之后有可能得到还原，成为商业秘密甚至危害国家安全的信息。在大数据时代，数据成为一种重要资源，不仅承载了人格和财产利益，还兼具有国家主权利益，数据安全问题远远超出技术安全、系统保护的范畴，发展成为涉及政治、经济、文化、社会、军事等领域的国家主权层面的安全。信息技术的不断更迭导致数据安全的威胁与日俱增，且一旦发生，对其过程可能无法控制。各国对数据的跨境流动都加以立法监管，确保数据跨境流动的有序和安全。

目前，对数据跨境流动作出详细和严格保护的是欧盟体系。值得研究的是，欧盟通过对数据跨境流动作出了规范，认为数据转移到欧盟以外的国家是一种数据处理行为，要求数据转移前应当符合欧盟法律的要求。根据数据出口国的国内法，应当有数据转移的法律依据，同时数据进口国也需要有法律依据，并确保在进口国能得到"充分保护"。而进口国的数据保护是否符合"充分保护"的水平，需要满足许多条件，欧盟委员会主要评估数据进口国的立法水平，司法、行政执法能力和国际参与。数据进口国需要拿到欧盟的数据出境"签证"，也即"白名单"，数据方可自由跨境。而审查时，也会审查进口国的数据保护法律是否遵循了数据保护的有限目的原则；数字质量是否

公平准确和数据采集是否遵循比例原则；数据保护是否透明和安全；信息主体是否享有知情权、更正和反对权；向第三国连续转移是否有法律作出限制规定；是否对信息主体数据权利的侵害有适当的救济机制。这些内容都构成了判断的因素。

由于这些限制性规定，美国与欧盟之间的数据实践活动就存在着诸多的法规体系的障碍。所以，需要通过双边形成新的协议进行专题解决。美国与欧盟进行了制度性谈判并就数据转移建立了"安全港"协议，允许经过履行法定程序加入安全港的美国企业可以进行数据转移，并在存有争议的情况下适用美国法律。之后，经过了 2015 年"伞形数据协议"和 2016 年"欧美隐私盾牌协议"等数据传输协议，进一步规范欧美数据转移。根据"伞形数据协议"，欧洲公民与美国公民享有一样的公正有效的司法补偿措施和司法救济权。根据"欧美隐私盾牌协议"，确保转移到美国的个人数据必须用于商业目的，美国确保会得到与欧盟一样的数据保护标准来保护数据。[1]

我国也需要适应这一变化，在加速金融市场对外资完全开放的情况下，避免出现监管真空和监管重叠。随着金融一体化，一方面我国需要开放金融市场，吸引金融资源。由于监管者关注的群体范围主要是本国投资主体的利益，通过降低本国金融机构的审慎监管要求，增强本国金融机构的竞争力，但随之也会出现"监管容忍"的局面。[2]所以，需要统一监管标准和监管方法，确保监管的不对等或者对外资的监管包容度过高，损害本地企业的利益。但是，也需要加强对跨国金融监管的灰色区域的识别，避免出现监管真空。金融市场中的投融资企业、征信评估机构等在跨境金融市场的交易中，需要接受行为所在地的国家的法律法规的监管。同时，也需要避免监管重叠，在跨国金融交易中，市场主体需要同时遵守各个国家的不同的金融监管要求。但是，不同国家之间的监管规则往往是相互冲突的，会导致监管重叠问题。[3]所以，需要加强对市场主体的监管引导和监管宣传，做好监管衔接，以适应不同国家的监管规则。还需要进一步完善外资征信机构的市场准入监管，起草

---

〔1〕 杨秋霞："欧盟的信息交换协议研究"，载《法制与经济》2016 年第 11 期。

〔2〕 Berk J. B. , Stanton R. , Zechner J. , Columbia Business School, De Paul University, and Columbia Business School, The Journal Of Finance, 2010（2）, p. 65.

〔3〕 刘笑萍等："银行业监管的国际协调机制研究"，载《金融会计》2011 年第 3 期。

关于外资征信机构的设立标准、监管内容、信息披露、数据跨境流动、市场退出方面的管理细则和监管内容。[1]

在征信数据跨境流动监管方面，需要进行系统安全监管。所涉及的法律体系正在逐步完善，对于数据出境，需要严格执行我国《关于银行业金融机构做好个人金融信息保护工作的通知》和公安部等四部委联合发布的《信息安全等级保护管理办法》，信息系统的安全保护等级分为5级，对每一级采取不同的监督管理，安全级别越高的信息系统监管越严格。不得违反《网络安全法》规定，《网络安全法》第37条明确了个人信息和重要数据的本地存储、出境评估等法律义务。需要严格甄别个人数据和重要数据，并实施本地化存储和出境国家评估制度。根据《网络安全法》第31条规定，征信信用数据作为涉及国家安全、国计民生、公共利益的关键基础数据，具体保护范围和安全保护办法由国务院制定，需要实行重点保护，确需向境外提供的，应当按照国家网信部门会同国务院有关部门制定的办法进行安全评估。同时，根据《数据安全法》第25条规定，国家对与维护国家安全和利益、履行国际义务相关的属于管制物项的数据依法实施出口管制。《个人信息保护法》第三章规定了个人信息跨境监管规则，规范了对等原则，要求境外接受方应当具有我国个人信息保护法的保护水平，应当满足经过安全评估、认证或者国家标准合同约束或者其他法定条件。从国家层面上建立了境内存储安全评估的制度和负面请示管理制度，并可采取对等措施。对征信信用数据出境，还需要与《出口管制法》规定相互衔接，避免出现管制数据非法出境。

总之，随着数据跨境流动的发展，首先，需要在立法上加快立法和完善个人数据保护法，制定明确的数据跨境的安全管理水平和判断标准。其次，需要完善征信监管国际监管体系，在依法依标准的情况下监管国内征信市场主体的行为，对外资征信机构进入我国金融市场的，也需要一并纳入监管。最后，需要完善征信监管国际征信数据流动的安全和标准，提高我国的信息主体隐私权保护水平，防止信息流动给个人和国家带来安全隐患。

五、征信市场监管与社会信用体系建设的关系界定

现阶段，还有一个需要深入分析的问题是，金融征信体系与社会信用体

---

[1]　董宝茹："外资征信机构监管若干问题探讨"，载《征信》2015年第10期。

系的关系问题。通常认为金融征信体系是我国社会信用体系的一个重要组成部分。但是究竟征信与我国社会信用体系是一种什么关系,法律在规范社会信用体系框架时,应当建立什么样的法律框架和监管体系,这种法律框架与征信监管体系又是什么联系,这是一个非常重要的问题。

（一）征信与社会信用体系法益保护的区别

我国目前提出的社会信用体系建设,通常也称之为国家信用管理体系或国家信用体系。其提出的背景是我国社会转轨时期的社会信用危机,社会各界对社会信用方面充斥着负面评价,无论事关生命安全的食品安全、产品质量、健康医疗、环境污染,还是事关网络诈骗、伪造仿冒、制假售假、冒用抄袭等方面,这些情况与中国几千年以来一直强调的信义社会和注重人际关系维护的历史传统相去甚远。国家将社会信用治理体系提升到了战略布局的高度上,最高层面的规范性文件是《社会信用体系建设规划纲要（2014—2020年）》。从国家战略高度明确提出了一个宏大的构架,核心内容是构建涵盖全国社会各行业各方面的信用记录和信用信息系统,通过法律、信用文化、信用环境等形成信用激励机制,促进社会治理向着高水平的信用社会发展。

但是,目前学术界对我国的社会信用体系的内涵、体系的组成、信用体系外延的各种子集、法律与道德体系的关系等,存在不同的观点。对信用体系的理解分歧较大,一些已经提出的体系内部也缺乏严密的逻辑层次。[1] 目前,我国学者对信任、信用、诚信、信用体系等的界定存在一定的混乱,学界真正认真探讨社会信用内涵的研究少之又少,这是由学者各自使用未加限定的概念所造成的。[2] 金融征信体系与社会信用体系两者在本质上还存在诸多不一致的地方,具体体现为。

一是在价值功能上。社会信用体系的价值在于求提高全社会的诚信意识和信用水平,形成良好信用文化的软约束,形成全民自觉守信;在于建立守信激励和失信惩戒制度性硬约束,通过充分调动市场自身的力量,净化市场信用环境,降低发展成本和发展风险,防范信用危机;在于建立诚实信用的

---

〔1〕 李新庚:《信用理论与制度建设研究》,中国书籍出版社2019年版,第214-215页。

〔2〕 翟学伟主编:《中国社会信用:理论、实证与对策研究》,中国社会科学出版社2017年版,第7-22页。

社会治理秩序，从个人、商业到政府的信用运行的不同层面，形成社会信用的自我良性发展，建立起高水平的信用社会。社会信用体系最为核心的价值追求是实现诚实守信的社会秩序，这与民法诚实信用原则所追求的价值核心具有高度的契合性。而征信的价值功能体现在保护个人数据隐私和安全，促进数据流动和共享，防范信贷金融风险，促进经济社会良性发展。社会信用体系体现在信用文化、制度和秩序三个不同维度上的价值追求，而与征信立足于金融信用系统，规范数据采集、处理和使用过程中对个人数据权利保护的价值追求存在明显不同。

二是在立法目标上。社会信用体系的立法目标在于建立各行各业，从个人、企业法人到政府不同层面的法律制度，通过守信激励和失信惩戒制度引导社会走向诚实守信的良好秩序。而征信的立法目的在于规范征信机构的征信行为，约束侵犯个人信息主体的行为，保障数据流动，促进征信业健康发展。在法律目标上，社会信用体系强调引导性，而征信立法强调约束性。

三是在法律范畴上。金融信用与社会信用存在本质差异。金融信用之外的信用问题，实质上是诚实守信的道德问题。

社会信用体系立法包含的范畴广泛，涉及的概念十分复杂。诚信对应的是道德或者人格诉求，信任对应的是社会关系，信誉对应的是组织或者公共关系，而信用对应的是政府与市场的作为，假定每个人都诚信，就会产生社会信任，整个国家的信用运行就好，是连续性的包容关系。[1]所以，法律规范对社会信用体系的调整需要从诚信文化、信赖关系、名誉制度、诚信政府等多方面开展。而征信在于金融信用的制度建设方面，所牵涉的法律范畴相对狭窄。征信本身不是信用，而是提高信用水平的评价方式，帮助客户了解信息主体的信用状况。[2]

四是在法律调整范围上。社会信用体系包含了广泛的行业体系，涉及政府行为中的政务诚信，市场商业交易行为中的商务诚信，公民交往中的社会诚信和司法体系中的公信建设等内容。所涉及的调整信息范围具有全面性，牵涉全社会全行业包含政府行政行为、执法行为和经济行为的信息，包括企

---

〔1〕　翟学伟主编：《中国社会信用：理论、实证与对策研究》，中国社会科学出版社 2017 年版，第 54-55 页。

〔2〕　王晓明：《征信体系构建——制度选择与发展路径》，中国金融出版社 2015 年版，第 6 页。

业资质许可、质检、纳税、产品质量、履约、信贷、社保、劳动、奖惩、环保、诉讼多方面的评价信息。个人方面也包含了社会行为、经济行为、道德行为等多方信息。

以我国现有社会信用体系建设的典型睢宁县为例，该县制定的《睢宁县大众信用管理试行办法》囊括大众关心的问题，包括了孝敬老人、农村盗窃、经济纠纷、闯红灯、醉驾等，所征集信息的范围十分广泛，基本上囊括了个人、商业、社会方方面面的信息，有个人基本信息、商业服务、社会服务、社会管理、社会信用特别信息、表彰奖励信息及社会公益信息等。可见，社会信用体系的出发点是改善民风建设，如果按照此种信用的定义，信用的范围十分广泛，包罗万象。

而征信所调整的是与信贷有关的个人和企业的信用信息，由于目的限制的原因，往往遵循最少数原则，并非大量采集全面的数据。而社会信用体系的信息调整范围涉及正面和负面信息采集，并且是以实际发生为采集原则，需要调整的范围具有广泛性，需要全面收集信息以体现信用主体的信用状况。政府信息公开和大量政务诚信建设可能与征信无关，征信机构只是使用公共信息的一个市场主体而已。[1]

五是在法律关系上。社会信用体系包括公共信用、商业信用和个人信用三大方面的体系，三者相辅相成、共同作用构成完整的社会信用体系，所以在法律关系上体现了多种不同的法律制度。

在公共信用领域，主要是约束公权力滥用权力侵害公共信用的行为，主要是建立完善对公权力的监督体系和监督制度。通过建立政府信息公开，建设阳光政府，把公权力关进制度的"笼子"，实现政府向服务型政府转型，从而实现行政行为有法可依、有法必依、执法必严、违法必究的法治局面。

商业信用领域在于通过公司法、合同法、税法、产品质量法、消费者权益保护法、反不正当竞争法等多个法律，实现企业依法治企，培育企业家精神，建立契约精神。通过建立健全企业信用档案和黑名单，促使企业高度重视商业信誉，切实履行社会责任，以诚实守信为基本原则服务于国家、社会和消费者。

---

〔1〕 王晓明：《征信体系构建——制度选择与发展路径》，中国金融出版社 2015 年版，第 8 页。

个人信用方面主要在于通过道德、伦理、教育约束个人遵纪守法，以家庭为核心形成信用文化，注重个人声誉，培育诚信文化。

社会信用体系在不同的层面所涉及的法律关系不是简单地通过"信用"一个核心内容就能加以概括，而是一个法律系统工程。

目前，我国各部门、各地方的"红名单"和"黑名单"等信用信息平台，或者所称的"信用信息+"模式，本质是对征信的泛化和误解。实际上是将公权信息需要公开的内容转换为信用问题和信息共享问题，是一种将行政司法机关监管产生的企业或个人的违法违规信息误认为信用信息；是将部门单独执法转换为部门之间的联合奖惩。[1]需要不同法律规制同时规范运行和发挥作用，形成多部门多层级的法律体系，通过良法运转，实现法律对信用行为的规范、惩戒、引导、教育的功能。而征信显然只是一种对征信机构的调整而形成的法律关系，是单一层面上的一个法律关系。

六是在治理模式上。社会信用体系建设体现了政府的主导作用，以政府的规划纲要和法律制度立法为导向。建立和执行社会诚信行为的惩治和褒贬机制，建立统一的信用登记系统，都应当以政府为主导力量来建立，需要以政府强有力的监管体系作保障。而在征信的治理模式上，存在多种模式选择，公共模式、市场模式和会员制模式的治理模式均可有效形成充分的征信市场体系。

总之，本书认为，征信与社会信用体系建设的关系中，征信虽然是社会信用体系建设的主要组成部门，但是从法律追求的核心价值和法律规范体系层面上看，需要对两者作出严格区分，两者在制度的价值功能、立法目标、法律范畴、调整范围、法律关系、治理模式上存在诸多的不同。

（二）完善我国征信市场监管与社会信用体系立法规范进路与选择

综上所述，社会信用体系制度建设与征信立法建设应当有差别地对待。学者在研究的过程中应当界定清楚信用和征信的内涵和外延，在价值层面、关系范围、执行层面上加以厘清，最终有的放矢，形成逻辑严密的法律体系。当然，在此过程，本书认为在社会信用体系建设上，征信法律体系建设由于先行先试，法律制度基本形成，已经积累了大量的经验。加之符合国际管理和国际经济社会发展需要，可以进一步完善相关法律制度，为社会信用体系

---

〔1〕　万存知："重新认识'信用信息+'模式"，载《中国金融》2020年第7期。

建设作出借鉴。在社会信用体系建设中，立法和具体监管应当对以下方面作出有效甄别和界定。

一是法律法规需要回归到不同信用主体的核心价值保护上，防止将社会信用体系建设变成一场"信用运动"。社会信用体系建设的最终价值在于建立信用社会，增加社会福祉，回馈到人民生活生产和交易上，以人为本是终极目标。惩处机制的最终作用也在于促使个人回归信用的"理性人"的基础上，所以应当更多地思考如何促使信用机制的"感化"和"内化"。在建立社会信用时也需要对不同主体和不同类型加以区分，对国家信用、企业的商业信用和个人的信用体系分别采取不同的法律保护规定，国家信用在于限权和监督，商业信用在于引导和惩处，个人信用在于感化和激励。

二是保护各主体的合法权利和基本人权，防止社会信用体系建设在道德、伦理、法律界限上模糊不清，侵犯民事权利和企业自由经营权利。现有地方法规往往突破个人隐私和企业商业秘密的界限，对企业和个人的信用管理不加区分，适用统一的"信用"规则加以规范。部分文件的精神还鼓励当地政府、社会团体和企业通过黑名单的情况进一步加强惩处和自我限制，一些城市在拨通个人电话的等待期间，还被通知"你所拨打的个人在中国信用的黑名单上"。[1]

三是应当加强社会信用体系建设的顶层设计并坚持法治原则。首先，应当增加社会信用体系的顶层设计，在示范引导作用上，对行政行为诚信进行约束。促进行政行为公开透明，为建立信用社会起到关键的引导作用。也要规范各地方政府管理社会信用的标准，促使全国社会信用管理的统一，避免造成各省和各地方信用执法的分割现象，避免同一主体的信用分数在不同省份、不同地方，存在着不同的信用分数和信用等级。其次，在地方政府建设社会信用体系的权力上，应当严格规范和坚持上位法精神进行地方立法。对地方政府的立法进行严格法律审查，确保依据上位法进行制定，增加法律法规的合法性和可操作性。另外，需要避免地方政府立法上"只是重强制和惩处，轻引导和内化感化"等偏差。

四是应当坚持公众的参与原则，遵循信用的内部约束。信用的建成，需

---

〔1〕 Vanderklippe, Nathan, *Chinese blacklist an early glimpse of sweeping new social-credit control*. Globe and Mail, 3 January 2018. Online：https：//www. theglobeandmail. com/amp/news/world/chinese-blacklist-an-early-glimpse-of sweeping-new-social-credit-control/.

要多层面合力，在最底层需要形成个体守法守信的精神内核，形成自觉遵守契约的局面。只有将守信的精神内化为个人的精神层面，企业和国家的守信也才能完整到位，因其也为人所执行和操作。单独依靠法律强制约束，信用社会的运行成本将加大，在私法领域尽可能依靠理性人的行为形成有效信用社会，将极大地降低法律制度的执行成本。

五是应当明确界定信息公开的范围和公开时限。应当建立公平公正的信用信息采集程序和公布程序。加强对大数据运用的规范和引导，确保大数据运用的公平，"数据公平"的问题在当今社会仍然是值得高度关注的。[1]由于信用社会建设涉及的内容包含了方方面面。在个人信息披露方面，需要尽快制定和完善个人数据保护法项下的配套法规和制度，界定清晰个人信息公开范围，以及正面信息和负面信息的采集范围和公开程序。在企业信息方面，需要加强各行业的信息披露规定，在保护企业商业秘密的情况下，建立企业信息共享体系。在国家层面，需要进一步完善信息公开平台，建立信用信息平台，打破现有各部门信息孤岛，开放信息资源。

六是应当严格执行有关法律法规，防止执法不公和特权现象。由于社会信用体系庞大，往往依靠信息系统的支持开展监管。各行业又存在着各自的差别，执法的程序也存在差异。需要加强对有关信息系统的监管，明确管理人员和相关人员的责任，防止信息泄露，确保信息采集、信用惩戒执行到位和信息系统的安全。

七是应当配套建立信用的救济制度和体系。防范不良行为和非法行为损害个人和法人的信用声誉，需要建立公平可靠、及时高效的信用救济程序，及时矫正社会信用体系建设中的不当行为。由于信用的重要作用，加之收集过程中存在的信息采集的错漏、不准确等现象，需要为信息主体提供合法的救济程序，防止因为信息错误或者其他侵害行为造成信息主体的合法权益受到损害。

八是需要加强监管体系建设。目前，我国社会信用体系建设依靠部级联席制度进行推动，联席会议的主要职责是统筹、研究、协调、督促和推动等内容，缺乏有力的管理核心，很难形成有效的监管合力。在联席会议之下，

---

〔1〕 Taylor, Linnet, "What is data justice? The case for connecting digital rights and freedoms globally". *Big Data & Society*. 4. 2 (2017)：2053951717736335.

又回到各部门分头执行的情况。需要加强各地统一监管，防止各地方信息割裂，防止各自为政地建立不同的信用采集和评分系统，减少城乡由于信息基础不同造成信用等级的差异。

九是需要正确处理好中央与地方在社会信用体系建设中的关系。应当加强全国统一立法，通过统一立法，确保社会信用体系在全国统一。在社会信用体系建设上，目前由于缺乏统一的上位法，出现了各部门、各行业、各地方自行起草规范，形成了地方条块的封闭体系，将不可避免地出现行业壁垒和地方壁垒。[1]在社会信用市场培育上，应当全国统一立法，统一标准，同时地方先行先试进行实践，设计好部门与部门、中央与地方之间的权能统一，避免出现全国市场条块分割、标准不一的情况。

通过以上几方面厘清征信与社会信用体系的关系，本书认为，我国征信立法应当限定在金融征信体系上，以征信单独立法为主导，建立与金融征信市场相互适应的法律监管体系。在征信的立法完善中，建立与公司、合同、证券、政府信息公开、个人信息保护、信息安全、保密、档案等法律法规的衔接。在立法上，也需要进一步区别政府信用和商业信用所不同的法律体系，建立起以征信法律体系为核心的社会信用体系，在社会信用法律框架范围内形成各负其责、协调发展、有机联系的法律体系统一体。

本章小结

从利益平衡理论分析，征信监管需要分析市场发展变化带来的利益影响。在现有的征信市场与征信监管利益平衡之间，需要遵循适度性和相适性关系。

一是征信监管需要建立与征信市场发展阶段相适应的监管体系。在以国家金融信息基础数据库建设为主导的市场结构上，转往以国家金融信息基础数据库为基础信息支撑，以征信市场配置为基础作用，培育更加多元的私营征信、会员制征信体系。形成基础信用信息支撑与征信产品运用研发的适度分离，发挥市场的作用。在监管内容上，现阶段适宜转向对征信市场的宏观审慎监管和行为监管并重的体系。在我国征信监管体制改革时机尚未到来

---

[1] 何玲丽："信用立法之法理分析"，载《理论月刊》2013 年第 4 期。

之际，遵循以下逻辑思路展开监管：建立以行为监管理论为指导——通过监管目标的设计——以目标为导向引导征信监管方案的形成——由此建立征信监管的内容、工具、方法等体系。

二是征信监管需要遵循多种利益平衡原则。在征信业的市场、技术、法律的利益平衡中发展；在个人利益、公共利益和社会利益中平衡发展；在大数据背景下调整信息主体利益保护与信息自由和征信技术发展的平衡中发展。最终，还是要在公平、效率、安全的目标追求中实现征信业的整体利益平衡发展。

三是征信监管需要形成征信市场与法律监管良性博弈；需要重视征信监管对征信市场发展的积极影响和消极因素，充分发挥征信监管的积极作用；需要建立利益平衡的适度干预原则，建立市场与监管的适度边界。

结　论

面对当下，展望未来。在大数据时代，征信监管首先面临的问题是：征信监管的理论基础是什么，征信业的发展阶段是什么，征信业面临什么样的变化，征信业生产什么、如何生产以及为谁生产，征信的发展方向是什么，现实的市场需求是什么，由此，征信监管的体系和目标是什么，为谁监管，监管什么，如何监管。理论研究不仅需要研究是什么，为什么，还需要解决怎么做的问题。这些看似简单的问题，却是难以解答的问题。为此，需要我们不断进行理论创新和发展，以此满足社会经济和现实监管的千变万化的实际需求。

第一，关于征信监管理论基础的发展方面。监管理论在不断发展之中，关于监管的功用，有相当多的研究。已经公认的有亚当·斯密的"有形之手"，凯恩斯的"扶持之手"，又有学者提出了"掠夺之手"。事实上，政府监管并非"有形之手"，也非"扶持之手"，更非"掠夺之手"，政府监管应当是"法治之手"。

为此，利益平衡理论可以作为"有形之手"理论分析的一个视角。为确保"有形之手"在正确的轨道上，首先需要研究监管机构的利益诉求。需要确立监管的法律原则，确保监管在法律的框架下依法开展，确保监管机构成为法律利益的执行者、维护者和监督者。需要监管法律框架体系的完整设计。在监管的权能体系、组织体系、监督体系三大方面进行规划设置，既确保监管独立开展，又防范监管被俘获，既要建立信息披露体系和公开透明的监管体系，也要建立完善的法律责任和监督体系，确保两者的平衡。需要确立监管的核心利益原则，确保监管对法律核心价值和利益的维护，也要确立监管的利益平衡原则，通过利益平衡的框架，在价值目标的位次和优先次序中进行利益平衡，维护公平、效率、安全协调统一的利益格局。

以此，防止监管之手变成"掠夺之手"。应当避免权力滥用，避免产生阻碍经济增长的税收政策、阻碍竞争的国家所有制、掠夺性的管制、寻租腐败和各种短缺等。[1]最终，真正使得监管机构成为公共利益的代表者和社会福祉的维护者。

征信监管是监管的一种类型，也应当遵循监管的公认的理论和原理，尊重监管的基本规律。梅因认为，如果自然法没有成为古代世界一种普遍的信念，这就很难说思想的历史，也就是人类的历史，究竟会朝哪一个方向发展了。[2]由此可见，法律自然内在的规律具有其重要性，征信监管理论也需要吸收经济法学的理论，探寻经济法律内在的发展规律，形成普遍的观念和理论。所以，提出利益平衡的理论分析框架具有现实意义，需要我们在征信监管中坚持利益平衡的原理，坚持适度干预的原则，坚持依法监管的原则，坚持经济干预的程序规定等内容。

为此，在行为监管理论的指导下，完善我国征信监管体系的构建。在征信发展阶段，一方面加强培育征信市场，推动征信市场公共征信与私营征信的平衡发展，让征信业发展回归到市场基础配置的方向上来，为社会经济提供更丰富多样的征信产品，满足社会经济发展日益增长的需要。另一方面完善征信监管自身建设，重视法律对监管和市场发展的重要意义，系统引入行为理论构建行为监管体系，实现对征信业的目标监管和功能监管的协调，最终促进征信业整体福利最大化发展。

第二，关于征信法律监管框架的完善方面。需要根据我国的征信业发展整理利益诉求，及时修改完善相关法律制度。

从世界各国的征信法律修改频次来看，征信法律的修改完善属于一个高频次的领域。一方面是征信业本身发展的速度，征信发展受到技术的影响，以及征信对经济发展的作用等决定了征信法律需要及时完善调整，解决存在的利益调整冲突的问题。比如，在大数据征信发展之后，征信法律如何对互联网征信的准入和规范进行规定，如何划分清晰的信用信息的范围，确保信息主体的权利保护和信息安全等方面及时得到法律的调整。另一方面在于征

---

〔1〕［美］安德烈·施莱弗、罗伯特·维什尼编著：《掠夺之手：政府病及其治疗》，赵红军译，中信出版社 2017 年版，第 6 页、第 17 页。

〔2〕［英］梅因：《古代法》，沈景一译，商务印书馆 1959 年版，第 50 页。

信法律框架涉及多个领域，如民法、公司法、个人信息保护法、信息安全法、政府信息公开法等方面，都需要全盘考虑，进行完整的顶层设计。无论哪一方面的立法滞后，都会影响征信业的立法框架。所以，我国也应当及时总结法律实践的问题，及时推动征信法律的修改完善。

征信监管框架有赖于征信法律体系的完善，我国目前的《征信业管理条例》位阶较低，法条略显粗糙，一定程度上已经影响了征信市场的发展和征信监管的效能发挥。我国需要及时研究，推动制定征信基本法，尽快衔接个人信息保护法，推动政府信息公开法律的升级完善，形成一个信息高效供给的社会。随着 5G 时代的到来和数字经济的高速发展，在法律框架规范下，在信息主体保护与信息自由利用之间取得平衡，加快信息自由流动和利用，让信用信息为经济发展助力，迎接信息经济和数字经济带来的更加多元化的经济发展。

第三，关于征信对象、行为、市场监管的完善方面。需要对征信对象的主体、征信机构和征信市场进行目标监管，不断建立和完善目标监管体系。

首先，法律需要回归到社会经济发展中去，以人类社会作为出发点，法律本身不是出发点。征信法律的制定也是如此，最终是要尊重征信业的内在发展规律，体现对征信业的利益调整，征信法律需要体现对法律背后所保护的核心利益的维护。其次，监管者需要加强征信市场的信息披露，掌握全局的信息，以此规划行业的全局发展。在法律监管的框架下，需要及时制定符合市场发展的目标，并将之细化成各项监管指标，以此确定监管的内容和监管的重点。在征信市场发展迅速的今天，需要建立完整的监管体系，引进完整的监管工具，实施先进的监管方法，开展行业监管。最终维护好征信市场秩序，促进征信市场发展，保障好征信业整体经济利益的平衡发展。最后，征信监管需要运用技术手段，适应征信市场监管的需要，建立非现场监管信息系统，在征信监管中提高效率，规范监管行为，做好监管留痕，保护监管对象的合法权益。

征信监管还面临着市场开放和信息国际流动的问题。技术高速发展引发了互联网空间的深刻变革，引发了对法律监管的国际化还是本地化问题的思考。法律监管的具体内容体现在哪些方面？法律监管的评价和自我完善框架是什么？互联网空间形成了一个立体的体系，网络空间需要建立网络国家主权，同时也应当衔接互联网国际规则，形成全球化互联互通网络世界。因此，需要运用全球化思维，不同文化的交流规则及信息流通的规则，促进信息自由。还需要建立一个技术可行的对接框架和标准，促使信息得以自由流动。在考虑本土化的征信规则的同时，也需要国际的视野，在比较的视角中立足我们的传统和监管体系，构建符合未来发展的监管框架。同时，我们也需要遵循国际的基本规则。当然，各国在法律监管方面会存在不同的解决办法，但是，法律的移植和本地化的过程，往往是交织在一起的，需要我们厘清自己的思路，运用法律理论在不同层面解决实践中的问题。

霍姆斯指出，法律的生命不是逻辑，而是经验。但是我认为，法律的生命既是逻辑，也是经验。在监管实践中，社会主体既是法律的仆人，也是法律的主人。在具有法律正义的法治社会中，一切都需依法行事，从这个角度看，社会主体是法律的仆人；但是法律最终也是为了社会主体的权利和社会的福祉而存在的，利益的平衡调整最终是为了社会的整体利益发展。从这个视角来看，人不仅是法律的主人，也是社会的目的和根本。最终，征信监管的出发点和落脚点还是要回归到征信业的核心利益保护和核心价值追求上。

参考文献

一、中文参考文献

（一）著作类

[1] 王晓明:《征信体系构建——制度选择与发展路径》,中国金融出版社 2015 年版。

[2] 张世明、刘亚丛、王济东主编:《经济法基础文献会要》,法律出版社 2012 年版。

[3] 齐爱民:《大数据时代个人信息保护法国际比较研究》,法律出版社 2015 年版。

[4] 胡大武等著:《征信法律制度研究》,法律出版社 2012 年版。

[5] 谈李荣:《金融隐私权与信用开放的博弈》,法律出版社 2008 年版。

[6] 李朝晖:《个人征信法律问题研究》,社会科学文献出版社 2008 年版。

[7] 胡大武:《侵害信用权民事责任研究——以征信实践为中心》,法律出版社 2008 年版。

[8] 郭瑜:《个人数据保护法研究》,北京大学出版社 2012 年版。

[9] 杨芳:《隐私权保护与个人信息保护法——对个人信息保护立法潮流的反思》,法律出版社 2016 年版。

[10] 高富平主编:《个人数据保护和利用国际规则:源流与趋势》,法律出版社 2016 年版。

[11] 孔令杰:《个人资料隐私的法律保护》,武汉大学出版社 2009 年版。

[12] 范水兰:《企业征信法律制度及运行机制》,法律出版社 2017 年版。

[13] 徐华:《从传统到现代——中国信贷风控的制度与文化》,社会科学文献出版社 2016 年版。

[14] 刘新海:《征信与大数据——移动互联时代如何重塑"信用体系"》,中信出版社 2016 年版。

[15] 刘瑛:《企业信用法律规制研究》,中国政法大学出版社 2011 年版。

[16] 翟相娟:《个人征信法律关系研究》,上海三联书店 2019 年版。

[17] 姚佳:《个人金融信用征信的法律规制》,社会科学文献出版社 2012 年版。

［18］李俊丽：《中国个人征信体系的构建与应用研究》，中国社会科学出版社 2010 年版。

［19］谢平、蔡浩仪：《金融经营模式及监管体制研究》，中国金融出版社 2003 年版。

［20］吴弘、胡伟：《市场监管法论——市场监管法的基础理论与基本制度》，北京大学出版社 2006 年版。

［21］陈潜、唐民皓主编：《信用·法律制度及运行实务》，法律出版社 2005 年版。

［22］中国人民银行征信管理局编著：《现代征信学》，中国金融出版社 2015 年版。

［23］孙建国：《信用的嬗变：上海中国征信所研究》，中国社会科学出版社 2007 年版。

［24］唐明琴、缪铁文、叶湘榕主编：《征信理论与实务》，中国金融出版社 2015 年版。

［25］艾茜：《个人征信法律制度研究》，法律出版社 2008 年版。

［26］李清池、郭雳：《信用征信法律框架研究》，经济日报出版社 2008 年版。

［27］李昌麒主编：《经济法学》，法律出版社 2008 年版。

［28］杨紫烜主编：《经济法》（第四版），北京大学出版社 2010 年版。

［29］谢地主编：《政府规制经济学》，高等教育出版社 2003 年版。

［30］茅铭晨：《政府管制法学原理》，上海财经大学出版社 2005 年版。

［31］储东涛：《西方市场经济理论》，南京出版社 1995 年版。

［32］杨紫烜主编：《经济法》，高等教育出版社 2014 年版。

［33］张文显主编：《法理学》，高等教育出版社 2011 年版。

［34］梁上上：《利益衡量论》（第二版），法律出版社 2016 年版。

［35］沈宗灵：《现代西方法理学》，北京大学出版社 1992 年版。

［36］王和雄：《论行政不作为之权利保护》，三民书局 1994 年版。

［37］刘少军：《法边际均衡论——经济法哲学》，中国政法大学出版社 2007 年版。

［38］孙志伟：《国际信用体系比较》，中国金融出版社 2014 年版。

［39］何勤华：《西方法学史》，中国政法大学出版社 1996 年版。

［40］顾培东：《社会冲突与诉讼机制》，法律出版社 2004 年版。

［41］张文显主编：《法理学》，高等教育出版社 2003 年版。

［42］王伟光：《利益论》，人民出版社 2001 年版。

［43］谢康、乌家培编：《阿克洛夫、斯彭斯和斯蒂格利茨论文精选》，商务印书馆 2002 年版。

［44］张维迎：《博弈与社会》，北京大学出版社 2013 年版。

［45］史际春主编：《经济法》，中国人民大学出版社 2005 年版。

［46］胡田野：《公司法任意性与强行性规范研究》，法律出版社 2012 年版。

［47］谢识予：《经济博弈论》，复旦大学出版社 2005 年版。

［48］邢会强：《走向规则的经济法原理》，法律出版社 2015 年版。

［49］ 张民安主编:《美国当代隐私权研究——美国隐私权的界定、类型、基础以及分析方法》,中山大学出版社 2013 年版。

［50］ 李扬、胡滨:《金融危机背景下的全球金融监管改革》,社会科学文献出版社 2010 年版。

［51］ 余少祥:《弱者的权利——社会弱势群体保护的法理研究》,社会科学文献出版社 2008 年版。

［52］ 王利明主编:《民法·侵权行为法》,中国人民大学出版社 1993 年版。

［53］ 杨立新:《人格权法》,中国法制出版社 2006 年版。

［54］ 张俊洁:《民法学原理》,中国政法大学出版社 1991 年版。

［55］ 史尚宽:《债法总论》,中国政法大学出版社 2000 年版。

［56］ 王泽鉴:《侵权行为法》,中国政法大学出版社 2001 年版。

［57］ 徐爱国:《法学的圣殿——西方法律思想与法学流派》,中国法制出版社 2016 年版。

［58］ 齐爱民:《捍卫信息社会中的财产——信息财产法原理》,北京大学出版社 2009 年版。

［59］ 刘德良:《论个人信息的财产权保护》,人民法院出版社 2008 年版。

［60］ 叶谦、常胜主编:《征信理论与实务》,高等教育出版社 2015 年版。

［61］ 薛克鹏:《经济法基本范畴研究》,北京大学出版社 2013 年版。

［62］ 柏念主编,孙爽主笔:《金融基石:全球征信行业前沿》,电子工业出版社 2018 年版。

［63］ 王保树主编:《经济法原理》,社会科学文献出版社 2004 年版。

［64］ 李昌麒主编:《经济法学》(修订本),中国政法大学出版社 2002 年版。

［65］ 吕忠梅、陈虹:《经济法原论》(第二版),法律出版社 2008 年版。

［66］ 李新庚:《信用理论与制度建设研究》,中国书籍出版社 2019 年版。

［67］ 翟学伟主编:《中国社会信用:理论、实证与对策研究》,中国社会科学出版社 2017 年版。

［68］ 《依法治国新举措》编写组:《依法治国新举措》,新华出版社 2015 年版。

［69］ 苏志伟、李小林:《世界主要国家和地区征信体系发展模式与实践——对中国征信体系建设的反思》,经济科学出版社 2014 年版。

［70］ ［美］罗斯科·庞德:《通过法律的社会控制》,沈宗灵译,商务印书馆 2010 年版。

［71］ ［德］尼古拉·杰因茨:《金融隐私——征信制度国际比较》,万存知译,中国金融出版社 2009 年版。

［72］ ［美］玛格里特·米勒编:《征信体系和国际经济》,王晓蕾、佟焱、穆长春译,中国金融出版社 2004 年版。

［73］［德］Christopher Kuner：《欧洲数据保护法——公司遵守与管制》，旷野、杨会永等译，法律出版社 2008 年版。

［74］［英］维克托·迈尔-舍恩伯格、肯尼思·库克耶：《大数据时代——生活、工作与思维的大变革》，周涛等译，浙江人民出版社 2013 年版。

［75］［英］约翰·伊特韦尔、默里·米尔盖特、彼得·纽曼编：《新帕尔格雷夫经济学大辞典》（第 4 卷），经济科学出版社 1996 年版。

［76］［德］黑克：《利益法学》，傅广宇译，商务印书馆 2016 年版。

［77］［日］植草益：《微观规制经济学》，朱绍文、胡欣欣等译，中国发展出版社 1992 年版。

［78］［德］马克思、恩格斯：《马克思恩格斯选集》（第 3 卷），人民出版社 1995 年版。

［79］［美］E. 博登海默：《法理学——法律哲学与法律方法》，邓正来译，中国政法大学出版社 1999 年版。

［80］［美］道格拉斯·C. 诺思：《经济史中的结构与变迁》，陈郁、罗华平等译，上海三联书店、上海人民出版社 1994 年版。

［81］［美］罗斯科·庞德：《法理学》（第三卷），廖德宇译，法律出版社 2007 年版。

［82］［英］康芒斯：《制度经济学》（上册），于树生译，商务印书馆 1962 年版。

［83］［法］霍尔巴赫：《自然政治论》，陈太先、眭茂译，商务印书馆 1994 年版。

［84］［法］孟德斯鸠：《论法的精神》（上册），张雁深译，商务印书馆 1961 年版。

［85］［美］莫顿·J. 霍维茨：《美国法的变迁：1780—1860》，谢鸿飞译，中国政法大学出版社 2005 年版。

［86］［英］边沁：《政府片论》，沈叔平等译，商务印书馆 1995 年版。

［87］［英］边沁：《道德与立法原理导论》，时殷弘译，商务印书馆 2000 年版。

［88］［英］边沁：《论一般法律》，毛国权译，上海三联书店 2008 年版。

［89］［英］罗素：《西方哲学史》下卷，马元德译，商务印书馆 1991 年版。

［90］［美］罗·庞德：《通过法律的社会控制——法律的任务》，沈宗灵、董世忠译，商务印书馆 1984 年版。

［91］［日］加藤一郎："民法的解释与利益衡量"，梁慧星译，载梁慧星主编：《民商法论丛》（第 2 卷），法律出版社 1994 年版。

［92］［德］马克思、恩格斯：《马克思恩格斯选集》（第 4 卷），人民出版社 1972 年版。

［93］［美］罗纳德·德沃金：《认真对待权利》，信春鹰、吴玉章译，中国大百科全书出版社 1998 年版。

［94］［美］约翰·罗尔斯：《正义论》，何怀宏、何包钢、廖申白译，中国社会科学出版社 1988 年版。

［95］［德］康德:《法的形而上学原理——权利的科学》,沈叔平译,商务印书馆 1991年版。

［96］［美］理查德·A. 波斯纳:《法理学问题》,苏力译,中国政法大学出版社 2002年版。

［97］［美］肯尼斯·S. 亚伯拉罕、阿尔伯特·C. 泰特选编:《侵权法重述——纲要》,许传玺、石宏等译,法律出版社 2006 年版。

［98］［英］以赛亚·柏林:《自由论》,胡传胜译,译林出版社 2003 年版。

［99］［法］卢梭:《社会契约论》,何兆武译,商务印书馆 1980 年版。

［100］［英］边沁:《道德与立法原理导论》,时殷弘译,商务印书馆 2000 年版。

［101］［英］洛克:《政府论》(下篇),叶启芳、瞿菊农译,商务印书馆 1964 年版。

［102］［法］莱翁·狄骥:《宪法论》(第一卷),钱克新译,商务印书馆 1959 年版。

［103］［美］理查德·A. 波斯纳:《法律的经济分析》(上),蒋兆康译,中国大百科全书出版社 1997 年版。

［104］［德］黑格尔:《法哲学原理》,范杨等译,商务印书馆 1982 年版。

［105］［法］马里旦:《人和国家》,霍宗彦译,商务印书馆 1964 年版。

［106］［德］马克思、恩格斯:《马克思恩格斯全集》第 46 卷 (上),人民出版社 1979年版。

［107］［英］约翰·菲尼斯:《自然法理论》,吴彦编译,商务印书馆 2016 年版。

［108］［英］理查德·贝拉米:《自由主义和现代社会:一项历史论证》,毛兴贵等译,江苏人民出版社 2012 年版。

［109］［德］马克斯·韦伯:《社会科学方法论》,韩水法、莫茜译,中央编译出版社 2002年版。

［110］［美］菲尔·西蒙:《大数据应用——商业案例实践》,漆晨曦、张淑芳译,人民邮电出版社 2014 年版。

［111］［德］伊夫·希尔皮希:《大数据分析》,姚军译,人民邮电出版社 2015 年版。

［112］［美］米尔顿·弗里德曼:《资本主义与自由》,张瑞玉译,商务印书馆 2006 年版。

［113］［英］约翰·希克斯:《经济史理论》,厉以平译,商务印书馆 1999 年版。

［114］［英］布拉德利、尤因:《宪法和行政法》,程洁译,商务印书馆 2008 年版。

［115］［英］弗里德里希·冯·哈耶克:《自由秩序原理》,邓正来译,三联书店 1997 年版。

［116］［日］古川光等:《标准化》,李自卫、周学敏译,中国标准出版社 1984 年版。

［117］［美］约·肯·加尔布雷思:《经济学和公共目标》,蔡受百译,商务印书馆 1980年版。

［118］［意］贝卡利亚:《论犯罪与刑罚》,黄风译,中国大百科全书出版社 1993 年版。

［119］［英］梅因：《古代法》，沈景一译，商务印书馆 1959 年版。

［120］［奥］欧根·埃利希：《法社会学原理》，舒国滢译，中国大百科全书出版社 2009 年版。

［121］［美］安德烈·施莱弗、罗伯特·维什尼编著：《掠夺之手：政府病及其治疗》，赵红军译，中信出版社 2017 年版。

（二）论文期刊类

［1］刘红熠、杨妮妮："互联网征信背景下个人信息主体权利保护问题研究"，载《征信》2016 年第 6 期。

［2］赵红梅、王志鹏："大数据时代互联网征信发展中的问题及应对策略"，载《金融经济》2016 年第 18 期。

［3］白云："个人征信体系中知情权与信息隐私权平衡的理念"，载《政治与法律》2008 年第 11 期。

［4］吴玉阁："反思'信用权'——以完善我国信用征信体系为背景"，载《经济经纬》2006 年第 6 期。

［5］吴汉东："论信用权"，载《法学》2001 年第 1 期。

［6］杨立新、尹艳："论信用权及其损害的民法救济"，载《法律科学》1995 年第 4 期。

［7］张里安、韩旭至："大数据时代下个人信息权的私法属性"，载《法学论坛》2016 年第 5 期。

［8］李延舜："个人信息财产权理论及其检讨"，载《学习与探索》2017 年第 10 期。

［9］陈筱贞："大数据权属的类型化分析——大数据产业的逻辑起点"，载《法律与经济》2016 年第 3 期。

［10］张新宝："从隐私到个人信息：利益再衡量的理论与制度安排"，载《中国法学》2015 年第 3 期。

［11］黄玺："互联网金融背景下我国征信业发展的思考"，载《征信》2014 年第 5 期。

［12］叶文辉："征信与个人隐私的冲突和协调性研究"，载《征信》2013 年第 11 期。

［13］杨庆明、李贞、幸泽林："新法律框架下个人征信主体信息权益保护的国际经验比较与借鉴"，载《征信》2013 年第 11 期。

［14］王娟："征信与金融隐私的冲突及协调性研究"，载《征信》2011 年第 3 期。

［15］梁伟亮："金融征信数据共享：现实困境与未来图景"，载《征信》2019 年第 6 期。

［16］杨慧宇："信息、信任及其来源：论转型期我国征信体系建设的社会文化基础"，载《征信》2011 年第 6 期。

［17］尹万姣、刘秋霞："试论现代产权制度对信用制度的支持"，载《河南商业高等专科学校学报》2005 年第 1 期。

［18］黄勇民、杜金岷："信用制度的多角度理论解释及其政策启示"，载《岭南学刊》2006年第3期。

［19］穆怀朋："《征信业管理条例》的法律地位及意义"，载《中国金融》2013年第6期。

［20］赵锋："《征信业管理条例》述评"，载《征信》2013年第4期。

［21］唐明琴、叶湘蓉："《征信业管理条例》与欧美征信法律的比较及影响分析"，载《南方金融》2013年总第441期。

［22］王婉芬："《征信业管理条例》实施中存在的问题及建议"，载《征信》2013年第12期。

［23］李振林："非法利用个人金融信息行为之刑法规制限度"，载《法学》2017年第2期。

［24］吴晶妹："2019年，征信业从哪里出发？"，载《征信》2019年第1期。

［25］涂永前、王晓天："大数据背景下个人征信信息保护的立法完善"，载《互联网天地》2017年第5期。

［26］刘旭、李芸云："征信监管手段创新的思考——基于依法行政的视角"，载《征信》2015年第4期。

［27］叶建勋、尚代贵："我国征信业的市场化发展及有限监管——对《征信业管理条例》的解读"，2013年第2期。

［28］王桂堂、王久莲、原亚辉："匿名交易、信用伦理与征信制度"，载《征信》2013年第9期。

［29］吴晶妹："未来中国征信：三大数据体系"，载《征信》2013年第1期。

［30］何玲丽："信用立法之法理分析"，载《理论月刊》2013年第4期。

［31］白云："金融危机背景下我国个人征信体系监管的法律思考"，载《哈尔滨商业大学学报》（社科版）2010年第1期。

［32］毕家新："美国征信体系模式及其启示"，载《征信》2010年第2期。

［33］何运信："我国现阶段多层次征信体系的竞争与协作机制研究"，载《河南金融管理干部学院学报》2008年第1期。

［34］吴国平："中国征信市场监管立法研究"，载《法学杂志》2007年第4期。

［35］吴国平："关于征信立法中几个重大疑难问题的探析"，载《学海》2005年第5期。

［36］于真、杨渊、陈彦达："征信数据服务宏观审慎监管的国际经验研究——以欧央行统一信贷分析系统为例"，载《征信》2018年第9期。

［37］李寅："征信市场的宏观经济风险及宏观审慎监管"，载《征信》2017年第3期。

［38］张忠滨、宋丹："互联网金融时代征信业发展之道及监管对策探析"，载《征信》2016年第10期。

［39］ 王秋香：“大数据征信的发展、创新及监管”，载《国际金融》2015 年第 9 期。

［40］ 张忠滨、刘岩松：“互联网征信个人信息保护立法的探讨”，载《征信》2015 年第 8 期。

［41］ 刘浩武、史广琰：“从行为金融学视角解析征信体系建设与金融消费者权益保护的现实选择”，载《征信》2013 年第 2 期。

［42］ 卢炯星：“市场准入监管法的问题与对策”，载《福建法学》2014 年第 2 期。

［43］ 邱本：“论市场监管法的基本问题”，载《社会科学研究》2012 年第 3 期。

［44］ 武长海：“论互联网背景下金融业监管理念的重构——兼论政府在金融业监管中的职能与定位”，载《中国政法大学学报》2016 年第 4 期。

［45］ 于柏华：“哈特权利理论的分析面向”，载《中国政法大学学报》2010 年第 6 期。

［46］ 高富平：“数据生产理论——数据资源权利配置的基础理论”，载《交大法学》2019 年第 4 期。

［47］ 陈婉玲：“法律监管抑或权力监管——经济法‘市场监管法’定性分析”，载《现代法学》2014 年第 3 期。

［48］ 孙淼、宋雨时：“关于《征信业管理条例》部分条款执行中存在的问题及建议”，载《吉林金融研究》2015 年第 11 期。

［49］ 王濛：“浅析我国个人信用征信立法的若干问题”，载《法制与经济》2016 年第 2 期。

［50］ 江宇、刘碧芳、黄昀：“国外征信立法模式比较及其启示”，载《福建金融》2014 年第 A2 期。

［51］ 高燕：“我国征信法律框架的构建”，载《西南民族大学学报》（人文社科版）2007 年第 8 期。

［52］ 扬名杰、段维明：“《征信业管理条例》法律缺陷评析”，载《金融言行》（杭州金融研修学院学报）2015 年第 21 期。

［53］ 人民银行保定市中支课题组、霍东升、张成程：“《征信业管理条例》中信息主体保护存在的问题及建议”，载《河北金融》2014 年第 4 期。

［54］ 周婷、林连莉：“征信机构管理存在的问题及对策建议”，载《商业经济》2018 年第 12 期。

［55］ 张雅婷：“我国企业和个人征信系统发展探析”，载《征信》2015 年第 3 期。

［56］ 王立伟：“法的社会评价对法律秩序构建的作用”，载《法制与社会》2010 年第 33 期。

［57］ 王雨本：“中国社会信用体系建设存在的问题及对策”，载《首都经济贸易大学学报》2009 年第 6 期。

［58］于立、肖兴志："规制理论发展综述"，载《财经问题研究》2001 年第 1 期。

［59］王作功、李慧洋、孙璐璐："数字金融的发展与治理：从信息不对称到数据不对称"，载《金融理论与实践》2019 年第 12 期。

［60］徐晓松："管制与法律的互动：经济法理论研究的起点和路径"，载《政法论坛》2006 年第 3 期。

［61］王腾："经济法信息不对称问题的博弈分析及其对策"，载《阜阳师范学院学报》（社会科学版）2019 年第 6 期。

［62］杨士滟："信息不对称理论在银行信贷业务中的应用"，载《上海商业》2019 年第 8 期。

［63］蔡瑞琪："信息不对称理论在我国金融消费中的应用"，载《今日湖北》（理论版）2007 年第 5 期。

［64］伊丽莎白·桑德斯、张贤明："历史制度主义：分析框架、三种变体与动力机制"，载《学习与探索》2017 年第 1 期。

［65］黄凯南："演化博弈与演化经济学"，载《经济研究》2009 年第 2 期。

［66］刘鹏："金融消费权益保护：危机后行为监管的发展与加强"，载《上海金融》2014 年第 4 期。

［67］廖岷："银行业行为监管的国际经验、法理基础与现实挑战"，载《上海金融》2012 年第 3 期。

［68］郑博、黄昌利、李易："金融消费者保护的国际比较研究"，载《宏观经济研究》2018 年第 3 期。

［69］钟伟、谢婷："巴塞尔协议 III 的新近进展及其影响初探"，载《国际金融研究》2011 年第 3 期。

［70］刘锡良、刘雷："金融监管组织结构研究评述"，载《经济学动态》2017 年第 1 期。

［71］茅铭晨："政府管制理论研究综述"，载《管理世界》2007 年第 2 期。

［72］刘鹏："西方监管理论：文献综述和理论清理"，载《中国行政管理》2009 年第 9 期。

［73］邢会强："金融危机治乱循环与金融法的改进路径——金融法中'三足定理'的提出"，载《法学评论》2010 年第 5 期。

［74］白钦先、佟健："重提普惠金融是对金融普惠性异化的回归"，载《金融理论与实践》2017 年第 12 期。

［75］赵然："普惠金融的机制创新研究"，载《智库时代》2019 年第 39 期。

［76］师俊国、沈中华、张利平："普惠金融对投资效率的非线性效应分析"，载《南方经济》2016 年第 2 期。

［77］董玉峰、陈俊兴、杜崇东："数字普惠金融减贫：理论逻辑、模式构建与推进路径"，载《南方金融》2020 年第 2 期。

［78］符启林："经济法理念变迁之探究"，载《美中法律评论》2006 年第 5 期。

［79］张俊："西方征信理论研究：征信功能的综述"，载《商业文化·学术版》2010 年第 8 期。

［80］池凤彬、刘力臻："日本征信业的历史沿革及运营机制分析"，载《现代日本经济》2018 年第 5 期。

［81］董宝茹："欧盟与美国对征信领域中金融消费者保护的比较研究"，载《上海金融》2013 年第 10 期。

［82］刘少军："良性法治环境助力金融国际化"，载《中国报道》2008 年第 7 期。

［83］刘少军："论法程序的本质与经济法程序"，载《法学家》2006 年第 3 期。

［84］甘绍平："信息自决权的两个维度"，载《哲学研究》2019 年第 3 期。

［85］周云涛："存疑信用权——《德国民法典》第 824 条分析"，载《政法论丛》2008 年第 2 期。

［86］梁慧星："民法典编纂中的重大争论——兼评全国人大常委会法工委两个民法典人格权编草案"，载《甘肃政法学院学报》2018 年第 3 期。

［87］汤擎："试论个人数据与相关的法律关系"，载《华东政法学院学报》2000 年第 5 期。

［88］洪海林："个人信息财产化及其法律规制研究"，载《四川大学学报》（哲学社会科学版）2006 年第 5 期。

［89］刘德良："个人信息的财产权保护"，载《法学研究》2007 年第 3 期。

［90］谢琳、李旭婷："个人信息财产权之证成"，载《电子知识产权》2018 年第 6 期。

［91］龙卫球："数据新型财产权构建及其体系研究"，载《政法论坛》2017 年第 4 期。

［92］吕梦达："日本个人信息保护法修改案例研究"，载《时代金融》2019 年第 9 期。

［93］梁青："美国和欧盟征信中对个人信用权的保护制度"，载《东方企业文化》2013 年第 5 期。

［94］王森亮："中外比较下的我国公民知情权保护进路"，载《湖南警察学院学报》2013 年第 1 期。

［95］赵媛、管博："我国信息获取权研究综述"，载《现代情报》2015 年第 11 期。

［96］周淑云："信息获取权主体探析"，载《图书馆》2014 年第 5 期。

［97］刘瑛："信用修复的法律依据及类型化实施研究"，载《中国信用》2019 年第 12 期。

［98］张春梅："被遗忘权的法律研究"，载《法律博览》2018 年第 15 期。

［99］刘洪华："欧盟被遗忘权立法及其对我国的启示"，载《西部法学评论》2018 年第

5 期。

［100］ 胡学森："论大数据时代被遗忘权在我国的确立"，载《法制与社会》2019 年第
10 期。

［101］ 谢琳、曾俊森："数据可携权之审视"，载《电子知识产权》2019 年第 1 期。

［102］ 周继承："权利司法救济缺陷补偿机制试建"，载《法制博览》2019 年第 9 期。

［103］ 刘荣："英国单一私营型征信体系的实践和启示"，载《征信》2011 年第 6 期。

［104］ 武长海、常铮："大数据经济背景下公共数据获取与开放探究"，载《经济体制改
革》2017 年第 1 期。

［105］ 季伟："国外个人征信机构体系运作模式比较及对我国的启示"，载《金融纵横》
2014 年第 8 期。

［106］ 刘芸、朱瑞博："互联网金融、小微企业融资与征信体系深化"，载《征信》2014
年第 2 期。

［107］ 任博峰："驳'法律行为是合法行为源自阿加尔柯夫'"，载《湖北广播电视大学
学报》2013 年第 5 期。

［108］ 高晓兰："论德国法法律行为概念与罗马契约概念的异同"，载《商》2014 年第
4 期。

［109］ 刘诗佳："法律行为和民事法律行为辨"，载《法制博览》2014 年第 2 期。

［110］ 江必新："法律行为效力：公法与私法之异同"，载《法律适用》2019 年第 3 期。

［111］ 杨雪瑛："法理学视野下我国的法律行为制度"，载《西南农业大学学报》（社会科
学版）2013 年第 2 期。

［112］ 李爱君、刘少军："法行为的性质"，载《政法论坛》2007 年第 2 期。

［113］ 刘少军："通过正当程序实现实体正义"，载《安徽大学法律评论》2005 年第 5 卷
第 2 期。

［114］ 朱延彬、谢春华："浅论程序正义的内涵及独立性价值"，载《法制与社会》2007
年第 11 期。

［115］ 程淑娟："商行为：一种类型化方法的诠释"，载《法制与社会发展》2013 年第
3 期。

［116］ 刘少军："经济法行为性质论"，载《天津师范大学学报》（社会科学版）2009 年第
1 期。

［117］ 廖理："美国个人征信业的发展阶段和制度建设"，载《人民论坛》2019 年第
21 期。

［118］ 姜天怡："《德国联邦数据保护法》对我国个人征信权益保护的启示"，载《黑龙江
金融》2012 年第 12 期。

[119] 于真、杨渊：“英国征信机构〈个人数据处理公告〉解读”，载《征信》2018 年第 10 期。

[120] 见 121。

[121] 邹芳莉：“欧盟国家征信立法中对信用信息主体权益的保护及启示”，载《西南石油大学学报》（社会科学版）2012 年第 4 期。

[122] 刘佳：“欧盟数据保护新规对征信行业的影响”，载《经济研究导刊》2018 年第 20 期。

[123] 孙红、金兵兵：“日本征信市场的特点及启示”，载《征信》2015 年第 6 期。

[124] 王秋香：“日本征信市场发展的经验及启示”，载《北京金融评论》2015 年第 2 期。

[125] 杨光：“美国征信法律立法变迁及对我国的启示”，载《国际金融》2017 年第 3 期。

[126] 万存知：“替代数据如何解决信息不对称”，载《财新网》2019 年第 10 期。

[127] 刘新海：“百行征信与中国征信的未来”，载《清华金融评论》2018 年第 11 期。

[128] 李健、王丽萍、刘瑞：“美国的大数据研发计划及对我国的启示”，载《中国科技资源导刊》2013 年第 1 期。

[129] 陈志：“我国大数据征信发展现状及对征信监管体系的影响”，载《征信》2016 年第 8 期。

[130] 宋晓瑞：“美、英、日三国征信监管模式比较及其启示”，载《征信》2014 年第 12 期。

[131] 张晶、李育冬：“从百行征信看我国个人征信的市场化发展”，载《征信》2019 年第 12 期。

[132] 刘新海：“专业征信机构：未来中国征信业的方向”，载《征信》2019 年第 7 期。

[133] 耿得科、张旭昆：“公共征信机构建立的供求契机及境外实践”，载《经济理论与经济管理》2011 年第 11 期。

[134] 陈雨露：“金融发展中的政府与市场关系”，载《经济研究》2014 年第 1 期。

[135] 高燕：“简论我国征信立法原则”，载《四川理工学院学报》（社会科学版）2009 年第 4 期。

[136] 乐玉贵：“关于建立'三位一体'银行业宏观审慎监管目标的思考”，载《国际金融研究》2014 年第 2 期。

[137] 王兆星：“机构监管与功能监管的变革：银行监管改革探索之七”，载《中国金融》2015 年第 3 期。

[138] 王黎平、邹巧宜、衷卫平：“美国个人征信业的监管经验及启示”，载《征信》2016 年第 8 期。

[139] 刘荣、孟灿霞：“欧盟国家征信行业监管框架研究”，载《金融纵横》2011 年第

10 期。

[140] 魏健馨、宋仁超："日本个人信息权利立法保护的经验及借鉴"，载《沈阳工业大学学报》（社会科学版）2018 年第 11 卷第 4 期。

[141] 张鹏、陈潇："关于金融监管组织架构分类的理论综述"，载《金融理论与教学》2011 年第 6 期。

[142] 郭长平、杜若华："国外公共征信模式研究及对我国的借鉴与启示"，载《甘肃金融》2008 年第 5 期。

[143] 陈眺："英国双峰监管模式下的金融消费者保护模式对我国的启示"，载《甘肃金融》2019 年第 3 期。

[144] 陈斌彬："从统一监管到双峰监管：英国金融监管改革法案的演进及启示"，载《华侨大学学报》（哲学社会科学版）2019 年第 2 期。

[145] 王敏：""双峰监管"模式的发展及对中国的启示"，载《陕西行政学院学报》2016 年第 30 卷第 2 期。

[146] 贾晓雯："内双峰模式下我国实施行为监管的挑战与展望"，载《银行家》2017 年第 11 期。

[147] 綦相："国际金融监管改革启示"，载《金融研究》2015 年第 2 期。

[148] 杜征征、华猛："以银监会为例论金融监管机构独立性"，载《浙江工商职业技术学院学报》2008 年第 1 期。

[149] 吴云、张涛："危机后的金融监管改革：二元结构的'双峰监管'模式"，载《华东政法大学学报》2016 年第 19 卷第 3 期。

[150] 刘丹丹："国际行为监管背景下完善我国金融消费权益保护工作的思考"，载《西部金融》2015 年第 2 期。

[151] 冯乾、侯合心："金融业行为监管国际模式比较与借鉴——基于'双峰'理论的实践"，载《财经科学》2016 年第 5 期。

[152] 赫明刚："当前征信信息安全管理中存在的问题及对策探析"，载《征信》2018 年第 12 期。

[153] 宋慧宇："行政监管权的设立依据及法律特征分析"，载《经济视角》（下）2011 年第 3 期。

[154] 丁志勇："大数据与金融监管"，载《中国金融》2016 年第 20 期。

[155] 张景智：""监管沙盒"制度设计和实施特点：经验及启示"，载《国际金融研究》2018 年第 1 期。

[156] 何颖、季连帅："论我国消费者维权成本过高的原因及解决对策"，载《学习与探索》2013 年第 6 期。

［157］刘少军："论法律监督权与经济公诉权"，载《经济法论坛》2014 年第 1 期。

［158］刘少军："论司法的价值与案件审理的范围和原则"，载《晋阳学刊》2018 年第
　　　 1 期。

［159］朱明、谭芝灵："西方政府规制理论综述——兼谈金融危机下我国规制改革建议"，
　　　 载《华东经济管理》2010 年第 10 期。

［160］陈宇、叶睿："英国监管体制改革路径：双峰监管模式与金融行为监管局运行机
　　　 制"，载《中国银行业》2015 年第 7 期。

［161］杨秋霞："欧盟的信息交换协议研究"，载《法制与经济》2016 年第 11 期。

［162］刘笑萍、郭红玉、黄晓薇等："银行业监管的国际协调机制研究"，载《金融会计》
　　　 2011 年第 3 期。

［163］董宝茹："外资征信机构监管若干问题探讨"，载《征信》2015 年第 10 期。

［164］万存知："重新认识'信用信息+'模式"，载《中国金融杂志》2020 年第 7 期。

［165］［美］James H. Madison、郭岩伟、苗素婷："19 世纪美国商业征信所的演进"，载
　　　 《征信》2013 年第 7 期。

（三）论文集

［1］孙晋、王薇丹："论经济法的基本原则"，载徐杰主编：《经济法论丛》（第 5 卷），法
　　　 律出版社 2005 年版。

［2］杨紫烜："论市场经济监管法的概念以及使用这一概念的必要性"，载顾耕耘主编：
　　　 《市场监管法律制度的改革与完善》，北京大学出版社 2014 年版。

［3］段进、贺志新："我国征信业民营化发展的路径研究"，载张强、黄卫东主编：《社会
　　　 信用体系建设的理论和实践——信用经济与信用体系国际高峰论坛论文集》，湖南大
　　　 学出版社 2009 年版。

（四）网址及其他

［1］央行："进一步提升征信监管效能"，载 http://www.cs.com.cn/xwzx/hg/201810/t2018
　　　 1019_ 5882584. html，最后访问时间：2020 年 3 月 1 日。

［2］参见百行征信官网，http://www.baihangcredit.com/news/news_ 16. html。

［3］刘双霞："多机构被注销资质 企业征信格局重塑"，载《北京商报》2018 年 9 月 12
　　　 日，第 D1 版。

［4］2017 年 10 月，中国人民银行上海总部发布了《关于对上海华夏邓白氏商业信息咨询
　　　 有限公司企业征信机构备案的公示》。

二、外文参考文献

(一) 著作类

［1］Cranston R. Principles of Banking Law. Oxford University Press, 2001.

［2］Hart H. L. A. , Jurisprudence and political Theory. New York: Oxford University Press, 1982.

［3］Viscusi W. K. , Vernon J. M. , & Harrington, J. E. , Jr. Economics of Regulation and Antitrust. ［M］. Cambridge: The MIT Press, 2005.

［4］Irving J. , Sloan, Law of privacy right in a technological society. Oceana Publication, 1986.

［5］Vita Cornelius, Personal Privacy. Nova Publishers, 2002.

［6］Daniel J. Solove, Paul M. Schwartz, Information privacy law. Wolters kluwer law & business, 2017.

［7］Scott, James C. , Seeing like a state: How certain schemes to improve the human condition have failed. Yale University Press, 1998.

［8］Ugo Pagallo, Massimo Durante, "Legal Memories and the Right to Be Forgotten", in Protection of Information and the Right to Privacy-A New Equilibrium? Brussels: Springer International Publishing, 2014.

［9］Henry Dunning Macleod, The Theory of Credit, Create Space Independent Publishing Platform, 1889.

［10］Needham, Douglas, The Economics and Politics of Regulation: A Bebavioral Approach, Little, Brown and Company, 1983.

［11］Taylor M. W. , "Twin Peaks": A Regulatory Structure for the New Century, London: Centre for the Study of Financial Institutions, 1995.

［12］Alan F. Westin A. , Privacy and Freedom, New York: Athenum, 1967: 324.

［13］Noland M. , Pack H. , Industrial policy in an era of globalization: Lessons from Asia, Peterson Institute, 2003.

(二) 论文期刊类

［1］Kent Walker, Where Everybody Knows Your Name: A Pragmatic Look at the Costs of Privacy and the Benefits of Information Exchange. Stan. Tech. L. Rev. , Dec. 2000.

［2］Akerlof George, The Market for "Lemons": Quality Uncertainty and the Market Mechanism, Uncertainty in Economics, 1978, 84 (3).

［3］Jappelli T. , Pagano M. , Information Sharing in Credit Markets: International Evidence, Ssrn Electronic Journal, 1999.

[4] Deborah Thorne, "Personal Bankruptcy and the Credit Report: Conflicting Mechanisms of Social Mobility". Journal of Poverty, vol. 11, 2008.

[5] Jain P., Gyanchandani M., Big data privacy at technological perspective and review, Journal of Big Data, 2016 (1).

[6] Mierzwinski Ed., Chester, Jeff. Selling Consumers, Not Lists. The New World of Digital Decision-Making and the Role of the Fair Cred, Suffolk University Law Review, 2012 (46).

[7] Cf. Rosabeth Moss Kanter, The Internet Changes Everything—Except Four Things. Harvard Bus. Rev. Blog Network (May 26, 2011), http://blogs.hbr.org/kanter/2011/05/the-internet-changeseverythin.html.

[8] Fred H. Cate, Privacy in the Information Age. 131 (1997).

[9] James Boyle, Shamans, Software & Spleens: Law and the Construction of the Information Society. (1996).

[10] Viktor Mayer-Schönberger, Delete: The Virtue of Forgetting in the Digital Age. 125 (2009).

[11] Federico F., Ferretti, "Re-thinking the regulatory environment of credit reporting: Could legislation stem privacy and discrimination concerns?" Journal of Financial Regulation and Compliance, vol. 14, 2006.

[12] Samuel Warren, Louis Brandeis, The Right to Privacy. 4 Harvard Law Review. 193-220 (1890).

[13] Mikella Hurley, Julius Adebayo, CREDIT SCORING IN THE ERA OF BIG DATA. Yale Journal of law and Technology, Volume 18, Issue1, http://digitalcommons.law.yale.edu/yjolt/vol18/iss1/5.

[14] Chris Jay Hoofnagle, How the Fair Credit Reporting Act Regulates Big Data, Future of Privacy Forum Workshop on Big Data and Privacy: Making Ends Meet, 2013.

[15] Crosman Penny, Zest Finance Aims to Fix Underbanked Underwriting, American Banker, 2012.

[16] Angelini Eliana, Tollo Giacomo & Roli Andrea., A Neural Network Approach for Credit Risk Evaluation, The Quarterly Review of Economics and Finance, 2008 (48).

[17] Miller M. J., Credit Reporting System and the International Economy, Defusing Default Incentives & Institutions, 2003 (1).

[18] Galindo Arturo, Creditor Rights and the Credit Market: Where Do We Stand?, Ssrn Electronic Journal, 2001.

[19] Stigler G. J., The Theory of Economic Regulation, Bell Journal of Economics, 1971, 2 (1).

[20] Herber B., Alan Stone P., Economic Regulation and the Public Interest: The Federal Trade Commission in Theory and Practice, Annals of the American Academy of Political &

Social Science, 1979, 442 (1).

[21] Ernest Gellhorn, William E. Kovacic, Antitrust Law and Economics in A nutshell. Fourth E-
dition.

[22] Michael Novak, The Spirit of Democratic Capitalism (Madison Books, 1991); and Charles
Murray: "The Happiness of the People" Irving Kristol Lecture. American Enterprise Institute,
2009.

[23] Colin J. Bennett, Charles D. Raab, The Governance of Privacy: Policy Instruments in Global
Perspective. (2003).

[24] Rowena Oligario, The Engine of Enterprise: Credit in America. 62 (2016).

[25] Roy A. Foulke, The Sinews of American Commerce. 110-14 (1941).

[26] Josh Lauer, Creditworthy: A History of Consumer Surveillance and Financial Identity in A-
merica. 30-31 (2017).

[27] Jeffrey Rieman, Drivingto the Panopticon: A Philosophical Exploration of the Risks to Priva-
cy Posed by the Highway Technology of the Future. 11 Santa Clara Computer & High
Tech. L. J. 27, 29 (1995).

[28] Jonathan Weinberg, (2018). Know everything that can be known about everybody: The
birth of the credit report. Retrieved March 1, 2020, from http://www. ssrn. com/link/Wayne-
State-U-LEG. html.

[29] Galbraith, How the Economists got it Wrong. [EB/OL]. http://www. prospect org/ar-
chives/V11-7/galbraith-Jhtml.

[30] Stigler G. J. , The Theory of Economic Regulation, The Bell Journal of Economic and Man-
agement Science. 1971, 2: 3-21.

[31] Stigler G. J. , The Economics of Information, Political Economy, 1961 (69): 213-25.

[32] Robert H. Lande, Wealth Transfers as the Original and Primary Concern of Antitrust: The
Efficiency Interpretation Challenged. 34 Hastings Law Journal (1982).

[33] Meltzer A. H. , Margins in the Regulation of Financial Institutions, The journal of Political
Economy, 1967 (75).

[34] Jeffrey Rosen, The Unwanted Gaze, The Destruction of Privacy in America. 47-48 (2000).

[35] Slanderous Reports Act, 1275, 30 Edw. 1, c. 34 (Eng.); A Brief Narrative of the Case and
Tryal of John Peter Zenger, The Historical Society of the Courts of the State of New York
(1734), available at http://www. courts. state. ny. us/history/elecbook/zenger_ tryal/pg1. htm.

[36] Akerl of Gorge, the Market for "Lemons": Quality Uncertainty and the Market Mechanism.
Quarterly Journal of Econimics. AG. 1970.

[37] Burton G. , Malkiel, The Efficient Market Hypothesis and Its Critics. The Journal of Economic Perspectives. 2003 (14).

[38] MullainathanS. , Schwartzstein J. & Congdon W. J. , A Reduced-Form Approach to Behavioral Public Finance, Annual Review of Economics, 2011, 4 (4): 511-540.

[39] TverskyA. , Kahneman D. , Rational Choice and the Framing of Decisions, Journal of Business, 1986, 59 (4).

[40] Salamon L. M. , The New Governance and the Tools of Public Action: An Introduction, The Fordham.

[41] Daniel Solove, Conceptualizing Privacy. 90 California Law Review, 1087 (2002).

[42] Harrington J. E, Vernon J M. Economics of Regulation and Antitrust. 4th Edition, The MIT Press, 2005.

[43] Kandori M. , Social Norms and Community Enforcement, Levines Working Paper Archive, 2010, 59 (1).

[44] Peihani M. , Basel Committee on Banking Supervision, Brill Research Perspectives in International.

[45] Helms B. , Access for all: building inclusive financial systems, Washington, DC, C-GAP, 2006.

[46] Leyshon A. , Thrift N. , Access to financial services and financial infrastructure withdrawal: problems and policies, 1995, Area, 26.

[47] James Q. Whitman, The Two Western Cultures of Privacy: Dignity Versus Liberty. 113 Yale 8888888 L. J. 1151, 1194 (2004).

[48] Edward J. Bloustein, Pricacy as an Aspect of Human Dignity: An answer to Dean Professor. New York University Law Review. Vol. 39, 962, 1003 (1964).

[49] Miller R. , Personal Privacy in the Computer Age: The Challenge of New Technology in an Information-Oriented Society, Mich. L. Rev, 1969, (167): 1089.

[50] Salamon L. M. , The New Governance and the Tools of Public Action: An Introduction, The Fordham Urban Law Journal, 2001, 28 (5).

[51] Scott Shorr, Personal Information Contracts: How to Protect Privacy without Violating the First Amendment, Cornell Law Review, 1995, (80).

[52] Richard Murphy R. , Property Rights in Personal Information: An Economic Defense of Privacy, Geo. L. J, 1996, (84): 2381.

[53] Arthur Jerry Kang, Information Privacy in Cyberspace Transactions, Stan. L. Rev, 1998, (50): 1193.

[54] Jacob M. Victor, The Eu General Data Protection Regulation: Toward A Property Regime For Protecting Data Privacy. 123 Yale Law Journal (2013) 513.

[55] Daniel J. Solove, Privacy and Power: Computer Database and Metaphors for Information Privacy, Stan. L. Rev, 2001, (53): 1393.

[56] Jessica Litman, Information Privacy/Information Property, Stan. L. Rev, 2000, (52): 1283.

[57] Pamela Samuelson, Privacy as Intellectual Property, Stan. L. Rev, 2000, (52).

[58] Paul Schwartz, The Computer in German and American Constitutional Law: Towards an American Right of Informational Self-Determination. American Journal of Comparative Law, Vol. 37, 1989.

[59] JulieE. Cohen, Examined Lives: Informational Privacy and the Subject as Object. 52 Stanford Law Review (2000) 1373.

[60] Chi Chi Wu, Automated Injustice: How a Mechanized Dispute System Frustrates Consumers Seeking to Fix Errors in Their Credit Reports. 14 N. C. BANKING INST. 139, 163 – 65 (2010).

[61] Jeffrey Rosen, "The Right to Be Forgotten". 64 Stanford Law Review Online (2012) 88.

[62] Meg Leta Ambrose, Jef Ausloos, The Right to Be Forgotten Across the Pond. Journal of Information Policy 3 (2013): 1 – 23, p. 14, from https://papers. ssrn. com/sol3/papers2. cfm? abstract_ id = 2032325.

[63] Ravi Antani, "The Resistance ofMemory: Could the European Union 'S Right To Be Forgotten Exist in the United States?" 30 Berkeley Technology Law Journal (2015) 1173.

[64] Peihani M. , Basel Committee on Banking Supervision, Brill Research Perspectives in International Banking and Securities Law, 2016, 89 (1).

[65] https://papers. ssrn. com/sol3/papers2. cfm? abstract_ id = 2174896.

[66] Aidan Forde, "Implications of The Right to Be Forgotten". 18 Tulane Journal of Technology and Intellectual Property (2015) 83.

[67] Llewellyn D. T. , Inside the "Black Box" of Market Discipline, Economic Affairs, 2010, 25 (1).

[68] De Mauro, Greco & Grimaldi, A Formal Definition of Big Data Based on its Essential Features. 65 library Review, (No. 3, 2016).

[69] Rober C. Merton, A Functional Perspective of Financial Intermediation, 24 Financial Management 23, 1995.

[70] Fred H. Cate, The Changing Face of Privacy Protection in the European Union and the United States. 33 Indiana Law Review 173, (1999).

［71］ Charles Goodhart, et al. , Financial Regulation：Why, How and Where Now？（1998）.

［72］ Berk J. B. , Stanton R. , Zechner J. , Columbia Business School, De Paul University, and Columbia Business School, The Journal Of Finance, 2010（2）.

［73］ Taylor, Linnet, What is data justice？The case for connecting digital rights and freedoms globally. Big Data & Society. 4. 2（2017）：2053951717736335.

（三）案例类

［1］ Beardsley v. Tappan, 2 Fed. Cas. 1187, 5 Blatchf. 497（C. C. S. D. N. Y. 1867）.

［2］ Ormsby v. Douglass, 10 Tiffany 477, 37 NY 477（N. Y. 1868）.

［3］ Snyder v. Millersville Univ. , No. 07-1660, 2008 WL 5093140（E. D. Pa. Dec. 3, 2008）.

［4］ Harris v. City of Seattle, 152 F. App'x 565, 567（9th Cir. 2005）.

［5］ Charles Katz V. United States, Supreme Court of the United States, Judgment of 18 December 1967, 389 U. S. 361（1967）.

［6］ Henson v. CSC Credit Servs. , 29 F. 3d 280, 285（7th Cir. 1994）.

（四）法规类

［1］ The Financial Modernization Act of 1999, SEC. 509.

［2］ Dodd-Frank Wall Street Reform and Comsumer Protection Act, SEC. 1002.

［3］ Financial Services and Markets Act 2000, SEC. 5.

［4］ Directive 2002/65/EC.

［5］ Fair Credit Reporting Act, 15 U. S. C. §§1681-1681（u）, as amended.

［6］ Regulition（EU）2016/679.

［7］ Directive 95/46/EC.

［8］ Fair Debt Cellection Practices Act, 15 U. S. C. §§1692-1692o, as amended.

［9］ True in Lending Act, 15 U. S. C. §§1601-1667f, as amended.

［10］ Equal Credit Opportunity Act, 15 U. S. C. §§1691-1691f, as amended.

［11］ Fair Credit Billing Act, 15 U. S. C. §§1666-1666j.

［12］ Consumer Leasing Act, 15 U. S. C. §§1667-1667f, as amended.

［13］ Right to Financial Privacy Act, 15 U. S. C. §3401.

［14］ Electronic Fund Transfer Act, 15 U. S. C. §§1693-1693r.

（五）网址及其他

［1］ U. S. Bureau of the Census, Population of the 90 Urban Places：1830, https：//www. census. gov/population/www/documentation/twps0027/tab06. txt.

［2］ The World Bank, *General Principles For Credit Reporting*. http：//documents. worldbank. org/

curated/en/662161468147557554/General-principles-for-credit-re porting.

［3］ Florence Hunt, "The Intelligence Office," 4 The American Kitchen Magazine #1 (Oct. 1895),
p. 70, available athttps://books. google. com/books? id=TR1IAAAAYAAJ.

［4］ Eric T. Schneiderman A. G. , Schneiderman Announces SHIELD Act to Protect New Yorkers
from Data Breaches ［N］. 2017 (11).

［5］ Ron Lieber, Why the Equifax Breach Stings So Bad. N. Y. Times (Sept. 22, 2017), https://
nyti. ms/2jRsnUr.

［6］ Stacey Cowley, Tara Siegel Bernard, As Equifax Amassed Ever More Data, Safety Was a Sales
Pitch. N. Y. Times (Sept. 23, 2017), https://nyti. ms/2jSPZb2.

［7］ Hans Graux, Jef Ausloos& Peggy Valcke, The Right to be Forgotten in the Internet E-
ra. Interdisciplinary Centre for Law and ICT, K. U. Leuven, ICRI Working Paper (2012).

［8］ Ramakrishnan D. , BFSI: Best Practices in Financial Inclusion. 22nd SKOCHSummit, 2010.

［9］ Jill Riepenhoff, Mike Wagner, Dispatch Investigation—Credit Scars: Bad Judgments. COLUMBUS
DISPATCH (May 9, 2012), www. dispatch. com/content/stories/local/2012/05/09/bad -
judgments. html.

［10］ Stiglitz, Joseph E. , The Role on the State in Financial Markets. Proceedings of the World
Bank Annual Conference on Development Economics, 1993.

［11］ Hodge F. O' Neal, Corporate and Securities Law Symposium: The Modernization of Financial
Services Legislation: Article: Regulation In A Multisectored Financial Services Industry: An
Exploration Essay, 77 Wash. U. L. Q. 319.

［12］ Chatterjee, Corbae, Dempsey, https://www. cmu. edu/tepper/faculty-and-research/assets/
docs/Chatterjee. pdf.

［13］ Liebman, Benjamin L. , et al. "Mass Digitization of Chinese Court Decisions: How to Use
Text as Data in the Field of Chinese Law. " SSRN Working Paper (2017). Online: https://
papers. ssrn. com/sol3/papers. cfm. abstract_ id=2985861.

［14］ Vanderklippe, Nathan, Chinese blacklist an early glimpse of sweeping new social-credit
control. Globe and Mail, 3 January 2018, Online: https://www. theglobeandmail. com/
amp/news/world/chinese-blacklist-an-early-glimpse-of sweeping-new-social-credit-
control/.

后 记

　　行文至此，由于鄙人功力有限，书稿尚有许多瑕疵，留下些许遗憾，只待日后再行深入完善。收笔之时，神州大地新冠瘟疫尚在肆虐，四海内外，兹扰盛大，然普天之下，众志同欲，与瘟神战斗不已。面对大自然，自觉天地一沙鸥而已，唯祈愿疫情早日完结，大地康复，人类苍生重得福泽。

　　书稿之付印，所感恩者未能尽列。恩师符启林教授，自法大拜师之后，身传言教时长达二十年之久，为师人格高尚，孜孜不倦，慈祥包容，亦为良师亦为益友矣；刘少军导师，理论深厚，学术严谨，诲人不倦，自 2001 年授业《经济法本体论》，将本人引入金融法学殿堂，一直深受其悉心指导，历历在目；武长海导师，为师博大精深，学术严谨，治学有方，为指导本书写作付出了心血。还得感谢刘继锋、李东方、施正文、徐晓松、薛克鹏、王涌等诸多大师学者传道授业解惑；也幸得江平老校长的关爱，无法不受其高洁的人格魅力和"法学界良心"的精神影响，受益终身。也得致谢 Benjamin L. Liebman 教授在吾于哥大访学期间，对吾学业和课题的指导，得以顺利完成课业；本书的完成也得感谢刘瑛教授和涂盛博士的悉心指导和宝贵意见。书稿之付印也得感谢中国政法大学出版社的厚爱。

　　感恩法大追求法治真理和兼收并蓄的精神，能够让我重新回到这里，在这座法学殿堂里聆听大师们的真知并完成本书的写作。

　　今回想起来，时光荏苒，既长且短。自十九年前离开法大，踏入社会，实为法学的半成品，从事监管工作十二年有余，后回炉再造。在吾心中浸润着"致良知、知行合一"已久，不惑之年，在学海中挣扎尚不能上岸。吾生有涯而知无涯，生命苦短，经过漫漫求索，终在"知"中发现了生命的无限广阔，实感学海之中永无止境和尚无彼岸到达一说。

　　今回想起来，人生总是有喜有悲。本书成稿之时，悲伤处乃是家父离我而去，喜的是迎来曼曼的诞生。在此致谢吾之爱妻，善良贤淑，知性上进，包容有趣，对吾之学业和事业无尽的理解和包容；感恩岳父岳母对吾之理解和支持；感恩母亲伟大的爱，永远的坚韧不拔，刻苦耐劳，勇敢直面人生的态度，吾深受其感染。没有他们默默的支持，此书无法完成。

今回想起来，在喧嚣的尘世中，时有林氏之《苏东坡传》陪伴左右，亦有辜氏所译之《外国名诗三百首》跟随枕边，足感有幸矣！遂记起文忠公有云：天地之间，物各有主，非吾之所有，一毫而莫取。惟江上之清风，与山间之明月，耳得为声，目遇成色，取无禁，用不竭。是造物者之无尽藏也……

是为记。